U0475306

城市管理综合执法
基础与实务问答

库博雷克公共管理咨询公司
执法规范化研究中心 ◎ 编著

Urban Management

Law Enforcement Guide

中国法制出版社
CHINA LEGAL PUBLISHING HOUSE

目 录

第一部分 执法基础与程序规范

一、执法主体和当事人

001 哪些行政执法主体具有综合行使城市管理领域执法权的主体资格? …… 5
002 什么是行政处罚的管辖? 城市管理综合行政执法如何厘清职责边界? …… 6
003 城市管理综合执法对执法人员有什么要求? …………………………… 8
004 城市管理综合执法如何认定行政处罚相对人? 应注意哪些问题? …… 10
005 案件当事人依法负有哪些主要义务? …………………………………… 15
006 案件当事人依法享有哪些权利? ………………………………………… 16
007 当事人的代理人资格有哪些形式? 办理有委托代理人代理的案件时, 应注意什么问题? ……………………………………………… 18

二、执法程序规范

008 什么是行政执法程序? 城市管理执法程序的基本制度有哪些? ……… 21
009 城市管理综合执法全过程记录有哪些具体要求? ……………………… 23
010 重大执法决定法制审核应该怎样实施? ………………………………… 27
011 城市管理综合执法公示包括哪些内容? ………………………………… 30
012 城市管理综合执法机关如何实施行政检查, 检查过程需要注意哪些用语规范? …………………………………………………………… 32
013 城市管理综合执法机关如何处理举报投诉? …………………………… 36
014 发现违法行为线索, 应如何处理? ……………………………………… 37

015 行政处罚的立案标准是什么? …… 39
016 如何确定行政处罚的追究时效? …… 40
017 调查取证是否必须在立案之后才合法? …… 42
018 实施调查取证应坚持哪些原则要求? …… 43
019 执法人员如何进行回避? …… 45
020 执法人员调查取证可以使用哪些合法手段? …… 46
021 现场检查如何有序、规范地进行? …… 50
022 现场勘查如何拍摄现场照片? …… 51
023 询问当事人、相关证人时应当注意哪些要求? …… 53
024 询问包括哪些内容? …… 55
025 如何将电子数据证据转为传统证据? …… 57
026 如何正确实施证据先行登记保存? …… 58
027 城市管理综合执法机关实施行政强制措施有哪些法律依据? …… 61
028 如何实施查封、扣押? …… 64
029 查封违法建设施工现场、扣押施工工具怎样实施? …… 66
030 城市管理综合执法人员实施行政强制措施应该注意哪些用语规范? … 67
031 查封、扣押物品如何保管? …… 69
032 扣押物品如何处理? …… 71
033 对作出没收决定的涉案物品如何处置? …… 75
034 责令限期改正有哪几种适用情形? …… 78
035 如何办理"零陈述"案件? …… 79
036 调查取证结束,如何整理证据材料? …… 81
037 终止调查与不予立案、撤销立案、不予行政处罚有什么区别? …… 82
038 法制审核人员是否必须具有国家统一法律职业资格? …… 84
039 行政处罚决定的告知应遵循什么程序要求? …… 84
040 行政处罚事先告知书作出后,处罚决定发生改变的,是否需要重新告知? …… 86
041 执法文书如何送达? 怎样应对送达难的问题? …… 87
042 行政处罚决定可以由执法机关自行变更或撤销吗? …… 90
043 对当事人的陈述、申辩意见应如何处理? …… 92

044 城市管理行政处罚听证的程序和要求是什么?如何实施? ……… 93
045 听证过程中的特殊情形应如何处理? ……… 97
046 什么是行政处罚案件的程序倒流? ……… 98
047 重大复杂案件集体讨论应注意哪些问题? ……… 99
048 城市管理行政处罚如何适用简易程序? ……… 101
049 什么是行政处罚不停止执行原则? ……… 103
050 城市管理综合执法机关实施强制执行有哪些法律依据? ……… 103
051 加处罚款是怎么计算的? ……… 105
052 加处罚款可以减免吗? ……… 106
053 城市管理综合执法机关如何实施代履行? ……… 108
054 城市管理综合执法机关强制执行的普通程序是什么? ……… 109
055 申请人民法院强制执行前的催告程序应何时进行? ……… 111
056 所有强制执行都要经过催告吗? ……… 111
057 怎样对违法的建筑物、构筑物、设施实施强制拆除? ……… 112
058 怎样申请人民法院强制执行? ……… 112
059 人民法院裁定不予执行的情形有哪些? ……… 114
060 结案需要什么条件? ……… 115
061 结案后如何立卷归档? ……… 116
062 电子文件如何归档? ……… 119
063 哪些行政处罚案件信息不予公开? ……… 121

三、证据的收集与运用

064 什么是证据?行政处罚证据有哪些特征? ……… 122
065 城市管理综合执法收集和固定证据有哪些一般要求? ……… 124
066 密拍、密录的视听资料可以作为行政处罚证据吗? ……… 125
067 当事人自认能否作为定案依据? ……… 126
068 当事人拒绝签名的现场笔录能否作为证据? ……… 127
069 对当事人在询问笔录中认可的,但在陈述申辩时予以否认的违法事实,该如何处理? ……… 127

070 如何对案前证据或其他部门、个人传来的证据进行合法性转换? …… 128
071 听证程序之后，能否补充收集证据? …………………………… 129
072 收集的证据如何才能形成证据链? ……………………………… 130
073 行政处罚案件的证明标准是什么? ……………………………… 131
074 如何收集与固定书证? …………………………………………… 133
075 如何收集与固定物证? …………………………………………… 134
076 如何收集与固定视听资料? ……………………………………… 135
077 如何收集与固定电子数据? ……………………………………… 136
078 如何收集与固定证人证言? ……………………………………… 139
079 如何收集与固定当事人陈述? …………………………………… 140
080 如何收集与固定鉴定意见? ……………………………………… 140
081 如何制作现场检查（勘察）笔录? ……………………………… 141
082 应当从哪些方面对执法证据进行审核? ………………………… 142
083 如何对证据进行个别审核? ……………………………………… 143
084 如何对证据进行综合审核? ……………………………………… 149
085 证据审核时应当遵守哪些证据运用规则? ……………………… 150

四、法律适用

086 行政机关执法适用哪些法律规范? ……………………………… 152
087 行政处罚能否依据规章以下的规范性文件? …………………… 154
088 国务院办公厅下发的规范性文件属于何种性质? ……………… 155
089 国务院部门的批复在行政处罚案件中能否适用? ……………… 155
090 政府会议纪要能否在行政执法中适用? ………………………… 157
091 未及时清理的规范性文件是否有效? …………………………… 157
092 制定机关越权制定的法律文件是否有效? ……………………… 158
093 如何理解行政处罚"从旧兼从轻"的适用规则 ………………… 159
094 城市管理综合行政执法如何正确适用兜底条款? ……………… 161
095 法律规范冲突时怎样适用? ……………………………………… 161
096 行政执法机关适用法律法规错误主要有哪些形式? …………… 164

五、定性与量罚

- 097 认定案件事实有哪些常见错误? ………………………………… 167
- 098 如何认定违法行为的性质? ……………………………………… 168
- 099 违法行为定性应该注意哪些问题? ……………………………… 170
- 100 怎么判断行政处罚是否明显不当? ……………………………… 171
- 101 如何理解行政处罚的比例原则? ………………………………… 172
- 102 如何理解一事不再罚原则? ……………………………………… 174
- 103 怎样认定违法行为是否处于"连续状态"? ……………………… 176
- 104 什么是牵连违法行为?对牵连违法行为怎样认定和处罚? …… 177
- 105 什么是共同违法行为?对共同违法行为怎样认定和处罚? …… 179
- 106 什么是双罚制?双罚制应该怎么实施? ………………………… 179
- 107 如何正确行使城市管理行政处罚自由裁量权? ………………… 180
- 108 执法机关如何进行处罚幅度的裁量? …………………………… 184
- 109 行政处罚有哪些裁量等级? ……………………………………… 185
- 110 不予行政处罚和不得给予行政处罚有什么不同? ……………… 187
- 111 如何计算"违法所得"的数额? …………………………………… 188
- 112 城市管理综合执法如何把握"首违不罚"制度? ………………… 188

六、复议与应诉

- 113 收到行政复议机关的申请书副本要怎样答复和处理? ………… 189
- 114 对行政处罚不服申请行政复议的期限是怎么计算的? ………… 191
- 115 城市管理综合执法机关如何应诉? ……………………………… 191
- 116 行政机关负责人出庭应诉制度是怎么规定的? ………………… 194
- 117 如何理解行政诉讼中被告的举证责任? ………………………… 196
- 118 行政诉讼中,原告是否有举证责任? …………………………… 199
- 119 人民法院能否判决变更被告的行政行为? ……………………… 200
- 120 行政处罚决定因主要证据不足而被判决撤销的,被告能否重新作出? ……………………………………………………………… 202
- 121 行政行为违法是否一定会被撤销? ……………………………… 202

122　行政行为适用法律、法规错误是否会被撤销？ ………………… 204

123　什么样的行政处罚决定会被判决无效？ …………………………… 204

124　当事人针对实施强制拆除违法建筑等行为提起行政诉讼的，能否将作出责成决定的县级以上政府列为共同被告？ …………… 205

第二部分　违法案件的查处

125　查处违法建筑需要调查清楚哪些客观事实？ …………………… 208

126　如何认定违法建设行政处罚的相对人？ ………………………… 209

127　违法建筑承租人是否为案件的利害关系人，如何保障承租人的权利？ ……………………………………………………………… 210

128　拆除违法建筑是否属于行政处罚？适用听证程序吗？ ………… 212

129　强制拆除已建成的违法建筑，在程序和实际执行中应注意哪些要点？ ……………………………………………………………… 213

130　对违法建筑能否采取改正措施消除对城乡规划实施影响应如何判断？ …… 216

131　在施违法建筑如何快速处置？ …………………………………… 218

132　擅自搭建建（构）筑物案件的证据应如何收集？ ……………… 221

133　损坏房屋承重结构案件如何收集证据？ ………………………… 224

134　强制拆除在施违法建筑，必须依照《行政强制法》规定的强制执行程序吗？ ……………………………………………………… 228

135　行政执法机关强制拆除在施违法建筑应注意哪些问题？ ……… 229

136　没收违法建筑适用听证程序吗？ ………………………………… 230

137　没收的违法建筑物应该怎么处置？ ……………………………… 230

138　违法建筑的违法收入和工程造价应该如何确定？ ……………… 232

139　建设工程未按照规划许可证的内容建设，是按整栋建筑的工程造价罚款，还是按违建部分进行罚款？ ……………………………… 233

140　对无法确定当事人的违法建筑，应当如何执行强制拆除？ …… 234

141　如何查处未取得建筑工程施工许可证擅自施工案件？ ………… 235

142　未取得建筑工程施工许可证又未取得建设工程规划许可证就施工的，应当如何处罚？ …………………………………………… 238

143	城市管理综合执法机关如何对建设工程领域违法行为实施处罚？	240
144	违规夜间施工案件如何认定和调查取证？	244
145	建设工程施工现场扬尘治理需要检查哪些内容？	248
146	哪些违法行为可以适用《大气污染防治法》实施处罚？	251
147	哪些违法行为可以适用《固体废物污染环境防治法》实施处罚？	256
148	对生活垃圾分类违法行为如何查处？	259
149	城市管理综合执法机关如何查处社会生活噪声？	260
150	建设工程施工噪声污染防治要求是什么？有哪些违法行为？	263
151	违反城市建筑垃圾管理的行为有哪些情形？查处时应该注意什么？	265
152	如何现场处置物业管理范围内的违法行为？	268
153	无运输许可证承运渣土如何查处？	270
154	查处占道设摊案件如何收集证据？	274
155	如何以非接触性执法方式查处跨门经营行为？	278
156	查处无证无照经营案件的具体执法流程是什么？应注意哪些问题？	279
157	如何查处擅自占用城市道路违法行为？	283
158	环境卫生设施管理有哪些违法情形？如何查处？	285
159	擅自收运餐厨废弃物案件中的"经营行为"如何认定？	287
160	擅自收运餐厨废弃物案件如何调查取证？	288
161	商业综合体内的餐饮企业未办理排水许可擅自向市政管网排放污水的，应如何处罚？	290
162	查处擅自移植树木行为如何收集证据？	291
163	查处擅自占用绿地违法行为如何收集证据？	295
164	查处河道管理范围内搭建建（构）筑物违法行为如何调查取证？	299
165	强制拆除违法户外广告设施应适用什么法律依据？	300

第三部分 执法文书制作

166	城市管理行政执法文书的作用是什么？	315
167	制作城市管理行政执法文书有哪些规范性要求？	316
168	城市管理行政执法文书制作有哪些常见错误及瑕疵？如何规避？	318

169 哪些执法文书需要当事人逐页手写签名? ·················· 323

170 办理案件时，哪些事项需要使用行政处罚案件有关事项审批表进行审批? ·················· 323

171 送达地址确认书有什么作用?怎样制作? ·················· 325

172 制作现场检查（勘验）笔录应遵循哪些原则要求? ·················· 327

173 制作现场检查（勘验）笔录有哪些常见问题? ·················· 329

174 如何制作询问笔录?应注意哪些问题? ·················· 332

175 如何运用好调取证据材料通知书? ·················· 333

176 执法协助通知书怎么制作? ·················· 334

177 制作先行登记保存通知书应注意哪些问题? ·················· 337

178 执法机关实施查封（扣押）强制措施会应用到哪些执法文书?怎样制作? ·················· 339

179 责令改正通知书的制作要点是什么? ·················· 343

180 办案机构怎样制作案件调查终结报告? ·················· 345

181 行政处罚事先告知书和行政处罚听证告知书能否合并作出? ·················· 348

182 如何制作重大案件集体讨论记录? ·················· 350

183 怎样制作说理性行政处罚决定书? ·················· 353

184 怎样制作不予行政处罚决定书? ·················· 359

185 怎样制作代履行决定书? ·················· 360

186 申请人民法院强制执行的强制执行申请书怎么制作? ·················· 363

187 查处违法建筑一般要用到哪些执法文书,怎么制作? ·················· 365

第四部分 城市管理行政诉讼案例

001 无法确定"所有人"的违法建筑如何查处 ·················· 373

002 违法建设的查处是否受两年的时效限制 ·················· 375

003 行政处罚决定书不符合法定送达方式不能视为送达 ·················· 376

004 查处不同类型违法建筑应适用不同的法律依据 ·················· 379

005 强制拆除违法建筑程序违法，行政机关应赔偿损失 ·················· 380

006 对不可化解的法律冲突，应报请裁决再作出行政处罚 ·················· 383

007 违法建筑实际居住使用人的正当权利应予保护 …………………… 385
008 限期拆除决定应符合比例原则 …………………………………… 387

附　　录

001 城市管理综合执法存在于行政处罚案卷中的各种违法情形一览表 …… 391
002 城市管理综合执法具体环节用语规范 …………………………… 394
003 城市管理综合执法相关时效、期限汇总表 ……………………… 408
004 法律常用词语规范表 ……………………………………………… 413
005 城市管理综合执法基础概念备查表 ……………………………… 416

第一部分
执法基础与程序规范

城市管理综合行政执法是指政府某一特定行政执法机关及其执法人员,为实现城市管理的特定目的,根据国家相关法律、法规和地方城市管理规章、规定,集中行使城市多个行政机关部分城市管理的行政处罚权、行政强制权和行政检查权而进行的综合执法活动。

1. 起源

二十世纪八九十年代,我国社会经济生活发生了巨大变化,由于传统行政管理体制过分强调垂直性、自上而下的"条"式管理,导致行政执法权划分过细,执法机构过多,常出现重复执法、多头执法或执法缺位的问题。1996年,《行政处罚法》[①]颁布,第一次明确规定相对集中处罚权制度,同年11月,国务院批准北京市宣武区为全国第一个城市管理综合执法试点地区。城市管理综合行政执法出现的原因,主要有以下几点:

(1) 公共管理事务的大量增加,使行政管理部门设置分化,职权交叉现象日益明显,法律法规越来越细,行政执法也相应地越来越部门化、专业化。专业执法职能变得非常狭窄,对一些综合性的"热点""难点"问题无法作出回应。

(2) 由于一个违法行为人的行为往往同时触犯多个法律法规,导致多支行政执法队伍对同一个违法行为人均有执法管辖权。职责交叉的背后就是责任不明,形成重复执法、多头执法和大量的执法死角。

(3) 由于职能单一,执法和管理人员总体过剩但相对不足,加上长期形成的惯例,执法部门所采取的运动式、突击式执法,缺乏长效机制和规范化、法治化管理,执法极不规范。

---

① 为便于阅读,本书涉及的法律文件名称中起始的"中华人民共和国"均予以省略。

（4）由于行政执法专业分工和职能过细，容易导致执法力量分散，执法力度减弱，执法成本高、效能低、覆盖面小，执法难以到位。

2. 发展

2002年，国务院颁布《关于进一步推进相对集中行政处罚权工作的决定》（国发〔2002〕17号），不仅明确规定了实行相对集中行政处罚权的领域，而且圈定了城市管理综合行政执法职能由七类确定职能和一个兜底条款构成，即"7＋X"模式。具体包括：

（1）市容环境卫生管理方面法律、法规、规章规定的行政处罚权，强制拆除不符合城市容貌标准、环境卫生标准的建筑物或者设施；

（2）城市规划管理方面法律、法规、规章规定的全部或者部分行政处罚权；

（3）城市绿化管理方面法律、法规、规章规定的行政处罚权；

（4）市政管理方面法律、法规、规章规定的行政处罚权；

（5）环境保护管理方面法律、法规、规章规定的部分行政处罚权；

（6）工商行政管理方面法律、法规、规章规定的对无照商贩的行政处罚权；

（7）公安交通管理方面法律、法规、规章规定的对侵占城市道路行为的行政处罚权；

（8）省、自治区、直辖市人民政府决定调整的城市管理领域的其他行政处罚权。

相对集中行政处罚权，是根据《行政处罚法》对部分行政处罚权的相对集中。而综合行政执法则是在相对集中行政处罚权基础上对执法工作的改革。所谓"综合"是一定范围内行政职能的综合，包括系统内的同一个行政单位不同处室的处罚权以及将部分跨系统的行政单位处罚权的合并。综合行政执法是相对集中行政处罚权的具体化和实际化，综合行政执法不仅仅指实施处罚权，它还可以在整个执法过程中实施相对应的行政强制措施、监督检查措施，对其进行必要的管理。

2014年10月，十八届四中全会通过《中共中央关于全面推进依法治国若干重大问题的决定》。该决定提出："推进综合执法，大幅减少市县两级政府执法队伍种类，重点在食品药品安全、工商质检、公共卫生、安全生产、文化旅游、资源环境、农林水利、交通运输、城乡建设、海洋渔业等领域内推行综合执法，有条件的领域可以推行跨部门综合执法……"这是综合行政执法工作进入全新阶段的标志。

2015年12月，中共中央和国务院联合下发了《中共中央 国务院关于深入推进城市执法体制改革改进城市管理工作的指导意见》，再次对综合行政执法的范围作出原则要求："重点在与群众生产生活密切相关、执法频率高、多头执法扰民问题突出、专业技术要求适宜、与城市管理密切相关且需要集中行使行政处罚权的领域推行综合执法。"具体范围包括：

（1）住房城乡建设领域法律法规规章规定的全部行政处罚权；

（2）环境保护管理方面社会生活噪声污染、建筑施工噪声污染、建筑施工扬尘污染、餐饮服务业油烟污染、露天烧烤污染、城市焚烧沥青塑料垃圾等烟尘和恶臭污染、露天焚烧秸秆落叶等烟尘污染、燃放烟花爆竹污染等的行政处罚权；

（3）工商管理方面户外公共场所无照经营、违规设置户外广告的行政处罚权；

（4）交通管理方面侵占城市道路、违法停放车辆等的行政处罚权；

（5）水务管理方面向城市河道倾倒废弃物和垃圾及违规取土、城市河道违法建筑物拆除等的行政处罚权；

（6）食品药品监管方面户外公共场所食品销售和餐饮摊点无证经营，以及违法回收贩卖药品等的行政处罚权；

（7）上述范围以外需要集中行使的具体行政处罚权及相应的行政强制权，由市、县政府报所在省、自治区政府审批，直辖市政府可以自行确定。

同时明确规定，城市管理部门可以实施与上述范围内法律法规规定的行政处罚权有关的行政强制措施。

2021年1月22日第十二届全国人民代表大会常务委员会第二十五次会议修订通过了《行政处罚法》（2021年7月15日起施行），该法第十八条第一款明确规定："国家在城市管理、市场监管、生态环境、文化市场、交通运输、应急管理、农业等领域推行建立综合行政执法制度，相对集中行政处罚权。"

3. 趋势

党的十九届四中全会明确提出要进一步整合行政执法队伍，继续探索实行跨领域跨部门综合执法，推动执法重心下移。[①] 2019年1月，中共中央办公厅、国

---

① 《中共中央关于坚持和完善中国特色社会主义制度 推进国家治理体系和治理能力现代化若干重大问题的决定》，载中国政府网，http://www.gov.cn/zhengce/2019-11/05/content_5449023.htm，最后访问日期：2022年5月20日。

务院办公厅印发《关于推进基层整合审批服务执法力量的实施意见》。该意见要求，积极推进基层综合行政执法改革，推进行政执法权限和力量向基层延伸和下沉，强化乡镇和街道的统一指挥和统筹协调职责。整合现有站所、分局执法力量和资源，组建统一的综合行政执法机构，按照有关法律规定相对集中行使行政处罚权，以乡镇和街道名义开展执法工作，并接受有关县级主管部门的业务指导和监督，逐步实现基层一支队伍管执法。

《行政处罚法》第二十四条第一款规定："省、自治区、直辖市根据当地实际情况，可以决定将基层管理迫切需要的县级人民政府部门的行政处罚权交由能够有效承接的乡镇人民政府、街道办事处行使，并定期组织评估。决定应当公布。"正式从法律上确立了乡镇街道的行政处罚权，推动执法重心下移。

以北京市为例，《北京市人民政府关于向街道办事处和乡镇人民政府下放部分行政执法职权并实行综合执法的决定》将由市、区有关部门承担的部分行政处罚权、行政强制权下放至街道办事处和乡镇人民政府，以其名义相对集中行使，并由其依法行使与之相关的行政检查权，实行综合执法。在本市重点站区范围内，具体执法工作由市城管执法局重点站区分局承担。下放行政执法职权范围包括：

（1）原由城管执法部门行使的市政管理、园林绿化管理、环境保护管理、施工现场管理、停车场管理、交通运输管理、食品摊贩管理等方面和对流动无照经营、违法建设、无导游证从事导游活动等行为的全部行政处罚权、行政强制权。

（2）原由城管执法部门行使的市容环境卫生管理、公用事业管理、能源运行管理等方面的部分行政处罚权、行政强制权。石油天然气管道保护的行政检查权由城管执法部门和街道办事处、乡镇人民政府共同行使，行政处罚权仍由城管执法部门行使。

（3）原由生态环境部门行使的大气、噪声污染防治方面的部分行政处罚权。

（4）原由水务部门行使的河湖保护、水土保持等方面的部分行政处罚权、行政强制权。

（5）原由农业农村部门行使的禁止垂钓方面的行政处罚权。

（6）原由卫生健康部门行使的控制吸烟、除四害等方面的全部行政处罚权。

一、执法主体和当事人

001　哪些行政执法主体具有综合行使城市管理领域执法权的主体资格？

行政执法主体是指依法成立，能够以自己的名义依法实施行政检查、行政强制措施、行政处罚、行政强制执行的行政机关、机构或者其他组织。

行政执法主体资格是指法定的行政执法机关和法律、法规（包括行政法规和地方性法规）授权的组织，通过法定程序依法获得的行政执法主体的法律地位。行政执法主体资格的取得必须具备法律要件和组织要件。法律要件是行政执法主体资格的必要条件，一个机关或者组织不能自己给自己设定权力，自己又去实施这一权力，只有在法律、法规、规章明确规定其职权的前提下，才能成为行政执法的主体。组织要件也是行政执法主体资格不可缺少的，《地方各级人民代表大会和地方各级人民政府组织法》对地方各级人民政府及其工作部门的组成、人员任免及职责、组织管理等作了明确规定；《行政许可法》和《行政处罚法》对授权实施行政许可和委托实施行政处罚的组织的条件均进行了明确规定。依据上述规定，可将行政执法主体的组织要件概括为必须依法成立、有法定编制并按编制配备了人员、按法定方式公布。只有上述法律要件和组织要件同时具备，行政执法机关和法律、法规授权的组织才能获得行政执法主体的法律地位，即具有行政执法主体资格。

城市管理综合执法主体的执法权主要来源于《行政处罚法》第十八条和《国务院关于进一步推进相对集中行政处罚权工作的决定》《中共中央 国务院关于深入推进城市执法体制改革改进城市管理工作的指导意见》《中共中央办公厅 国务院办公厅关于推进基层整合审批服务执法力量的实施意见》等文件的要求。目前，城市管理领域的综合行政执法权由城市管理综合执法部门（城市管理局、城市管理综合执法局等）和乡镇人民政府、街道办事处在各自职权范围内分别行使，各地又因发展程度和改革进度各异，在职权划转、机构组建等方面各有不同的做法。

1. 城市管理综合执法部门

《国务院办公厅关于继续做好相对集中行政处罚权试点工作的通知》（国办发

〔2000〕63号）要求，集中行使行政处罚权的行政机关应当作为本级政府的一个行政机关，不得作为政府一个部门内设机构或者下设机构……集中行使行政处罚权的行政机关所需经费列入本机关的预算，由本级政府财政全额拨款。深入确定了城市管理综合执法部门的独立法律地位和编制要求。《中共中央 国务院关于深入推进城市执法体制改革改进城市管理工作的指导意见》要求，整合市政公用、市容环卫、园林绿化、城市管理执法等城市管理相关职能，实现管理执法机构综合设置。统筹解决好机构性质问题，具备条件的应当纳入政府机构序列。明确了城市管理综合执法主体作为政府机构的要求。

2. 乡镇人民政府、街道办事处

《中共中央办公厅 国务院办公厅关于推进基层整合审批服务执法力量的实施意见》是中共中央、国务院为适应乡镇和街道工作特点及便民服务需要，构建简约高效基层管理体制，推进行政执法权限和力量向基层延伸和下沉而制定的实施意见，该意见要求整合乡镇和街道现有站所、分局执法力量和资源，组建统一的综合行政执法机构，按照有关法律规定相对集中行使行政处罚权，以乡镇和街道名义开展执法工作。由省级政府统一制定赋权清单，依法明确乡镇和街道执法主体地位。其后通过修订《行政处罚法》，从法律上赋予了街道和乡镇的行政执法主体地位。各地省级政府也陆续根据该意见要求和法律规定，发布决定和公告，将政府有关部门承担的部分行政处罚权、行政强制权下放至街道办事处和乡镇人民政府，并由其依法行使与之相关的行政检查权，实行综合执法。

综上，城市管理综合执法部门和乡镇人民政府、街道办事处都是依法成立的，有法律、法规、规章和政府调整执法职责、权限的正式文件规定的执法职责和权限，有机构编制部门核定的机构编制和符合条件的执法人员，经过当地人民政府公告主体资格的行政机关，是适格的行政执法主体，能以自己的名义实施行政执法活动并承担相应法律责任。

002 什么是行政处罚的管辖？城市管理综合行政执法如何厘清职责边界？

行政处罚的管辖，是指有权实施行政处罚的行政机关或者法律、法规授权的组织，在对具体违法行为实施行政处罚时的权限和分工。确定行政处罚管辖的目的是解决究竟应当由哪一级与哪一个行政处罚主体来具体行使行政处罚权的问题，由此明确有权实施行政处罚的不同行政机关或组织之间职权范围的法律制度。

针对我国行政处罚实践中出现的重复执法、多头执法、执法交叉、一事多罚等问题，《行政处罚法》确立了相对集中行政处罚权制度。《行政处罚法》第十八条第一款规定："国家在城市管理、市场监管、生态环境、文化市场、交通运输、应急管理、农业等领域推行建立综合行政执法制度，相对集中行政处罚权。"该条为一个行政处罚主体行使多个行政处罚主体的行政处罚管辖权提供了法律依据。

城市管理综合行政执法即是相对集中城市管理行政处罚权的结果。即将若干业务主管部门的城市管理行政处罚权划转至城市管理部门和各街道办事处、乡镇人民政府，以其名义相对集中行使，并由其依法行使与之相关的行政检查权和行政强制权。

《中共中央 国务院关于深入推进城市执法体制改革改进城市管理工作的指导意见》和《中共中央办公厅 国务院办公厅关于推进基层整合审批服务执法力量的实施意见》对综合行政执法的范围作出了原则要求，并对制定城市管理综合行政执法权责清单作出了明确指示。根据中共中央和国务院的相关要求，各地对城市管理综合行政执法的范围依法依规进行了结合当地实际的规范和优化，以地方法规的形式对城市管理综合行政执法的权限和管辖权划分做了明确规定。在此基础上，各地还以规范性文件和公告的形式对城市管理综合执法的权责进行了梳理分类，制定了相关的权力清单、责任清单和职责边界清单等。城市管理综合执法部门应依据本地政府制定的法规和权力清单，依照法定程序履行职责。

由于城市管理综合行政执法部门和乡镇人民政府、街道办事处的行政处罚权是从各业务主管部门划转而来，涉及住房建设、生态环境、市场监管、水利水务、农业农村、卫生健康、交通运输等行业管理，尽管有权责清单对各执法事项和权限作出具体划分，但在执法实践中，依然可能存在职责混淆，权责不清的情形。城市管理综合行政执法部门、乡镇人民政府、街道办事处和各业务主管部门要根据法律法规政策和"三定"方案，结合城市管理综合行政执法的相关要求，由人民政府发布执法主体公告和权责清单，厘清各自的职责边界。

（1）对权责清单未予明确的行政检查职责，应由业务主管部门按照"谁审批谁监管、谁主管谁监管"的要求，加强事中事后监管，继续履行行政许可、行业管理、监督检查、检验检测等职责，需立案处罚的，按照规定将案件移送城市管理综合行政执法部门和乡镇人民政府、街道办事处。

（2）业务主管部门移送案件给城市综合行政执法部门或乡镇人民政府、街道办事处实施处罚的，应同时移送以下书面材料：违法案件基本情况报告、主要证据材料、相关检测检验报告或者鉴定意见等。主要证据材料未能证明基本违法事实的，城市管理综合行政执法部门和乡镇人民政府、街道办事处可以自行组织调查，也可以退回要求补充证据材料。

（3）城市管理综合行政执法部门和乡镇人民政府、街道办事处对违法行为进行查处，涉及城乡规划、工程建设、住房保障和房地产以及其他较为复杂的专业判断和定性，确需相关专业意见的，应当请求相关业务主管部门协助出具专业意见。

（4）业务主管部门受理举报、投诉、信访，核查后认为应当由城市综合行政执法部门或乡镇人民政府、街道办事处实施行政处罚的，应在调查基本违法事实后，及时移送案件。

（5）城市管理综合行政执法部门受理举报、投诉、信访，核查后认为应实施行政处罚的，应及时立案查处；需先行移送业务主管部门调查的，应及时移送案件。

（6）城市管理综合行政执法部门和乡镇人民政府、街道办事处与各业务主管部门应共享相关行政执法信息资源：涉及划转行政处罚事项的法律法规规章和行业标准、规范性文件及行政处罚裁量基准；业务主管部门作出的与划转的行政处罚密切相关的行政行为；城市管理综合行政执法部门和乡镇人民政府、街道办事处作出的与业务主管部门管理密切相关的行政处罚、行政强制措施及执行情况；业务主管部门和城市管理部门和乡镇人民政府、街道办事处依职权设置的监控设施及数据信息。

003 城市管理综合执法对执法人员有什么要求？

1. 资格要求

城市管理综合执法人员必须是取得公务员资格或参照公务员身份并参加新录用公务员考核合格后，供职于政府部门，通过省级行政执法资格考试的正式编制人员。辞职的、被解聘的、被开除的、任期届满的人员，其执法资格自然取消。因执法乱作为，接受组织调查期间，一般也不得参与执法工作。

2. 专业素质要求

作为一名合格的城市管理综合执法人员，还必须熟悉与掌握《行政处罚法》《行政复议法》《行政诉讼法》《行政强制法》等行政法律法规，以及市容环境卫生、城乡规划、市政工程、城市绿化、环境保护、市场监管、交通运输等城市管理方面的法律法规及规章，将依法行政的意识贯穿于执法办案过程中。

（1）建立法治意识

执法人员要树立"法无授权不可为"的理念，要在法律法规授权的范围内行使行政权力，绝不能违背法律精神、超越授权范围行使权力，将行政执法的各个环节纳入法治轨道。同时，对当事人的违法行为要用法律法规进行处罚，并以执法文书的形式将处罚决定送达被处罚当事人，而不是使用暴力等非法律手段进行。

（2）树立证据意识

执法人员在执法办案过程中，要树立有效证据意识，通过收集证据来证明违法行为，违法行为的每一个环节都有证据证明，才能对违法行为作出处罚。在执法过程中不能只重视当事人陈述，轻视证人证言、勘验笔录、鉴定意见等证据，而是要收集和积累充足的有效证据，从而形成证据的合理锁链来认定违法事实。

执法人员日常管理、执法检查、处理信访等执法行为也是收集证据的过程，要培养到达违法现场立即取证的意识。在工作过程中随身携带照相机、执法记录仪、现场勘查文书等取证设备，做到随时发现违法行为能够即时以合法的方式取证，无论是否需要对违法行为进行处罚，都能做到有备无患，掌握执法的主动权。

（3）提高诉讼意识

随着我国法治社会建设的逐渐发展和完善，公民的法治观念不断加强，由行政执法而引起的行政诉讼越来越多，对执法人员的要求也就越来越高。因此，执法人员在执法办案过程中要时刻牢固树立诉讼意识，以每一个当事人都要同办案执法机关进行诉讼的假设去收集证据，严格依法行政，做到执法过程实体合法、程序合法，把每一个案件都办成"铁案"，经得起行政复议和行政诉讼的考验。

004　城市管理综合执法如何认定行政处罚相对人？应注意哪些问题？

1. 行政处罚相对人的类别

《行政处罚法》将被处罚相对人分为三类：公民（《民法典》不再使用"公民"这个概念，代之以"自然人"）、法人和其他组织（非法人组织）。

（1）公民

公民指基于自然出生享有权利承担义务的人，包括本国公民、外国公民以及无国籍人。城市管理综合执法活动中，个体工商户、个人合伙都可视为公民。

《行政处罚法》第三十条规定："不满十四周岁的未成年人有违法行为的，不予行政处罚，责令监护人加以管教；已满十四周岁不满十八周岁的未成年人有违法行为的，应当从轻或者减轻行政处罚。"第三十一条规定："精神病人、智力残疾人在不能辨认或者不能控制自己行为时有违法行为的，不予行政处罚，但应当责令其监护人严加看管和治疗。间歇性精神病人在精神正常时有违法行为的，应当给予行政处罚。尚未完全丧失辨认或者控制自己行为能力的精神病人、智力残疾人有违法行为的，可以从轻或者减轻行政处罚。"因此，在针对公民进行行政处罚时，还必须考虑其行政责任能力。

（2）法人

法人是具有民事权利能力和民事行为能力，依法独立享有民事权利和承担民事义务的组织。我国法人主要分为：营利法人、非营利法人（包括事业单位法人、社会团体法人、基金会法人、社会服务机构）、特别法人（机关法人、农村集体经济组织法人、城镇农村的合作经济组织法人、基层群众性自治组织法人）。

法人具有如下特征：首先，法人是按照法定程序设立，有一定的组织机构和独立的财产，依法独立享有民事权利和承担民事义务的社会组织。法人成立的方式主要有两种：一种为依法登记设立，另一种为依法律或行政命令而设立。其次，法人不具有人的生物属性，代表法人行使职权的负责人是法人的法定代表人，法定代表人根据法律或法人章程的规定，对内管理法人事务，对外代表法人从事相关民事活动。

（3）其他组织（非法人组织）

其他组织是不具有法人资格，但是能够依法以自己的名义从事民事活动的非法人组织。典型的非法人组织类型有个人独资企业、合伙企业、不具有法人资格的专业服务机构。

非法人组织的特征有：首先，非法人组织必须依法成立。它的设立程序要件是依照法律的规定进行登记，对于应当经批准设立的非法人组织而言，在批准之后，仍然应当办理登记。其次，非法人组织虽不具有法人资格，但是能够以自己的名义从事民事活动。

2. 法人、法定代表人、法定代理人以及委托代理人

法人是具有民事权利能力和民事行为能力，依法独立享有民事权利和承担民事义务的组织。法人具有独立的人格，民事权利能力和民事行为能力一律平等，从法人成立时产生，到法人终止（即注销）时消灭。

法定代表人是依照法律或者法人章程的规定，代表法人从事民事活动的负责人，以登记为准，法定代表人以法人名义从事的民事活动，其法律后果由法人承担。法定代表人与法人之间并非代理关系，而是代表关系，其代表职权来自法律的明确授权，故不另需法人的授权委托书，这也是其与代理人的重要区别。

需要注意的是，有人习惯将法定代表人表述为"法人"，这显然是错误的。法定代表人一定是具有民事行为能力的自然人，而不是法人。法人并不是自然人，而是法律上拟制的人，需要法定代表人作为法人机关成员行使其权利和履行其义务。

法定代理人与委托代理人的概念则来自代理制度的设定。《民法典》第一百六十三条规定："代理包括委托代理和法定代理。委托代理人按照被代理人的委托行使代理权。法定代理人依照法律的规定行使代理权。"所以，法定代理是指代理人依据法律的规定而直接确定，并依据法律规定的权限行使代理权。如：父母和其他监护人对被监护人的法定代理权。委托代理则是指代理人基于被委托人的意思而享有并行使代理权。委托代理权的基础行为表现为委托人与被委托人之间的合同，如授权委托书。

3. 认定行政处罚相对人要注意的问题

（1）雇佣关系中处罚相对人的认定

在城管综合执法中，最容易出现行政对象认定错误的，就是雇佣关系中雇主和雇员谁是案件当事人的认定问题。在具有雇佣关系的情况下，雇员按照雇主的要求所实施的行为，其意思表示一般取决于雇主，所以在这种情况下所产生的行政法律责任一般应由雇主来承担，即将雇主认定为行政处罚案件的当事人。这甲

需要注意的是，雇员所进行的雇佣关系以外的行为，应当认定为雇员自己的行为，而不能认定为雇主的行为。例如，甲某作为个人劳动者受雇于某公司清理施工现场，在清理施工现场过程中有毁损树木的违法行为，按照有关园林绿化的法律规范，违法行为人应当是某公司，即该案件当事人应当认定为单位，而在案件的调查中，由于甲某表述不清，或者调查人员调查不细致，而将甲某个人认定为案件当事人；或者某公司为了逃避处罚责任，指使甲某承认自己是案件当事人，致使行政执法机关将甲某错误地认定为案件当事人。

（2）企业承包关系中处罚对象的认定

承包人在承包期间以企业的名义实施的违反行政管理法律规范的行为，应当认定为企业的违法行为，而不应认定为个人的违法行为。承包人在承包期间实施承包合同规定的权利范围以外的行为，或者承包以前、以后所实施的行为违法，则应当认定为承包人的违法行为，而不应当认定为企业的违法行为。

（3）委托代理关系中处罚对象的认定

代理人在代理权限内，以被代理人名义实施法律行为，该行为的法律后果由被代理人承担。但是，如果代理人超出被代理人委托的权限范围实施违法行为，在没有被代理人追认的情况下，违法行为人应当认定为代理人，而不应当认定为被代理人；代理人和被代理人都知道委托代理的行为违反法律规范的，只要代理人实施了委托的行为，应当属于被代理人与代理人共同违法。

（4）被处罚对象为个体工商户，应该列字号还是列经营者为行政处罚当事人

《最高人民法院关于适用〈中华人民共和国行政诉讼法〉的解释》（法释〔2018〕1号）第十五条第二款规定："个体工商户向人民法院提起诉讼的，以营业执照上登记的经营者为原告。有字号的，以营业执照上登记的字号为原告，并应当注明该字号经营者的基本信息。"根据以上规定，对于有字号的个体工商户，当作为被处罚对象时，应该以营业执照上登记的字号为当事人，同时列明经营者的基本信息；如果没有字号的，则以营业执照上登记的经营者为当事人。

（5）被处罚对象为个人合伙，如何认定处罚对象

个人合伙是指两个以上自然人按照协议，各自提供资金、实物、技术等，合伙经营、共同劳动。个人合伙是自然人的一种特殊形式。个人合伙可以起字号，依法办理登记，在办理登记的经营范围内从事经营。

根据《最高人民法院关于适用〈中华人民共和国行政诉讼法〉的解释》的

规定，个人合伙作为被处罚对象时，应该分以下两种情形：一是未依法登记取得营业执照的，应当以全体合伙人为共同的被处罚人；二是经登记取得营业执照且起字号的，在执法文书中应当以核准登记的字号为被处罚人。

在执法实践中确定合伙关系时，有书面合伙协议的以其为依据，对于没有书面合伙协议又未经登记，但具备合伙的其他条件，有两个以上无利害关系人证明有口头合伙协议的，可以认定为合伙关系。

（6）个体工商户登记的经营者与实际经营者不一致的，如何认定行政处罚对象

《市场主体登记管理条例》第二十四条规定，个体工商户变更登记事项，应当自作出变更决议、决定或者法定变更事项发生之日起30日内向登记机关申请变更登记。《市场主体登记管理条例实施细则》第三十八条规定，个体工商户变更经营者，应当在办理注销登记后，由新的经营者重新申请办理登记。在生产活动中，擅自转让个体工商户经营权属于无效行为。

在执法实践中，对于个体工商户登记的经营者与实际经营者不一致的，一般应以实施违法活动的行为人为当事人，即实际经营者；个体工商户登记的经营者在违法活动中起共同作用的，可以根据行为的事实、性质、情节以及社会危害程度，与实际经营者一并追究行政责任。

（7）依法登记的个人独资企业违法时，能否将投资人认定为行政处罚相对人

个人独资企业属于非法人组织，非法人组织不具有法人资格，但是能够依法以自己的名义从事民事活动。依法登记领取营业执照的个人独资企业实施违法行为时，应当将该企业确定为违法责任主体，而不能直接将其投资人确定为行政处罚对象。

根据《民法典》第一百零四条的规定，非法人组织的财产不足以清偿债务的，其出资人或者设立人承担无限责任。在行政处罚执行阶段，当个人独资企业不能承担责任时，应该以投资人为被执行人。

（8）法人分支机构违法时，如何认定行政处罚相对人

法人分支机构从事违法活动的，应当按照其是否依法设立以及是否领取营业执照分情况处理。

分支机构依法设立且已经领取营业执照的，属于合法成立、有一定的组织机构和财产，但又不具备法人资格的组织。违法时，应当将该分支机构确定为行政

处罚对象。分支机构没有领取营业执照的，以设立该分支机构的法人为当事人。

（9）法人分立或合并的，如何认定行政处罚相对人

法人分立或合并的情形需要分为两种情形：一是法人分立或合并期间，新的法人尚未成立，这时不具有法人资格，对外不具有民事权利能力。所以，尚不能以新的法人作为被处罚主体，而应该以原法人为行政处罚对象。二是法人分立或合并已经完成，并且新的法人已经成立的，根据《民法典》第六十七条规定："法人合并的，其权利和义务由合并后的法人享有和承担。法人分立的，其权利和义务由分立后的法人享有连带债权，承担连带债务，但是债权人和债务人另有约定的除外。"法人合并的，应该以新的法人为被处罚人。法人分立的，以承受其权利义务的法人作为行政处罚当事人。

（10）营业执照被吊销的，如何认定行政处罚相对人

根据《最高人民法院关于企业法人营业执照被吊销后，其民事诉讼地位如何确定的复函》（法经〔2000〕24号函）规定："吊销企业法人营业执照，是工商行政管理机关依据国家工商行政法规对违法的企业法人作出的一种行政处罚。企业法人被吊销营业执照后，应当依法进行清算，清算程序结束并办理工商注销登记后，该企业法人才归于消灭。因此，企业法人被吊销营业执照后至被注销登记前，该企业法人仍应视为存续，可以自己的名义进行诉讼活动。"因此，营业执照到期或被吊销的，对于有限公司、个人独资企业、合伙企业以及法人分支机构仍应按照营业执照登记的机构名称认定行政处罚当事人。

（11）违法建筑的买受人能否作为行政处罚相对人

违法建筑的买受人（所有权人）虽不是违法建设行为人，但其是违法建筑的现使用人、实际管理人，其所有、管理的房产具有违反规划、物业管理等行政管理秩序的状态，可认为其具有"违反行政管理秩序的行为"，执法机关可以以其作为行政处罚相对人，责令其限期拆除，但对其的处罚仅限于责令拆除，不处以罚款，这样才符合行政处罚的比例原则。

（12）采用"双罚制"的行政处罚，如何认定"直接负责的主管人员"和"其他直接责任人员"

双罚制是指对于单位行政违法行为，同时给予单位及相关责任成员行政处罚的法律责任制度。目前我国多部法律、法规都有双罚制的规定。对于"直接负责的主管人员"的认定，一般是指对单位违法行为起决定、批准、组织、策划、指

挥、授意、纵容等作用的主管人员，包括单位实际控制人、主要负责人或者授权的分管负责人、高级管理人员等。而对于"其他直接责任人员"的认定，一般是指在直接负责的主管人员的指挥、授意下积极参与实施单位违法行为或者对具体实施单位违法行为起较大作用的人员。

005 案件当事人依法负有哪些主要义务？

1. 如实回答执法人员询问，协助调查，不得阻挠调查的义务

《行政处罚法》第五十五条第二款明确规定："当事人或者有关人员应当如实回答询问，并协助调查或者检查，不得拒绝或者阻挠。询问或者检查应当制作笔录。"城市管理综合执法过程中，如果当事人不履行协助调查的义务，应当承担什么样的法律后果，目前我国尚无立法明确规定。

但是根据有关法律精神，如果当事人拒绝回答或提供案件材料的，城市管理综合执法机关就会凭借其掌握的当事人违法事实对当事人作出于其不利的行政处罚决定，这就是不利的法律后果。即使执法当事人对此不服诉至法院，也不一定占据有利地位。因为《最高人民法院关于适用〈中华人民共和国行政诉讼法〉的解释》第四十五条规定："被告有证据证明其在行政程序中依照法定程序要求原告或者第三人提供证据，原告或者第三人依法应当提供而没有提供，在诉讼程序中提供的证据，人民法院一般不予采纳。"

2. 提供证据及证据线索，配合城管综合执法机关调查取证的义务

城市管理综合执法机关在实施行政处罚过程中，为了保证行政处罚的正确有效，除当场作出行政处罚决定以外，对行政处罚案件必须进行全面、客观、公正的调查，收集有关证据。当事人对于城管综合执法的调查、取证工作有义务给予协助。《行政处罚法》第五十六条规定："行政机关在收集证据时，可以采取抽样取证的方法；在证据可能灭失或者以后难以取得的情况下，经行政机关负责人批准，可以先行登记保存，并应当在七日内及时作出处理决定，在此期间，当事人或者有关人员不得销毁或者转移证据。"因此，在城管综合执法机关对证据进行先行登记保存期间，原地保存证据的，当事人不得销毁或转移证据；异地保存证据的，期间届满后，当事人应当主动接受证据的返还，避免发生不必要的损失。

3. 自觉改正违法行为的义务

执法机关发现公民、法人或者其他组织有依法应予行政处罚的违法行为，应当责令其改正或者限期改正。当事人因行为违法，或因行为对行政管理秩序造成了危害，依法受到处罚，违法行为就不必改正，并且可以将错就错下去，这是不对的。城管综合执法人员在执法过程中，应寓法治教育于行政处罚实施的全过程，告知违法行为人负有改正违法行为的义务，帮助其正确理解应当自觉履行的义务。

4. 依法承担相应民事责任的义务

《行政处罚法》第八条第一款规定："公民、法人或者其他组织因违法行为受到行政处罚，其违法行为对他人造成损害的，应当依法承担民事责任。"因此，当事人因其违法行为给他人造成损害的，依照法律规定，在受到行政处罚的同时，应当承担相应的民事赔偿责任。对因此而产生的民事赔偿纠纷，城管综合执法机关可以进行调解。但是在法无明确规定或授权的情况下，不能对民事赔偿纠纷直接进行裁决。

5. 自觉履行行政处罚决定的义务

行政处罚是执法机关依照法律规定对违反行政管理秩序的公民、法人或其他组织所给予的一种法律制裁。当事人应当实际履行城管行政处罚决定所设定的义务。如果当事人不自觉履行处罚决定，城市管理综合执法机关可以依法对已采取强制措施的财物或场所进行执行，或者根据法律授权强制执行。对于未经强制执行授权的，可以申请人民法院强制执行。

006 案件当事人依法享有哪些权利？

根据国务院《全面推进依法行政实施纲要》有关正当法律程序的原则规定以及法律法规有关行政执法程序的规定，城市管理综合执法机关在执法时应当注意保护案件当事人各项程序权利的行使。

1. 知情权

知情权也称确认权，按照《行政处罚法》的有关规定，当事人享有要求城市管理综合执法人员表明身份、来意和目的，以及明确知晓行政执法行为法律依据的权利。执法人员当场作出行政处罚决定时，应当主动向当事人出示行政执法证件，表明执法身份。执法人员在当场收缴罚款时，必须出具省、自治区、直辖市财政部门统一制发的罚款收据，不能出具法定罚款的收据时，当事人有权拒绝缴纳罚款。城市管理综合执法机关制作的行政处罚决定书，应当制有预定格式、编有号码，依照《行政处罚法》的规定填写行政处罚事项，同时必须加盖本行政机关的印章。这些法定程序就是为了保障当事人知情权而设置的，城市管理综合执法机关必须严格遵守。

2. 陈述意见权

当事人作为行政处罚案件相对人，依法享有向执法机关提出申辩、要求听证以及对行政处罚的事实、理由和依据提出自己主张的权利，《行政处罚法》第四十五条对此有明确的规定。城市管理综合执法机关在作出行政处罚决定之前，如果拒绝听取当事人的陈述、申辩，则会导致行政处罚不能成立，除非当事人明确表示放弃陈述或申辩权利。执法人员在调查取证过程中，听取当事人意见，不仅有利于保证当事人的合法权利不受侵犯，更有利于查明案件的真实情况。当事人陈述意见的方式可以有多种，既可以口头进行，也可以书面表达，还可以要求行政机关举行听证会或者采取非正式会谈等形式。根据《行政处罚法》第六十四条第七项规定，举行听证时，针对调查人员提出当事人违法的事实、证据和行政处罚建议，当事人有权进行申辩和质证。

3. 要求说明理由权

城市管理综合执法机关在立案后，进行正式调查前必须向当事人说明理由。此处的"理由"包括执法机关在行政执法过程中对当事人进行行政处罚所认定的事实以及适用的法律，并对某些调查手段向当事人出具书面文书。如果执法机关在执法过程中，应当说明理由而未说明，或应当出示书面文书而未出示，当事人可以行使要求有关执法人员说明理由的权利。当事人要求说明理由的权利，贯穿于城管综合执法的始终。这是正当法律程序的基本要求，目的是保障当事人的合法权益在城管综合执法机关作出于己不利的行政执法行为时不受侵害。

4. 阅览卷宗权

阅览卷宗权，是指当事人享有查阅城市管理综合执法机关的案件承办机构制作的与案件有关的外部文书的权利。当事人阅览卷宗的权利既来源于行政法的公开原则，也是宪法上公民知情权的一种具体化。在城市管理综合执法过程中，当事人有权阅览有关执法人员制作的外部法律文书，既包括当场，也包括事后。当场阅览，是指城管综合执法人员制作的现场检查笔录、现场勘验笔录、责令改正通知书、提取证据物品书、询问笔录等需要当事人参与的外部法律文书，必须交当事人阅览、查看并亲笔签字。事后阅览，是指城管综合执法人员对于制作的上述所有执法文书必须作为办案卷宗妥善保存，当事人根据《政府信息公开条例》的有关规定，有权随时查阅。当然，执法机关制作的关于案件有关程序请示的内部文书，则不要求必须由当事人阅览。

5. 申请回避权

城市管理综合执法过程中，当事人对有证据证明必须回避的执法人员，有权向城管综合执法机关提出回避的申请，并说明理由。

6. 委托代理权

委托代理权，是指案件当事人在参与城市管理综合执法过程中，有权委托代理人代为主张权利、参与有关执法活动的权利。城市管理综合执法行为的做出，一般都是一个认定事实和适用法律的过程，相对人有权在这一过程中委托律师，或者委托其他有关人员，为其提供法律支持或专业上的帮助。《行政处罚法》第六十四条第五项规定："当事人可以亲自参加听证，也可以委托一至二人代理。"根据该规定，执法相对人除了可以委托律师外，也可以委托其他了解熟悉法律规定或者有关事务的人代为参加执法程序，以维护其合法权益。

7. 申请行政复议或者提起行政诉讼权

当事人对行政处罚决定和行政强制措施不服的，可以依法申请行政复议或者提起行政诉讼。根据《行政处罚法》的要求，城管综合执法机关作出行政处罚决定书中必须载明不服行政处罚决定，申请行政复议或者提起行政诉讼的途径和期限。

007 当事人的代理人资格有哪些形式？办理有委托代理人代理的案件时，应注意什么问题？

案件调查，首先应核实当事人及其代理人身份、资格。由于大量的现场检查或一般性案件调查不可能全部由法人的法定代表人、其他组织的负责人配合、协助进行，在案件调查启动时，执法人员需要通知当事人或其代理人到场，当场判断、确定当事人的代理人资格，以免影响调查活动的顺利进行和所取得的证据的效力。有权代理包括一般委托代理、职务代理、表见代理和特别代理等形式。

1. 代理人资格的形式

（1）一般委托代理

委托代理是基于代理人所担任的职务或劳动合同关系、亲属关系、委托代理合同等基础法律关系，经委托人单方授权委托而形成的委托代理关系。一般委托代理只要满足《民法典》第一百六十五条所规定的授权委托书的基本内容即可视为有效委托授权，对授权委托书的范式、名称等形式要件不作特别要求，以介绍信、公函、通知等形式作出委托授权的，只要具备明确的授权对象、依据、授权范围等内容要件，印鉴齐全，就可视为有效委托授权，特定条件下，当事人可以口头委托授权，执法人员记入笔录，并由当事人签字确认。

（2）职务代理

职务代理是法人或其他组织内担任一定职务、负责某方面工作的工作人员，因在单位所担负的特定职务，有权在该职务授权范围内代表单位行使职权。配合、协助行政机关进行案件调查，如单位无免职或限制性公开声明，该工作人员在所担任职务的范围内的代理行为有效，职务代理所代理事项的范围，仅限于在单位所担任职务的职权范围，代理的事务也仅限于一般委托代理有权代理的事务。

（3）表见代理

表见代理是行为人虽然没有代理权，但行为人实施的代理行为，客观上具有足以使行政机关或善意第三人相信其有代理权的表面特征，由被代理人承担代理人所实施行为的法律效果的代理形式。表见代理的构成要件是：无权行为人实施了代理行为（无代理权，超越代理权范围或代理权已终止）+相对人有理由相信行为人有代理权+相对人主观上为善意（无过失）+代理行为本身合法有效。

（4）共同事务代表人

未办理营业执照的个人合伙人，可以由经推选的合伙事务代表人代表合伙人处理合伙事务，配合、协助相关案件调查。办理营业执照的，由营业执照登记的负责人对外代表单位，合伙协议约定的其他可对外处理合伙事务的人，也有代表权。

（5）特别代理权

特别代理权是需要特别授权才能代表当事人行使的代理权。需要特别授权的事务范围，行政处罚程序未作相关规定。但一般而言，承认关键的违法事实，听取行政处罚的告知并代表单位对行政处罚作出陈述申辩，申请、出席听证，提出减免行政处罚申请或终结执行申请等对当事人权利义务有较大实质性影响的，应当有当事人的特别授权。

2. 应注意的问题

城市管理综合执法机关在办理由委托代理人代理的案件时，应注意以下几个问题：

（1）确认授权委托书的要素

授权委托书是委托代理关系的书面文字，是证明授权行为的证据。《民法典》第一百六十五条规定："委托代理授权采用书面形式的，授权委托书应当载明代理人的姓名或者名称、代理事项、权限和期限，并由被代理人签名或者盖章。"根据以上规定，授权委托书包括以下必备要素：一是代理人的姓名和名称。二是代理权限。代理事项和代理的权限范围应明确、具体、不易产生歧义。依照法律或者惯例应当特别授权的代理行为，未特别指明的，视为未授权。三是代理权行使权利的有效期限。因为代理人实施代理行为时，只需要出具委托书，并且委托书尚在期限内或委托人未公开声明委托书无效，则代理人持委托书实施的法律行为，法律后果仍由被代理人承担。四是被代理人签名或盖章以及签署日期。五是委托人以及被委托人双方的身份证明材料。

在执法办案过程中，有时会发生更换被委托人的情形，这时执法人员必须要求委托人提供新的授权委托书，并载明以上要素。如果上一个被委托人委托权限尚在委托期内，还须明示其委托权利的终止。如存在转委托的情形，除实现授权，还可以采用事后追认的方式确定代理权。

（2）区分一般授权与特别授权

在委托代理中，根据代理人被授权限的不同，又可以分为一般授权和特别授权。一般授权是指委托代理人完成一般的代理行为，这些行为不直接涉及委托人的实体利益，如签收文书等；特别授权是指代理人完成某些重要的，涉及委托人实体利益的行为，如放弃听证等。

在执法实践中处理授权代理时，应注意以下几个问题：第一，特别授权代理必须有明确的授权列举，如仅仅笼统地在授权委托书写上"全权代理"或"全权委托"而无具体的授权内容，则视为一般授权；第二，代理人代为承认行政执法机关所主张的全部或部分事实，需要有特别授权。比如对证据先行登记保存决定书、行政处罚听证通知书等程序类执法文书的签收，因不涉及实体性权利和义务，提供一般授权书就可以。而放弃或进行陈述申辩、放弃听证等事项可能涉及当事人的切身利益，应在授权委托书中明示进行特别授权。

二、执法程序规范

008 什么是行政执法程序？城市管理执法程序的基本制度有哪些？

行政执法程序，是指行政机关及其执法人员行使行政职权作出行政行为所适用的程序，包括行政处罚程序、行政许可程序、行政检查程序、行政强制程序、行政确认程序等。行政机关的执法行为，具有实体和程序两个方面。实体是行政机关的执法行为确定行政相对人权利义务的实质内容，如责令违法建筑限期拆除，对违法行为决定处以罚款等；程序就是如何完成实体内容的特定的方式、步骤、顺序和时限。所谓"方式"，是指行政执法活动进行的形式种类和外在表现形式。例如，行政处罚是按简易程序或普通程序进行，还是按照听证程序进行。"步骤"，是指行政执法活动过程中的若干必经阶段。例如，行政处罚的普通程序要经过立案、调查、审核、告知、决定等几个阶段。"顺序"，是指步骤的先后次序，不能先作出决定再实施调查，也不能没有告知就作出决定。"时限"，是指法律规范对具体执法行为的各种时间上的限制和要求。例如，《行政处罚法》规定，违法行为在二年内未被发现的，不再给予行政处罚；涉及公民生命健康安全、金融安全且有危害后果的，上述期限延长至五年；可能灭失或者以后难以取得的证据可以先行登记保存，并应当在七日内及时作出处理决定。对法律加以明确规范的行政程序，即法定程序，是行政机关在行政执法过程中必须严格遵守的，行政机关的执法行为如果违反了法定程序，将导致程序违法，产生行政决定被撤销的后果。

城市管理执法程序的基本制度，是指在程序中具有相对独立性，对整个程序具有重大影响的规则体系。它是由法律规范构成，这些构成基本制度的法律条款具有完善的行为模式和法律后果。相应地，行政主体具有明确的权利和义务。

1. 执法中的告知制度

城市管理综合行政执法机关作出处理决定，必须事先通知行政相对人并告知其在行政程序中享有的权利义务以及注意事项，让行政相对人做好陈述和申辩的准备，维护其合法权益，涉及不特定人的决定，可以采取公告等形式告知。

2. 执法过程的回避制度

为了消除利益和偏见对程序中立的影响，回避制度也是正当程序的重要组成部分。在执法程序中，主持者和裁决者受到或看起来受到某种直接或间接利益的影响，或者对程序活动的法律、事实和当事人存在偏见时，应回避该具体的程序活动，当事人也有权提出回避申请。

3. 听取当事人陈述和申辩制度

城市管理综合行政执法机关在拟作出对行政相对人不利的决定时，应当告知当事人享有陈述和申辩的权利。行政执法机关必须充分听取当事人的意见，对当事人提出的事实、理由和证据，应当进行复核；当事人提出的事实、理由和证据成立的，行政执法机关应当采纳。行政执法机关不得因当事人的申辩而作出不利于当事人的处理决定。

4. 执法中的听证制度

指的是执法主体在作出影响行政相对人合法权益的决定前，由执法主体告知行政决定的理由和听证权利，行政相对人表达意见、提供证据，以及执法主体听取意见、接纳证据的程序所构成的一项基本制度。

5. 执法中的说明理由制度

行政执法机关在作出对行政相对人合法权益产生不利影响的行政行为时，除法律有特别规定外，必须向行政相对人说明其作出该行政行为的事实因素、法律依据以及进行自由裁量所考虑的政策、公益等因素，以书面方式附于行政行为的法律文书之后。经过说明理由，可以增进行政相对人对行政行为的理解和接受度。

6. 执法中的职能分离制度

城市管理行政执法机关中的调查、听证和裁决职能在实际工作中应由不同的工作人员行使。主持调查者与裁决者合一，会影响程序活动的过程和结果的公正性，影响执法效果。职能分离的目的是避免裁决者在作出决定前就形成"成见"，从而影响结果客观中立。同时，调查与裁决的分离，也防止裁决者"成为自己案件的法官"。

7. 执法行为的公开制度

在各种执法程序中，除涉及国家秘密、个人隐私和商业秘密外，执法主体必须向行政相对人及社会公开与职权运行有关的事项。其中包括向行政相对人和社会群众公开执法决定形成过程中的有关事项，如内容及理由。

8. 全程记录制度

城市管理综合行政执法机关实施行政处罚权时通过文字、音像等记录方式，对行政处罚程序启动、调查取证、审查决定、文书送达、执行等全过程进行记录，建立案卷。案卷应当包括所有的有关证据、文书、文字记录、音像记录等材料。

9. 法制审核制度

城市管理综合行政执法机关在作出重大行政执法决定之前，应由其负责法制工作的内设机构或指定的内设机构对其合法性、适当性进行审核，提出书面审核意见，未经法制审核不得作出决定。

10. 时限制度与时效制度

时限制度，指对作出行政行为的各个关键环节、各方参与主体的行为加以时限的规范，考虑各种特殊情形，构建完备周密、种类齐全的时限制度，如一般时限、延长时限、紧急时限、执行时限等。时效制度，则是指一定的事实状态在经过一定的时间之后，依法发生一定法律效果的制度。如行政法上的追究时效，行政主体对违法行为依法追究法律责任应当遵循一定的期限，如果超出这个期限，则不再追究。

009 城市管理综合执法全过程记录有哪些具体要求？

城市管理综合执法全过程记录，是指城市管理执法人员执行《行政处罚法》

第四十七条的规定，运用执法文书制作、音像记录、电子数据采集等方式，对行政处罚的启动、调查取证、审核、决定、送达、执行等进行全过程记录，归档保存，实现全过程留痕和可回溯管理。

1. 执法文书制作

执法文书制作指采用纸质（或电子）行政执法文书及其他纸质（或电子）文件对执法过程进行的书面记录，包括手写文书、经电子签章的电子文书和信息系统打印的文书。执法文书是执法全过程记录的基本形式。城市管理综合执法部门及其执法人员应当严格按照法律法规规章和城市管理综合执法文书规范等有关要求制作执法文书。

2. 音像记录

音像记录指通过照相机、录音机、摄像机、执法记录仪、视频监控等记录设备，实时对行政执法活动进行记录的方式。音像记录是执法文书制作和电子数据采集的有效补充。城市管理综合执法部门及其执法人员可以在执法文书、信息数据采集的基础上对现场执法、调查取证、证据保存、举行听证、强制措施、留置送达和公告送达等容易引发争议的行政执法过程进行音像记录；对查封扣押财产、强制拆除等直接涉及生命健康、重大财产权益的现场执法活动和执法场所，应当进行全过程音像记录。固定场所音像记录内容应当包括监控地点、起止时间及相关事情经过等内容。音像记录反映的执法过程起止时间应当与相应文书记载的起止时间一致。

现场执法进行音像记录时，应当自到达现场开展执法活动时开始，对执法过程进行全程不间断记录，直至执法活动结束时停止。因设备故障、损坏或者电量不足、存储空间不足、天气情况恶劣等客观原因而中止记录的，重新开始记录时应当对中断原因进行说明；确实无法继续记录的，应当立即向机关负责人报告，并在事后书面说明情况。

执法音像记录应当包括执法时间、执法人员、执法对象以及执法内容，重点摄录以下内容：

（1）执法现场或相关内外部环境；

（2）当事人、证人等相关人员的体貌特征和言行举止；

（3）相关书证、物证、电子数据等现场证据，以及其他可以证明执法行为的证据；

（4）执法人员现场张贴公告，开具、送达法律文书和对有关财物采取措施情况；

（5）其他应当记录的重要内容。

3. 电子数据采集

电子数据指通过行政执法信息平台，记录各类城市管理行政处罚活动过程中产生的数据资料，包括信息填报和网上运行等产生的数据记录资料以及据此生成的汇总数据和统计表等相关数据文件。电子数据采集是城市管理综合执法全过程记录的重要内容。城市管理综合执法部门及其执法人员应当严格按照法律法规规章和城市管理信息报告工作要求进行记录，数据填报内容应当与执法文书相一致。

城市管理综合执法中遇有涉及国家秘密、工作秘密、商业秘密及个人隐私的应当按保密权限和规定执行；因天气等其他不可抗力因素不能使用的可以停止使用音像记录。执法人员应当在执法结束后及时制作工作记录，写明无法使用的原因，报本机构主要负责人审核后，一并存档。

4. 启动环节应当记录的事项

（1）依职权启动行政处罚、行政强制等行政执法程序的，应当由执法人员填写立案审批表，对启动原因、案件来源、当事人基本情况、基本案情、承办人员或者承办机构意见、城市管理综合执法机关负责人审批意见等进行记录；

（2）按照"双随机、一公开"要求启动行政检查程序的，应当对随机抽取检查对象、随机选派执法检查人员以及抽查方式等内容进行记录。

5. 调查取证环节应当记录的事项

（1）执法人员姓名、执法证件编号及执法证件出示的情况；

（2）询问当事人或证人的，应当制作询问笔录，载明当事人或者有关人员的基本情况、询问的时间和地点以及询问内容；

（3）向有关单位和个人调取书证、物证的，应当制作证据登记保存清单，注明取证人、取证日期和证据出处等；

（4）现场检查（勘验）的，应当制作现场检查（勘验）笔录，载明现场检查（勘验）的时间、地点、在场人、检查人、检查或勘验情况；

（5）抽样取证的，应当制作抽样取证记录，并出具抽样物品清单；

（6）采取证据先行登记保存措施的，应当记录证据先行登记保存的启动理由、具体标的、形式，出具先行登记保存证据决定或者先行登记保存清单；

（7）告知当事人陈述、申辩、申请回避、听证等权利，应当记录告知的方式和内容，并如实记录当事人陈述、申辩、申请回避、听证的情况；

（8）听证主持人、听证当事人相关信息、听证时间、地点及听证情况；

（9）当事人进行电子签名、电子指纹捺印的过程应全程音像记录；

（10）其他需要记录的情况。

6. 审查与决定环节应当记录的事项

（1）承办人的处理意见及事实理由、法律依据；

（2）承办机构的处理意见；

（3）重大行政执法决定的法制审核和重大行政执法决定的集体讨论情况；

（4）审批决定意见；

（5）其他需要记录的情况。

7. 送达与执行环节应当记录的事项

（1）送达的时间、地点、方式及送达的情况；

（2）当事人履行行政执法决定的情况，其中对于依法应责令改正的，应当记录核查情况；

（3）行政强制执行的情况；

（4）告知当事人行政救济途径的情况；

（5）其他需要记录的情况。

8. 送达行政执法文书，应当根据不同情况记录的事项

（1）直接送达的，由送达人、受送达人或者符合法定条件的签收人在送达回证上签名或盖章；

（2）邮寄送达的，留存邮寄送达的付邮凭证和回执或者寄达查询记录；

（3）留置送达的，应当记录留置事由、留置地点和时间，由送达人和见证人签名或盖章；

（4）公告送达的，留存书面公告并记录公告送达的原因和经过以及公告方式和载体。

9. 记录保管、归档及调取

（1）城市管理执法人员应当在现场执法过程结束后的规定时间内，按要求将

信息储存至执法信息系统或者专用存储器保存,不得由经办人员自行保存。如遇特殊情况不能移交的,须经机关负责人批准延期移交。

(2)城市管理综合执法事项办结后,应当依照有关要求,将行政执法过程中形成的记录资料整理成案卷后归档保存。

(3)各类执法文书、检测报告、相关工作记录等纸质记录资料保存期限参照文件材料归档范围和文书档案保管期限执行。

(4)作为证据使用的音像记录资料保存期限应当与案卷保存期限相同;不作为证据使用的音像记录资料至少保存6个月。

(5)执法音像记录资料的使用应当综合考虑部门职责、岗位性质、工作职权等因素,严格限定使用权限。音像记录需要作为证据使用的,应当由执法人员报经本机构负责人同意后,制作文字说明材料,注明制作人、提取人、提取时间等信息,将其复制后提供,并对调取情况记录在案。

010 重大执法决定法制审核应该怎样实施?

《国务院办公厅关于全面推行行政执法公示制度执法全过程记录制度重大执法决定法制审核制度的指导意见》(国办发〔2018〕118号)要求,行政执法机关作出重大执法决定前,要严格进行法制审核,未经法制审核或者审核未通过的,不得作出决定。城市管理综合执法部门是依法经批准相对集中执法权的机关组织,可以由其法制机构在授权范围内具体承担重大行政执法决定法制审核职责。

《行政处罚法》第五十八条规定"涉及重大公共利益"等四种情形的行政处罚必须经过法制审核,同时也明确规定了审核如果未通过的,不得作出决定。

1. 审核机构

城市管理综合执法部门应当明确本机关具体负责重大行政执法决定法制审核工作的机构,配备与法制审核任务相适应的人员力量。

(1)原则上法制审核人员按不少于本机关执法人员总数的百分之五配备,且不少于二人;

(2)法制审核机构应当与本机关具体负责办案工作的执法承办机构分开设置;

（3）暂未设置法制机构的，应指定除案件承办机构以外的其他机构或承办人员以外的专门人员承担法制审核工作；

（4）城市管理综合执法部门根据工作需要可以聘请法律顾问、公职律师参与法制审核工作。

2. 审核范围

涉及重大公共利益、可能造成重大社会影响或者引发社会风险，直接关系行政相对人或者第三人重大权益，以及情节复杂、涉及多个法律关系的下列重大行政执法决定，城市管理综合执法部门应当在作出决定之前进行法制审核，未经法制审核或者审核未通过的，不得作出决定：

（1）行政强制决定，情况紧急需要当场实施行政强制措施或者立即实施行政强制执行的除外；

（2）涉及重大公共利益的；

（3）直接关系当事人或者第三人重大权益，经过听证程序的；

（4）案件情况疑难复杂、涉及多个法律关系的；

（5）拆除建筑物、构筑物的行政强制执行决定；

（6）拍卖或者变卖当事人合法财物用以抵缴罚款的行政强制执行决定；

（7）法律、法规规定应当进行法制审核的其他情形。

城市管理综合执法部门应当根据法律、法规、规章规定，结合本机关执法职责、执法层级、涉案金额等因素，制定本机关重大行政执法决定法制审核目录清单，向社会公布，并报本级人民政府司法行政部门备案。

3. 审核程序

案件承办机构应当在重大行政执法事项调查取证完毕提出处理意见后，送法制审核机构进行法制审核，通过法制审核后，由案件承办机构送达行政处罚事先告知书，完成听证或陈述申辩程序后，提交本行政执法机关负责人集体讨论决定。

案件承办机构在送法制审核时应当提交以下材料：

（1）重大行政执法决定法制审核送审函，包括：行政执法主体资格及其行政执法人员资格；案件基本事实；适用法律、法规、规章和执行裁量基准的情况；调查取证情况；其他需要说明的情况。

（2）拟制的行政执法文书，相关事实、法律依据、行政执法自由裁量基准。

（3）收集调取的书证、物证、视听资料、当事人陈述、证人证言、现场笔录、勘验笔录等证据材料。

法制审核机构根据不同情形提出同意或者存在问题的书面审核意见，一式两份，一份连同案卷材料回复承办机构，另一份装入行政执法案卷，并作为行政执法案卷评查内容之一。

法制审核未通过的，案件承办机构要根据法制审核意见对提交送审的材料进行完善或者补正后，再次提交法制审核机构进行审核。

案件承办机构对法制审核意见有异议，经与法制审核机构沟通后无法达成一致意见的，由案件承办机构启动协调机制，交由城市管理综合执法部门负责人集体讨论决定。

4. 审核内容

法制审核以书面审核为主，对拟作出的重大行政执法决定从以下几个方面进行审核，案情复杂、涉及法律关系较多的重大执法案件，法制审核机构可邀请专家进行咨询论证。

（1）执法主体是否合法，是否超越本机关职权范围或者滥用职权；
（2）执法人员是否具备执法资格，是否存在无证执法、一人执法现象；
（3）程序是否合法；
（4）案件主要事实是否清楚，证据是否确凿、充分；
（5）适用法律是否准确、运用自由裁量权是否适当；
（6）行政执法文书是否完备、规范；
（7）应当进行音像记录的有无完整、全面记载；
（8）违法行为是否涉嫌犯罪需要移送司法机关；
（9）其他应当审核的内容。

5. 审核意见处理

城市管理综合执法机关根据法制审核意见分别处理：

（1）经法制审核，认为事实清楚、证据充分、定性准确、适用依据正确、程序合法、处理适当的案件，应当将案件处理意见书、法制审核意见以及相关案卷材料，报请机关负责人依法决定；其中需要集体讨论决定的，应当集体讨论决定。

（2）经法制审核，认为定性不准，或适用依据错误，或程序不合法，或处理不当的案件，应当根据审核意见做补充调查或相应处理，再次报送法制审核；法制审核通过后，报请机关负责人依法决定；其中需要集体讨论决定的，应当集体讨论决定。

（3）经法制审核，认为违法事实不清、证据不充分的案件，经补充调查后，再次报送法制审核；案件事实仍旧无法查清，无法补充调查的案件，案件承办机构应当将法制审核意见以及相关案卷材料，报请机关负责人依法决定是否撤销案件；其中需要集体讨论决定的，应当集体讨论决定。

（4）经法制审核，认为应当不予行政处罚的，案件承办机构应当将法制审核意见以及相关案卷材料，报请机关负责人依法决定；其中需要集体讨论决定的，应当集体讨论决定。

6. 审核责任

城市管理综合执法部门负责人是本机关重大行政执法决定法制审核工作的第一责任人，对本机关作出的重大行政执法决定负责。案件承办机构对送审材料的真实性、准确性、完整性，以及行政执法的事实、证据、法律适用、程序的合法性负责。法制审核机构对重大执法决定的法制审核意见负责。因案件承办机构的承办人员、负责法制审核的人员和审批行政执法决定的负责人滥用职权、玩忽职守、徇私枉法等，导致行政执法决定错误的，要依法依纪追究相关人员责任。

011 城市管理综合执法公示包括哪些内容？

行政执法公示，是指行政执法机关通过一定的载体和方式，在行政执法事前、事中和事后环节，将行政执法有关信息，主动向当事人和社会公开的活动。行政执法公示制度是增强行政执法工作的透明度，规范和监督行政执法行为，保障公民、法人和其他组织依法获取行政执法信息的重要举措。城市管理综合执法部门要按照"谁执法谁公示谁负责"的原则，以统一的行政执法公示平台为主，以政府公报、新闻媒体、办公场所、政府或者执法机关门户网站等为补充，不断拓展公开渠道和方式，全面及时公开行政执法信息。

1. 事前公示

城市管理综合执法部门应当在事前环节主动公开下列信息：

（1）行政执法主体和人员：行政执法机关名称、具体负责行政执法工作的机构名称、办公地址、联系方式和行政执法人员姓名、行政执法证号、行政执法类别等；

（2）职责权限：行政执法事项、行政执法岗位责任等；

（3）行政执法依据：实施行政执法事项所依据的有关法律、法规、规章以及委托执法协议或者文件等；

（4）行政执法程序：行政执法流程图、行政执法程序、期限等；

（5）随机抽查事项清单：随机抽查主体、依据、对象、内容、比例、方式等；

（6）救济渠道：行政相对人依法享有的权利、救济途径、方式和期限等；

（7）法律、法规、规章或者规范性文件规定应当事前公开的其他行政执法信息。

2. 事中公示

城市管理综合执法人员在实施监督检查、进行调查取证、采取强制措施和强制执行、送达执法文书等执法活动时，必须主动亮明身份，出示行政执法证件，按照规定着装、佩戴标识。在行政执法过程中应当出具行政执法文书，依法主动及时告知当事人、利害关系人相关的执法事实、理由、依据以及法定权利和义务等内容。

3. 事后公示

行政执法事后公开，是指公开行政执法决定书的相关信息。城市管理综合执法部门应当在规定时间内，及时向社会公布双随机抽查情况、抽查结果，行政检查结果和行政执法决定书的相关信息，接受社会监督。

4. 个人信息保护

行政执法决定书全文公开时，应当隐去下列信息：法定代表人、行政执法决定相对人（个人）以外的自然人名字；自然人的家庭住址、身份证号码、通信方式、银行账号、动产或者不动产权属证书编号、财产状况等；法人或者其他组织的银行账号、动产或者不动产权属证书编号、财产状况等。

5. 不予公示的情形

行政执法决定（结果）有下列情形之一的，不予公开：当事人是未成年人的；涉及国家秘密，以及公开后可能危及国家安全、公共安全、经济安全、社会稳定的；涉及商业秘密、个人隐私以及公开后会对第三方合法权益造成损害的不予公开，但是权利人同意公开或者行政执法机关认为不公开可能对公共利益造成重大影响的，可以依法公开。

6. 信息的更新、更正与撤销

由于法律、法规、规章和其他文件的颁布、修改、废止、失效，行政执法事前公示信息需要更新的，予以更新；由于机构设置发生变化，行政执法事前公示信息需要更新的，予以更新；由于执法人员执法证件信息发生变化，行政执法事前公示信息需要更新的，予以更新。

行政执法决定被依法变更的，自变更之日起二十个工作日内，予以更新；公示的行政执法决定信息不准确的，应及时更正；自然人、法人或者其他组织书面提出更正公示的行政执法决定信息的要求的，应进行核实并作出处理；行政执法决定有依法被撤销、确认违法或者要求重新作出等情形的，应撤下原行政执法决定信息。

012 城市管理综合执法机关如何实施行政检查，检查过程需要注意哪些用语规范？

根据地方性法规的授权，城市管理综合执法部门依法相对集中行使有关行政管理部门在城市管理领域的全部或部分行政处罚权及相关的行政检查权和行政强制权。

城市管理行政检查是指城市管理综合执法部门为了履行法定职责，在城市管理领域开展相对集中行政处罚权时，依法对当事人是否遵守法律规范和是否履行法定义务的情况，进行单方面强制性察看、了解、督促的执法活动，包括例行检查、实时检查和特定检查。例行检查，是指执法机关依照法定职责，对不确定的行政相对人进行的执法检查。如执法人员在社区公共空间进行的日常巡查等。一般例行检查以不增加行政相对人的义务和不减损行政相对人的权益为前提，通常不能对相对人提出具体的履行特定义务的要求。实时检查，即全过程实时检查方式，通过电子监控等手段实行全程的影像记录，以便事后核实、发现违法行为的行政检查方式，如城市管理综合执法部门通过智慧城市系统实时监控特定城区和场所。特定检查，是指执法机关获得投诉、举报或者在日常巡查、实时检查中发现违法行为的嫌疑后，启动对特定行政相对人的执法检查。此时，执法机关可以启动认为有必要的调查取证手段，包括制作当事人陈述笔录、知情人询问笔录、现场勘查笔录，查阅相关档案和材料。因此，特定检查有时会与立案后的调查取证相交叉，两者的区别在于是否履行了立案程序。

有下列情形之一的，城市管理综合执法部门可以不需要经过事先审批即可实施行政检查：一是执法机关根据市民热线等投诉渠道的信息，对被投诉事项进行的现场检查；二是执法人员依据法定职责，在执行勤务巡查任务时实施的行政检查；三是城市管理综合执法部门与其他行政执法部门开展执法联动，对特定执法事项进行的临时检查。

对于特殊事项、重点领域的行政检查，城市管理综合执法部门应当制定实施行政检查的计划或方案，计划或方案中应当包括检查目的、检查目标、检查对象、检查方法和检查时间等。如果行政检查系城市管理综合执法部门与其他行政执法部门共同实施，也应当在计划或方案中写明。

城市管理综合执法部门在按照检查计划或方案实施检查前，可以事先向当事人送达行政检查通知书，以便于当事人合理安排自己的生产或工作，尽可能减少行政检查带来的影响。

实施行政检查，首先，要确定执法人员具备行政执法资格，没有取得行政执法资格的人员不得从事行政执法活动。其次，要检查各种执法装备，包括执法车辆、通信工具、各类取证设备、防护装备，查处违建时还应携带测量工具，以及各种现场执法文书。最后，要了解检查现场的具体情况，包括周边环境、道路交通、人员来办，从而确定最佳的执法路线、执法时间、执法人员、车辆配置、应急措施等事项。

以下是城管综合执法部门实施行政检查的具体步骤及规范用语：

（1）行政检查前需要先表明执法人员身份并亮证。表明身份时，使用问候语，出示行政执法证件，并清楚地告知对方行政执法主体的名称。例如："你好！我们是××××××（行政执法主体名称）的执法人员×××和×××，这是我们的执法证件（亮证），请过目。"（如遇被检查对象存在阅读障碍等特殊情形，应当向其宣读执法工作证号。）

（2）执法人员在进行现场检查（勘查）时，应清楚明了地告知检查事项和检查依据。例如："我们根据××××（检查依据）依法对你（单位）进行××

（具体事项）检查（专项检查、日常巡查等有关执法工作），并根据工作需要进行音像记录。请你（单位）予以协助和配合！"

（3）现场查找被检查单位负责人时，言语文明，切忌急躁。例如："你好，请问负责人是哪一位（在哪里）？我们需要了解一下××方面情况，请（通知他）过来配合检查工作。"

（4）在"双随机"检查、现场检查以及监督抽检、留置送达等易引发争议需要进行音像记录的情形下，应向相对人单位负责人说明开展音像记录的工作。例如："根据工作要求，我局执法人员将通过执法记录仪对执法工作进行全程记录，记录所产生的音像资料将作为视听资料证据。"

开启音像记录后，应当首先说明执法日期、执法事由、执法人员、检查对象。例如："今天是××××年××月××日，××××××（行政执法主体名称）的执法人员×××和×××，依法到××单位（公司）进行××检查。为保证执法的公正性，本次执法全程录音录像。"

（5）向被检查单位现场负责人或有关人员了解情况时，应当说明工作目的与需要了解的具体信息，要求当事人出示有关证件/材料时，应清楚简洁地告知所要检查的证件名称/材料内容名称等。例如："你好，请你如实介绍一下你单位××方面情况，并请出示/提交××（证件完整名称/具体资料内容等）。"

调取原始凭证有困难的，可以提取复印件、影印件、抄录件，或拍摄制作足以反映原件、原物外形或内容的照片、录像，并应当要求证据提供方注明出证日期、证据出处，同时签名或者盖章。例如："你好，这是××复印件，请你核对无误后注明'此件与原件核对一致'，并在此处签名（或盖章），注明日期和出处。"

（6）当对方陈述不清、偏离主题或执法人员未听明白时，及时回到正题，并请对方再次阐述。例如："你好，我们想具体了解的是××××（具体事项），请主要阐述该方面事宜。""对不起，我没有听明白，请你再说一遍。"

（7）进行现场检查时，应当告知被检查对象享有陈述、申辩、申请回避的权利与配合检查的义务。例如："我们需要检查你单位××现场，请你带我们到现场检查。你有权进行陈述和申辩，你认为执法人员与你（单位）有直接利害关系的，有权依法申请回避，同时你应当如实回答、协助检查、不得阻挠，否则将承担相应的法律责任。你听清楚了吗？你是否申请回避？"

（8）在检查过程中认为需要对被检查人（单位）进行询问调查的，应当送达询问通知书，并说明接受询问的时间地点。例如："请你带齐××材料并按时前往××单位××部门接受询问调查，如有疑问，请拨打××电话联系××同志。"

（9）检查过程中需要进行抽样、勘验、鉴定的，需要向被检查对象说明情况。例如："我们需要对××进行抽样检查/勘验/鉴定，检查/勘验/鉴定结果将在××天内告知，请你配合。"

（10）如在检查过程中发现存在违法违规行为，应告知违法事实、理由、依据，当场予以纠正或者责令限期改正。例如："通过检查，我们发现××问题，涉嫌违反《××××法》第××条（第×款）（第×项）的规定，属于××××违法行为，请你（单位）立即/在×日内予以整改，我们将根据调查情况作进一步处理。你是否存在异议？"

（11）在检查过程中发现依法应当给予行政处罚，并可适用简易程序作出处罚决定的，应当告知违法事实、理由、依据、处罚内容以及法定权利。例如："通过检查，我们发现××问题，涉嫌违反《×××××》（具体法律法规规章）第×条（第×款）（第×项）的规定，属于××××违法行为，依法拟对你（单位）处以××处罚，你（单位）依法享有陈述、申辩的权利。现在你（单位）可以进行陈述和申辩。"

当场送达行政处罚决定的，还应当告知当事人救济途径。例如："你（单位）如不服本行政处罚决定，可以在收到本《当场行政处罚决定书》之日起60日内依法向××人民政府或××城市管理综合执法局申请行政复议，也可以在6个月内向××人民法院提起行政诉讼。"

（12）在检查过程中如有证据认为被检查对象存在违法情形并有必要采取强制措施的，应当告知违法事实、理由、依据、拟采取的强制措施、实施依据以及当事人依法享有的权利等。例如："你（单位）正在进行的××行为涉嫌违反《×××××》（具体法律法规规章）第×条（第×款）（第×项）的规定，依据《×××××》（设定行政强制措施的具体法律法规）第×条（第×款）（第×项）的规定，我局执法人员需要对××场所（××物品或××工具）实施××强制措施，实施期限为××日，请你（单位）配合。你（单位）依法享有陈述、申辩的权利。"

当场实施行政强制措施，还应当告知救济途径。例如："如果你（单位）对我局实施的行政强制措施不服，可以在收到《实施行政强制措施决定书》之日起 60 日内依法向××人民政府或××城市管理综合执法局申请行政复议，也可以在六个月内向××人民法院提起行政诉讼。"

（13）检查结束后应当要求当事人在核对无误的检查笔录上签名，若当事人存在阅读障碍，需向其如实宣读。例如："以上是本次现场检查的情况记录，请核对/已向你宣读。如有遗漏或错误，请你指出并由我们进行补充或更正；如核对无误，请你逐页签名/盖章。"（无书写能力的，由当事人按手印。）

（14）执法过程邀请见证人进行见证时，应当说明缘由。例如："××同志你好，请你见证我们依法开展的××执法工作，谢谢！"

执法人员应当在检查结束后请见证人在核对无误的检查笔录上签字。例如："这是我局执法人员在你全程见证下制作的检查笔录，请你在核实记录内容无误的情况下签字见证，谢谢！"

013 城市管理综合执法机关如何处理举报投诉？

自然人、法人或其他组织为维护公共利益或自身权益，向城市管理综合执法机关举报、投诉涉嫌违法行为，请求履行职责的，城市管理综合执法机关应当对举报投诉实行统一编码，统一处理，统一告知。对通过来访进行举报投诉的，应由专人接待；对通过电话进行举报投诉的，应由专人听取内容并做好记录；对书面举报投诉的，应保留书信原件和邮寄凭证。

城市管理综合执法机关收到举报投诉后，应当在规定时间内组织核查，决定是否受理，并将受理情况或不予受理理由告知举报投诉人。不予受理的，可以告知举报投诉人其他维权途径。符合下列条件的，应当受理：

（1）属于城市管理综合执法机关职责；
（2）有具体的举报投诉对象、地址；
（3）有涉嫌违法行为的具体事实；
（4）投诉人还应当提供真实姓名、联系方式，以及与违法行为存在利害关系的证据；
（5）涉嫌违法行为未被处理过，或者被处理过又有新线索的；
（6）违法行为在二年内未被发现的（对涉及公民生命健康安全的违法行为，

在五年内未被有权机关发现的），不予受理。法律另有规定的除外。前款规定的期限，从违法行为发生之日起计算；违法行为有连续或者继续状态的，从行为终了之日起计算。

举报投诉受理后，对被举报投诉的违法行为作出行政处罚、不予行政处罚、撤销案件、移送管辖等处理决定的，应当告知举报投诉人，不符合规定的受理条件的，经机关负责人批准，可以终止处理，并告知举报投诉人。告知方式包括但不限于书面、电话、短信、微信、电子邮件等形式，执法人员应当保留告知记录。举报投诉人未提供联系方式或联系方式不明确的，不予告知。

在举报投诉处理及案件办理过程中知悉举报投诉人身份信息的人员，不得向第三方泄露举报投诉人的姓名或者名称、联系方式等身份信息。

014 发现违法行为线索，应如何处理？

城市管理综合执法机关对依据监督检查职权或者通过投诉、举报、其他部门移送、上级交办等途径发现的违法行为线索，应当予以核查，凡发现有违法事实，符合立案条件的，要及时立案。特别是受理的检举、举报材料，凡经初步核实认为符合立案条件的，就应当及时立案。

1. 核查的内容

（1）是否有明确的涉案行为人及其涉嫌的违法行为事实存在；

（2）是什么性质的违法行为，违法行为发生在什么地方，是否属于城市管理综合执法机关或本机关管辖；

（3）是否存在一事不再罚的情形；

（4）是否需要给予行政处罚，包括违法行为自发生之日起是否超过两年，是否为持续的违法行为，是否有显著轻微的免责情节等；

（5）是否适用普通程序；

（6）其他单位移交的案件，移交材料是否齐全。

2. 核查的方式

案件初步核查不仅是一个程序性的环节，更重要的是在初查时就应该着手固定第一手证据，这些证据往往能在之后案件的办理过程中起到举足轻重的作用，是整个证据链的基础。

（1）制作举报人笔录

案件有举报人的，受理案件后应当及时制作举报人的询问笔录。举报人询问笔录可以使办案人员对整个案件形成一个大致的印象，有助于判断之后的调查方向和重点，并且可以跟其他证据形成印证，是行政案件的重要证据之一。

（2）固定现场证据

城市管理综合执法机关日常工作中查处的违法行为大多具有很强的时效性，比如占道经营、抛洒滴漏等市容类案件，不及时固定证据的话，现场情况很容易灭失。因此，执法人员在发现违法行为时要第一时间对违法现场情况进行拍照、录像，必要时还可以采取查封、扣押等强制措施。对于现场跟案件有关的物品，应做好相关登记保存工作。

在日常工作中，由于执法人员到达违法现场进行初步处置时，多数情况下案件还处于没有立案的状态，很多执法队员认为没有立案就不能进行取证。这其实是个误区。只要主体适格，程序适当，执法人员提取的证据就是合法的，其效力并不受立案与否的影响。

3. 核查后的处理

核查案件线索后，应根据核查情况，及时进行处置：

（1）对在管辖范围内确有涉嫌违反城市管理法律、法规和规章的事实，应当予以行政处罚，具备立案条件的，应及时办理立案手续。

（2）对于没有违法事实发生，或者虽有违法事实发生但情节显著轻微的，或者违法事实超过行政处罚追究时效且没有持续状态的（违法行为在二年内未被发现的，不再给予行政处罚。法律另有规定的除外。对涉及公民生命健康安全的违法行为，在五年内未被有权机关发现的，不再给予行政处罚），不予立案，并将不予立案的理由回复案件线索提供者。

（3）对当事人同一个违法行为已作出罚款处罚或者其他机关已在先立案的，办案机关不应再立案。

（4）对于超越地域管辖范围的，应报告或者直接移送有管辖权的城市管理综合执法部门，并将移送理由回复案件线索提供者。

（5）对于超越职能管辖的，应立即移送有管辖权的职能部门处理，并将移交理由回复案件线索提供者。

（6）对于案件线索不清晰的，可以要求材料提供人继续补充。

（7）城市管理综合执法机关受理案件并进行现场处置后，消除危害后果的，可不予立案。已立案的，可予销案。比如市容类案件中比较常见的占道经营、跨门经营等违法行为，经执法人员口头或书面责令改正后，当事人能及时改正的，可不再立案进行处罚。

015 行政处罚的立案标准是什么？

行政处罚是指行政执法机关依法对违反行政管理秩序的公民、法人或者其他组织，以减损权益或者增加义务的方式予以惩戒的行为。公民、法人或者其他组织违反行政管理秩序的行为，应当给予行政处罚的，依照《行政处罚法》由法律、法规、规章规定，并由行政执法机关依照行政处罚法规定的程序实施。《行政处罚法》第五十四条第二款规定了立案程序的要求："符合立案标准的，行政机关应当及时立案。"同时在第七十六条规定了行政机关对符合立案标准的案件不及时立案的法律责任，即"由上级行政机关或者有关机关责令改正，对直接负责的主管人员和其他直接责任人员依法给予处分"。

行政处罚的立案标准可以理解为立案的条件。城市管理综合执法机关应该对涉嫌违法的事实、违法主体是否适格、本机关是否有管辖权、违法行为是否在追究时效内、是否存在不予处罚的情形、是否适用普通程序等方面进行全面审查，经审查符合立案条件的，立案调查，不符合立案条件的，作出不予立案的决定。

1. 存在违反行政管理法律规范的行为

执法人员应当对已有的材料或线索进行核查，对当事人的行为是否涉嫌违法，违法行为成立的可能性是否达到"高度可能性"的合理怀疑标准进行审查。

2. 行政执法机关具有管辖权

涉嫌违法行为应当属于本机关已经确立的执法事项，并且属于本机关的管辖范围。（行政处罚由违法行为发生地的行政机关管辖。法律、行政法规、部门规章另有规定的，从其规定。）如属于其他主管部门管辖事项或者涉嫌犯罪需要移送司法机关的，则该行政执法机关不应立案。

3. 违法行为仍在行政处罚追究时效内

《行政处罚法》第三十六条第一款规定："违法行为在二年内未被发现的，不再给予行政处罚；涉及公民生命健康安全、金融安全且有危害后果的，上述期限延长至五年。法律另有规定的除外。"除法律另有规定或者涉及公民生命健康安全、金融安全且有危害后果的，对自发生之日起超过两年才被发现的违法行为，行政执法机关不应立案。

4. 不违反一事不再罚款原则

《行政处罚法》第二十九条规定："对当事人的同一个违法行为，不得给予两次以上罚款的行政处罚。同一个违法行为违反多个法律规范应当给予罚款处罚的，按照罚款数额高的规定处罚。"因此，对当事人同一个违法行为已作出罚款处罚或者其他机关已在先立案的，办案机关不应再立案，但办案机关依法需要对当事人作出吊销营业执照等其他行政处罚的除外。

5. 初步调查中未发现存在其他依法应当不予处罚的情形

根据《行政处罚法》的规定，不满十四周岁的未成年人有违法行为的，不予行政处罚，责令监护人加以管教；已满十四周岁不满十八周岁的未成年人有违法行为的，应当从轻或者减轻行政处罚；精神病人、智力残疾人在不能辨认或者不能控制自己行为时有违法行为的，不予行政处罚，但应当责令其监护人严加看管和治疗。间歇性精神病人在精神正常时有违法行为的，应当给予行政处罚。尚未完全丧失辨认或者控制自己行为能力的精神病人、智力残疾人有违法行为的，可以从轻或者减轻行政处罚；违法行为轻微并及时改正，没有造成危害后果的，不予行政处罚。初次违法且危害后果轻微并及时改正的，可以不予行政处罚；当事人有证据足以证明没有主观过错的，不予行政处罚。初查中已经确认存在依法应当不予处罚情形的，无须立案。

6. 不能适用简易程序

《行政处罚法》第五十一条规定："违法事实确凿并有法定依据，对公民处以二百元以下、对法人或者其他组织处以三千元以下罚款或者警告的行政处罚的，可以当场作出行政处罚决定。法律另有规定的，从其规定。"如果案件能适用简易程序查处，就无须立案。

016　如何确定行政处罚的追究时效？

《行政处罚法》第三十六条规定："违法行为在二年内未被发现的，不再给予行政处罚；涉及公民生命健康安全、金融安全且有危害后果的，上述期限延长至五年。法律另有规定的除外。前款规定的期限，从违法行为发生之日起计算；违法行为有连续或者继续状态的，从行为终了之日起计算。"一般情况下，违法行为发生的时间和终了的时间是相同的，追究时效可以从行为发生之日起计算。特殊情况下，违法行为发生的时间和终了的时间并不相同，这里的特殊情况是指违法行为处于连续或继续状态。要确定行政处罚的追究时效，应该确定以下几个概念：

1. 违法行为有连续状态

原国务院法制办公室在《对湖北省人民政府法制办公室〈关于如何确认违法行为连续或继续状态的请示〉的复函》（国法函〔2005〕442号）中答复："《中华人民共和国行政处罚法》第二十九条①规定的违法行为的连续状态，是指当事人基于同一个违法故意，连续实施数个独立的行政违法行为，并触犯同一个行政处罚规定的情形。"这是目前对违法行为连续状态的权威解释。

2. 违法行为有继续状态

所谓违法行为有继续状态，指违法行为实施后，其行为与违法状态在时间上仍处于延续之中。继续状态的特点在于只有一个违法行为，而该违法行为的状态持续存在。违法行为是否终了，不能以违法行为的结果是否存在为判断依据，而应看行为是否继续对客体进行侵害，客体仍处于被侵犯的状态，就可认为违法行为有继续状态。

2011年住房和城乡建设部以《关于违反规划许可、工程建设强制性标准建设、设计违法行为追诉时效有关问题的请示》（建法函〔2011〕316号）专门向全国人大法工委作了请示："近口，地方在执法实践中发现，部分建设项目违反规划许可、工程建设强制性标准，相关责任单位的违法行为在2年后才被发现。地方在查处时大致有两种意见：一是认为依照《行政处罚法》第二十九条②第一款，发现相关责任单位实施违法行为时超过2年，不应再追究其违法责任；二是认为违反规划许可、工程建设强制性标准进行建设、设计、施工，其行为有继续状态，应当自纠正违法行为之日起计算行政处罚追诉时效。我部认同第二种意

---

① 对应2021年修订的《行政处罚法》第三十六条。
② 对应2021年修订的《行政处罚法》第三十六条。

见,违反规划许可、工程建设强制性标准进行建设、设计、施工,因其带来的建设工程质量安全隐患和违反城乡规划的事实始终存在,应当认定其行为有继续状态,根据《行政处罚法》第二十九条的规定,行政处罚追诉时效应当自行为终了之日起计算。"2012年2月13日,全国人大法工委以《对关于违反规划许可、工程建设强制性标准建设、设计违法行为追诉时效有关问题的意见》(法工办发〔2012〕20号)作了答复:"你部送来的《关于违反规划许可、工程建设强制性标准建设、设计违法行为追诉时效有关问题的请示》(建法函〔2011〕316号)收悉。经研究,同意你部意见。"

017 调查取证是否必须在立案之后才合法?

《行政处罚法》第五十四条至第六十二条规定的普通程序中,并没有调查取证前必经负责人批准的强制性规定。只有第五十六条规定了证据先行登记保存须经行政机关负责人批准的程序性要求。可见,立案并不是一般处罚程序中的必经程序。立案只是行政处罚内部程序的完善,便于案件的查处质量和效率,避免怠于履行法定职责、明确办案期限,确保调查行为始终处于行政机关内部的案件监管体系之内。

有部分部门规章,如《市场监督管理行政处罚程序规定》就明确要求,"对依据监督检查职权或者通过投诉、举报、其他部门移送、上级交办等途径发现的违法行为线索,应当自发现线索或者收到材料之日起十五个工作日内予以核查,由市场监督管理部门负责人决定是否立案"。立案前对案件线索的核查,与立案后的调查、检查,在行政处罚中并无实质区别。使用"核查"这一表述主要的原因是与"案件线索"在逻辑和文字上相对应,并无与立案后的调查检查相区别的意图。

但在司法实践中,也有法院出于制约行政权力的目的,支持必须在立案后调查的说法。通过对相关司法审查进行总结,行政执法机关在立案程序上应该注意以下问题:

(1)投诉、举报、上级机关交办、其他机关移送、媒体曝光的案件,行政机关必须在机关负责人批准立案后才能启动调查程序。但是须经初步核查,表明"可能"存在属于本部门管辖的违法行为。

（2）行政机关通过监督检查、日常巡查发现违法行为，或需要立即查处的违法行为，可以先行调查取证，并在规定时间内决定是否立案和补办立案手续。

（3）立案前核查或者行政机关依职权执法检查过程中依法取得的证据材料，可以作为案件的证据使用。对于移送的案件，移送机关依职权调查收集的证据材料，也可以作为案件的证据使用。

018 实施调查取证应坚持哪些原则要求？

调查取证是城市管理综合执法部门在决定立案之后，为查清违法事实，展开的全面、客观、公正的调查并收集证据的过程。

调查取证是执法人员执法活动的主要内容，执法人员通过依法询问当事人和证人，提取相关物证、书证、视听资料、电子数据，进行物证检验或鉴定等活动，依法收集各种相关证据，用来证明案件的真实情况。证据是办案人员用以证明案件事实的基础、认定案件事实的依据，是办案的关键所在。在法治社会，无论是行政执法人员还是审判机关，在办理案件的时候都必须以证据为基础，从不同角度认定进而证明案件事实。证据是对案件事实认识的本源，收集证据、保存证据、审查证据、运用证据是办案人员办理案件时最基本的工作。办案人员应以合法和全面为原则对案件事实调查取证。

1. 合法

调查取证必须依法进行，取证主体、程序和方法，证据来源和形式等都应当符合法律要求，经得起行政复议、行政诉讼的审查检验。主要包括以下三个方面：

（1）执法办案人员的主体资格要合法。调查取证必须由法律、法规规定的城市管理综合执法部门取得执法资格的人员依法进行，执法主体资格是否合法是关键。取证主体不具有相应的执法资格，会影响证据的证明效力。

（2）取证程序要合法。调查取证必须遵循法定的步骤、方式、程序和时限。执法人员调查处理案件时，应当向当事人或者有关人员出示执法证件。统一执法服装，佩戴执法标志；执法人员调查收集证据时不得少于二人；执法人员实施行政强制措施前必须向行政机关负责人报告并经批准；情况紧急，需要当场实施行政强制措施的，执法人员应当在二十四小时内向机关负责人报告，并补办批准手续，行政机关负责人认为不应当采取行政强制措施的，应当立即解除。这些规定从办案人数、方式、步骤、时效等方面对取证做了明确规定，执法人员在办案时必须严格执行，否则取得的证据就会因为违反法定程序，严重影响证据效力。

（3）取证手段要合法。如根据《最高人民法院关于行政诉讼证据若干问题的规定》第五十七条、第五十八条的相关规定，以偷拍、偷录、窃听等手段获取侵害他人合法权益的证据材料和以利诱、欺诈、胁迫、暴力等不正当手段获取的证据材料不能作为定案依据，也不能作为认定案件事实的依据。所以，执法人员在调查取证中一定要保证取证手段的合法性，否则，一旦当事人提起行政诉讼，以上述非法手段取得的证据将不被人民法院采信，从而可能导致败诉风险。

2. 全面

在收集证据的过程中，既要收集违法事实中基本要素的证据，又要收集查明重要情节、作案手段的证据；既要收集能证明当事人违法情节严重的证据，又要收集能够证明当事人行为合法或者应从轻、减轻或不予处罚的证据，通过收集全面的证据材料来还原真实的案件事实。

由于执法实践中违法行为当事人为逃避行政处罚，常常隐匿证据，设置障碍，所以执法人员收集证据必须做到全面、深入、细致，不放过每一个与案件有关的证据。当得到传来证据时，必须追根溯源，寻找原始证据；当得到言词证据时，必须深入调查，力求获取与之相印证的书证、物证等。必要时，还应对所有涉案人员、涉案地点进行全面突击检查，收集相关证据，以尽快全面掌握违法嫌疑人的违法事实和情节的关键证据。

3. 客观

执法人员要按照案件的本来面目去调查取证，了解案情，不夸大不缩小，不事先主观给案件定性。全面和客观是紧密联系的，只有保持客观的态度，反对先入为主、偏听偏信，才能保证不从主观愿望出发，只注意去收集那些符合自己设想的材料，而不注意收集与原来设想不符合的反证；同样，只有通过多种形式正反两方面全面收集证据，才能还事实以本来面目，做到证据所认定事实与客观事实最大程度的符合，使当事人接受处罚时心服口服。

019 执法人员如何进行回避？

《行政处罚法》第四十三条规定："执法人员与案件有直接利害关系或者有其他关系可能影响公正执法的，应当回避。当事人认为执法人员与案件有直接利害关系或者有其他关系可能影响公正执法的，有权申请回避。当事人提出回避申请的，行政机关应当依法审查，由行政机关负责人决定。决定作出之前，不停止调查。"

1. 回避的程序

案源经过初步审查，立案审批通过的，立案审批表里的负责人审批意见应确定立案日期和两名以上执法人员。案件承办机构可以向当事人送达立案通知书，告知当事人其涉嫌违法行为已立案并将进一步调查，同时告知当事人具有配合调查的义务和陈述申辩、申请办案人员回避的权利。参与办理案件的城市管理综合执法人员与当事人有下列关系之一的，应当回避：

（1）夫妻关系；

（2）直系血亲关系；

（3）三代以内旁系血亲关系；

（4）近姻亲关系；

（5）可能影响公正执法的其他利害关系。

被查当事人可以书面或者口头提出执法人员回避要求，口头提出的，执法人员应当及时记录；执法人员可以自行提出回避申请。经审查后，城市管理综合执法机关认为回避申请理由不成立的，应当决定驳回申请。驳回回避申请的，应当向当事人说明理由。对于驳回申请的决定，当事人有权申请复核一次。回避决定作出之前，不停止调查。

城市管理综合执法机关主要负责人的回避，由机关负责人集体讨论决定；城市管理综合执法机关其他负责人的回避，由机关主要负责人决定；其他有关人员的回避，由机关负责人决定。

2. 当事人事后提起回避的处理

当事人要求执法人员回避是一项程序性权利，这项程序性权利的行使有严格的时间限制。事后当事人提出回避申请的情况可能是：

（1）事先知道回避情形存在，事后因不满结果而提出回避申请。这种情况应视为其放弃申请权。当事人知道回避情形的存在而不提出异议，只能说明当事人心怀不良动机,法律不能使人出于不良动机而获利。

(2)事后才知道回避情形,当事人因此而提出回避申请。对于这种情况,如果执法人员没有告知回避申请权的,可以作为程序违法的理由在行政救济程序中提出。如果执法人员已经告知回避申请权的,则可以视为当事人放弃回避申请的权利。

3. 应当回避而没有回避的结果

在行政处罚案件中,如果存在执法人员应当回避而没有回避的情形,不管事实上执法人员有没有作出不公正的决定,只要当事人申请复议或提起诉讼,行政处罚决定就有可能被撤销。

020 执法人员调查取证可以使用哪些合法手段?

《行政处罚法》第四十二条第一款规定:"行政处罚应当由具有行政执法资格的执法人员实施。执法人员不得少于两人,法律另有规定的除外。"第五十五条第一款规定:"执法人员在调查或者进行检查时,应当主动向当事人或者有关人员出示执法证件。当事人或者有关人员有权要求执法人员出示执法证件。执法人员不出示执法证件的,当事人或者有关人员有权拒绝接受调查或者检查。"城市管理综合执法人员在实施与相对人接触的调查手段时都要遵循上述要求。执法人员可以行使的调查取证手段主要有以下几种:

1. 现场检查

现场检查是城市综合执法机关制止违法、收集证据的重要手段,现场检查笔录在办案工作中起着重要的作用。司法机关普遍认为,现场检查笔录的效力远远高于当事人的陈述。执法实践证明,遵循现场检查的基本要求,有效地实施现场检查,可以达到预期的效果。相反,失败的现场检查,可能导致行政执法机关承担相应的法律责任。

2. 询问

城市管理综合执法人员为查明案件基本情况,可以向违法当事人或有关人员了解、查证、咨询与案件有关的情况。通过询问,可以对现场检查中获得的证据材料加以鉴别和补充。

执法办案人员在询问调查等调查取证过程中，要切实保障当事人的合法权益，严禁采取威胁、利诱、欺骗以及其他非法的方法。执法办案人员采取这些非法的方法获得的证据，不能作为案件定性、实施行政处罚的根据。同时，由此给当事人造成损害的，城市管理综合执法机关还应当给予行政赔偿，并承担相应的行政责任；触犯刑法的，执法人员还要承担刑事责任。

3. 调取、查阅、复制

调取、查阅、复制是一项调查权利，是指对有关单位、个人保管的与违法行为有关的资料，执法人员有权进行调取并查阅、复制。这里所说的资料，是指与违法行为有关联的凭证、账册、电子数据及其他资料。在原件提取困难的情况下，可以采取复制的方法对证据进行保存。在当场调取有困难的情形下，也可以要求有关单位、个人在一定期限内提交。调取并不具有强制性，一般应在当事人的配合下做出，如当事人拒绝提供，依法可以采取扣押措施。

4. 抽样取证

执法人员在收集证据时，可以采取抽样取证的方法以提取物证，或是通过提请有关机构给予检验、鉴定，取得检验报告或鉴定意见。执法人员可以自己抽样，也可委托检验机构抽样。但法律法规规章或者国家有关规定，对抽样机构、抽样人员有特别要求的，城市管理综合执法机关应当委托相关机构、人员抽样。委托抽样的，应将所出具的抽样委托书或者签订的抽样委托合同在案卷中存档。

5. 鉴定

需要对案件中专门事项进行鉴定的，城市管理综合执法机关应当委托具有法定资质的机构进行。没有法定资质机构的，可以委托其他具备条件的机构进行。如环境保护类案件中的噪音是否超标，排放的油烟是否污染了环境；城乡规划类案件中建筑物的测绘面积报告，房屋结构鉴定；水利案件中的河道淤泥量检测等专业性问题都需要通过相关专业技术人员的检测、检验和鉴定。

鉴定一般应遵循以下要求：第一，确定具有法定鉴定资质的鉴定机构。第二，委托其他机构化验、鉴定的，城市管理综合执法机关应制作鉴定委托书，填制受委托人、委托事项及提供样品情况等。第三，鉴定机构进行鉴定后出具的鉴定意见，除加盖鉴定机构印章外，鉴定人必须签字或盖章。鉴定意见应载明委托人和委托的事项、向鉴定部门提交的相关材料、鉴定的依据和使用的科学技术手段、鉴定部门和鉴定人资格的说明等内容，对通过分析获得的鉴定意见，应当说明分析过程。

6. 要求当事人提供证据

《最高人民法院关于行政诉讼证据若干问题的规定》第五十九条规定："被告在行政程序中依照法定程序要求原告提供证据，原告依法应当提供而拒不提供，在诉讼程序中提供的证据，人民法院一般不予采纳。"从这一规定可以看出，当事人有义务依要求向行政执法机关提供证据，但没有义务主动向执法机关提供证据，需要当事人提供证据时，行政执法机关必须依法定程序要求其提供。并且要求当事人提供证据的形式必须是书面的，即向当事人发出调取证据材料通知书，而不是口头要求。

城市管理综合执法机关办案人员可以要求当事人及其他有关单位和个人在一定期限内提供证明材料或者与涉嫌违法行为有关的其他材料，并由材料提供人在有关材料上签名或者盖章。

值得注意的是，除了法律法规有具体的规定，可以要求涉嫌违法当事人限期提供有关证明材料外，在很多情形下，该要求不具有强制性，相对人不具有提供相关材料的义务，此时需要注意沟通的态度和技巧。

7. 委托协查

2021 年修改后的《行政处罚法》确立了协助调查制度，该法第二十六条规定："行政机关因实施行政处罚的需要，可以向有关机关提出协助请求。协助事项属于被请求机关职权范围内的，应当依法予以协助。"

委托协查是指城市管理综合执法机关在办案中因受工作专业的局限，往往需要提请相关部门协助调查有关事项，这时大多采用委托协查方式。最常见的是城管综合执法机关查处违法建筑时，一般都会发函给规划部门，请求确认建筑是否具有规划审批文件，是否属于尚可消除影响的情形。规划部门针对不同的情况所作出的规划认定内容及内容的表达虽会有差异，但都是城市管理综合执法机关查处违建的事实依据和相关证据。

8. 证据先行登记保存

执法办案人员调查取证过程中，发现证据可能灭失或者以后难以取得的，应当经城市管理综合执法部门负责人批准后实施证据先行登记保存。实施证据先行登记保存应当制作证据先行登记保存决定书，并对证据登记保存过程进行录音录像。

使用预先盖章的证据先行登记保存决定书和证据先行登记保存处理决定书的，可以经城市管理综合执法机关负责人批准后实施先行登记保存。证据先行登记保存后，应当按照下列要求，及时收集和固定证据：

（1）根据登记造册物品的规格、种类，进行选择性或者随机性抽样，出具抽样取证通知书；

（2）拍照、录像、绘画或者制作勘验笔录。

9. 利用电子技术监控设备收集、固定违法事实

利用电子技术监控设备收集、固定违法事实是城市管理综合执法机关运用非现场监管执法的一种调查手段。《行政处罚法》第四十一条第一款、第二款规定："行政机关依照法律、行政法规规定利用电子技术监控设备收集、固定违法事实的，应当经过法制和技术审核，确保电子技术监控设备符合标准、设置合理、标志明显，设置地点应当向社会公布。电子技术监控设备记录违法事实应当真实、清晰、完整、准确。行政机关应当审核记录内容是否符合要求；未经审核或者经审核不符合要求的，不得作为行政处罚的证据。"

城市管理综合机关利用电子技术监控设备发现当事人的违法行为的，应当及时告知当事人违法事实，并采取信息化手段或者其他措施，为当事人查询、陈述和申辩提供便利。不得限制或者变相限制当事人享有的陈述权、申辩权。

10. 采取行政强制措施

行政强制措施，是指行政执法机关在行政管理过程中，为制止违法行为、防止证据损毁、避免危害发生、控制危险扩大等情形，依法对行政相对人的财物实施暂时性控制的行为，一般指查封、扣押。根据《行政强制法》，查封、扣押应当由法律、法规规定的行政执法机关实施，没有法律、法规的规定，行政执法机关不得实施查封、扣押。

对涉案证据实施强制措施，可以采用较低的证据标准。为防止证据损毁，针对单纯的涉案证据采取行政强制措施，采用近似于先行登记保存的"较低证据标准"（即对经济价值不大，对当事人生产经营活动或日常影响较小，采取行政强制措施的标准可以相对放宽），只要出现"证据可能灭失或者以后难以取得"的情况，就可采取行政强制措施。

021 现场检查如何有序、规范地进行？

（1）对有违法嫌疑的物品或者场所进行检查时，应当通知当事人到场。执法人员应当制作现场笔录，载明时间、地点、事件等内容，由办案人员、当事人签名或者盖章。

（2）执法人员在进行现场检查时应不少于两人，并应出示表明身份的执法证件及说明理由；有证章和制服的，应当佩戴证章，穿着制服（特殊情况除外）。执法证件的出示情况可以通过制作现场笔录、询问笔录和视听资料等方式记录。

（3）告知被调查单位或者公民个人有如实提供证据的义务。同时，还应当告知被调查对象他们享有的有关权利。

（4）执法人员进行监督检查时应根据被检查人的具体情况分别行使下列监督检查职权：一是听取被检查人根据监督检查内容所作的介绍；二是查阅被检查人的相关证照、主体资格、身份证明、制度、记录、技术资料、必要的台账记录及其他书面文件；三是运用专业技术手段进行实地检查、勘验、测试和抽样；四是根据需要对有关人员进行询问；五是确定事实证据。

（5）执法人员应当根据检查情况当场制作现场检查笔录，并交被检查人的在场负责人或其他有关人员核对。被检查人对现场检查笔录无异议的，应在笔录上签名，执法人员应在其后签名；被检查人对现场检查笔录有异议的，可在检查笔录上注明理由或修改并签名，执法人员应在其后签名；被检查人拒绝在现场检查笔录上签名的，由两名执法人员或在场的其他人员签名并注明被检查人拒签情况。

（6）在对有关人员进行查询时，应当场制作询问笔录并交被询问人核对后由被询问人签名确认。

（7）进行现场勘验、测试或采样的，应当场制作勘验记录、测试报告和采样记录。

（8）监督检查中发现被检查人存在违反有关城市管理法律、法规、规章的事实的，除制作现场检查笔录外，还应根据行政处罚程序的有关规定，及时、积极开展书证、物证、影像资料等相关证据的收集工作，做到执法全过程记录。

（9）发现证据有可能毁损、灭失或以后难以取得的情况时，应当及时调取或采取证据先行登记保存、封存、留样及摄影摄像等证据保全措施。

022 现场勘查如何拍摄现场照片？

现场照片是指将案件发生的场所和与案件有关的人或物，用照相机等电子设备客观、准确、全面、系统地固定、记录的一种常用的取证方法。现场照相必须客观真实地反映现场的原始状态和勘查过程中发现的各种物品、材料的情况。

1. 现场照片类型

现场照片根据取景的大小及表达的重点不同，可分为现场方位照、现场概貌照、现场重点部位照、现场细目照。

（1）方位照

方位照是指以案发的中心现场为基准点，以整个现场及现场周围环境作为拍摄对象，反映案发现场所处位置及周围事物关系的照片。方位照定位了案发现场的具体点位，客观反映了该中心现场与周边事物的关联性，既为相关人员查找、核实、说明案发的位置，也为中心现场永久性保留提供了较为客观的证据。特别是在开发区或城市化推进过程中，道路、建筑以及临街店铺重新改造较为普遍，拍摄好方位照，保留必要的资料，留下了证据，可以避免因以后城市的改造而出现案件办结、审核的被动。

（2）概貌照

概貌照是指以整个现场或现场中心为拍摄内容，反映现场的全貌以及现场各部分关系的照片。拍摄概貌照至少要注意两点：一是要注意与方位照的关联性，即概貌照与方位照有交叉重叠部分，这样能相互照应、有说服力。二是应多角度拍摄，制作时写明从南到北拍摄或从东到西拍摄等，能直观说明照片所反映的信息。三是拍摄概貌照时，同时要考虑重点部位照，尽量使概貌照中有隐约反映重点部位的部分，这样拍重点照时，其出处就更直观。必要时，用笔先标出来，就更清楚，更有说服力。

（3）重点部位照

重点部位照是指记录现场重要部位或地段的状况、特点以及与案件有关的物品或所在部位的专门照片。注意三点：一是关联性，即重点部位照必须与概貌照关联，有交叉重叠处，而不是孤立的。二是如果有多处重点，实在不能在一张照片中体现出来，可以多拍几张，制作时并列放在一起，但尽量也能与概貌照有交叉部分，形成关联性。三是与概貌照制作相对应，也就是用细线标划出来，直观清楚。

（4）细目照

细目照是指记录在现场所发现的与案件有关的细小局部状况和各种物品，以反映其形状、大小、深度、图案、文字内容等的专门照片。注意三点：一是细目照一般要放比例尺。既然是细目照，说明要着重强调体现出来的细微的各种尺寸、大小等，如测量违法建筑的长宽高尺寸、违法设置大型广告牌的尺寸、挖掘城市道路的尺寸、建筑渣土的抛洒滴漏面积等。二是关联性，操作方法同概貌照拍摄、制作一样。三是最好用彩色打印，因细目表有时要反映颜色，便于与询问笔录等相互对应，更直观反映客观状态。

2. 拍摄现场照片应注意的事项

（1）了解情况

拍摄人员到达现场之后，应当与其他人员一同了解案件发生、发现的时间及经过，现场原始状况和变动情况。了解情况，使执法人员对案件的性质有基本的了解，而不同的案件，拍照取证的重点自然不同。比如对一条街上的占道经营、流动摊贩两个不同案件的查处，占道经营所在的街道仅作为案件的方位，占道的店家商铺才是拍照要突出的，即店主占道位置与该店的门头招牌的关联性才是拍摄考虑的。但对流动摊贩，该条街的走向宽窄等才是要重点考虑的，而与摊贩位置较近的店铺只是该案的参照点，事实上也可以选择其周边的其他建筑物等作为参考。同样，了解现场是否变动，对拍摄人同样很重要。因为如果有人改变了现场，那取证拍照的人员就应当在整个拍照构思时预留一个位置，考虑到案发时，某个物体的事实位置是怎样的，这样与询问笔录或其他证人证言就能对应起来。

（2）现场构思

根据现场状况，明确现场拍摄的内容、重点，构思安排多个画面的组合结构和对整个现场的表达方式。照片拍好后，在尊重客观事实的前提下，要对所有照片有所取舍并考虑如何排序，比如先放方位照，然后放概貌照，再放重点照，最后放细目照。但如果需要采用的重点照或细目照较多，要结合其与方位照、概貌照、重点照的关联性，采取就近原则安排放置的先后顺序。

3. 拍摄现场照片的顺序

现场拍照一般按以下过程进行，结合案发现场的实际情况，也可以交叉进行。

（1）先拍方位、概貌，再拍重点、细目。这是现场照片的拍摄顺序原则。

（2）先拍原始，再拍移动。如果拍摄目标有遮挡物，应该在移动遮挡物前先拍一张，挪开遮挡物后再拍一张。

（3）先拍易破坏消失的物品，后拍不易破坏消失的物品。

（4）先拍地面，后拍上部。比如建筑泥浆抛洒滴漏、污水偷排乱排等案件，需要先拍地面，后拍相关器具和物品。

（5）先拍急，后拍缓。一些动态的，有时间性的，与温度、湿度等密切相关的信息，应及时取证，以免影响案件的客观情况。

023 询问当事人、相关证人时应当注意哪些要求？

（1）询问应当由二名以上检查人员实施，出示执法证件，告知被询问人享有的法定权利与义务。例如："我们依法就××问题进行询问调查，请予配合，你有权进行陈述和申辩。你认为执法人员与你（单位）有直接利害关系的，有权依法申请回避，同时你应当如实回答询问，协助调查，不得阻挠，否则将承担相应的法律责任。你听清楚了吗？你是否申请回避？"

（2）当事人系法人或者其他经营性组织的，办案人员（两人）对法定代表人、负责人或其委托处理该事情的人员（应出具委托书）就违法事实整个情况进行询问；同时，办案人员还应当分别向具体经办的业务人员、财务人员、生产人员等进行询问，了解各自分工负责事项以及与违法行为有关的工作环节等。当事人系自然人的，直接对其本人进行询问。当事人系女性的，尽量安排女性执法人员在场。

（3）询问可以在被询问人办公场所、城市管理综合执法部门办公场所或者其他合适的场所进行。除在被查对象生产、经营或者办公场所询问外，执法办案人员应当制作并向被询问人送达询问通知书。

（4）询问开始前应当取得被询问人身份证复印件等有效的身份证明资料，并由被询问人在身份证明资料上签名。

（5）询问应当制作询问笔录。询问笔录应当使用能够长期保持字迹的书写工具书写，也可以使用计算机记录并打印，并保证字迹清楚。

（6）记录询问内容应当如实反映被询问人的原意，语意清晰，表达通顺，重要情节应当尽量记下原话。

（7）当事人、被询问人为聋哑人的，应当为其配备手语翻译人员，并在笔录或者文书中注明当事人、被询问人的聋哑情况以及手语翻译人员的姓名、住址、工作单位和联系方式。手语翻译人员应当在笔录或者文书上逐页签字确认。

（8）当事人、被询问人为少数民族、外国人、无国籍人的，应当为其配备翻译人员，并在笔录或者文书中注明翻译人员的姓名、住址、工作单位和联系方式，翻译人员应当在笔录或者文书上逐页签字确认；上述人员自称通晓汉语，表示不需要提供翻译的，应当出具书面申明并签字确认，执法人员在笔录或者文书中注明。

（9）当事人、被询问人没有阅读能力的，执法人员应当场向其宣读笔录或者文书的全部内容。当事人、被询问人确认笔录或文书的记录无误后，在笔录或者文书上逐页签字或捺指印确认。

（10）询问笔录正文部分一般可以分为四个环节，分别是告知环节、被询问人身份和经历核对环节、事实调查环节和核对确认环节。

①告知环节一般包括但不限于以下事项：一是向被询问人表明身份，并出示执法证件；二是告知被询问人本次询问的事由；三是告知被询问人接受询问、申请回避等权利义务的法律依据；四是告知被询问人享有的法定权利、承担的法定义务和责任；五是请被询问人确认是否清楚告知事项和是否需要申请执法人员回避。

②被询问人身份和经历核对环节一般应当对被询问人身份、工作经历、与被查对象关系等事实进行询问调查，并注意围绕被询问人与案件待证事实的关系进行询问。

③事实调查环节应当就待调查了解的案件事实进行询问，询问人措辞应当做到意思表达清晰、明确，不得使用暗示性或者隐喻性的言辞；涉及重要事实、情节、数字、日期等问题时，应当要求被询问人准确回答，避免含糊，并记录被询问人核对资料的情况或者对数字、日期等关键事项作出答复所依据的资料和资料来源；对被询问人提供的物证、书证等，应当在记录中反映并记明证据的来源；询问人出示证据的，应当注明出示何物。

④询问结束后，询问笔录应当交被询问人核对或者向其宣读；询问笔录有修改的，应当由被询问人在改动处捺指印；核对无误后，由被询问人在尾页结束处

写明"以上笔录我看过（或者向我宣读过），与我说的相符"，逐页签章、捺指印，并在询问笔录骑缝处捺指印。

被询问人拒绝在询问笔录上签章、捺指印的，执法办案人员应当在笔录上注明，同时可以通过制作现场笔录或者视听资料记录现场情况。

（11）询问人、记录人要逐页签署日期并签名；执法办案人员可以同时担任询问人和记录人，但应当分别签名；询问人与记录人不得相互代签名；询问人签字处应当由2名以上执法办案人员签名。

（12）询问工作一般应当在工作时间进行；若确实无法在工作时间内完成的，在征得被询问人同意后，可以继续进行，但应当在笔录中确认。

024 询问包括哪些内容？

城市管理综合执法机关在执法办案中，进行询问调查以获得相关证据，其调查询问需要了解以下内容：

1. 初次询问内容

初次询问，即第一次询问，一般不直接触及案件的核心问题，而是围绕该问题，由远而近，由表及里，由浅入深，尽量营造缓和气氛，逐步消除当事人的对立和戒备心理，让当事人自由陈述和辩解，执法办案人员最终确认违法事实及证据。初次询问一般出现在下列两种情况下：一是经过执法检查或者有关人员举报，需要向当事人了解、核实相关情况；二是在现场检查中发现一些违法情况，需要向现场相关人员证实这些情况，或者需要进一步了解更多的、更深的案件事实。

初次询问非常重要，有些调查取证机会稍纵即逝，因此，执法人员一定要抓住初次询问机会，尽可能地把需要获得的、能够获得的证据收集完整。一般来说，在初次询问中，以下这些情况要调查清楚：

（1）当事人基本情况。当事人的基本情况主要包括：当事人名称（姓名）、住所地、联系方式，被询问人的行为能力及身份证明。

（2）违法行为的经过。对违法行为的时间、地点、过程都要问清楚。对于参与人员如何分工实施、在各个时间阶段的投资获得利益情况要问明白。

（3）现场的违法事实。对于现场检查的违法事实，要及时以询问的方式，通过询问笔录记录下来。首先，通过询问，让当事人或者现场人员描述现场的情况。其次，通过询问，了解现场发现的证据的目的或者用途，看能否与被询问人描述的情况相印证，如果出现矛盾，要及时向被询问人询问原因。

（4）涉案财物的去向。必须调查清楚违法财物的存放地、保管人以及销售货款、违法所得的去向。调查清楚涉案财物的去向，可以使办案机构及时采取相应的行政措施，制止违法行为，避免发生新的违法行为，同时也可以给结案工作带来便利，方便随后作出的行政处罚决定的顺利执行。

（5）其他的违法人员。通过询问被询问人，了解清楚参加违法行为的其他人员的一些基本情况及联系方式，以便查找相关违法人员进一步调查案件事实，同时也便于与本次询问的情况相印证。

（6）其他的违法情况。初次询问，往往会令被询问人措手不及，要抓住这样的机会，尽量多了解一些违法情况，而且，这时了解的情况往往比较可靠。要紧紧围绕已经掌握的违法行为人、违法事实、违法证据去追寻更多的与此相关的违法行为人、违法事实、违法证据。

初次询问，违法事实基本清楚的，城市管理综合执法人员应当指出其违法行为的危害性，并要求其立即或者限期改正违法行为。对此，相关法律、法规作出了具体规定。

2. 重点询问内容

重点询问，是指执法办案人员掌握了新的案件线索，或者需要进一步了解案件的有关情况，对当事人或者相关人员再次进行具体的询问调查。重点询问时，因为此前已经询问过当事人，当事人的心态已经有所变化，可能显得沉稳了许多，甚至可能就有关问题进行了有针对性的准备，就办案人员可能询问的问题想好了应对措施。因此，为了使重点询问取得成果，应当注意：

（1）询问的角度。对需要突破的问题，就询问对象的不同，注意分析被询问人的心理活动，选择不同的询问角度。执法办案实践中，抓住已经掌握的证据，稳扎稳打是非常有效的方法。同时，注意分析判断，避开当事人已经有针对性准备的地方，避实就虚，也可以收到事半功倍的效果。

（2）事实的全面性。要注意全面调查案件事实，在重点询问中，对违法行为的行为人、行为时间、行为地点、行为种类、行为经过、情节、手段、涉及案件财物的情况、非法所得的数额、违法经营的数额、参与违法行为的其他行为人的情况等各种情况都应当调查了解，尽量避免疏漏。同时，在重点询问的过程中，执法办案人员还可以让被询问人进一步提供相关证据。

（3）证据的相互印证。重点询问中，要注意各种证据之间的相互印证，使之成为证据链条。发现存在矛盾的证据，要下功夫询问，调查清楚出现这种情况的原因，尽量找出虚假证据并予以排除。

025　如何将电子数据证据转为传统证据？

电子数据作为一种新型证据，随着电脑、手机的普及和互联网、智能化的快速发展而发展，越来越多的行政案件需要在案发现场对电子数据进行取证。但就目前而言，现场电子数据取证仍然是大多数执法人员的一个尚未跨越的技术门槛。因此，将电子数据证据转为传统证据仍然是执法实践中的常用选择。

以下是将电子数据证据转为传统证据的条件、要求和方法。

1. 转为传统证据的条件

将电子数据证据转换为传统证据是一种比较稳妥的证据固定方式。不过对涉及电子数据的案件，在证据上应遵循扣押原始存储载体为主、提取电子数据为辅、打印拍照等为补充的原则。将电子数据转为传统证据是电子数据取证的补充方式和一种迫不得已的方式。有时候甚至不可能实现，如较多字段的数据库数据，数量庞大的电子数据等。以下是可以采用打印、拍照或者录像等传统方式来固定相关电子数据证据的条件：一是案情简单；二是现场无法提取电子数据，也没有必要封存原始存储载体；三是现场存在电子数据自毁功能或装置，需要迅速及时固定相关证据；四是需现场展示、查看相关电子数据。

如果可能，采取打印、拍照或者录像等方式固定相关证据后，能够对原始存储载体采取证据先行登记保存的，应当登记保存；不能登记保存的，尽量提取存储电子数据。

2. 转为传统证据的要求

采取打印、拍照或者录像方式固定相关证据的，应当达到以下要求：

（1）内容清晰。打印、拍照或者录像方式能清晰反映电子数据的内容。

（2）说明原因。在现场笔录中注明采取打印、拍照或者录像等方式固定相关证据的原因，电子数据的存储位置、原始存储载体特征和所在位置等情况。

（3）进行签名。现场笔录由办案人员、当事人、电子数据持有人（提供人）签名或者盖章；当事人、电子数据持有人（提供人）无法签名或者拒绝签名的，应当在现场笔录中注明，并采取录音、录像等方式记录，必要时可以要求有关人员作为见证人。

3. 转为传统证据的方法

（1）书式固定。最常见的方法是通过截屏复制电脑屏幕内容后，将截屏存为文件，以及将电子文档、图片、屏幕信息、网上聊天记录、电子邮件、网页内容、网站日志等打印出来，由证人或者当事人签字，转化为书证。这种方法简便快速，但缺点也十分明显：动态影像不能及时截屏，超长内容难以完整复制，无缝衔接困难，大型文件、数据库难以打印等。

（2）录像。用录像转换成视听资料。使用摄像机等对电脑、网站中视频、动画、飘窗等动态内容，以及调取计算机系统日志、数据、文件等的操作过程，声音文件等，通过录像转化为视听资料。

（3）现场笔录。将现场检查所见记录成现场笔录。现场检查所见的电子文件目录、存放位置、数量等通过记录转换成现场笔录。如将涉案电脑中存放的直观可见的涉案文件、视频和图片等的名称、内容、数量、存放位置，以及现场照片等数据，记录在现场笔录中。

（4）询问笔录。把取证操作通过询问笔录、证人证言等固定成证据，如对被删除数据的恢复等操作，可以通过对当事人的问答笔录、证人证言证明恢复操作过程。

（5）检测。把疑难分析转换成检验、鉴定意见。把难以处理的数据送有鉴定资格的专门机构进行检验、鉴定，转化为检验、鉴定意见。注意提示专门机构，在做检验、鉴定意见时，若与证据描述不符要附有原始证据，注明处理手段。

026 如何正确实施证据先行登记保存？

城市管理综合执法机关办案时，在证据可能灭失或者以后难以取得的情况下，经部门负责人批准，可以根据《行政处罚法》第五十六条的规定对需保全的证据先行登记保存。对证据先行登记保存时，应当会同证据的持有人或见证人对证据的名称、数量、规格、特征等进行登记，开具先行登记保存证据清单，进行全程音像记录。上述清单由办案人员和证据持有人签名。证据持有人拒绝签名的，办案人员应予注明，清单由办案人员和证据持有人各执一份。先行登记保存证据，一般加施先行登记保存封条，由当事人或证据持有人负责保管，也可由行政执法机关保管。行政执法机关在采取证据登记保存措施后，应在七日内及时作出处理决定，逾期不作处理决定的，视为自动解除。先行登记保存期间，证据持有人及其他人员不得损毁或转移证据。

1. 与"查封、扣押"等行政强制措施的区别

（1）实施条件不同。先行登记保存与查封、扣押最大的不同，在于是否需要相关法律法规的明确授权。简单来讲，根据《行政强制法》的规定，查封、扣押必须有法律法规的具体规定，如《无证无照经营查处办法》第十一条第二款规定："对涉嫌从事无照经营的场所，可以予以查封；对涉嫌用于无照经营的工具、设备、原材料、产品（商品）等物品，可以予以查封、扣押。"执法机关必须依据法律法规的具体规定才可以采取查封、扣押的措施。而先行登记保存则没有这样的要求，在符合《行政处罚法》第五十六条的条件下，城市管理综合执法机关就可以对证据先行登记保存。

（2）控制方式不同。先行登记保存是由执法人员对证据进行现场清点，造册登记，交由当事人共同签名确认并当场交付先行登记保存证据通知书，同时将证据就地保存（在原地保存可能妨害公共秩序或者公共安全的，可以异地保存）。在此期间当事人不得损毁、销毁或者转移证据。这种控制方式是行政执法机关向当事人施加了保管义务，但实质上并没有影响当事人对证据的占有权。而行政强制措施则是对与违法行为相关的财物实施暂时性控制，包括查封或者扣押等，这种控制方式直接影响到当事人对涉案财物的占有权。

（3）功能设定不同。虽然两者均有防止证据损毁的功能，但先行登记保存的功能仅限于此，只是为了保障更好、更完整地取得证据。但行政强制措施的功能则更加丰富，除取得、保护证据外，还包括制止违法行为、避免危害发生、控制危险扩大等功能，甚至在某种程度上还能起到促使当事人尽快履行义务的作用。

（4）行为性质不同。行政强制措施是独立的具体行政行为，具有可诉性。先行登记保存则只是行政执法机关在行政处罚过程中所拥有的一种取证手段，是行政处罚这一具体行政行为中的一个环节，不具有独立的可诉性。值得注意的是，在执法实践中常常会出现以"先行登记保存"之名行"查封、扣押"之实的行

为。在此情形下，"先行登记保存"行为虽不具有可复议性与可诉性，但由于行政执法机关实质上实施了"查封、扣押"的行政强制行为，对于此类行政行为，法院往往会结合具体案情，予以受理，并结合《行政强制法》中相应的程序规定对案涉行政行为进行全面的审查。

2. 如何理解"应当在七日内及时作出处理决定"

《行政处罚法》要求行政执法机关应当在登记保存后七日内及时作出处理决定，有法院判例认为，此处规定的"七日内"并非指行政执法机关作出行政处罚的期限，而是要求行政执法机关对先行登记保存的证据，在七日内采取返还、没收、保全、鉴定、移送等措施。如《市场监督管理行政处罚程序规定》第三十五条规定："对于先行登记保存的证据，应当在七个工作日内采取以下措施：（一）根据情况及时采取记录、复制、拍照、录像等证据保全措施；（二）需要检测、检验、检疫、鉴定的，送交检测、检验、检疫、鉴定；（三）依据有关法律、法规规定可以采取查封、扣押等行政强制措施的，决定采取行政强制措施；（四）违法事实成立，应当予以没收的，作出行政处罚决定，没收违法物品；（五）违法事实不成立，或者违法事实成立但依法不应当予以查封、扣押或者没收的，决定解除先行登记保存措施。逾期未采取相关措施的，先行登记保存措施自动解除。"也有部门规章如《财政部门证据先行登记保存办法》规定，执法机关应在七个工作日内将先行保存的证据退还被检查人，并办理证据退还手续。

值得注意的是，在以往案例中，有执法机关在先行登记保存的期限内作出了"拟对先行登记保存产品予以没收"的决定，而法院认为该决定并未对先行登记保存物品作出处理，拟没收并非没收，因此被法院判定属于超期登记保存物品，违反法定程序。

执法实践中也有意见认为，没收是行政处罚的种类之一，不能作为处理决定写在证据先行登记保存处理决定书中。行政执法机关只有在依法作出没收行政处罚决定后，才能对涉案物品予以没收。

3. 先行登记保存应注意的问题

（1）不得超过法定期限实施证据登记保存。执法机关应当在《行政处罚法》规定的"七日内"作出处理决定。登记保存超期很有可能会被认为属于程序违法，从而导致行政处罚决定的无效。

（2）必须经行政机关负责人批准，制作证据先行登记保存通知书，并送达行政相对人。这种批准可以是"一案一批",也可以是"事先授权",即在明确具体标准的情况下,授予行政执法人员根据具体情况处置的权力,行政执法人员采取"先行登记保存"后,应及时向行政机关负责人汇报。执法人员不能因为个人一时冲动,感情用事。在紧急的情况下,可以先口头征得机关负责人同意,事后应及时补办书面审批手续。

（3）认真制发有关执法文书。证据先行登记保存是一项严肃的执法活动,实施时必须严格按程序履行相关手续,按照有关规定制发证据先行登记保存通知书和物品清单。制作通知书时,应严格按照本行业规定的格式文书书写,并亲手交给证据持有人;制作证据保存清单时,必须有当事人在场,当事人不在场可以邀请其他人员参加。对物品进行清点,应用明确、通用的计量单位登记造册,详细记录物品的名称、规格（形状）、包装、提取的位置等。在制作完毕后,当场交由当事人或其他人员核对,确定无误后签字、盖章。

（4）不得扩大证据登记保存范围。实行证据先行登记保存,必须是在特殊、紧急的情况下,如证据有可能灭失、时过境迁后将难以取得等,行政执法机关才能实施。对没有必要进行证据登记保存,或通过询问笔录、证人证言、现场笔录等其他证据就能够确定行政相对人违法事实的,则不能采取该措施。在执法中,行政执法机关往往把握不准实施证据登记保护的条件,在没有必要采取证据登记保存或用其他证据就足以认定行政相对人违法的情况下,任意扩大其范围,以貌似合法的方式进行变相的强制扣押。

（5）必须符合法定证据的要求。先行登记保存的物品作为证明案件真实情况的证据,必然具有客观性、关联性和合法性三个基本特征,它必须与违法行为有直接必然联系。但行政机关在执法过程中,往往不注意这一点,如城管执法部门在查处违反市容管理乱贴手机广告案时,对与违法行为毫无关联的手机实施先行登记保存,就违背了证据关联性的原则要求。

027 城市管理综合执法机关实施行政强制措施有哪些法律依据?

行政强制措施,是指城市管理综合执法机关在行政管理过程中,为制止违法行为、防止证据损毁、避免危害发生、控制危险扩大等情形,依法对行政相对人的财物实施暂时性控制的行为,一般指查封、扣押。实践中,对在建违法建筑的强制拆除措施，实质是为制止违法行为、避免危害发生、控制危险扩大，对公民、法人或者其他组织的财物实施的暂时性控制行为，因此，可以界定为行政强制措施。

1. 职权依据

《行政强制法》第二十二条规定："查封、扣押应当由法律、法规规定的行政机关实施，其他任何行政机关或者组织不得实施。"这条规定明确了查封、扣押的实施主体应当是法律、法规规定的行政机关。第十七条第二款规定："依据《中华人民共和国行政处罚法》的规定行使相对集中行政处罚权的行政机关，可以实施法律、法规规定的与行政处罚权有关的行政强制措施。"因此，城市管理综合执法机关是有权依法实施查封、扣押的行政主体。

另根据《行政强制法》第十七条第三款的规定："行政强制措施应当由行政机关具备资格的行政执法人员实施，其他人员不得实施。"实施行政强制措施的人员必须是具备执法资格的行政执法人员。

2. 对施工工具、设备和材料的查封、扣押

很多地方性法规、地方政府规章对此均作出了规定，如《北京市市容环境卫生条例》第二十七条第二款规定："对未经批准正在建设的影响市容的建筑物、构筑物或者其他设施，城市管理综合执法部门可以查封、暂扣其施工工具和设备，并依照前款规定予以处理。"《北京市禁止违法建设若干规定》第十条第二款规定："违法建设当事人不立即停止建设的，行政执法机关可以查封违法建设施工现场、扣押违法建设施工工具和材料；违法建设当事人拒不拆除或者回填的，街道办事处、乡镇人民政府应当依法立即拆除或者回填。"

3. 对施工现场的查封

《城乡规划法》第六十八条规定："城乡规划主管部门作出责令停止建设或者限期拆除的决定后，当事人不停止建设或者逾期不拆除的，建设工程所在地县级以上地方人民政府可以责成有关部门采取查封施工现场、强制拆除等措施。"

4. 对在建违法建筑的强制拆除

《城乡规划法》第六十八条规定："城乡规划主管部门作出责令停止建设或者限期拆除的决定后，当事人不停止建设或者逾期不拆除的，建设工程所在地县级以上地方人民政府可以责成有关部门采取查封施工现场、强制拆除等措施。"

5. 对违法兜售物品和器具的暂扣

同样见于各地地方性法规中，如《江苏省城市市容和环境卫生管理条例》第五十条第三项规定，擅自摆摊设点且不听劝阻继续经营的，对其兜售的物品及盛装器具暂扣。

6. 对无照经营的场所和物品的查封、扣押

《无证无照经营查处办法》第十一条第二款规定："对涉嫌从事无照经营的场所，可以予以查封；对涉嫌用于无照经营的工具、设备、原材料、产品（商品）等物品，可以予以查封、扣押。"

7. 对燃气瓶的查封、扣押

《安全生产法》第六十五条第一款第四项规定："应急管理部门和其他负有安全生产监督管理职责的部门依法开展安全生产行政执法工作，对生产经营单位执行有关安全生产的法律、法规和国家标准或者行业标准的情况进行监督检查，行使以下职权：……（四）对有根据认为不符合保障安全生产的国家标准或者行业标准的设施、设备、器材以及违法生产、储存、使用、经营、运输的危险物品予以查封或者扣押，对违法生产、储存、使用、经营危险物品的作业场所予以查封，并依法作出处理决定。"

8. 对造成污染物排放的设施、设备的查封、扣押

《环境保护法》第二十五条规定："企业事业单位和其他生产经营者违反法律法规规定排放污染物，造成或者可能造成严重污染的，县级以上人民政府环境保护主管部门和其他负有环境保护监督管理职责的部门，可以查封、扣押造成污染物排放的设施、设备。"

《大气污染防治法》第三十条规定："企业事业单位和其他生产经营者违反法律法规规定排放大气污染物，造成或者可能造成严重大气污染，或者有关证据可能灭失或者被隐匿的，县级以上人民政府生态环境主管部门和其他负有大气环境保护监督管理职责的部门，可以对有关设施、设备、物品采取查封、扣押等行政强制措施。"

城市管理综合执法在查处社会生活噪声污染、建筑施工噪声污染、建筑施工扬尘污染、露天烧烤污染等违法行为时，可以根据具体情形依据《环境保护法》或《大气污染防治法》的规定，实施查封、扣押的行政强制措施。

9. 对非机动车的扣留

《道路交通安全法》第八十九条规定:"行人、乘车人、非机动车驾驶人违反道路交通安全法律、法规关于道路通行规定的,处警告或者五元以上五十元以下罚款;非机动车驾驶人拒绝接受罚款处罚的,可以扣留其非机动车。"

10. 对违反规定设置的牌匾标识逾期不改正的进行强制拆除

详见各地地方性市容法规。

11. 对在主要街道两侧和重点地区的建筑物的顶部、阳台外和窗外设置不符合容貌景观标准的设施逾期不改正的进行强制拆除

详见各地地方性市容法规。

12. 对违反规划设置户外广告设施进行强制拆除

详见各地地方性市容法规。

13. 对无资质的单位和个人运输餐厨垃圾的车辆采取暂扣的强制措施

详见各地生活垃圾管理条例。

028 如何实施查封、扣押?

1. 批准程序

实施查封、扣押措施应当制作实施查封、扣押决定书,报城市管理综合执法机关负责人批准,情况紧急,需要当场实施查封、扣押措施的,经电话请示机关负责人同意后可以立即实施,但应当在二十四小时内补办审批手续。

2. 查封、扣押的实施

查封、扣押应按下列规定执行:

(1) 由两名以上行政执法人员实施,并进行全程录音录像;

(2) 出示执法身份证件;

(3) 通知当事人到场,交付当事人实施查封、扣押决定书;

(4) 当场告知当事人采取查封、扣押措施的理由、依据以及当事人依法享有的权利、救济途径;

(5) 听取当事人的陈述和申辩;

（6）制作现场笔录，填写查封扣押物品清单并交付当事人。

对当事人家存或者寄存的涉嫌违法物品，需要扣押的，责令当事人取出；当事人拒绝取出的，应当会同当地有关部门或者单位将其取出，并办理扣押手续。

3. 查封、扣押的期限

查封、扣押期限不得超过三十日，期限届满解除的，应当在期限届满前报城市管理综合执法机关负责人批准后制作查封、扣押处理决定书。情况复杂需要延长的，经城市管理综合执法机关负责人批准后可以延长三十日，并制作查封、扣押延期通知书。物品需要进行检测、检验、检疫、鉴定的，查封、扣押的期间不包括检测、检验、检疫、鉴定的期间。检测、检验、检疫、鉴定的期间应当明确，并书面告知当事人。

4. 查封、扣押物品的保管

查封、扣押的场所、设施或者财物应当妥善保管，不得使用或者损毁；城市管理综合执法机关可以委托第三人保管，第三人不得损毁或擅自转移、处置。查封的场所、设施或者财物，应当加贴城市管理综合执法机关封条，任何人不得随意动用。

对鲜活物品或者其他不易保管的财物，法律、法规规定可以拍卖或者变卖的，或者当事人同意拍卖或者变卖的，经城市管理综合执法机关负责人批准，在采取相关措施留存证据后可以依法拍卖或者变卖。拍卖或者变卖所得款项由城市管理综合执法机关暂予保存。

因查封、扣押发生的保管费用是因执法机关采取强制措施产生的，执法机关不得以任何形式变相向当事人收取保管费用。

5. 查封、扣押的解除

有下列情形之一的，城市管理综合执法机关应当及时作出解除查封、扣押决定：

（1）当事人没有违法行为；

（2）查封、扣押的场所、设施或者财物与违法行为无关；

（3）对违法行为已经作出处理决定，不再需要查封、扣押；

（4）查封、扣押期限已经届满；

（5）其他不再需要采取查封、扣押措施的情形。

解除查封、扣押应当立即退还财物，并由办案人员和当事人在财物清单上签名或者盖章，对解除过程进行录音录像。已将鲜活物品或者其他不易保管的财物拍卖或者变卖的，退还拍卖或者变卖所得款项。变卖价格明显低于变卖时市场价格，给当事人造成损失的，应当给予补偿。

当事人下落不明或者无法确定涉案物品所有人的，应当按照规定的公告送达方式告知领取。公告期满仍无人领取的，经城市管理综合执法机关负责人批准，将涉案物品上缴或者依法拍卖后将所得款项上缴国库。

029 查封违法建设施工现场、扣押施工工具怎样实施？

实施查封违法建设施工现场、扣押施工工具的措施必须同时符合以下条件：一是建筑物、构筑物或其他设施应申领建设工程规划许可证，而未取得建设工程规划许可证（含临时建设工程规划许可证）或未按照建设工程规划许可要求进行建设；或者建筑物、构筑物或者其他设施未经批准建设且影响市容；二是建筑物、构筑物或其他设施正在建设；三是范围仅限于违法建设施工现场和直接用于违法建设的施工工具和设备。

对经责令改正能够立即停止施工的，可不予采取查封、扣押。对需要扣押的物品，应当使用自有场所或者其他正规场所存放，并妥善保管，不得挪用、调换、损毁。在实施查封、扣押物品前应当填写查封、扣押物品审批表。实施查封、扣押时应使用统一制式并盖有城市管理综合执法机关单位公章的查封、扣押物品决定书及封条。执法人员查封、扣押物品时，应当向相对人送达查封、扣押物品决定书。查封、扣押物品决定书应当详细列明查封、扣押的物品及规格型号、数量、成色品级等（必要时应采取摄影摄像等证据保全措施），由执法人员和相对人以签名或者盖章等方式确认。相对人拒绝签名的，应由2名以上执法人员在查封、扣押物品决定书上注明情况。相对人拒绝到场的，可以邀请有关人员作为见证人，由执法人员和有关人员在查封、扣押物品决定书上签名并注明情况，并全场录像。

案件调查终结，应及时填写查封、扣押物品处理审批表，并制发查封、扣押处理决定书，及时送达相对人。

对于无法确定违法建设所有人和管理人的，可以实施公告程序。实施公告前，执法人员应当核查并记录确定违法建设所有人和管理人的相关情况，并对违法事实予以初步认定；需要行政主管部门提供认定材料的，应当先取得行政主管部门的认定。公告期间不得少于十五日。公告期间届满，无人主张权利或者未自行改正违法行为的，执法机关依法定程序予以强制拆除。

公告应当同时在相关公共媒体以及建筑物、构筑物或者其他设施的所在地进行发布。建筑物、构筑物或者其他设施的所在地发布公告，是指在上述建筑物、构筑物或者其他设施上张贴公告，张贴公告应采取录像摄像等证据保全措施。

030 城市管理综合执法人员实施行政强制措施应该注意哪些用语规范？

（1）执法人员在采取行政强制措施前，应当先表明执法人员身份并亮证。表明身份时，使用问候语，出示行政执法证件，并清楚地告知对方行政执法主体的名称。例如："你好！我们是××××××（行政执法主体名称）的执法人员×××和×××，这是我们的执法证件（亮证），请过目。"（如遇被采取措施对象存在阅读障碍等特殊情形，应当向其宣读执法工作证号。）

（2）实施/解除强制措施、留置送达等易引发争议需要进行音像记录的情形，应向相对人/单位负责人说明开展音像记录的工作。例如："根据工作要求，我局执法人员将通过执法记录仪对执法工作进行全程记录，记录所产生的音像资料将作为视听资料证据。"

开启音像记录后，应当首先说明执法日期、执法事由、执法人员、执法对象。例如："今天是×××年××月××日，××××××（行政执法主体名称）的执法人员×××和×××，依法对××单位（公司）采取××强制措施。为保证执法的公正性，本次执法全程录音录像。"

（3）在调查取证或现场执法过程中，应当依法采取查封、扣押等行政强制措施的，应当当场告知当事人违法事实、采取行政强制措施的内容、期限、理由、依据以及当事人依法享有的权利、救济途径，听取当事人的陈述和申辩。例如："你（单位）涉嫌××××××（违法事项），我们依据《××××××》（设定行政强制措施的具体法律法规）第×条（第×款）（第×项）的规定，依法对你（单位）××××××（场所/设施/财物）实施查封/扣押，期限为××日。你（单位）依法享有陈述和申辩的权利。如果对查封/扣押不服，可以在收到《实施行政强制措施决定书》之日起六十日内向××人民政府或者××城市管理综合执法局申请行政复议；也可以在六个月内依法向××人民法院提起行政诉讼。"

执法人员应当当场交付实施行政强制措施决定书和场所/设施/财物清单，制作现场笔录，并请当事人签名或者盖章。"这是《实施行政强制措施决定书》和《场所/设施/财物清单》，请你核对。如果没有异议，请你在现场笔录和清单上签名或盖章。"（无书写能力的，由当事人按手印。）

执法过程邀请见证人进行见证时，应当说明缘由。例如："××同志你好，请你见证我们依法开展的××（具体行政强制措施）工作，谢谢！"

执法人员应当在查封/扣押结束后请见证人在核对无误的现场记录上签字。例如："这是我局执法人员在你全程见证下制作的现场记录，请你在核实记录内容无误的情况下签字见证，谢谢！"

（4）对实施强制措施查封/扣押的××场所/设施/财物，需要对有关物品进行检测/检验/检疫/鉴定的，应当告知当事人检测/检验/检疫/鉴定期间。例如："我们依法委托相关机构对有关物品进行检测/检验/检疫/鉴定。检测/检验/检疫/鉴定期间自××××年××月××日至××××年××月××日。依据《行政强制法》第二十五条第三款的规定，查封、扣押的期间不包括检测、检验、检疫、鉴定的期间。"

执法人员对案件中专门事项进行检测、检验、检疫、鉴定后，应当将检测、检验、检疫、鉴定结果以及救济途径告知当事人。例如："我们依法对你（单位）的××物品进行检测/检验/检疫/鉴定，结果为××。你（单位）如对该检测/检验/检疫/鉴定结果有异议，可于接到本告知书之日起××日内，向××机构提出。"

（5）延长行政强制措施期限的，应当告知当事人延长的具体期限以及享有的权利与救济途径。例如："因情况复杂，依据《行政强制法》第二十五条第一款、第二款的规定，经批准，我局决定将对你（单位）实施的××行政强制措施的期限延长至××××年××月××日。你（单位）可以对本决定进行陈述和申辩。如不服，可以在收到本决定书之日起六十日内向××人民政府或者××城市管理综合执法局申请行政复议；也可以在六个月内依法向××人民法院提起行政诉讼。你（单位）现在可以进行陈述和申辩。"

（6）对已实施强制措施的场所/设施/财物解除强制措施时，执法人员应当当场交付《解除行政强制措施决定书》和《场所/设施/财物清单》，请当事人核对清点后签名或者盖章。例如："依据《××××××》（具体法律法规）第×条（第×款）（第×项）的规定，我们自×××年××月××日起依法对×××解除强制措施。这是《解除行政强制措施决定书》和《场所/设施/财物清单》，请你核对/清点。如果没有异议，请你在现场笔录和清单上签名或盖章。"（无书写能力的，由当事人按手印）

031 查封、扣押物品如何保管？

1. 查封物品的保管

实践中，查封物品的保管有两种情形，即当事人控制的由当事人负责保管，控制权不在当事人的，由实际控制人负责保管。无论当事人保管还是实际控制人保管，都应当履行下列程序：

（1）认真清点核实。查封涉案物品时，调查人员必须会同当事人或当事人和实际控制人对拟查封物品的名称、品种、型号、规格、质量、数量、单价、总价款等具体情况认真、细致地清点核实和确认。

（2）制作查封物品清单。为明确查封物品的保管责任，查封时必须制作查封物品清单。查封物品清单对拟查封物品的名称、品种、型号、规格、数量、质量、单价、总价款等具体情况应当详细记载，并确保记载内容与实际情况完全一致。调查人员与当事人或当事人和实际控制人都应当在查封物品清单上签名或盖章。

查封物品由当事人保管的，查封物品清单应当一式两份：一份交由当事人保存，一份入卷；查封物品由实际控制人保管的，应当一式三份：一份由当事人保存，一份由实际控制人保存，一份入卷。

（3）告知保管人义务。无论查封物品由当事人保管还是由实际控制人保管，都应当以书面形式明确告知其下列义务：保管人依法对查封物品承担妥善保管，不得销售、转移、藏匿、损坏和擅自使用，否则，将依法承担不利的法律后果。

2. 扣押物品的保管

实践中，扣押物品的保管也有两种情形，即城市管理综合执法机关自己保管和委托保管，保管责任由执法机关承担。具备保管条件的执法机关应当自己保管，不宜委托保管。所谓保管条件，是指保管扣押物品的场所和安全、通风设施等基本条件，以及保管危险化学品、贵重物品等应具备的特殊条件。

（1）城市管理综合执法机关自己保管

为了保管好扣押物品，城市管理综合执法机关必须建立健全下列制度：

一是查管分离。为了保证扣押物品的安全和调查人员能够集中精力调查处理案件，必须查管分离，即涉案物品一经扣押，必须移交专职人员保管，调查人员不再承担保管责任。

二是专设库房。为了保证扣押物品的安全，执法机关应当专设暂扣物品专用仓库，将暂扣物品存放在专用仓库，避免与单位自用仓库或其他仓库相混同。

三是保管人员应当相对固定。扣押物品种类繁多，情况复杂，出入库程序严格，且各类物品的保管要求各不相同；保管人员应当相对固定，以便熟悉保管业务和相关程序，积累保管知识和经验，提高扣押物品保管的专业性和安全性。

四是建立库房安全保卫制度。不仅库房本身应当状况良好、通风方便和安全可靠，还必须建立健全库房安全保卫制度。租用库房应当选择门卫制度严格、闲杂人员较少、车辆进出方便的地方。

五是建立健全检查防范制度。对进入库房的扣押物品应当坚持定期或不定期检查，防止扣押物品霉变、腐烂或丢失、损毁。

（2）委托保管

委托保管是指城市管理综合执法机关因不具备暂扣物品保管条件而委托有条件的单位或个人保管的情形。委托保管的，调查人员应当会同受托人认真清点核实委托保管物品，并制作委托保管物品清单。委托保管物品清单登记的委托保管物品名称、品种、数量等内容与实际情况应当完全一致。调查人员和受托人都应当在委托保管物品清单上签名或盖章。委托保管物品清单应当一式两份作为委托保管合同的附件，一份由受托人保存，一份入卷。委托保管应当注意下列事项：

一是被委托人应当具备良好的主客观条件。主观条件包括综合素质良好的保管人员和健全完善的保管制度，以及安全可靠的保卫措施等；客观条件包括完善、安全、可靠的仓储场所和硬件设施，以及科学先进的监控、监测设备与技术等。

二是明确双方的权利与义务。委托保管的执法机关应当向受托人出具保管委托书，并订立委托保管合同，详细约定双方的权利与义务，特别应当突出强调受托人必须履行不得擅自动用、销售、转移和损毁委托保管物品的义务，否则，不仅要承担违约责任，还可能承担由此引起的其他法律责任。

三是委托保管物品出现意外的，必须追究受托人的法律责任。委托保管的执法机关与受委托人之间通过委托保管合同建立了委托保管民事法律关系，当委托保管物品发生丢失、损毁等情况时，受托人除承担相应的民事法律责任外，执法机关应当依法追究受托人的行政法律责任，涉嫌犯罪的，应当移送公安机关。

032 扣押物品如何处理？

扣押物品的处理，是指城市管理综合执法机关依据法律规定和案件调查处理的实际需要，以及扣押物品的具体情况处置扣押物品的情形。扣押涉案物品的目的是及时制止违法行为和方便搜集证据，尽快查明案件事实。扣押目的已经实现，扣押措施作为手段已没有存在的必要，或扣押期限届满、暂扣物品需要及时处理的，执法机关应当及时处理。扣押物品的处理有先行处理、发还、没收、移送和其他特殊处理等情形。

1. 先行处理

先行处理，是指城市管理综合执法机关对易腐烂、变质或季节性较强等不易保存的扣押物品，在作出最终处理决定之前，根据扣押物品的具体情况依法变价或作其他处理的情形。扣押物品种类繁多，品质和保存期限各异，有的易腐烂变质，有的具有很强的季节性。腐烂、变质或过季将导致其失去使用价值和价值，给当事人或国家造成一定经济损失。为了减少这种损失，行政执法机关对易腐烂、变质或季节性强的扣押物品应当依法先行处理。对应当先行处理而由于行政执法机关的原因未先行处理，导致扣押物品腐烂、变质或因过时而造成损失的，行政执法机关应当承担法律责任。

先行处理的程序如下：

（1）申报

案件调查机构或仓库保管人员对拟先行处理的扣押物品应当制作扣押物品先行处理审批表，连同认定扣押物品可能腐烂、变质或过时的证据材料一并报城市管理综合执法机关负责人审批。扣押物品先行处理审批表应当一式一份入卷。

（2）审批

城市管理综合执法机关负责人应当在认真审查核实拟先行处理物品的具体情

况和相关证据，以及调查人员或保管人员的意见或建议的基础上，对是否先行处理和如何先行处理扣押物品作出决定，并在扣押物品先行处理审批表的相关栏目中签署决定意见和签名。

（3）协商意见

为了维护当事人的合法权益，保证扣押物品先行处理行为的合法性和合理性，城市管理综合执法机关决定拟先行处理扣押物品时，应当通过制作并送达先行处理扣押物品意见协商函的形式征求当事人意见。先行处理扣押物品意见协商函应当一式两份，一份送达当事人，一份入卷。

当事人有权根据扣押物品的具体情况对是否先行处理提出"同意"或"不同意"的意见，并在规定的期限内采用书面形式将自己的意见回复给执法机关。

实践中城市管理综合执法机关与当事人协商意见的结果通常有以下几种：一是当事人同意执法机关的先行处理意见和方式；二是当事人同意先行处理，不同意执法机关提出的处理方式并提出新的处理方式；三是当事人同意先行处理，但不同意执法机关提出的处理方式，自己也未提出新的处理方式；四是当事人不同意先行处理。

（4）区分情况处理

城市管理综合执法机关应当根据与当事人协商结果的不同情况分别予以处理。

当事人既同意先行处理，也同意先行处理方式的，应当在收到当事人意见回复函后尽快处理，并将处理结果以书面形式告知当事人。

当事人同意先行处理，不同意执法机关提出的处理方式并提出新的处理方式的，只要不违反法律规定，应当按照当事人提出的处理方式处理，并将处理结果以书面形式告知当事人。

当事人同意先行处理，但不同意执法机关提出的处理方式，自己也未提出新的处理方式的，应当依据法律规定，在保全证据并严格履行先行处理审批程序的基础上，按照自己的方式处理，并将处理结果以书面形式告知当事人。

当事人不同意先行处理的，应当对扣押物品的具体情况作进一步分析、研究和认定，并根据以下原则精神决定是否先行处理：对证据确实充分，能够准确认定暂扣物品变质、腐烂或过时的，在保全证据的前提下依法先行处理，并将处理结果以书面形式告知当事人；对不能准确认定扣押物品变质、腐烂或过时的，可暂不处理，但必须收集保存两类证据：一是难以准确认定扣押物品变质、腐烂或过时的证据；二是执法机关已经提出先行处理意见并与当事人书面协商的证据。

2. 发还

扣押物品的发还程序如下：

（1）申报

调查人员根据法律规定和案件调查处理的实际需要认为应当将扣押物品全部或部分发还当事人的，应及时制作解除强制措施审批表和扣押物品发还审批表，并报执法机关负责人审查批准。解除强制措施审批表和扣押物品发还审批表应当一式一份入卷。

（2）审批

城市管理综合执法机关负责人应当根据法律规定和案件调查处理的实际需要及时作出是否发还的决定，并在解除强制措施审批表和扣押物品发还审批表的相关栏目中签署决定意见和签名。

（3）告知当事人

决定发还扣押物品的，调查人员应当及时制作并向当事人送达解除强制措施和扣押物品发还通知书。解除强制措施通知书应当告知当事人解除强制措施的理由和依据；发还暂扣物品通知书应当告知当事人发还暂扣物品的理由、依据和领取暂扣物品的时间、地点。当事人应当按时领取扣押物品。

（4）履行出库程序

向当事人交付扣押物品之前，调查人员应当会同保管人员制作扣押物品出库单，严格履行出库程序。

（5）制作扣押物品发还单

向当事人交付扣押物品时，保管人员应当协助调查人员会同当事人认真清点核实拟发还的扣押物品，向当事人交付的扣押物品名称、品种、规格、型号、批号、质量和数量等应当与扣押财物清单所载明的内容完全一致。清点核实后，调查人员应当制作扣押物品发还单。扣押物品发还单是执法机关向当事人发还扣押物品的唯一法律凭证，应当一式两份：一份送达当事人，一份入卷。

3. 没收

扣押物品依法应当没收的，城市管理综合执法机关作出行政处罚决定时应当直接决定没收。没收暂扣物品的，应当制作并向当事人送达行政处罚决定书和没收财物票据，没收财物票据应当有一联入卷。

4. 移送

案件移送其他执法机关调查处理的，扣押物品应当随案移交，不得截留和擅自处理。受移送机关应当协助移送机关认真履行移送程序，安全顺利地交接，防止扣押物品在交接过程中丢失或损毁。

5. 其他特殊处理

（1）当事人不明扣押物品的处理

法律法规对当事人不明的扣押物品如何处理没有规定，但根据法律原则精神和案件调查处理实践，执法机关应当依现有证据查找当事人。现有证据通常包括举报材料、已经取得的证据和扣押物品本身提供的信息等。依现有证据能够确认当事人的，按照正常程序处理；依现有证据无法确认当事人的，应当通过公告送达方式通知当事人接受调查处理。公告期限十五天。

公告期限届满当事人仍未前来接受调查的，执法机关不能消极等待，应当进一步审查核实和甄别认定扣押物品的法律属性和质量。经甄别认定分别作出下列处理：

一是没收。对假冒伪劣等质量不合格商品和非法物品，依法予以没收。

二是公告认领。对合法且质量合格和安全可靠的物品，应当公告通知当事人认领。公告认领的期限是六个月。六个月内无人认领的，按无人认领扣押物品处理。

（2）无人认领扣押物品的处理

对无人认领的扣押物品，应当采取拍卖等法定方式变价处理，变价款应当在执法机关的专门账户上予以保存。变价款自扣押物品变价之日起一年内仍无人认领的，扣除保管和变价处理等费用后上缴财政。上缴财政后当事人前来认领的，执法机关应当通知财政部门将扣除必要费用后的变价款发还当事人，不得以上缴财政为由拒不发还。

（3）无主扣押物品的处理

无主扣押物品，是指没有权利人或权利人不明确的扣押物品。无主扣押物品应当具备以下两个特征：一是城市管理综合执法机关依法扣押的物品；二是没有权利人或权利人不明确的物品。

033 对作出没收决定的涉案物品如何处置？

《行政处罚法》第七十四条第一款规定："除依法应当予以销毁的物品外，依法没收的非法财物必须按照国家规定公开拍卖或者按照国家有关规定处理。"

涉案财物被查封、扣押后，城市管理综合执法机关都应对有关案件作出行政处理决定。对被查封、扣押的财物依法作出没收决定的，自没收决定作出之日该物品已经成为公物。对这类物品的处置有相关的法律依据，如财政部《罚没财物管理办法》（财税〔2020〕54号）和一些地方性法规的规定。

1. 处置原则

罚没财物管理工作应遵循罚款决定与罚款收缴相分离，执法与保管、处置岗位相分离，罚没收入与经费保障相分离的原则。

2. 保管

设置政府公物仓的地区，执法机关应当在作出没收决定或者公告期满后，在同级财政部门规定的期限内，将罚没物品及其他必要的证明文件、材料，移送至政府公物仓，并向财政部门备案。未设置政府公物仓的，由执法机关对罚没物品进行管理。

执法机关、政府公物仓应当建立健全罚没物品保管制度，规范业务流程和单据管理，具体包括：

（1）建立台账制度，对接管的罚没物品必须造册、登记，清楚、准确、全面反映罚没物品的主要属性和特点，完整记录从入库到处置的全过程。

（2）建立分类保管制度，对不同种类的罚没物品，应当分类保管。对文物、文化艺术品、贵金属、珠宝等贵重罚没物品，应当做到移交、入库、保管、出库全程录音录像，并做好密封工作。

（3）建立安全保卫制度，落实人员责任，确保物品妥善保管。

（4）建立清查盘存制度，做到账实一致，定期向财政部门报告罚没物品管理情况。

3. 先行处置

除法律法规另有规定外，容易损毁、灭失、变质、保管困难或者保管费用过高、季节性商品等不宜长期保存的物品，长期不使用容易导致机械性能下降、价值贬损的车辆、船艇、电子产品等物品，以及有效期即将届满的汇票、本票、支票等，在确定为罚没财物前，经权利人同意或者申请，并经执法机关负责人批准，可以依法先行处置；权利人不明确的，可以依法公告，公告期满后仍没有权利人同意或者申请的，可以依法先行处置。先行处置所得款项按照涉案现金管理。

4. 拍卖

执法机关依法取得的罚没物品，除法律、行政法规禁止买卖的物品或者财产权利按国家规定另行处置外，应当按照国家规定进行公开拍卖。公开拍卖应当符合下列要求：

（1）拍卖活动可以采取现场拍卖方式，鼓励有条件的部门和地区通过互联网和公共资源交易平台进行公开拍卖。

（2）公开拍卖应当委托具有相应拍卖资格的拍卖人进行，拍卖人可以通过摇珠等方式从具备资格条件的范围中选定，必要时可以选择多个拍卖人进行联合拍卖。

（3）罚没物品属于国家有强制安全标准或者涉及人民生命财产安全的，应当委托符合有关规定资格条件的检验检疫机构进行检验检测，不符合安全、卫生、质量或者动植物检疫标准的，不得进行公开拍卖。

（4）根据需要，可以采取"一物一拍"等方式对罚没物品进行拍卖。采用公开拍卖方式处置的，一般应当确定拍卖标的保留价。保留价一般参照价格认定机构或者符合资格条件的资产评估机构作出的评估价确定，也可以参照市场价或者通过互联网询价确定。

（5）公开拍卖发生流拍情形的，再次拍卖的保留价不得低于前次拍卖保留价的80%。发生3次（含）以上流拍情形的，经执法机关商同级财政部门确定后，可以通过互联网平台采取无底价拍卖或者转为其他处置方式。

5. 变卖

属于国家规定的专卖商品等限制流通的罚没物品，应当交由归口管理单位统一变卖，或者变卖给按规定可以接受该物品的单位。

6. 移送

下列罚没物品，应当移交相关主管部门处置：

（1）依法没收的文物，应当移交国家或者省级文物行政管理部门，由其指定的国有博物馆、图书馆等文物收藏单位收藏或者按国家有关规定处置。经国家或者省级文物行政管理部门授权，市、县的文物行政管理部门或者有关国有博物馆、图书馆等文物收藏单位可以承办文物接收事宜。

（2）武器、弹药、管制刀具、毒品、毒具、赌具、禁止流通的易燃易爆危险品等，应当移交同级公安部门或者其他有关部门处置，或者经公安部门、其他有关部门同意，由有关执法机关依法处置。

（3）依法没收的野生动植物及其制品，应当交由野生动植物保护主管部门、海洋执法部门或者有关保护区域管理机构按规定处置，或者经有关主管部门同意，交由相关科研机构用于科学研究。

（4）其他应当移交相关主管部门处置的罚没物品。

7. 赠送

罚没物品难以变卖或者变卖成本大于收入，且具有经济价值或者其他价值的，执法机关应当报送同级财政部门，经同级财政部门同意后，可以赠送有关公益单位用于公益事业；没有捐赠且能够继续使用的，由同级财政部门统一管理。

8. 销毁

（1）淫秽、反动物品，非法出版物，有毒有害的食品药品及其原材料，危害国家安全以及其他有社会危害性的物品，以及法律法规规定应当销毁的，应当由执法机关予以销毁。

（2）对难以变卖且无经济价值或者其他价值的，可以由执法机关、政府公物仓予以销毁。

（3）属于应销毁的物品经无害化或者合法化处理，丧失原有功能后尚有经济价值的，可以由执法机关、政府公物仓作为废旧物品变卖。

9. 退还

已纳入罚没仓库保管的物品，依法应当退还的，由执法机关、政府公物仓办理退还手续。

10. 权属变更后再处置

依法应当进行权属登记的房产、土地使用权等罚没财产和财产权利，变卖前可以进行权属变更，变更后应当按本办法相关规定处置。权属变更后的承接权属主体可以是执法机关、政府公物仓、同级财政部门或者其他指定机构，但不改变罚没财物的性质，承接单位不得占用、出租、出借。

034 责令限期改正有哪几种适用情形？

《行政处罚法》第二十八条第一款规定："行政机关实施行政处罚时，应当责令当事人改正或者限期改正违法行为。"城市管理综合执法机关为了制止正在发生的违法行为，而责令违法行为人履行法定义务，停止或纠正违法行为，消除不良后果，恢复秩序，以维持行政管理秩序的法定状态。责令限期改正主要表现为责令限时（即时）清理（除）、责令限期恢复原状等。城市管理综合执法机关发现当事人具有违法行为的具体事实的，应制作责令限期改正通知书，针对发现的问题提出切实可行的整改方法；对存在违法事实，依法需要责令改正的，应当写明法律依据、改正期限及责令改正意见等内容。

责令限期改正的适用情形有三种，分别为责令限期改正单独适用、责令限期改正作为行政处罚的前置程序、责令限期改正与行政处罚并行适用。

（1）责令限期改正单独适用，未与行政处罚并行适用。此种适用的情形为单独适用责令限期改正，通过责令限期改正，使违法行为人的违法行为恢复到正常的行政管理秩序。例如《浙江省城市市容和环境卫生管理条例》第十四条规定："……任何单位和个人不得在城市道路、公园绿地和其他公共场所的护栏、电杆、树木、路牌等公共设施上晾晒、吊挂衣物。违反本条第一款或者第二款规定的，责令改正……"责令限期改正单独适用的情形较为少见。

（2）责令限期改正作为行政处罚的前置程序。城市管理综合执法机关对当事人下达责令限期改正通知后，必须跟踪核查当事人是否在规定的期限内整改完毕，核查要制作现场笔录。若当事人逾期不改，即启动行政处罚程序，责令限期改正通知书则成为行政处罚的证据之一。

（3）责令限期改正与行政处罚并行适用。此种适用的情形主要是给予罚款不足以恢复正常的行政管理秩序，但仅责令限期改正又不足以惩戒违法行为人。城市管理综合执法机关应先责令当事人限期改正，不能直接进行处罚。但无论当事人是否在限期内改正违法行为，执法机关都可依法对其实施行政处罚。

035 如何办理"零陈述"案件？

所谓"零陈述"案件，是指执法机关在作出行政处罚决定时，当事人本人不承认自己实施了违法行为，执法人员通过收集其他证据认定当事人的违法事实而作出行政处罚的案件，通过"零陈述"办结的案件，整个案卷中一般不是没有当事人的笔录，就是笔录中当事人不承认自己实施了违法行为。通常包括三种情形：一是当事人根本否认自己实施了违法行为；二是当事人只承认自己的次要违法行为或存在部分违法现象，但否认自己的主要违法行为；三是当事人根本不过来做笔录，整个案卷中没有当事人本人的笔录存在。

针对"零陈述"案件，办案机构应当应用技巧，多方面收集证据材料，调查事实，达到事实清楚、证据确凿。同时还应遵循法定的程序，特别是将相关的执法文书及时、依法送达。只要做到认定事实清楚、证据确凿、程序合法、适用法律正确、裁量得当，就可以依法对违法行为人作出行政处罚。

1. 证据收集

（1）物证、书证。以办理违建类案件为例，如堆放的装修材料、砖头等，可以直接拍照取证；另外，要证明违法建设，通常要到规划自然资源部门、原测绘单位调取证书或图纸，到不动产登记部门进行权属调查，到公安部门核实身份住址等。通过这些操作取得相应的书证。

（2）证人证言。同样以违建类案件为例，通过对小区物业服务人员或居委会、村委会的调查走访，对装修包工人员、现场施工人员或邻居的调查访问，了解当事人是否存在违法建设的行为。通过门前屋后堆放的物料，以物找人的方法，调查建筑材料的来源，向建材商核实当事人是否购买过该建筑材料。对一些占道经营案件，则可以通过当事人相邻两侧的店主或环卫工人收集旁证。

（3）现场勘查。执法人员在收集现场证据时应当严格按照法定程序邀请见证人，在见证人在场的情况下进行现场勘查，开启全程录像，并在勘查结束后及时制作笔录。涉及专业问题的现场勘查，执法机关可以指派或聘请具有专门知识的人进行现场勘查，或者在他们的参与配合下进行。现场勘查笔录应当有见证人及在场参加的全部勘查人员的签名或盖章。现场勘查笔录是"零陈述"案件的重要证据，一般包括三项内容：现场图、现场照片、文字内容，三项内容必须相互关联，以求证据被采信。

(4) 视听资料。城市管理综合执法过程中，作为视听资料收集的证据一般有两种来源：一是执法人员运用执法记录仪在现场拍摄到的视频；二是电子技术监控设备记录的违法事实。

执法机关依照法律、行政法规规定利用电子技术监控设备收集、固定违法事实的，应当经过法制和技术审核，确保电子技术监控设备设置合理、标准合格、标志明显，设置地点应当向社会公布。电子技术监控设备记录违法事实应当真实、清晰、完整、准确。行政机关应当对记录内容进行审核，未经审核的，不得作为证据。

(5) 鉴定意见。对于需要专业知识才能确定的事实，应当通过专门机构鉴定。执法人员需要采集鉴定意见作为证据的，应当委托有鉴定资格的单位进行鉴定，鉴定意见中应当注明委托人和委托鉴定的事项及向鉴定部门提交的相关材料，同时要写明鉴定的依据及使用的科学方法。鉴定意见上应当有鉴定机构和鉴定人鉴定资格的说明，并有鉴定人的签名和鉴定机构的盖章。通过分析获得的鉴定意见，应当说明分析过程。

具有鉴定资格但参与案件办理的执法人员不得在本案中担当鉴定人员。

(6) 利用互联网信息系统或者设备收集、固定电子证据。城市综合执法机关可以利用互联网信息系统或者设备收集、固定违法行为证据。用来收集、固定违法行为证据的互联网信息系统或者设备应当符合相关规定，保证所收集、固定电子数据的真实性、完整性。

2. 文书的送达

当事人拒绝签收执法文书的，可以采用留置送达的方式：第一种是邀请有关基层组织或者所在单位的代表到场，说明情况，在送达回证上记明拒收事由和日期，由送达人、见证人签名或者盖章，把行政处罚文书留在受送达人的住所；第二种是把行政处罚文书留在受送达人的住所，并采用拍照、录像等方式记录送达过程。第二种方式在执法记录仪普遍配备的今日，具有广泛的适用性和便利性，无须要求有见证人即视为送达。当事人下落不明的，可以采用公告送达。值得注意的是，执法机关在今后可能出现的行政诉讼中要对"受送达人下落不明"的事实负举证责任，如果不能举证证明该项事实的，公告送达失去前提条件，送达本身违反法定程序。

036 调查取证结束，如何整理证据材料？

在案件调查过程中，因时间条件限制，调查取得的证据材料有可能还不够完善。而且，有些证据如果不及时地补充调查，可能以后会难以取得。因此，一旦调查结束，执法办案人员要及时地按照下列方式整理案件材料，判断能否达到上述分析的行政处罚案件的证明要求。

1. 在步骤上对证据首先进行编号分类

执法办案人员在该环节应当对调查收集的证据材料进行分类编号，初步装订成册，写出目录，对证据材料的来源、证明对象和证明内容作简要说明，注明收集日期。这是因为：整理成卷的案件，能较为系统地反映出办案人员的思路和案件的证明情况，为案件核审机构核审案件和机关负责人批准案件提供便利，散卷不便于登记而且很容易丢失材料。规范的执法办案程序还要求案件核审、审批进行交接登记，以便案卷丢失后明确责任。

2. 在方法上对证据进行全面浏览

执法办案人员对照前面的证据要求，对所有的证据进行审核判断。结案的时候，必须仔细浏览所有证据，特别是材料多的案件，更应当如此。从执法办案的实践来看，结案之时，执法办案人员已经对整个案件有了较为全面的认识，对当事人违法的手段、方式已经心中有数，在这时候阅读证据，更能清楚如何取舍，如何合理地使用证据。

3. 在形式上看证据是否已经完备

在形式上看证据是否已经完备，即对每一件证据进行程序性审查，看看是否符合程序规定的要求。主要检查三个方面：一是检查当事人签名盖章是否完善，证据材料需要补充签字的，必须马上补充。拒绝签字的，应当说明原因。二是检查办案人员作为取证人员是否已经签字，没有签字的应当立即补上。三是检查内部审批手续是否完善，没有的要及时请机关负责人补充审批。

4. 在内容上看证据是否充分

执法办案人员应当按照证据证明的相关问题，对材料进行排列，看看证据的种类和数量是否比较充分。案件中，一个个需要证明的问题，都需要由办案人员合法取得的证据予以证明。因此，证据应当相对地集中，归纳在需要证明的某一问题之后，也只有这样按照问题归纳证据，才能让核审人员、机关负责人看得懂，便于审查。

5. 在证明上对证据进行矛盾分析

执法办案人员整理结案时，还要寻找证据的矛盾，即寻找证据本身以及证据与证据之间的矛盾，目的在于发现问题，及时补充调查，完善证据，解决问题。对于虚假的证据，应当及时剔除，以免对案件其他证据的真实有效性产生干扰。在这方面需要注意的是，当事人的陈述可能虚实并存，而相关笔录又不能随意剔除，不然，当事人就会认为办案人员断章取义，随意办案。对当事人陈述有矛盾的地方，如果无法再次对其询问，就要运用其他客观证据，证明有关笔录中哪些陈述与事实相吻合，哪些陈述与事实不符合。并且，办案人员的这些判断最好写在证据的说明材料上。

037 终止调查与不予立案、撤销立案、不予行政处罚有什么区别？

终止调查是因法定情形，案件调查程序不应或无法继续进行，行政机关终止案件调查程序，终止调查是因为程序原因而作出的程序性决定。当事人没有违法行为、其他行政机关对当事人违法行为已作出处理等实质性原因导致案件不应继续办理的，不应作出终止调查决定，而应作出撤销案件、不予行政处罚等实体性的行政处理决定。

表 终止调查决定与不予立案、撤销案件、不予处罚处理决定的区别

	不予立案	终止调查	撤销立案	不予处罚
作出时间	立案前	立案后，调查终结前	立案后，调查终结前	作出处罚决定时
适用条件	1. 移送公安机关处理； 2. 移送其他部门处理； 3. 其他部门已立案、已处罚； 4. 应适用简易程序； 5. 违法行为不成立； 6. 违法行为显著轻微，不予行政处罚； 7. 违法主体不具备行政责任能力； 8. 已过追究时效	1. 自然人死亡或宣告死亡； 2. 法人、组织终止且无权利义务承受人； 3. 自然人宣告失踪或死亡； 4. 中止调查达一定时限	1. 移送公安机关处理； 2. 移送其他部门处理； 3. 违法事实不成立； 4. 违法事实无法查明或证据不足； 5. 发现其他部门已立案、已处罚； 6. 违法主体认定错误	1. 违法行为轻微并及时改正，没有造成危害后果； 2. 初次违法且危害后果轻微并及时改正； 3. 当事人有证据足以证明没有主观过错； 4. 已过追责时效； 5. 相对人无行政责任能力； 6. 违法事实不成立； 7. 事实不清、证据不足； 8. 存在一事不再罚的情形
效力范围	具外部效力	仅内部效力	具外部效力	具外部效力
作出方式	正式决定、送达生效、审批结案，但目前多数部门未向当事人下达决定书	内部审批，但应回复被害人等利害关系人或举报人并说明理由	正式决定、送达生效、公开宣告、审批结案，但目前多数部门未向当事人下达决定书	正式决定、送达生效、审批结案
救济方式	可申诉，是否可复议、诉讼有争议	可申诉，是否可复议、诉讼有争议	可申诉，是否可复议、诉讼有争议	可复议、诉讼，也可提出申诉

038　法制审核人员是否必须具有国家统一法律职业资格？

2017年9月1日第十二届全国人民代表大会常务委员会第二十九次会议通过的《关于修改〈中华人民共和国法官法〉等八部法律的决定》，对《中华人民共和国行政处罚法》作出修改，在第三十八条中新增加一款作为第三款，内容为："在行政机关负责人作出决定之前，应当由从事行政处罚决定审核的人员进行审核。行政机关中初次从事行政处罚决定审核的人员，应当通过国家统一法律职业资格考试取得法律职业资格。"该决定于2018年1月1日起施行。

2021年1月22日修订通过的《行政处罚法》第五十八条对行政处罚案件法制审核制度做了更加具体的规定："有下列情形之一，在行政机关负责人作出行政处罚的决定之前，应当由从事行政处罚决定法制审核的人员进行法制审核；未经法制审核或者审核未通过的，不得作出决定：（一）涉及重大公共利益的；（二）直接关系当事人或者第三人重大权益，经过听证程序的；（三）案件情况疑难复杂、涉及多个法律关系的；（四）法律、法规规定应当进行法制审核的其他情形。行政机关中初次从事行政处罚决定法制审核的人员，应当通过国家统一法律职业资格考试取得法律职业资格。"

根据上述规定，2018年1月1日之后初次从事行政处罚决定审核工作的人员，应当通过国家统一法律职业资格考试取得法律职业资格。即"新人新办法"。

而对于2018年1月1日之前已经在行政机关法制机构从事行政处罚决定审核的人员，则不要求通过国家统一法律职业资格考试取得法律职业资格。即"老人老办法"。

039　行政处罚决定的告知应遵循什么程序要求？

1. 行政处罚告知的内容

行政处罚建议被批准后，城市管理综合执法机关应当制作行政处罚事先告知书，书面告知当事人拟作出行政处罚决定的事实、理由及依据，为了获得当事人的理解，还要求执法机关给出自由裁量时考虑的因素，说明实施行政处罚适用法律的推理过程，并告知当事人依法享有陈述权、申辩权。拟作出的行政处罚属于听证范围的，可以在处罚告知书中一并告知当事人可以申请听证的权利，不再另行制作听证告知书。

2. 行政处罚简易程序中适用告知程序的问题

简易程序虽然是针对事实清楚、违法行为尚不严重的情形，但执法人员当场作出的处罚决定仍是行政处罚，所以在简易程序中执法人员仍要履行告知义务，方式可简易进行，即口头告知事实、理由和依据，无须以书面方式或笔录方式单独告知，但须在处罚决定书中注明已履行告知程序。

3. 告知时应告知行政处罚的所有种类和具体额度

执法机关在告知拟作出行政处罚事实、理由及依据的同时，应当完全地告知当事人处罚结果。但实践中经常出现以下不完全告知的情形：一是只告知拟处罚的种类，而不告知具体额度；二是只告知拟处罚的具体法律依据；三是只告知罚款，不告知警告、没收、吊销许可证、纳入征信体系等处罚种类。

4. 告知的时间

根据《行政处罚法》的要求，行政机关（法律、法规授权的组织）在作出行政处罚决定之前，应当告知当事人拟作出行政处罚的事实、理由、依据、处罚内容，并告知当事人依法享有陈述权、申辩权。《行政处罚法》第四十四条规定："行政机关在作出行政处罚决定之前，应当告知当事人拟作出的行政处罚内容及事实、理由、依据，并告知当事人依法享有的陈述、申辩、要求听证等权利。"

城市管理综合执法机关负责人对行政处罚建议批准后，由办案机构以城市管理综合执法机关的名义，告知当事人有关事项，告知当事人有关行政处罚事项的时间是：城市管理综合执法机关负责人对行政处罚建议批准后，准备作出行政处罚决定之前。

5. 告知的方式

告知一般采用书面的方式。采取口头形式告知的，办案机构或者受委托的机关应当将告知情况记入笔录，并由当事人在笔录上签名或者盖章。

6. 告知的要求

告知的内容、权利及理由说明应当清晰、准确，达到以理服人，这是对告知质量的要求。由于现代社会的复杂多变，法律概念的不确定性程度也普遍增强，执法机关在作出行政行为时，应当在事实和法律的联结以及法律概念的解释上进行选择。如果不将这种选择和确认的过程以及考虑的因素向当事人说明，公民便难以理解城市管理综合执法机关的行政处罚决定，并进行有针对性的陈述和申辩。

7. 告知的效果

如果当事人对案件有什么意见，要及时向城市管理综合执法机关陈述和申辩。当事人及时提出陈述和申辩意见，如果当事人有对自己有利的证据，要及时向行政机关提供。如果案件符合听证的条件，当事人又希望了解案件处理的详细过程或者希望就案件的有关问题与案件调查人员进行质证，以解答心中的疑问，当事人就可以及时地向执法机关提出听证的申请。

将行政处罚告知书或者听证告知书送达当事人，对城市管理综合执法机关来说，是必须完成的法律义务。城市管理综合执法机关如果没有根据规定告知当事人拟作出行政处罚的事实、理由、依据、处罚内容，以及当事人依法享有陈述权、申辩权，就会导致行政处罚因违反法定程序而无效。《行政处罚法》第六十二条规定："行政机关及其执法人员在作出行政处罚决定之前，未依照本法第四十四条、第四十五条的规定向当事人告知拟作出的行政处罚内容及事实、理由、依据，或者拒绝听取当事人的陈述、申辩，不得作出行政处罚决定；当事人明确放弃陈述或者申辩权利的除外。"

040 行政处罚事先告知书作出后，处罚决定发生改变的，是否需要重新告知？

执法机关在作出行政处罚事先告知书并送达当事人后，如果发现违法行为需要重新审查或者又发现了新的证据，改变了告知书中所认定的违法行为、违法事实、违法性质，从而导致处罚的种类，罚款的额度、适用的法律条款发生变化的，执法机关应重新作出行政处罚事先告知书并送达当事人。如果正式处罚决定在处罚理由和法律依据上没有变化，只是作了减小或者减轻处罚，则无须再次告知。

行政处罚告知程序是一项基本的行政程序，目的在于为行政相对人实现行政法上的实体权利提供程序保障。《行政处罚法》第四十四条规定："行政机关在作出行政处罚决定之前，应当告知当事人拟作出的行政处罚内容及事实、理由、依据，并告知当事人依法享有的陈述、申辩、要求听证等权利。"

同时该法第六十二条规定："行政机关及其执法人员在作出行政处罚决定之前，未依照本法第四十四条、第四十五条的规定向当事人告知拟作出的行政处罚内容及事实、理由、依据，或者拒绝听取当事人的陈述、申辩，不得作出行政处罚决定；当事人明确放弃陈述或者申辩权利的除外。"如果对原告知的违法事实有了扩大，或有了新的事实和法律依据，或重新对违法行为进行了定性，或加重了拟处罚的结果，均应再次告知。因为当事人的陈述申辩是基于原来的告知内容，若有调整，特别是不利于当事人的调整，当事人依然享有救济权。

041 执法文书如何送达？怎样应对送达难的问题？

城管执法机关送达执法文书，必须以法定程序和方式进行，未按法定程序和方式送达的，不产生送达的法律效力。执法文书的送达基本依据《民事诉讼法》进行，如《行政处罚法》第六十一条、《行政强制法》第三十八条、《行政复议法》第四十条都有依照《民事诉讼法》送达的规定，《行政诉讼法》第一百零一条也规定了对送达的未尽事项要适用《民事诉讼法》。

但由于大部分行政执法机关对文书送达缺乏统一而具有可操作性的规范，导致实践中关于送达的操作也比较混乱。基层执法人员对于行政处罚文书的送达程序并不熟悉，对于《民事诉讼法》送达的规定也几乎没有了解。

《民事诉讼法》第七章第二节第八十七条至第九十五条（一共九条）对送达进行了专门规定，《最高人民法院关于适用〈中华人民共和国民事诉讼法〉的解释》（以下简称《民诉法解释》）第一百三十条至第一百四十一条（一共十二条）对送达进行了进一步规定。上述规定，构成了民事诉讼文书送达制度体系，也是行政执法文书送达的基本依据。

2017年7月19日，最高人民法院印发的《关于进一步加强民事送达工作的若干意见》对民事送达方式及要点进行了进一步的规定，尤其是对于新型送达方式（如邮件送达、电话送达、微信送达、短信送达等）的注意要点进行了规定，具有较强的创新性和实用性，对于提高送达效率、降低送达成本具有重要的意义，是民事送达工作机制和工作方法方面的最新探索和创新，行政机关在实操过程中应严格遵守相关规定，确保送达行为合法。

结合上述规定，城管执法机关送达执法文书应该按照下列规则进行：

1. 执法文书可以直接送达的，应当采取直接送达的方式

行政执法文书的直接送达，是指将行政执法文书直接送交给受送达人，由受送达人签收的送达方式。直接送达的要点是由受送达人签收，实践中多为在送达回证上签字或盖章，签字或盖章的日期为送达日期。

（1）《民诉法解释》第一百三十一条明确规定可以在当事人住所地以外直接送达诉讼文书，在任何场所都可直接送达。执法机关也可以通知当事人到执法机关领取文书，当事人到达执法机关但拒绝签署送达回证的，视为送达。但应当向当事人宣读文书内容，说明拒签后果，同时在送达回证上注明送达情况。

（2）下列人员签收也属于直接送达：受送达人是自然人的，且不在其住处的情况下，由其同住的成年家属签收；受送达人是法人或者其他组织的，由法人的法定代表人、其他组织的主要负责人或者该法人、组织负责收件的人签收，负责收件的包括其办公室、收发室、值班室等（需要注意的是，签收人是负责收件的人，不是办公室、收发室、值班室的一般工作人员，要注意验明收件人的身份）；受送达人委托了代理人的，由代理人签收，但应注意授权书中是否有代收法律文书之权限，出于谨慎的考虑，应要求其注明代理权限；受送达人指定了特定的人员代为收取行政执法文书的，由该指定代收人签收。

（3）行政处罚决定书应当在宣告后当场交付当事人，这是《行政处罚法》对当场直接送达的特别要求。

2. 无法直接送达执法文书的，可以采取留置送达的方式送达执法文书

行政执法文书的留置送达，是在受送达人拒绝签收行政处罚文书的情况下，送达人依法将文件留在收件人住处的一种送达方式，属于强制送达。其本质要义即拒绝签收，视为送达。

（1）留置送达的操作方式

第一种是邀请有关基层组织或者所在单位的代表到场，说明情况，在送达回证上记明拒收事由和日期，由送达人、见证人签名或者盖章，把行政处罚文书留在受送达人的住所；第二种是把行政处罚文书留在受送达人的住所，并采用拍照、录像等方式记录送达过程。第二种方式在执法记录仪普遍配备的今日，具有广泛的适用性和便利性，无须要求有见证人即视为送达。

（2）留置送达可以在住所以外

留置是在直接送达遇阻时的特殊应对方式，是前后相继的选择关系，既然

《民诉法解释》规定了直接送达可以在住所地之外，留置送达理所应当地可以扩展到其他场所，但应在送达回证上注明。

（3）必须以见到当事人且其拒签为前提

留置要以见到当事人且拒签为前提，如未见到受送达人，不得将文书留置送达。实践中送达人员表明身份后当事人仍拒不开门，视作见到，可以留置送达。

（4）不得留置的情形

代理人没有被当事人指定为代收人的，不得向代理人留置送达；受送达人同住成年家属为无行为能力人、限制行为能力人，不得适用留置送达。

3. 邮寄送达

直接送达执法文书有困难或者受送达人提出邮寄送达要求的，可以保留有关证据，采取邮寄送达方式送达执法文书。

（1）邮寄送达只能通过中国邮政寄递，一般通过邮政的特快专递进行邮寄。

（2）在邮寄单上应注明送达人、受送达人的基本信息，尤其应当注明送达的行政处罚文书名称及编号。在邮寄之后，可以要求邮政部门反馈邮寄回执，也可以通过网络及时查询送达情况并留存证据。

（3）以回执上注明的收件日期为送达日期。若由于受送达人提供的送达地址不准确、拒不提供送达地址、送达地址变更未书面告知等原因导致邮件被退回的，文书被退回之日为送达之日。另外，《行政处罚法》要求七日内将行政处罚决定书送达当事人，注意邮寄时间应予扣除。

（4）受送达人拒绝提供自己的送达地址，经告知后仍不提供的，自然人以其户籍登记中的住所地或者经常居住地为送达地址，法人或者其他组织以其工商登记或者其他依法登记、备案中的住所地为送达地址。

4. 电子送达

除行政处罚决定书外，《行政处罚法》第六十一条第二款规定，经受送达人同意，可以采用传真、电子邮件等能够确认其收悉的电子方式送达执法文书。

（1）采用电子送达事先必须取得当事人对地址的确认证明，而且当事人必须在地址确认书中同意电子送达的方式。

（2）采用传真、电子邮件方式送达的，送达人员应记录传真发送和接收号码、电子邮件发送和接收邮箱、发送时间、送达文书名称，并打印传真发送确认单、电子邮件发送成功网页，存卷备查。

（3）采用短信、微信等方式送达的，送达人员应记录收发手机号码、发送时间、送达文书名称，并将短信、微信等送达内容拍摄照片，存卷备查。

（4）手机短信、传真、电子邮件、即时通信信息等到达受送达人特定系统的日期为送达日期。

5. 公告送达

公告送达是指对当事人下落不明等情况，以张贴布告、登报等方式将诉讼文书的内容，公开告知受送达人的送达方式，经过三十日，即发生直接送达的法律效力。

（1）适用前提

公告送达的适用前提是受送达人下落不明或者用其他方式无法送达。在实践中，不能随意适用公告送达。行政执法机关在今后可能出现的行政诉讼中要对"受送达人下落不明"的事实负举证责任，如果不能举证证明该项事实的，公告送达失去前提条件，送达本身违反法定程序；对于其他方式无法送达的，行政执法机关同样要负举证责任。

（2）公告方式

一是在行政执法机关的公告栏和受送达人住所地张贴公告，后者应当采取拍照、录像等方式记录张贴过程，采用这种方式的，必须同时在公告栏和住所地张贴；二是在报纸、信息网络等媒体上刊登公告。实践中第二种方式较为常见，也易于保存送达证据。

（3）公告内容

公告内容应包括公告的原因、拟送达的行政处罚文书的主要内容，涉及受送达人相关权利的，如复议期限、复议机关、诉讼期限、管辖法院等，也应一并公告。

（4）公告期限为三十日，自发出公告之日起算。发出公告日期以最后张贴或者刊登的日期为准。

042 行政处罚决定可以由执法机关自行变更或撤销吗？

《行政处罚法》第七十五条第二款规定，行政机关实施行政处罚应当接受社会监督。行政机关应当认真审查，发现有错误的，应当主动改正。《行政诉讼法》

第七十一条规定，人民法院判决被告重新作出行政行为的，被告不得以同一事实和理由作出与原行政行为基本相同的行政行为。发现原处罚决定有下列情形之一的，行政执法机关可以变更或撤销原行政处罚决定，但不得以同一事实和理由作出与原决定基本相同的决定。

（1）主体不合法。作出行政处罚决定的执法机关没有管辖权，或者行政处罚对象认定错误。

（2）内容错误。行政处罚决定适用法律错误，处罚种类或者罚款幅度错误，事实不清或者证据不足。

（3）程序违法。行政处罚程序存在重大错误。

行政执法机关变更或者撤销行政处罚决定应遵循以下程序：

（1）需要变更或者撤销行政处罚决定文书的，应经行政执法机关负责人集体审议通过，并在会议纪要中列明变更或者撤销的原因和集体研究决定。

（2）重大复杂案件经集体审议后，由办案机构制作变更/撤销行政处罚决定书，列明原决定文书名称、文号及变更或者撤销的内容、事由，经机关负责人审批后送达行政相对人变更处罚结果或者主要理由的，应当先履行告知程序，听取和复核行政相对人陈述、申辩意见或者依申请举行听证。

行政执法机关在行政处罚决定作出后又出现新证据的，则应依据信赖保护原则，若出现的新证据有利于行政相对人，执法机关应当主动改正；若对行政相对人不利，执法机关不应采纳新证据，变更已作出的行政处罚决定。

当事人已经对行政处罚决定申请复议或者提起诉讼的，执法机关在复议和诉讼期间可以撤销处罚决定，但是当事人不同意撤诉的，或者法院裁决不准许撤诉的，执法机关的撤销决定并不影响正在进行的行政复议和行政诉讼程序。执法机关撤销原行政处罚决定之后，如果对同一事实，以不同理由再次作出行政处罚决定，则可能导致当事人对新的处罚决定再次申请复议和提起诉讼的恶性循环，造成当事人的沉重负担，从而被司法机关裁定滥用职权。

总之，行政执法机关应该在职权范围内，在事实清楚、证据确凿、程序合法、适用法律准确的基础上作出行政处罚决定，不能轻率作出，随意撤回，否则，将会给行政管理带来混乱，不利于维护行政执法的严肃性和执法机关的公信力，也可能给自身带来法律上的风险。

043 对当事人的陈述、申辩意见应如何处理？

经合议审理，拟对违法当事人给予行政处罚的，办案机构应当制作并向当事人送达行政处罚事先告知书，告知当事人拟作出行政处罚的事实、理由、依据、处罚内容，并告知当事人依法享有陈述权、申辩权；拟给予的行政处罚属于听证范围的，应当一并告知当事人有要求听证的权利。对当事人提出的事实、理由和证据，城市管理综合执法机关应认真复核。当事人提出的事实、理由或者证据成立的，城市管理综合执法机关应当予以采纳，不得因当事人陈述、申辩、申请听证而加重行政处罚。

1. 接收、听取

指执法机关接收当事人申请、听取当事人意见的活动。包括当事人口头或书面的申请，当事人认可的意见、反对的意见、口头的意见、书面的意见，都应当依法接收，充分地、认真地听取。其中，对当事人的口头申请或口头意见，可以做好笔录，让当事人签字，也可以让当事人另外提供书面申请或意见。

2. 复核

指执法机关对当事人的申请理由或者案件情况的复查审核活动。对当事人提出的合法申请或者当事人提出的事实、理由和证据，办案机构应当认真进行审核。特别是对当事人有利的和（或）在调查取证环节没有提出的事实、理由和证据，应当特别注意认真审核。

3. 采纳

指执法机关接受、采纳当事人申请或者当事人意见的活动。当事人提出的事实、理由或者证据成立的，应当予以采纳，不得置之不理，更不得隐瞒当事人提交的证据。

4. 组织听证

根据《行政处罚法》第六十三条的规定，城市管理综合执法机关拟作出的行政处罚属于听证范围的，应当告知当事人有要求听证的权利。当事人要求听证的，城市管理综合执法机关应当组织听证。

5. 可以过时不候

自当事人签收之日起五个工作日内，或者自公告之日起三十五日内，当事人未行使陈述权、申辩权或者听证请求权，也未作任何其他表示的，视为放弃此权利。

6. 不加重处罚

城市管理综合执法机关不得因当事人陈述、申辩、申请听证而加重行政处罚。

044 城市管理行政处罚听证的程序和要求是什么？如何实施？

1. 听证的申请

《行政处罚法》第六十三条对听证的范围进行了规定。城市管理综合执法机关作出下列行政处罚决定之前，应当告知当事人有要求听证的权利，并书面告知当事人拟作出行政处罚的事实、理由和依据：处以较大数额罚款（省、自治区、直辖市人大常委会或者人民政府对罚款数额有具体规定的，从其规定）；没收较大数额违法所得、没收较大价值非法财物；降低资质等级、吊销许可证件；责令停产停业、责令关闭、限制从业；其他较重的行政处罚；法律、法规、规章规定的其他情形。

当事人要求听证的，可以在告知书送达回证上签署意见，也可以自收到告知书之日起五个工作日内提出。自告知书送达之日起五个工作日内，未要求听证的，视为放弃此权利。当事人以口头形式提出的，办案人员应当将情况记入笔录，并由当事人在笔录上签名或者盖章。

2. 听证的受理

城市管理综合执法机关收到当事人要求听证的申请后，应当根据行政处罚法规定的举行听证的条件，进行认真审核。审核的主要内容如下：

（1）提出听证申请的是不是当事人。

（2）当事人是否针对较大数额罚款；没收较大数额违法所得、没收较大价值非法财物；降低资质等级、吊销许可证件；责令停产停业、责令关闭、限制从业；强制拆除违法建筑等重大的行政处罚决定意见提出听证申请。

（3）当事人是否在法定期限内提出听证申请。当事人提出的听证申请符合法律法规规定的，执法机关应当受理，并在举行听证的七日前，通知当事人及有关人员听证的时间、地点；如果当事人提出的要求听证的申请不符合规定，城市管理综合执法机关应当不予受理。如果不予受理，应当自收到听证申请之日起三日内以书面方式通知当事人，并告知当事人不予受理的理由。当事人不服的，应当允许其提出复议申请。

3. 听证参加人

（1）案件调查人员

案件调查人员即城市管理综合执法机关中承办该违法案件调查取证工作的人员。在听证过程中，案件调查人员有权提出当事人违法的事实、证据、应当适用的法律法规及行政规章和应当适用的行政处罚建议，并与当事人进行质证和辩论。

（2）当事人

当事人即被告知将受到适用听证程序的行政处罚的公民、法人或者其他组织。能够充当听证程序中的当事人，需要具备两个条件：一是拟受到适用于听证程序行政处罚，即属于听证程序的适用范围；二是向城市管理综合执法机关明确提出了举行听证的要求并为听证组织机关所接受。当事人在听证过程中享有的权利有：第一，申请听证主持人、听证员、书记员及翻译人员依法回避；第二，委托 1~2 名代理人；第三，进行申辩和质证；第四，听证结束前作最后的陈述。

（3）第三人

听证程序中的第三人是指与听证的行政处罚有法律上的利害关系的当事人以外的其他公民、法人或者其他组织。第三人的范围包括以下几种：一是两个或者两个以上的当事人因同一违法行为将受到行政处罚的，其中的部分当事人申请听证，部分没有提出听证申请，没有提出听证申请的当事人即可以第三人的身份参加听证。二是两个或者两个以上的当事人因同一违法行为，拟对其中的一个当事人实施行政处罚，将受到行政处罚的当事人申请听证，其他当事人与该行政处罚有一定的利害关系的，可以作为第三人参加听证。三是违法行为的受害人可以第三人身份参加听证。

（4）代理人

根据《行政处罚法》的规定，当事人可以委托 1~2 名代理人。代理人包括法定代理人和委托代理人。

4. 听证的准备

（1）指定听证主持人

决定举行听证的，由执法机关负责人指定人员担任听证主持人，办案人员不得担任听证主持人、听证员和记录员。

（2）听证通知

制作行政处罚听证通知书，并在举行听证的七日前送达当事人，通知其举行听证的时间、地点、听证主持人姓名、是否公开听证及有关事项。

（3）公开听证

行政处罚听证应当公开进行，但是涉及国家秘密、商业秘密或者个人隐私的，听证不公开进行。对公开听证的案件，应当先期公告当事人和本案调查人员的姓名、案由和听证的时间、地点。公开进行的听证，应当允许旁听取证。经听证主持人许可，旁听取证的可以发表意见。

对不公开听证的案件，应当宣布不公开听证的理由。

（4）听证回避

听证申请人收到听证通知书后提出回避申请或者听证主持人自行提出回避申请的，经行政执法机关负责人审批同意后重新指定听证主持人。如执法机关负责人认为不需要回避的，按期实施听证。对驳回申请回避的决定，听证申请人可以申请复核 次。

（5）听证终止

当事人或者其代理人应当按照城市管理综合执法机关的通知参加听证，无正当理由不参加听证的，视为放弃听证权利，听证应当终止。

5. 听证的实施

（1）听证的预备阶段

听证开始后进入事实调查之前，听证主持人应当做好必要的准备工作：首先宣布听证主持人、听证员、书证员名单，查明当事人、第三人、本案调查人员、法定代理人或者委托代理人、证人等是否已经到场；其次告知当事人、第三人、代理人、本案调查人员在听证过程中的权利和义务，特别询问当事人和第三人对听证人员是否提出回避申请；最后由书记员宣布听证纪律，主要有：听证参加人应当服从听证主持人的指挥，未经听证主持人允许，不得发言、提问；未经听证主持人允许，不得录音、录像或者摄影；未经听证主持人允许，听证参加人不得退场，当事人未经允许退场的，视为放弃听证，听证终结；听证参加人有妨碍听证秩序行为的，听证主持人有权提出警告，当事人情节严重的，视为放弃听证，听证终结。

（2）听证的调查阶段

听证开始以后，首先由本案件调查人员提出当事人违法的事实、证据和适用行政处罚建议的法律依据；然后由当事人就案件调查人员提出的违法行为进行陈述并提出证据材料证明自己的陈述；如果有第三人的，再由第三人提出自己的意见。在案件调查阶段，各方都可以陈述事实，但应当举证证明自己的陈述。

（3）听证的辩论阶段

听证的事实调查阶段结束后，即进入听证的辩论阶段。辩论阶段所要解决的核心问题有两个：

一是事实定性。在违法行为事实已经基本查明以后，就需要对该违法行为进行定性。如该违法行为是什么性质的违法行为，属于什么程度的违法行为，在实施该违法行为过程中当事人有什么过错，应当承担多大的法律责任等。各方在已查明的事实基础上，就上述问题展开辩论。

二是法律适用。即对当事人所实施的违法行为应当适用什么法律，适用一般法还是特别法，是否适用从轻、减轻、不予处罚条款，是否适用从重条款，适用地方性法规还是行政规章等。

（4）当事人作最后陈述

听证会结束之前，为了充分保障当事人的陈述权和申辩权，听证主持人应当安排时间，让当事人作最后的陈述和申辩。但听证主持人可以根据案情，限定当事人作最后陈述和申辩的时间。

（5）制作听证笔录

听证的全部活动，应当由记录员写成笔录，经听证主持人审阅并由听证主持人和记录员签名后，封卷上交城市管理综合执法机关负责人审阅。

听证笔录应交当事人或者其代理人、本案调查人员、证人及其他有关人员阅读或者向他们宣读。他们认为有遗漏或者有差错的，可以申请补充或者改正。他们在承认没有错误后，应当签字或者盖章。拒绝签字或者盖章的，记明情况附卷。

（6）听证报告

听证结束后，听证主持人应当在五个工作日内撰写听证报告，由听证主持人、听证员签名，连同听证笔录送办案机构，由其连同其他案件材料一并上报城市管理综合执法机关负责人。

045 听证过程中的特殊情形应如何处理？

1. 听证的延期

听证延期是指出现其他特殊情况使在预先决定的时间无法进行或者无法继续进行听证而需要另行确定举行听证的时间。听证延期举行的特点是：听证虽然延期，但导致听证延期的原因是可以克服的；听证延期过程中，听证主持人或者其他听证参加人仍然可能在继续进行有关的活动。

2. 撤回申请听证和推定弃权

在听证过程中，当事人有权撤回要求听证的申请。如果当事人撤回听证申请，不得再次向行政机关提出要求听证的申请。同时，当事人撤回听证申请的行为将导致听证程序终结。

城市管理综合执法机关发现如下三种情况，可以将当事人的行为视为放弃听证：

（1）当事人未事先向听证主持人提出延期申请，又没有按时到场参加听证会的；

（2）在听证过程中，未经听证主持人允许而中途擅自退场的；

（3）在听证过程中，违反听证纪律，情节严重的。

执法机关将当事人的行为推定为放弃听证的，听证程序终结。

3. 听证的中止

听证中止是指在听证过程中遇到特殊情况，使听证会不得不完全处于停止状态。在听证过程中，遇有如下情形之一时，听证会应当中止：

（1）当事人因不可抗力无法参加听证的；

（2）当事人死亡或者终止，需要确定相关权利义务承受人的；

（3）当事人临时提出回避申请，无法当场作出决定的；

（4）需要通知新的证人到场或者需要重新鉴定的；

（5）其他需要中止听证的情形。

在导致听证中止的特殊情况消除后,应当恢复听证。导致听证中止与听证延期的原因不同,决定了听证中止与听证延期在以下方面存在不同:在听证中止过程中,听证程序处于停止状态,而在听证延期的情况下,听证活动并没有完全处于停止状态。

4. 听证的终止

听证终止是指在听证过程中由于出现了某种特殊情况,使听证活动继续进行已经毫无意义而结束听证程序。在听证过程中,遇有下列情形之一时,应当终结听证:

(1) 当事人撤回听证申请或者明确放弃听证权利的;
(2) 当事人无正当理由拒不到场参加听证的;
(3) 当事人未经听证主持人允许中途退场的;
(4) 当事人死亡或者终止,并且无权利义务承受人的;
(5) 其他需要终止听证的情形。

除上述听证过程中可能出现的特殊情况外,本案的调查人员如果拒不到场或者未经听证主持人允许中途退场的,或者在听证过程中违反听证纪律情节严重而被听证主持人勒令退场的,可以在本案调查人员不在场的情况下,由听证主持人听取当事人的陈述和申辩。

046 什么是行政处罚案件的程序倒流?

行政处罚案件的程序倒流,是指行政执法机关在审理行政处罚案件时,机关负责人或案件审理机构、法制审核机构认为行政处罚案件存在事实、证据、执法程序或案卷材料上的问题,将案件重新退返案件承办机构进行弥补与纠正的程序制度。程序倒流主要有重新调查、补充调查、补正或纠正等处理方式。

程序倒流针对行政处罚案件可以弥补、纠正的问题。可以弥补、纠正的问题主要是程序性问题和案件证据、案卷材料等存在的问题,对无法弥补的程序问题或重大实质性问题,不能用程序倒流的方式进行处理。对案件存在的事实、性质认定错误、法律适用不当、承办机构的处罚建议不适当等问题,不必用程序倒流的方式进行处理,案件审理机构直接对违法行为的事实、性质进行认定,作出行政处罚的决定即可。

1. 重新调查

重新调查针对案件的实体性问题，行政处罚案件存在违法主体认定错误、基本事实未查明、缺少基本证据等问题，应当由承办机构重新进行调查。重新调查后，应按案件审理程序再次审理，处罚决定有实质性改变的，应当重新作出处罚决定、重新告知，事实仍然无法查明的，不得给予行政处罚。

2. 补充调查

补充调查同样针对案件的实体性问题，是案件基本事实清楚、基本证据确凿，但存在部分事实未查明，或者证据不够充分、个别证据存在疑点等瑕疵，将案件返还承办机构，针对存在的问题及瑕疵进行补充调查。

3. 补正

补正针对案卷存在瑕疵，是行政执法机关在案件审理、审查中发现，承办机构提交的案卷材料、执法文书不完整，或者案卷材料、执法文书的形式不符合要求，将案卷材料返还承办机构进行补充、改正。

4. 补救或纠正

补救或纠正针对案件的程序性问题，是行政执法机关在案件审理、审查中发现，行政处罚案件办理违反法定程序，但违反的程序可以弥补或纠正，将案件返还承办机构，针对存在的程序问题予以补救或纠正。

047 重大复杂案件集体讨论应注意哪些问题？

《行政处罚法》第五十七条第二款规定："对情节复杂或者重大违法行为给予行政处罚，行政机关负责人应当集体讨论决定。"作为行政处罚程序的一部分，集体讨论与行政处罚中的听证程序、告知理由程序、允许申辩程序一样，都是为了规范行政机关行政处罚权的行使，以保证相对人的权益不会受到无端侵害。执法实践中，行政机关既要充分重视集体讨论制度，明确适用范围，还要注意程序合法，在保障相对人合法权益的同时，避免自身的法律风险。

1. 行政机关负责人的范围

《最高人民法院关于适用〈中华人民共和国行政诉讼法〉的解释》第一百二十八条第一款规定："行政诉讼法第二条第三款规定的行政机关负责人，包括行政机关的正职、副职负责人以及其他参与分管的负责人。"这里所说的参与分管的负责人，是指正职、副职负责人之外的，地位高于内设机构负责人的相关领导人员。这些领导人员由于在所属机关地位较高，又对某方面情况较为了解，因此也属于应出庭应诉的负责人。这个规定同样适用于集体讨论程序。此外，确定参与集体讨论的负责人的范围必须坚持以下几点原则：

（1）必须保证参与集体讨论决定的负责人人数达到本单位负责人人数的一定比例，如一半以上或三分之二以上。

（2）鉴于案件的承办人和法制审核人员对于案件的基本情况较为了解，因此应该允许这些办案人员列席会议，但是最终参与案件决定的必须是行政机关的负责人。

（3）必须坚持承办人、法制审核人员和集体讨论决定人员的分离。如果负责人中有人参与了之前案件的处理工作，该负责人就不应该参与案件的最终决定。

2. 集体讨论的具体流程

（1）法制机构对案件的审核是集体讨论的前置程序。《法治政府建设实施纲要》和《行政处罚法》都提出明确要求和规定，未经法制审核或者审核未通过的，不得作出决定。集体讨论程序适用范围内的案件自然是重大行政执法决定，因此对于这些案件，法制机构在将案件提交集体讨论前应该进行严格的法制审核。

（2）集体讨论须以负责人之间面对面的会议形式进行。不能仅以负责人对同一份案件报告进行批注或签名的形式进行。

（3）集体讨论会必须通过会议纪要或制作重大案件集体讨论记录等方式进行记录。应翔实记录各种意见，不能以"经讨论达成一致"等说法草率记录。除列席人员外，出席会议讨论的所有人员和记录人员应在记录末尾签名。

3. 集体讨论的表决

集体讨论只是部分行政处罚过程中的必备程序，讨论结论仅作为作出行政处罚决定的重要参考和依据。集体讨论作出决定，并非就如何处罚予以表决，行政机关负责人仍然可以对各种不同意见作出决定。换言之，集体讨论决定并非行政机关负责人的集体决定，集体讨论的运作过程体现的是民主集中制原则，其并不实行少数服从多数的会议表决制。在集体讨论的基础上，如何进行行政处罚最终还是要由行政首长作出决定。

048 城市管理行政处罚如何适用简易程序？

行政处罚简易程序，又称当场实施行政处罚程序，是指城市管理综合执法机关对案件事实清楚、违法情节简单、危害后果轻微的行政违法行为当场进行处罚，作出行政处罚决定的程序。设置行政处罚简易程序，有利于节省行政管理成本，提高行政管理效率，及时处理行政违法案件。因此，《行政处罚法》第五十一条规定："违法事实确凿并有法定依据，对公民处以二百元以下、对法人或者其他组织处以三千元以下罚款或者警告的行政处罚的，可以当场作出行政处罚决定。法律另有规定的，从其规定。"

1. 适用行政处罚简易程序的条件

（1）违法事实确凿

所谓违法事实确凿，就是指违法事实属实。它包含两层含义：一是有确实、充分的证据证明违法事实存在。即违法事实符合法律、法规、规章预先设定的违法构成。二是有确实、充分的证据证明违法事实系当事人所为。在实践中，如果违法事实还未调查清楚，证据还未达到确实、充分的程度，就不可以适用简易程序对当事人当场实施行政处罚。违法事实清楚、证据充分，是适用简易程序的条件之一，更是适用简易程序的基本前提。因为，如果事实不清，执法人员就难以判断可能实施罚款的数额是否在法定的轻微程度内，进而也就不能确定行政处罚方式是否符合当场处罚的法定程序。

（2）有法定依据

法定依据主要包括：一是该违法行为应当受到行政处罚有法律依据，二是适用行政处罚的种类、幅度也有法律的明确规定。没有明确、具体的法律依据，执法人员就不得对当事人予以行政处罚。当场处罚无法确定法律依据或者法律依据不明确的，即使符合上述条件，执法人员也不可以适用简易行政处罚程序处理该案件。

（3）处罚内容轻微

当场实施行政处罚，仅限于数额较小的罚款或者警告的行政处罚种类，即对公民处以二百元以下，对法人或者组织处以三千元以下罚款或者警告的行政处罚。除此之外，其他行政处罚种类不能适用简易行政处罚程序。因为处罚较为严厉的案件相对比较复杂，对当事人的影响或者社会影响也较大，所以要慎重处理，应当适用行政处罚的普通程序。执法实践中，还要注意法律对公民、法人或者其他组织适用行政处罚的简易程序的标准进行了不同的界定。如适用简易程序对乱设摊点的违法行为实施处罚时，对违法行为当事人是单位还是个人应该根据事实和法律条文进行认定。如果认定为单位，简易处罚罚款上限为三千元，而不受公民个人二百元的上限制约。

2. 适用行政处罚简易程序的步骤

简易程序不等于没有程序。城市管理综合执法机关适用简易程序当场实施行政处罚时应遵循以下步骤：

（1）执法人员应向当事人出示行政执法证件。对于不出示执法证件或者不能证明其执法身份的，当事人可以拒绝接受处罚。

（2）现场查清当事人的违法事实，并依法取证。当场处罚时，也要认真收集证明案件事实的所有证据，不能因为适用简易程序而忽略调查取证。

（3）向当事人说明违法的事实、行政处罚的理由和依据、拟给予的行政处罚，告知陈述、申辩的权利。

（4）听取当事人的陈述和申辩。这是行政处罚简易程序的必要环节，否则行政处罚无效。执法人员对当事人提出的有关意见，应当认真听取，不能因为当事人提出异议而加重处罚。

（5）填写预定格式、编有号码、盖有城管执法主体印章的行政处罚决定书，由执法人员签名或者盖章，并将行政处罚决定书当场交付当事人。

（6）告知当事人如对当场作出的行政处罚决定不服，可以依法申请行政复议或者提起行政诉讼。

以上过程应当制作笔录。

执法人员当场作出的行政处罚决定，应当在决定之日起规定时间（一般为三个工作日）内报所属城市管理综合执法机关备案。

3. 可以当场收缴罚款的情形

执法人员适用简易程序当场作出行政处罚决定，具有以下情形的，可以当场收缴罚款：

（1）依法给予100元以下罚款的；

（2）不当场收缴事后难以执行的；

（3）在边远、水上、交通不便地区，当事人向指定的银行缴纳罚款确有困难，经当事人提出，执法机关及其执法人员可以当场收缴罚款。

执法机关及其执法人员当场收缴罚款的，必须向当事人出具省、自治区、直辖市财政部门统一制发的罚款收据；不出具财政部门统一制发的罚款收据的，当事人有权拒绝缴纳罚款。执法人员当场收缴的罚款，应当自收缴罚款之日起二日内，交至执法机关；在水上当场收缴的罚款，应当自抵岸之日起二日内交至执法机关；执法机关应当在二日内将罚款缴付指定的银行。

049 什么是行政处罚不停止执行原则？

《行政处罚法》第七十三条第一款规定："当事人对行政处罚决定不服，申请行政复议或者提起行政诉讼的，行政处罚不停止执行，法律另有规定的除外。"

城市管理行政处罚决定一经依法作出，就具有了法律效力，即公定力、拘束力和执行力。公定力，是指对行政处罚决定原则上推定为合法，在未依法予以撤销或者变更之前，任何人均不能否定其效力。拘束力，是指行政处罚决定在被依法撤销或者变更之前，行政处罚主体和行政相对人都应当承认该决定有效并受该决定约束。执行力，是指行政相对人对依法作出的行政处罚决定负有自觉履行和按期履行的义务。行政相对人对行政处罚决定不服，有权申请行政复议或者提起行政诉讼，但行政相对人申请行政复议或者提起行政诉讼后，行政处罚决定原则上不停止执行。《行政诉讼法》第五十六条和《行政复议法》第二十一条均对具体行政行为不停止执行原则作了明确规定。在行政复议或者行政诉讼期间，不停止行政处罚决定的执行是一项基本原则，但它不是绝对的，也不排除例外，即在特殊情况下，也可以停止执行。根据《行政处罚法》第七十三条第一款的规定，在行政复议或者行政诉讼期间，如果法律规定行政处罚可以停止执行的，行政处罚就可以停止执行。

050 城市管理综合执法机关实施强制执行有哪些法律依据？

《行政强制法》第三十四条规定："行政机关依法作出行政决定后，当事人在行政机关决定的期限内不履行义务的，具有行政强制执行权的行政机关依照本章规定强制执行。"行政机关是否具有行政强制执行权，则由《行政强制法》第十三条加以明确:"行政强制执行由法律设定。法律没有规定行政机关强制执行的,作出行政决定的行政机关应当申请人民法院强制执行。"也就是说,城市管理综合执法机关行使行政强制执行权只能依据法律的具体规定。

(1) 加处罚款。《行政处罚法》第七十二条第一款第一项:"当事人逾期不履行行政处罚决定的,作出行政处罚决定的行政机关可以采取下列措施:(一) 到期不缴纳罚款的,每日按罚款数额的百分之三加处罚款,加处罚款的数额不得超出罚款的数额……"这是《行政处罚法》对所有具有行政处罚权的行政机关作出的普遍的执行罚授权。

(2) 将查封、扣押的财物拍卖。这也是《行政处罚法》第七十二条对行政机关的普遍授权,但在城市管理综合执法活动中并没有实际意义。因为《行政强制法》第四十六条第三款规定了依法拍卖以抵缴罚款应该在行政诉讼期以后,而对财物的查封、扣押不得超过三十日,最多延长至六十日。也就是说,等到行政诉讼期的六个月过后,查封、扣押的财物依法已经解除查封、扣押。

(3) 由县级以上人民政府责成对违法建筑的强制拆除。《行政强制法》第四十四条规定:"对违法的建筑物、构筑物、设施等需要强制拆除的,应当由行政机关予以公告,限期当事人自行拆除。当事人在法定期限内不申请行政复议或者提起行政诉讼,又不拆除的,行政机关可以依法强制拆除。"结合《城乡规划法》第六十八条的规定,对涉及违反《城乡规划法》的违法建筑物、构筑物、设施等的强制拆除,由建设工程所在地县级以上人民政府责成有关部门实施。此处的"责成"程序有的以规范性文件加以明确,有的就个案作出责成决定,有的表现为内部行政程序。

(4) 代履行。《行政强制法》第五十条规定:"行政机关依法作出要求当事人履行排除妨碍、恢复原状等义务的行政决定,当事人逾期不履行,经催告仍不履行,其后果已经或者将危害交通安全、造成环境污染或者破坏自然资源的,行政机关可以代履行,或者委托没有利害关系的第三人代履行。"这属于法律普遍授权的代履行,只要是依法作出要求当事人履行排除妨碍、恢复原状等义务的行政决定的行政机关都可以实施间接行政强制。

(5) 立即代履行。《行政强制法》第五十二条规定:"需要立即清除道路、河道、航道或者公共场所的遗洒物、障碍物或者污染物,当事人不能清除的,行政机关可以决定立即实施代履行;当事人不在场的,行政机关应当在事后立即通知当事人，并依法作出处理。"这也是法律普遍授权的立即代履行。

051 加处罚款是怎么计算的？

加处罚款是指被处罚人在无正当理由逾期不履行行政机关的处罚决定时，行政机关可以在原处罚决定的基础上，增加处罚的幅度。当事人逾期不缴纳罚款的，城市管理综合执法机关可以每日按罚款数额的百分之三加处罚款，加处罚款的数额不得超出应缴罚款的数额。

1. 加处罚款的计算

行政机关加处罚款的数额由计算基数、比例、期间三个要素决定。加处罚款计算基数应为当事人未履行原罚款决定的数额。譬如原罚款是十万元，当事人未履行，那么基数就是十万元；如果当事人已履行了五万元，那么未履行的五万元就是基数。加处罚款的比例每日按照未履行罚款金额的百分之三计算。《行政处罚法》第六十七条第三款规定："当事人应当自收到行政处罚决定书之日起十五日内，到指定的银行或者通过电子支付系统缴纳罚款……"因此，加处罚款应当从当事人收到行政处罚决定书之日起的第十六日开始计算，这一日实际上就是《行政强制法》第四十六条第一款所规定的"实施加处罚款"之日，未履行期越长，加处罚款越多。由于《行政强制法》第四十五条第二款规定加处罚款数额"不得超出金钱给付义务的数额"，按照每日百分之三的比例，即使不计算复利，也只要三十四天就超出"金钱给付义务的数额"，因此"加处罚款"最高额度就是当事人未履行的罚款数额本身。

《行政诉讼法》规定，诉讼期间不停止行政行为的执行。提起行政复议或行政诉讼的行政处罚案件，在复议和诉讼期间是否计算加处罚款？对此，《行政处罚法》第七十三条第三款给予了明确："当事人申请行政复议或者提起行政诉讼的，加处罚款的数额在行政复议或者行政诉讼期间不予计算。"

2. 加处罚款的执行

加处罚款是行政强制执行的方式之一，《行政强制法》对其操作程序作出了具体规定。根据《行政强制法》，加处罚款主要的程序环节是：

（1）当事人逾期不履行的，行政机关依法加处罚款并将标准告知当事人；

（2）行政机关实施加处罚款超过三十日的，书面催告当事人，告知其履行义务的期限、金额和给付方式以及当事人依法享有的陈述申辩权；

（3）经催告，当事人逾期仍不履行行政处罚决定，且无正当理由的，行政机关依法申请人民法院强制执行。

行政机关在行政决定中一并明确了，作出加处罚款的条件及其计算标准的，就加处罚款部分而言，实际上是作出了一个附条件生效的具体行为。若当事人在指定的期限内未缴纳罚款，即视为条件成熟，加处罚款的内容即自动生效，此时当事人就应当知道行政机关就其作出了一个加处罚款的决定，罚款数额也可依据处罚决定中确定的标准自己计算，无须行政机关另行告知。因此，当复议、诉讼期限届满后，当事人无正当理由不缴纳加处罚款的，行政机关就可以向人民法院申请强制执行，人民法院应当依法执行。如果行政机关未在行政处罚决定中明确加处罚款和计算标准，又未单独作出加处罚款的决定，仅依据《行政强制法》的规定申请人民法院强制执行，人民法院应当视为未作出加处罚款的决定，对加处罚款部分不予执行。

052 加处罚款可以减免吗？

《行政处罚法》第七十二条在授予行政机关加处罚款的权利时，用了"可以"二字，即行政机关可选择加处，也可选择不加处。《行政强制法》第四十二条第一款规定："实施行政强制执行，行政机关可以在不损害公共利益和他人合法权益的情况下，与当事人达成执行协议。执行协议可以约定分阶段履行；当事人采取补救措施的，可以减免加处的罚款或者滞纳金。"

因此，只要在不损害公共利益和他人合法权益的前提下，行政机关可以同意当事人分期或延期缴纳罚款；当事人积极改正违法行为，主动消除违法后果，在规定期限内主动缴清罚款的，可视为采取了补救措施；行政机关可以与行政管理相对人达成执行和解协议，减免当事人的加处罚款。这既有利于提高执行效率、缓解社会矛盾，亦符合《行政强制法》确立的执行和解制度的立法本意。

《行政强制法》未对减免加处的罚款作出明确的程序规定，为规范减免行为，避免减免的随意性，减免加处的罚款或同意延期、分期缴纳罚款，应包括以下程序环节：

1. 程序的启动

减免加处的罚款或延期、分期缴纳罚款，原则上应由被处罚当事人向作出处罚决定的行政机关提出书面申请，并承担相应的举证责任。当事人申请延期、分期缴纳罚款应提供确有困难的相关证明材料，当事人申请减免加处罚款应符合以下条件：

（1）减免不损害公共利益和他人合法权益；

（2）由于不可抗力或其他原因，当事人确有困难无力按时足额缴纳罚款或加处罚款；

（3）当事人有延期、分期缴纳罚款的计划并承诺按计划执行；

（4）当事人已履行罚款以外的其他行政处罚决定；

（5）当事人积极改正违法行为，主动消除违法后果。

2. 无力缴纳的认定

对于当事人提出的确有困难，无力按时足额缴纳罚款或加处罚款的认定，应当以客观事实为依据，避免当事人以此为由，恶意逃避履行处罚决定。一般认为，无力缴纳的认定，应当符合以下标准：

（1）当事人为企业法人或其他组织的，存在以下情形之一可认定为无力缴纳：因严重自然灾害等不可抗力致使企业遭受重大损失的；企业生产经营状况恶化，严重亏损，难以维系正常生产经营的；因宏观经济状况和产业政策调整等原因，导致企业限产停产的；因其他特殊原因，企业缴纳确有困难的。

（2）当事人为公民的，存在以下情形之一可认定为无力缴纳：因自然灾害、意外事件、本人或近亲属患重大疾病等而导致经济确有困难的；当事人为残疾人、社会救济对象等确有困难的。

3. 决定的审批

作出减免加处罚款或同意延期、分期缴纳罚款的决定，应参照原处罚决定程序。案件为普通程序的，由原办案机构对当事人提出的理由和证明材料进行核实，提出处理意见，经集体讨论通过后，报原处罚决定的审批领导签批。应当注意的是，延期或分期缴纳只针对罚款，当事人依法应当没收的违法所得不得延期或分期没收；延期或分期缴纳的期限不应超过行政强制执行的期限；在当事人足额缴纳罚款的前提下，行政机关可减免加处的罚款。否则在申请强制执行时，应对当事人未缴纳的罚款本金和加处罚款一并申请。

053 城市管理综合执法机关如何实施代履行？

代履行是指义务人逾期不履行行政决定设定的义务，由他人代为履行可以达到相同目的的，行政执法机关可以自己代为履行或者委托第三人代为履行，向义务人征收代履行费用的强制执行制度。

城市管理综合执法机关依法作出要求当事人履行排除妨碍、恢复原状等义务的行政决定，当事人逾期不履行，经催告仍不履行，其后果已经或者将危害交通安全、造成环境污染或者破坏自然资源的，执法机关可以代履行或者委托没有利害关系的第三人代履行。

需要立即清除道路、河道、航道或者公共场所的遗洒物、障碍物或者污染物，当事人不能清除的，执法机关可以决定立即实施代履行；当事人不在场的，执法机关应当在事后立即通知当事人，并依法作出处理。

1. 代履行的程序

（1）代履行前送达决定书，代履行决定书应当载明当事人的姓名或者名称、地址，代履行的理由和依据、方式和时间、标的、费用预算以及代履行人；

（2）代履行三日前，催告当事人履行，当事人履行的，停止代履行；

（3）代履行时，作出决定的城市管理综合执法机关应当派员到场监督；

（4）代履行完毕，执法机关当场监督的工作人员、代履行人和当事人或者见证人应当在执行文书上签名或者盖章。

2. 代履行的费用

（1）在代履行决定书中应当载明代履行预算费用，要求代履行费用事先基本明确。

（2）明确代履行费用按照成本合理确定。代履行本身不是惩罚机制，不应以加大当事人负担为目的，代履行收费可以有一定利润，但应当以成本为基准将利润控制在一定范围内。

（3）代履行费用原则上由当事人承担，但法律另有规定的除外。

（4）当事人拒不支付代履行费用，执法机关可以按照代履行决定，向当事人催告给付代履行费用，在当事人拒不支付代履行费用的情况下，执法机关可以申请人民法院强制执行代履行费用。

3. 代履行的方式

代履行不得采用暴力、胁迫以及其他非法方式。另外，代履行适用强制执行对时间和方式上的限制，即不得对居民采取停水、停电、停热、停燃气的手段，不得在夜间或者节假日实施。

4. 代履行的特别规定

《行政强制法》第五十二条规定："需要立即清除道路、河道、航道或者公共场所的遗洒物、障碍物或者污染物，当事人不能清除的，行政机关可以决定立即实施代履行；当事人不在场的，行政机关应当在事后立即通知当事人，并依法作出处理。"该条是代履行的特别规定，即立即代履行。立即代履行的特别之处在于：

（1）只适用于清除道路、河道、航道或者公共场所的遗洒物、障碍物或者污染物。

（2）任何行政机关只要在其职权范围内，都可以立即实施代履行。

（3）一般代履行需要先做催告，立即代履行没有催告程序。当事人在场的，执法机关可以责令当事人予以清除，当事人不同意清除的，执法机关可以立即实施代履行。当事人不在场的，执法机关可直接实施代履行，事后应当立即通知当事人，依法收取代履行费用，并依法对该违法行为作出处罚或者其他行政处理。

054 城市管理综合执法机关强制执行的普通程序是什么？

1. 催告

城市管理综合执法机关作出强制执行决定前，应当事先催告当事人履行义务。催告应当以书面形式作出，并载明下列事项：履行义务的期限；履行义务的方式；涉及金钱给付的，应当有明确的金额和给付方式；当事人依法享有的陈述权和申辩权。

2. 陈述和申辩

当事人收到催告书后有权进行陈述和申辩。执法机关应当充分听取当事人的意见，对当事人提出的事实、理由和证据，应当进行记录、复核。当事人提出的事实、理由或者证据成立的，行政机关应当采纳。

3. 决定与送达

经催告，当事人逾期仍不履行行政决定，且无正当理由的，执法机关可以作出强制执行决定。强制执行决定应当以书面形式作出，并载明下列事项：当事人的姓名或者名称、地址；强制执行的理由和依据；强制执行的方式和时间；申请行政复议或者提起行政诉讼的途径和期限；执法机关的名称、印章和日期。在催告期间，对有证据证明有转移或者隐匿财物迹象的，执法机关可以作出立即强制执行决定。

催告书、行政强制执行决定书应当直接送达当事人。当事人拒绝接收或者无法直接送达当事人的，应当依照《民事诉讼法》的有关规定送达。

4. 中止执行

有下列情形之一的，中止执行：当事人履行行政决定确有困难或者暂无履行能力的；第三人对执行标的主张权利，确有理由的；执行可能造成难以弥补的损失，且中止执行不损害公共利益的；执法机关认为需要中止执行的其他情形。中止执行的情形消失后，执法机关应当恢复执行。对没有明显社会危害，当事人确无能力履行，中止执行满三年未恢复执行的，行政执法机关不再执行。

5. 终结执行

有下列情形之一的，终结执行：公民死亡，无遗产可供执行，又无义务承受人的；法人或者其他组织终止，无财产可供执行，又无义务承受人的；执行标的灭失的；据以执行的行政决定被撤销的；行政执法机关认为需要终结执行的其他情形。

6. 执行回转

在执行中或者执行完毕后，据以执行的行政决定被撤销、变更，或者执行错误的，应当恢复原状或者退还财物；不能恢复原状或者退还财物的，依法给予赔偿。

7. 执行和解

实施行政强制执行，行政执法机关可以在不损害公共利益和他人合法权益的情况下，与当事人达成执行协议。执行协议可以约定分阶段履行；当事人采取补救措施的，可以减免加处的罚款或者滞纳金。执行协议应当履行。当事人不履行执行协议的，行政执法机关应当恢复强制执行。

055 申请人民法院强制执行前的催告程序应何时进行？

《行政强制法》第五十四条规定："行政机关申请人民法院强制执行前，应当催告当事人履行义务。催告书送达十日后当事人仍未履行义务的，行政机关可以向所在地有管辖权的人民法院申请强制执行……"但催告程序未明确催告书何时送达，仅原则性地规定行政机关在申请人民法院强制执行前送达催告书。

结合《行政强制法》第五十三条的规定："当事人在法定期限内不申请行政复议或者提起行政诉讼，又不履行行政决定的，没有行政强制执行权的行政机关可以自期限届满之日起三个月内，依照本章规定申请人民法院强制执行。"行政机关催告当事人履行义务，有两个时间点比较合适：

（1）在当事人诉期届满前十日进行催告，如果当事人在催告期限届满后仍不履行义务，正好其诉期也届满了，这样既保护了行政相对人的相关权利，行政机关执行催告程序也符合法律的规定。

（2）当事人诉期届满后，立即进行催告，如催告期届满仍不执行，即可申请人民法院强制执行。如果行政机关有特殊情况，也可以略迟一些日子，但是最晚不能晚于申请期限届满之前十二日，否则，行政机关就会丧失申请法院强制执行的权利。

056 所有强制执行都要经过催告吗？

催告，是指当事人不履行其义务时，执法机关通过法定形式向其发出通知，告知并催促其自觉履行，并告知其不自觉履行将产生的不利后果。催告应当以书面形式作出，并载明四项内容：一是履行义务的期限；二是履行义务的方式；三是涉及金钱给付的，应当有明确的金额和给付方式；四是当事人依法享有的陈述权和申辩权。催告的目的在于督促当事人自己履行义务，并在行政强制执行决定作出前给予当事人一次主动履行的机会，以彰显《行政强制法》对当事人主动性的尊重。

但并不是所有强制执行都要经过催告，根据《行政强制法》的规定，以下两种情形无须催告：

1. 加处罚款

执法机关依法作出罚款的行政处罚决定，当事人逾期不履行的，执法机关可以依法加处罚款。一般在作出罚款的行政处罚决定中一并明确了作出加处罚款的条件及其计算标准,如表述为:"逾期缴纳罚款的,依据《中华人民共和国行政处罚法》第七十二条第一款第一项的规定,每日按罚款数额的百分之三加处罚款。"

2. 立即代履行

即《行政强制法》第五十二条规定的:"需要立即清除道路、河道、航道或者公共场所的遗洒物、障碍物或者污染物,当事人不能清除的,行政机关可以决定立即实施代履行;当事人不在场的,行政机关应当在事后立即通知当事人,并依法作出处理。"

057 怎样对违法的建筑物、构筑物、设施实施强制拆除?

城市管理综合执法机关对违法的建筑物、构筑物、设施实施强制拆除的程序和方法详见本书第二部分"违法行为的查处"。

058 怎样申请人民法院强制执行?

当事人在法定期限内不申请行政复议或者提起行政诉讼,又不履行行政处罚决定,且在收到催告书十日后仍不履行行政处罚决定的,城市管理综合执法机关可以在期限届满之日起三个月内依法申请人民法院强制执行。行政机关批准延期、分期缴纳罚款的,申请人民法院强制执行的期限,自暂缓或者分期缴纳罚款期限结束之日起计算。

1. 申请法院强制执行应当符合的条件

根据《最高人民法院关于适用〈中华人民共和国行政诉讼法〉的解释》第一百五十五条的规定,行政机关申请人民法院执行其行政行为,应当具备七个条件:

(1) 行政行为依法可以由人民法院执行;

(2) 行政行为已经生效并具有可执行内容;

(3) 申请人是作出该行政行为的行政机关或者法律、法规、规章授权的组织;

（4）被申请人是该行政行为所确定的义务人；

（5）被申请人在行政行为确定的期限内或者行政机关催告期限内未履行义务；

（6）申请人在法定期限内提出申请；

（7）被申请执行的行政案件属于受理执行申请的人民法院管辖。

2. 申请人民法院强制执行的程序

（1）催告

《行政强制法》第五十四条规定："行政机关申请人民法院强制执行前，应当催告当事人履行义务。催告书送达十日后当事人仍未履行义务的，行政机关可以向所在地有管辖权的人民法院申请强制执行；执行对象是不动产的，向不动产所在地有管辖权的人民法院申请强制执行。"

（2）申请

城市管理综合执法机关申请人民法院执行其行政行为，应当提交四方面材料：

一是申请执行书，应当写明申请执行的理由、事项、执行标的，以及申请执行人所了解的被执行人的财产状况。

二是据以执行的行政法律文书副本。

三是证明行政行为合法的材料，如有关证据。

四是其他必须提交的材料。如执法机关委托代理人代为申请执行的，应当向法院提交经委托人签字或盖章的授权委托书，写明委托事项和代理人的权限。

（3）受理和审核

根据《行政诉讼法》和《行政强制法》的规定，人民法院对符合条件的申请，应当在五日内受理；对不符合条件的申请，应当裁定不予受理。

执法机关对人民法院不予受理的裁定有异议的，可以在十五日内向上一级人民法院申请复议，上一级人民法院应当自收到复议申请之日起十五日内作出是否受理的裁定。

人民法院对执法机关强制执行的申请进行书面审核，除明显缺乏事实根据的，明显缺乏法律、法规依据的和有其他明显违法并损害被执行人合法权益的情形外，符合法律规定、申请材料符合要求，且行政决定具备法定执行效力的，人民法院应当自受理之日起七日内作出执行裁定。

《行政强制法》第五十八条规定:"人民法院发现有下列情形之一的,在作出裁定前可以听取被执行人和行政机关的意见: (一)明显缺乏事实根据的; (二)明显缺乏法律、法规依据的; (三)其他明显违法并损害被执行人合法权益的。人民法院应当自受理之日起三十日内作出是否执行的裁定。裁定不予执行的,应当说明理由,并在五日内将不予执行的裁定送达行政机关。行政机关对人民法院不予执行的裁定有异议的,可以自收到裁定之日起十五日内向上一级人民法院申请复议,上一级人民法院应当自收到复议申请之日起三十日内作出是否执行的裁定。"

《行政强制法》第五十九条规定:"因情况紧急,为保障公共安全,行政机关可以申请人民法院立即执行。经人民法院院长批准,人民法院应当自作出执行裁定之日起五日内执行。"

(4)命令当事人限期履行

人民法院作出强制执行决定后,应当向当事人发出强制执行通知书,命令当事人在一定的期限内履行处罚决定。如果当事人经过法院规定的时间依然没有履行,则法院将强制执行。

(5)执行

执行由人民法院主持,执行完毕应当将执行结果通知执法机关。

根据《行政强制法》的规定,执法机关申请人民法院强制执行,不缴纳申请费,强制执行的费用由被执行人承担。

059 人民法院裁定不予执行的情形有哪些?

(1)申请强制执行的具体行政行为无效。具体行政行为无效的情形有:一是作出具体行政行为的行政机关超越法定职权;二是具体行政行为以书面的形式作出,但是没有写明作出行政行为的行政机关名称并加盖公章;三是行政机关要求公民、法人或者其他组织实施法律法规明确规定予以禁止的行为;四是要求公民、法人或者其他组织实施事实上不可能实现的行为;五是没有依法送达;六是没有告知申请复议、提起行政诉讼权利。

(2)具体行政行为明显违法。具体行政行为明显违法的情形有:一是具体行政行为明显缺乏事实根据;二是具体行政行为的作出明显违反法定程序并损害被执行人合法权益；三是具体行政行为明显缺乏法律依据。

（3）具体行政行为不具有可执行内容。

（4）存在不宜执行的其他情形。

060 结案需要什么条件？

结案是案件终结的简称，指行政执法机关依照法定程序对行政相对人作出处罚决定并已执行完毕或对行政相对人作出不予、免予行政处罚后将案件终结的法律程序。简易程序、普通程序的案件均应履行结案程序。

1. 结案的条件

适用普通程序的案件有以下情形之一的，办案机构应当在规定时间内填写结案审批表，经城市管理综合执法机关负责人批准后，予以结案：

（1）行政处罚决定执行完毕的；

（2）人民法院裁定终结执行的；

（3）案件终止调查的；

（4）违法事实不成立的；

（5）行政机关决定不予行政处罚的；

（6）人民法院已强制执行的；

（7）不属于本机关管辖移送有关部门的；

（8）涉嫌犯罪移送公安机关立案的；

（9）其他应予结案的情形。

为避免久拖不决，案件只要符合上述条件，即可予以结案，而不需要等待超过诉讼期后再结案。对于案件已经结案归档后再发生行政复议、行政诉讼的，可重新制作备考表入卷。

2. 结案程序

（1）制作结案审批表（结案报告）

城市管理综合执法机关的案件承办机构对符合结案条件的行政处罚案件，由办案人员写出结案报告，并填写结案审批表。结案报告主要内容包括：当事人基本情况；案由、案件事实和证据；是否采取强制措施及理由；处理决定、执行的方式和结果。

(2) 审核报批

办案人员将结案审批表、结案报告送承办机构负责人审核签字，再报城市管理综合执法机关负责人审批签署意见。

061 结案后如何立卷归档？

当城市综合执法机关负责人批准结案后，办案人员应当及时收集与案件有关的证据、文书、文件等材料，并按档案管理规定进行整理，制作案卷，移交归档，从而完成案件办理的全部环节。

案卷是指行政执法主体实施行政执法行为所依据的证据、记录和法律文书等书面材料，根据一定的顺序组成卷宗。案卷是行政执法行为作出过程和支持行政执法行为合法性的重要证据。案卷应当具备如下条件：其一，收入案卷的材料必须与案件有关，且凡是与案件有关的材料必须是通过合法手段获得的，其中对行政相对人不利的证据必须已在行政程序中质证；其二，凡是行政主体在行政程序结束之后调取的证据或者其他书面材料，不得收入案卷，但不作为行政行为依据的，可以例外；其三，案卷形成于行政程序结束之后，且案卷一旦形成便具有封闭性，不得随意增减。

一般来讲，行政处罚案卷的立卷归档步骤大致分为九个，分别是：文件收集——文件排序——页号编写——卷内文件目录著录——填写备考表——拟写案卷标题——案卷装订——编写案卷号和编制案卷目录——案卷移交。经过这样的完整程序，基本可以保证制作出的案卷文书完备，手续齐全。

1. 文件收集

制作归档案卷要求收集案件处理过程中涉及的各种文书、证据等文件材料。所收集文件材料应当齐全完整，无重份或多余材料。原则上要求收集各种文件的原件，在原件不能取得的情况下，也可以使用复制件，但应当作出说明。不能随文书装订立卷的录音、录像等证据材料应当放入证据袋中，并注明录制内容、数量、时间、地点、制作人等，随卷归档。

2. 文件排序

排序是指将卷内文件材料按文件的重要程度，结合文件形成的时间等特征进行排列。行政处罚案件的文书材料一般按照下列顺序排列：

（1）案卷封面；

（2）卷内目录；

（3）行政处罚决定书；

（4）立案审批表；

（5）当事人身份证明；

（6）询问笔录、现场检查（勘验）笔录、抽样取证凭证、证据登记保存清单、登记物品处理通知书、查封（扣押）决定书、解除查封（扣押）决定书、鉴定意见等文书；

（7）检验报告、销售单据、许可证等有关证据材料；

（8）案件处理意见书、行政处罚事先告知书等；

（9）行政处罚听证会通知书、听证笔录、行政处罚听证会报告书等听证文书；

（10）行政处罚决定审批表；

（11）送达回证等回执证明文件；

（12）执行的票据等材料；

（13）罚没物品处理记录等；

（14）履行行政处罚决定催告书、强制执行申请书、案件移送函等；

（15）行政处罚结案报告；

（16）备考表。

3. 页号编写

（1）案卷内文件的页号适用铅笔或者打号机，在有字迹页面正面的右上角、背面左上角的显著位置编写；

（2）案卷内的文件材料应用阿拉伯数字从"1"开始，依序标注，空白页不编号；

（3）案卷中的成册印刷品应按顺序编写页号；

（4）适用较大纸张制作的材料，应在折叠后有字迹页面的右上角编写页号；

（5）使用 A4 纸张横印的表格，应当将字头朝装订线方向摆放好，再编写页号；

（6）案卷过厚（超过 100 张），分为多卷装订时，每卷页号编写仍用阿拉伯数字从"1"开始标注。

4. 卷内文件目录著录

卷内文件目录作为整个案件所包含内容的索引，既应当准确反映案卷中文件材料的全貌，还应当做到简练、清晰。卷内文件目录应当包括序号、题名、页号和备注等内容，按卷内文书材料排列顺序逐件填写。

（1）顺序号。是以卷内文件的先后顺序填写的序号，即件号，要求给每份独立的文件编一个顺序号。正件和附件编一个顺序号。请示与批复，来文与复函，转发件与被转发件应各编一个顺序号。

（2）题名。即文件的标题。一般按照文件的原标题照实抄录。

（3）页号。填写文件材料在卷内位置的起止页号，填写时注意不要将双位以上的阿拉伯数字分为上、下两行。

（4）日期。文件的形成时间，填写时间可省略"年""月""日"字，在表示年、月的数字右下角加"."号。

（5）备注。主要用于填写针对该项材料还需要说明的情况，填写力求精练。

5. 填写备考表

案件的备考表放在全卷的最后，应填写该卷中需要说明的情况，如对卷内文件的说明、缺少文件或漏编页号等。立卷人在制作案卷时要如实填写有关情况，制作完成后由立卷人、检查人签名。归档后卷内文件发生补充、移出、销毁等情况，由该卷的立卷人和检查人填写、签名，并注明时间。

6. 案卷装订

案卷装订前应检查卷内文件是否完整和排列顺序，防止出现文件缺失、放错、放反、放斜等现象，同时注意文件上的金属物应全部去掉。

（1）装订案卷时，应做到四边整齐，或将文件材料的右侧和下侧对齐，并与案卷封面下侧对齐后，再进行装订。需扫描案卷可不装订。

（2）装订案卷必须使用棉质或化纤线绳，采用三孔一线的装订方法。

（3）凡装订线内有字迹的文件，一律用纸条粘贴，让出字迹部分，装订案卷时不得遮盖卷内文件的字迹，不得掉页。

（4）对破损的文书材料应当进行修补或复制。字迹已扩散的要复制并与原件一并立卷。对字迹难以辨认的材料，应当附上抄件。

（5）光敏纸复印后，将复印件装订入卷，光敏纸有红印章时，复印件与原件一同归档。

（6）文件材料大于案卷封面可进行折叠，小张字条或纸张不规范的应用 A4 纸进行托底补贴。纸张大于卷面的材料，应当按卷宗大小先对折再向外折叠。

（7）为保证档案的严肃性，归档文件所用的纸张，反面不得出现与归档内容无关的字迹、图表等。

案卷装订完成后，应当整齐、美观、固定，不松散、不压字迹、不掉页、便于翻阅。

7. 编写案卷号和编制案卷目录

案卷制作完成后，立卷单位应当确定保管期限，编写案卷号。案卷号应当每年度按照永久、长期、短期不同保管期限，分别编写 3 个流水号。立卷单位按照不同保管期限，每年编制年案卷目录。

8. 案卷移交

办案人员完成立卷后，应及时移交单位档案管理部门进行归档。案卷归档后，不得私自增加或者抽取案卷材料，不得修改案卷内容。

结案后，不能忽视案卷归档这一工作环节，这不仅因为案卷是行政复议机关进行行政复议案件审理和法院对行政行为进行司法审查时的事实根据和材料，而且因为其记载和储存着执法中的信息，对于案件评查、总结经验教训、改进执法工作都有着重要意义。

062 电子文件如何归档？

执法案卷电子文件，是指行政执法机关在依法履行职责过程中，通过计算机等电子设备取得、形成、处理、传输、存储的文字、图表、图像、音频、视频等文件，具体范围包括执法文书的电子文本、电子数据、数码照片等。

1. 电子文件归档管理原则

（1）统筹规划，统一标准，集中保存，规范管理；

（2）对电子文件取得、形成、处理、传输、存储、利用、销毁等实行全过程管理，确保电子文件始终处于受控状态；

（3）方便利用，提供分层次、分类别共享应用；

（4）依照国家规定标准，采取有效技术手段和管理措施，确保电子文件信息安全。

2. 电子文件归档的形式要求

（1）能够有效表现所记载的内容并可以供调取查用；

（2）采用符合国家规定标准的文件存储格式，确保能够长期有效读取；

（3）能够保证电子文件及其元数据自形成起完整无缺、来源可靠，未被非法更改；

（4）在信息交换、存储和显示过程中发生的形式变化不影响电子文件内容真实、完整。

涉密电子文件的原件形式应当符合国家保密规定。

3. 电子文件归档要求

（1）与相对应的纸质案卷的归档期限相同；

（2）不得低于相对应的纸质案卷保管期限；

（3）电子文件及其元数据应当同时归档；

（4）可以随案卷保存的录音带、录像带、光盘等载体，应当在装具上标注相关信息；

（5）经真实性、完整性、有效性鉴定、检测，并由相关责任人确认；

（6）具有永久保存价值或者其他重要价值的电子文件，应当转换为纸质文件或者缩微品同时归档；

（7）冲印的数码照片，应当标注照片相关信息；

（8）采用技术手段加密的电子文件应当解密后归档，压缩的电子文件应当解压缩后归档；

（9）准确划分密级；

（10）涉密电子文件应当使用符合国家保密规定的载体存储，并按照保密要求进行管理和使用。

4. 电子文件归档的制作要求

（1）从当事人处取得的作为证据的电子文件，应当保持文件原貌，及时封存；

（2）执法人员制作的电子文件，应当注明电子文件的形成背景、证明对象、格式、大小、制作人等；

（3）数据分析过程中产生的电子文件，应当注明数据分析的数据源、数据分析和处理方法、数据处理过程以及数据分析结论。

通过电子信息系统审批运转、对违法定性处罚具有直接决定作用的电子文件，应当连同审批单打印成纸质文件材料，归入相对应的纸质案卷；无可靠电子签名的纸质文件材料，由相关人员手写补充签名；确有特殊情况无法手写补充签名的，应当注明缘由。

5. 电子文件的存储要求

电子文件归档可以采用在线或者离线存储。在线存储应当使用专用存储服务器，实行电子文件在线管理；离线存储可以选择使用只读光盘、一次写光盘、磁带、可擦写光盘、硬磁盘等耐久性好的载体，不得使用软磁盘作为归档电子文件长期保存的载体。

063　哪些行政处罚案件信息不予公开？

《行政处罚法》第四十八条规定："具有一定社会影响的行政处罚决定应当依法公开。公开的行政处罚决定被依法变更、撤销、确认违法或者确认无效的，行政机关应当在三日内撤回行政处罚决定信息并公开说明理由。"

行政处罚案件公示的信息主要包括行政处罚决定书和行政处罚信息摘要。行政处罚信息摘要的内容包括行政处罚决定书文号、行政处罚当事人基本情况、违法行为类型、行政处罚内容、作出行政处罚决定的行政机关名称和日期。而其他案卷和证据材料不属于行政处罚案件信息公开的范围，需要查阅案卷材料的，告知申请人按查阅案卷的程序提出申请。

对于行政处罚案件信息不予公开的范围，《政府信息公开条例》和《行政处罚法》均作了相关规定。《政府信息公开条例》第十四条规定："依法确定为国家秘密的政府信息，法律、行政法规禁止公开的政府信息，以及公开后可能危及国家安全、公共安全、经济安全、社会稳定的政府信息，不予公开。"《行政处罚法》第五十条规定："行政机关及其工作人员对实施行政处罚过程中知悉的国家秘密、商业秘密或者个人隐私，应当依法予以保密。"

国家秘密的认定，一般由行政机关根据《保守国家秘密法》以及本部门的部门规章甚至规范性文件自行认定,法院对信息是否属国家秘密一般不进行实质性审查,但法院可以对国家秘密的形式要件和认定程序进行审查。不具备国家秘密定级的依据,未按国家秘密的认定程序进行认定的,不属于可以不予公开的国家秘密。

商业秘密则可以根据《反不正当竞争法》第九条第四款的规定进行认定,商业秘密是指不为公众所知悉、具有商业价值并经权利人采取相应保密措施的技术信息、经营信息等商业信息。

城市管理综合执法机关公示的行政处罚案件信息,应当删除涉及自然人住所(与经营场所一致的除外)、通信方式、身份证号码、银行账号等个人信息。认为需要公示的,应当报请上级行政机关批准。

三、证据的收集与运用

064 什么是证据?行政处罚证据有哪些特征?

城市管理综合执法机关在对公民、法人或者其他组织作出行政处罚的决定时,必须查明事实,违法事实不清的,不得给予行政处罚;行政处罚证据,即行政执法机关用来证明公民、法人或其他组织违法并应受到行政处罚的案件的一切材料,它不仅包括能够证明行政违法案件真实情况的材料,而且包括能够证明行政处罚行为具有法律依据的材料,亦包括能够证明是否从重、从轻、减轻、免予行政处罚真实情况的材料。行政处罚证据作为证据的一种,除应当具有合法性、客观性和关联性的证据三大特征外,还具有案卷性和时效性的特征。

1. 合法性

行政处罚证据的合法性,是指行政处罚证据必须符合法律规定的范围,行政处罚证据的取得也必须符合法律规定的要求和程序。合法性是证据的最本质属性,没有合法性即不能称之为证据。行政处罚证据的合法性一般表现在三个方面:

(1)行政处罚证据的收集、认定主体应当合法,即收集证据的行政执法主体应当具有相应的主体资格。《行政处罚法》第四十二条规定:"行政处罚应当由具有行政执法资格的执法人员实施。执法人员不得少于两人,法律另有规定的除外。"

(2)行政执法证据的形式应当合法。证据的表现形式必须符合证据法律制度所规定的证据的一般表现形式,也就是用以证明案件真实情况的材料,哪些可以作为证据,哪些不能作为证据,必须依照法律法规的规定。根据《行政诉讼法》的规定,行政处罚证据应该包括书证、物证、视听资料、电子数据、证人证言、当事人的陈述、鉴定意见、勘验笔录、现场笔录等形式。

(3)行政处罚证据的收集必须符合程序要求。符合程序要求包括两个方面:一是符合程序法的原则规定,如任何证据的收集都必须符合法定程序、必须依法收集,非法收集的证据不能成为定案证据等;二是符合程序法的具体规定,如鉴定意见的收集过程、勘验笔录的收集过程、证人证言的收集过程等,都必须遵循具体的程序规定。

2. 客观性

证据所反映的内容必须是客观存在的事实,不得带有任何主观成分,不以任何人的主观意志为转移。任何推测、假设、想象的情况都不能作为证据。

(1)行政处罚证据有其自身存在的客观形式,并且这种形式能为人类的认识所感知。行政执法证据有两种基本存在形式:一种是客观的实物根据性材料,如与案件有关的证件、痕迹、物品等;另一种是被人们感知并存入记忆的言词根据性材料,如证人证言、当事人的陈述等。无论以哪种形式存在,这些根据性材料都可以成为证据。

(2)行政处罚证据所反映的内容必须是真正发生过的事实。比如证人证言,其内容必须是真的而不是假的,必须是符合客观存在的事实而不是凭空杜撰或捏造出来的所谓事实。

3. 关联性

行政处罚证据的关联性包含两个方面:一是证据材料必须与案件事实有客观联系,二是证据材料必须能据以证明案件的真实情况。《最高人民法院关于行政诉讼证据若干问题的规定》第五十四条规定,法庭应当确定证据材料与案件事实之间的证明关系,排除不具有关联性的证据材料,准确认定案件事实。据此,行政执法人员在调查、取证中应收集可能与案件相关的所有证据,即使获取的证据不具有关联性，也是允许的，行政执法程序并不因此而违法或无效。但是执法人员在调查、收集、审查证据时必须注重这些联系，不能主观臆断去收集那些和案件证明事实没有客观联系的证据，应尽可能收集与案件有关联的证据。

4. 案卷性

"先取证、后处罚"是行政执法机关作出行政处罚所应遵循的一项基本原则。依据该原则，行政处罚证据应当具有案卷性，即行政执法机关作出行政处罚决定，只能以案卷作为根据，除法律规定的以外，不能在案卷之外，以当事人所未知悉和未质证的证据材料作为裁决的事实依据，此即谓之"案卷排他性规则"。其意味着：

（1）案卷材料的完备性，即案卷材料应当包括行政执法机关和当事人取得、提交的全部证据，应当记录质证过程中双方争议的焦点、辩论意见、听证笔录、对证据能力和证明力的认定理由及结论、作出行政处罚的法律依据、法律文书等。

（2）案卷材料的封闭性，即案卷一旦形成便成为封闭的历史，行政执法机关在行政处罚程序结束之后调取的材料不能成为案卷的一部分。

（3）案卷材料的排他性，即案卷材料形成后即成为行政执法机关作出行政处罚的唯一依据，也是行政复议、行政诉讼程序的唯一合法参照。

（4）时效性。任何证据都要讲究时效，但行政处罚案件中对证据的时效性要求更高。《行政诉讼法》第三十四条第二款规定"被告不提供或者无正当理由逾期提供证据，视为没有相应证据"；第三十五条又规定"在诉讼过程中，被告及其诉讼代理人不得自行向原告、第三人和证人收集证据"。根据《行政处罚法》，调查、听证、处罚是三个不同的程序，调查结束以后，作出处罚决定之前，即应该停止收集证据。由此可见，时效性是行政处罚证据的重要属性，欠缺时效性的行政处罚证据很可能就使证据丧失了证明力而不能成为定案根据，甚至不能作为证据使用。

065 城市管理综合执法收集和固定证据有哪些一般要求？

城市管理综合执法证据是认定案件事实的基础和依据。依法调查、收集、固定案件证据是调查取证过程中的核心内容。

（1）应当按照法律、法规、规章和司法解释等规定的取证途径和程序收集证据，取得的证据应当符合法定形式和要求。

（2）调查取证应当二人以上，并出示执法证件。所取得的证据应当注明来源、提取时间和地点，并有证据提供人、提取人的签名；当事人拒绝签章的，可以邀请基层组织人员或者其他第三方见证人到场，制作现场笔录，在现场笔录上记明拒签事由和日期，并由执法人员、见证人签章，通过执法记录仪全程录像。

（3）办案执法人员与当事人有利害关系的，应当回避。

（4）告知当事人或者证据提供人对涉及国家秘密、商业秘密、个人隐私的证据做出明确标注。

（5）告知当事人或者有关人员不如实提供证据、证言和作伪证或者隐匿证据应负的法律责任。

（6）不得以偷拍、偷录、窃听等手段获取侵害他人合法权益的证据材料；不得以利诱、欺诈、胁迫、暴力等不正当手段获取证据材料。

（7）单份证据多页的，应当逐页签章或者捺指印，并在骑缝处加盖印章或者捺指印。

（8）调查取证时因特殊情况难以取得书证、物证等实物性证据的，可以取得言词证据，但应当有二人以上言词证据相互印证。

（9）将其他部门取得的证据转换作为城市管理案件证据的，所转换证据应当符合证据的法定形式和取证要求，必要时可以制作现场笔录，说明证据转换的时间、地点、过程以及是否核对无误等情况，并由提供证据的部门盖章确认。从其他部门取得的言词证据，一般不能直接作为案件的证据，执法办案人员在条件允许的情况下应当自行取得言词证据。

（10）检查人员既要收集被查对象有违法行为、有从重处罚情节的证据，也要收集被查对象没有违法行为的证据，以及有法定从轻、减轻或者不予处罚情节的证据。

（11）用来收集、固定违法行为证据的互联网信息系统或者设备应当符合相关规定，保证所收集、固定电子数据的真实性、完整性。

066 密拍、密录的视听资料可以作为行政处罚证据吗？

以密拍、密录等手段获取但未侵害他人合法权益的证据，可以作为定案依据。

密拍、密录视听资料是指在未经对方当事人同意的情况下私自录制的录音资料和录像资料。密拍、密录视听资料主要具有两方面的特征：一是证据取得未经对方同意；二是证据是以隐蔽的方式获取的。《最高人民法院关于行政诉讼证据若干问题的规定》第五十七条第二项规定，"以偷拍、偷录、窃听等手段获取侵害他人合法权益的证据材料"不能作为定案依据。第五十八条规定，以违反法律禁止性规定或者侵犯他人合法权益的方法取得的证据，不能作为认定案件事实的依据。这包括两层含义：一是以偷拍、偷录、窃听等手段获取侵害他人合法权益的证据，不能作为定案依据；二是以偷拍、偷录、窃听等手段获取但未侵害他人合法权益的证据，可以作为定案依据。这里的合法权益主要是指自然人的个人隐私权等。

目前我国司法上对于密拍、密录视听资料证据的效力认定总体持肯定态度，对于未经对方当事人同意私自录制的视听资料，只要没有侵犯他人合法权益、不违反法律的禁止性规定，就不能视为非法证据，从而具有证据力和证明力。对于行政执法人员密拍、密录的视听资料，经过审查可以作为行政处罚的定案依据；对于媒体记者、群众提供的密拍、密录视听资料，不得直接作为行政处罚的单独证据，可作为案件线索做进一步调查核实、取证。密拍、密录等隐蔽调查应以纠正违法行为为目的，隐蔽调查的场所、范围、手段应适当，执法人员不得诱导相对人实施违法行为。实施密拍、密录等隐蔽调查时，应由执法人员对取证地点、时间、方式、内容、载体等进行记录，并由两名以上执法人员签字确定。

067 当事人自认能否作为定案依据？

行政处罚中的当事人自认属于当事人的陈述与承认。从内容上看，当事人自认属于当事人的陈述，因此当事人自认可以作为认定案件事实的证据之一。作为证据的自认具有以下特点：

（1）自认并不免除行政执法机关的举证责任，其效力是有限的；

（2）有相反证据足以推翻自认的，自认无效；

（3）自认可以发生在行政处罚程序和行政诉讼过程中，后者的效力大于前者。

自认的事实一般不再作为证明对象，有利于在行政处罚过程中把行政执法机关与当事人的注意力集中在案件的争议事实及与争议事实相关的其他事实上，从而提供效率，节约成本。但是，由于执法机关与当事人并非平等主体的关系，无法完全保证当事人自认的真实性。而且，在行政处罚案件中，证明被处罚人存在违法事实的证明责任在行政机关，单一的言词证据不能作为认定案件事实的定案依据。所以，只有当事人的陈述，没有其他证据补强，不能单独证明待证事实，这是办案的基本证明标准。因此，行政执法机关在作出行政处罚决定时一般不能仅以自认的事实为依据，而应充分地调查取证，形成一个完整的证据链，以防行政相对人在行政诉讼中举出反证推翻自认。同时在当事人自认时，要避免使用非法手段，对当事人的口头自认应制作详细的笔录，由本人签名确认。

068 当事人拒绝签名的现场笔录能否作为证据？

城市管理综合执法人员进行现场检查时，应制作现场检查笔录，笔录经核对无误后，执法人员和被检查人应当在笔录上签名，被检查人拒绝签名的，应当由两名执法人员在笔录上签名并注明当事人拒绝签字的原因及理由。若有第三人在场，可以让其作为见证人见证当事人拒绝签字的情况并在现场笔录上签字确认；并使用执法记录仪对当事人拒绝签字的情况加以辅助说明，以增强现场笔录的证明力。

当事人拒绝签字的现场笔录，在诉讼中执法机关可以将其作为证据提交，但是由于缺少当事人的签字致使其在形式上存在一定的缺陷，因此证明力相对较弱。在这种情况下，就需要通过其他的证据对案件事实加以印证。不能仅凭没有签字的现场笔录予以定案，应当配合其他证据形成完整的证据链，以补强该份现场笔录的证据效力。

069 对当事人在询问笔录中认可的，但在陈述申辩时予以否认的违法事实，该如何处理？

询问笔录是根据当事人、受害人、见证人、知情人或其他有关人员向城市管理综合执法人员陈述案件事实所做的记录，一般归属于证人证言或当事人的陈述两种证据类型。由于询问笔录属于言词证据，缺乏客观性，不能仅凭询问笔录就对案件事实加以认定，应与其他证据相互印证，形成完整的证据链。所以，询问笔录不能作为定案的唯一依据。

如果当事人在陈述申辩时对其在询问笔录中认可的违法事实予以否认，应当请当事人提供相关的证明材料，由行政执法机关对当事人提供的证据材料的真实性、合法性和关联性进行审查，必要时继续进一步调查取证。但是，无论当事人能否提供新的证据，当事人在陈述申辩时作出的与前期相反的陈述，也仅仅影响当事人的陈述这一类证据的证明效力，与全案其他证据无关。

因此，当事人接受询问而作出的表述前后矛盾时，执法人员应结合前期收集的其他证明材料，对当事人否认的事实进行深入分析论证，重新梳理违法事实，根据调查形成的证据，对案件事实进行综合分析判断。

070 如何对案前证据或其他部门、个人传来的证据进行合法性转换？

案件证据的转换，是指执法人员对案前证据或其他部门、个人、其他行政程序传来的证据，经过审查，采取必要的重做、复核或经当事人核对、确认等转换措施进行合法性转换并作为所办案件的定案证据使用。需转换的证据包括案前证据、其他执法机关移送的证据、其他行政程序形成的证据、私人取得并提交的证据等。

1. 言词证据

一般而言，其他部门移送的或其他程序形成的当事人陈述、被害人陈述、证人证言等言词证据需要重新询问、重新制作。起码应当由对方重新核实、签署意见并签字确认。

2. 检验报告、鉴定意见

其他部门在行政程序中形成的检验报告、鉴定意见，只要抽样、检验、鉴定和送达、告知检验结果或鉴定意见的过程符合检验鉴定标准和法律法规规定的，经审查可直接作为所办行政处罚案件的证据使用。

3. 其他部门制作、形成的证据

其他部门形成、制作的视听资料、电子数据、现场笔录、勘验笔录等证据，或者其他部门形成的书证等证据，私人交来的物证、书证、视听资料、电子数据等证据，应当经行政处罚当事人核实、确认，或者本案的执法人员按照各种证据的取证要求提取后使用，当事人拒不核对、确认，又无法提取或重新制作的，相关证据不能单独作为认定案件事实的证据使用。

4. 其他部门提取的证据

其他部门在当事人或第三人处提取的物证、书证、视听资料、电子数据，经审查取证程序合法、取证文书齐全，可以作为认定案件事实的证据使用。

071 听证程序之后，能否补充收集证据？

听证程序结束后，执法机关通过在听证程序中当事人提出的陈述和申辩意见发现证据不充分或存在取证瑕疵的，不能补充调查并依据再次收集到的证据作出行政处罚决定，理由如下：

（1）根据《行政处罚法》的规定，听证程序是在案件调查终结之后，行政处罚作出之前，听取当事人陈述、申辩和质证的程序。调查、听证、处罚是三个不同的程序，且是不可逆的程序。

（2）根据《行政处罚法》第六十五条、第五十七条的规定，听证结束后，听证主持人应当在规定期限内写出听证报告并签名，连同听证笔录一并上报本机关负责人，机关负责人经对案件调查终结报告、核审意见或者听证报告，当事人的陈述、申辩意见，拟作出的行政处罚决定进行审查，根据不同情况分别作出给予行政处罚、不予行政处罚、移送司法机关等处理决定，而不能作出重新调查、补充证据的决定。

（3）如果允许行政执法机关运用听证程序来发现和完善自己的不足，进而为将要作出的行政处罚决定提供支持，就完全违背了行政处罚案件听证制度的立法本意，也不符合《行政处罚法》的立法目的。行政处罚程序的听证不同于行政许可程序的听证，行政处罚程序的听证是依申请而非依职权，在行政处罚程序中，当事人没有要求听证，行政机关不能主动举行听证。这就决定了行政处罚的听证不是调查程序，而是在调查终结后处罚决定作出前的听取意见程序；行政执法机关在听证程序后调取的证据只是进一步证明当事人的违法行为，并不实质影响案件的事实认定，因而没有补充调查的必要。

(4)《行政处罚法》规定的"复核",是对当事人在听证会上的说法、提出的证据进行核查,目的仅仅是判明当事人的理由、提出的证据是否真实、合法、有效。复核的结果是作出是否采纳当事人意见、证据的决定,而不能重新收集证据、补充和加强在调查程序中缺失的证据。

行政执法机关应该在案件审核程序中发现证据的不足。审核机构经过核审,认为事实不清、证据不足的,建议办案机构补正。而听证结束应当视为行政处罚调查终结,在听证结束后发现案件证据不足的,行政执法机关可以主动撤销案件并告知当事人。然后重新立案、调查,在有充分证据后,改变原有告知书认定的主要事实或主要理由,才可以重新按处罚程序予以处罚。

072 收集的证据如何才能形成证据链?

证据链是否完整,决定了城市管理综合执法人员后期在行政处罚至行政诉讼过程中能否作出正确的处罚决定并通过司法审查。证据能起到怎样的证明作用,还需要看它们是否形成了环环相扣的、用以证明案件事实的证据链条,即证据链。

只有当全案证据形成了不自相矛盾、能够互相印证的证据链,城市管理综合执法部门才能够依法做出相应的处罚决定。但在基层执法实践中,执法人员由于缺乏证据链意识,走完检查、询问、拍照、责令改正、送达的流程,却没有将证据收集到"点"上,使得证据之间不能相互印证,甚至出现矛盾,这样就容易产生诉讼风险。

由于每起城市管理执法案件中的违法行为与证据不尽相同,证据链也没有固定的模板,且执法人员执法时,对违法行为的定性也并不一定与案件最终定性一致,想要一开始就取得充分的证据以形成完整的证据链,就要从相对固定的执法程序入手,使每一个程序收集的证据尽量完整且互相之间不矛盾。

证据链的构成至少包括以下三个要求:一是有适格的证据;二是证据能够证明案件的证明对象;三是证据之间能够相互印证,相互补充,对案件事实排除合理怀疑。

1. 证据链中的证据必须适格

所谓适格就是要求证据必须具有可采性,可采性要求证据必须满足以下要求:

（1）证据对案件事实必须具有关联性。证据同案件事实必须存在某种联系，并对证明案情具有实际意义。

（2）证据没有法律所禁止的情形，包括法律所禁止的证据形式和取证方式。

2. 所形成的证据链能够证明案件的证明对象

证明对象作为证明的最初环节，指的是证明活动中需要用证据加以证明的案件事实，它包括：

（1）违法事实，包括违法客体、违法主体、违法的客观方面、违法的主观方面。

（2）有无从重、从轻、减轻以及不予行政处罚的有关调查情节事实。

（3）排除行为违法性、可罚性和行为人行政责任的事实。

3. 证据链之中的证据必须能够相互印证，排除合理怀疑

（1）证据相互印证就是在运用证据查明案件事实的过程中，为了判断证据的真伪以及证明力的大小，将某一证据与案件其他证据进行比对，分析证据之间的协调性、一致性，进而证明案件事实的活动。

（2）城市管理综合执法部门认定案件事实时，必须注重证据之间的相互印证，相互补充，全案证据之间不能有矛盾，应一致性地证明案件事实。

（3）言词证据证明力较低，且具有反复性的特点，需要有其他证据予以印证。

073 行政处罚案件的证明标准是什么？

证明标准是指承担证明责任的人提供证据对案件事实加以证明所要达到的程度。当承担举证责任的当事人提供的证据达到了证明标准时，就意味着其完成了举证责任，他所提出的主张就会成立，即不会因为待证的证明问题承担不利后果。因此，证明标准是举证当事人履行证明责任的指向灯，是事实决定者决定具体事实能否认定的行为准则。

目前，《刑事诉讼法》《民事诉讼法》《行政诉讼法》对证明标准的规定是统一的，即都是"案件事实清楚，证据确实充分"。对于"案件事实清楚，证据确实充分"应当作如下理解：

（1）案件事实都有证据证明。

（2）据以定案的证据均经法定程序查证属实，即证明案件事实的证据是真实的、合法的。

（3）综合全案证据，对所认定事实已排除合理怀疑。如果合理怀疑尚未排除，则不得认定有关事实。

《刑事诉讼法》规定的证明标准是：案件事实清楚、证据确实充分。2018年修订的《刑事诉讼法》同时规定了"排除合理怀疑"的证明标准。该法第五十五条第二款规定："证据确实、充分，应当符合以下条件：（一）定罪量刑的事实都有证据证明；（二）据以定案的证据均经法定程序查证属实；（三）综合全案证据，对所认定事实已排除合理怀疑。"排除合理怀疑是指排除对案件事实真实性产生的合理怀疑。排除合理怀疑标准其实是"案件事实清楚，证据确实充分"证明标准的反面表述，这一标准的使用，不仅发展了证明标准理论，而且增加了证明标准的可操作性，严格了证明标准的适用，使得我国关于证明标准的规定更为全面、准确、严谨。

对于行政处罚案件，《行政处罚法》第四十条规定："公民、法人或者其他组织违反行政管理秩序的行为，依法应当给予行政处罚的，行政机关必须查明事实；违法事实不清、证据不足的，不得给予行政处罚。"《行政诉讼法》也通过间接的方式对证明标准作了规定，根据《行政诉讼法》第八十九条规定，行政诉讼的证明标准也是"案件事实清楚，证据确实充分"。

在实际操作中，行政诉讼的证明标准介于刑事诉讼和民事诉讼之间或接近刑事诉讼的证明标准。行政处罚案件调查取证的标准，是达到"两个基本"的要求，即"基本事实清楚，基本证据确实充分"。任何行政处罚案件要办成绝对的"铁案"，即证据完全充足，可以绝对真实地还原违法过程、毫无疑义地认定当事人的违法事实，在人类现有的认知能力、科学技术水平与经济条件限制下是不可能做到的。行政处罚的目的是对当事人违反法律法规的行为予以制裁，调查取证的任务是取得证据证明当事人有应受到制裁的违法行为存在。从证明的目的看，达到证明当事人存在违法的基本事实及其情节、后果即可，行政机关既不可能也无必要查明当事人的所有事实。从证明的标准看，行政执法机关应尽可能地取得证明当事人违法的基本事实存在的基本证据。只要还原真相的概率足够高，证明和认定事实的过程满足程序正义的基本要求，案件事实达到法律意义上的真实就可以定案。

074 如何收集与固定书证?

书证是指以文字、符号、图形等形式记载的，能够表达人的思想和行为的，用来证明事实的有关情况的书面文件和物品。书证往往能够在案件中起到最为直接的证明作用，同时还是鉴别其他证据是否真实、可靠的重要依据。

（1）尽可能收集书证原件，书证的原本、正本和副本均属于书证的原件。

（2）收集原件有困难的，可以对原件进行复印、扫描、照相、抄录，经提供人和执法人员核对后，由原件保存单位（个人）在复制件、影印件、抄录件或者节录本上注明"原件存××处，经核对与原件无误"，并由其签章，注明日期；原件保存单位（个人）拒绝签章的，可以邀请基层组织人员或者其他第三方见证人到场，制作现场笔录，在现场笔录上记明拒签事由和日期，并由执法人员、见证人签章，也可以通过制作视听资料进行记录。

（3）书证要注明调取时间、提供人和执法人员姓名，并由提供人、执法人员签名或者盖章。

（4）要收集当事人的身份证明。当事人是单位的，收集相关许可证件复印件、统一社会信用代码证书复印件、法人代表身份证复印件；当事人是自然人的，收集居民身份证复印件；委托代理人代理的，收集代理人身份证复印件、授权委托书复印件。

（5）送达回证要由受送达人记明收到日期，并签名或者盖章。受送达人是公民的，本人不在时可交他的同住成年家属签收；受送达人是单位的，由该单位的法定代表人、主要负责人或者办公室、收发室、值班室等负责收件的人签收。委托送达的，要出具委托函，并附送达回证。留置送达的，由送达人在送达回证上记明情况并签名或者盖章，见证人也可签名或者盖章。邮寄送达的，要收集回执及投递单随卷归档。公告送达的，要收集公告、登载载体随卷归档。

（6）对专业性较强的书证，如图纸、会计账册、专业技术资料、科技文献等，要附有说明材料。对外文书证，要附有中文译本。

（7）向有关部门取得其保管的书证原件的复印件、影印件或者抄录件的，应当注明出处，并由该部门核对无误后加盖其印章。

（8）单份书证多页的，应当逐页签章或者捺指印，并在骑缝处加盖印章或者捺指印。

075 如何收集与固定物证？

物证，是指以其内在属性、外部形态、存在状况或空间方位等客观存在的特征证明案件事实的物体和物体痕迹。行政处罚中常见的物证有三类：第一类是标的物，如销售的物品。第二类是媒介物，如运输工具、机器设备等。第三类是衍生物，如爆炸之后留下的碎片等。随着科技的发展，某些以特殊形态表现出来的物质，如电流、电波、气味、磁场等，也可能被某种仪器设备记录和检定，使之成为证据。

（1）应当取得原物。提供原物确有困难的，可以提供与原物核对无误的复制件或者证明该物证的照片、录像等其他证据。拍照时要反映出现场方位、物证全貌、物证重点部位和主要特征等，并将照片附卷。

（2）通过检查、勘验发现的物证，必须注明勘验、检验等固定物证的方式、时间、地点；然后按照勘验、检验的技术规程进行，在检查笔录、勘验笔录中反映物证的主要特征（名称、型号、规格、数量、重量、质量、颜色、新旧程度和缺损特征等）、来源及其处理情况。勘验、检验的参加人员（包括参加勘验的执法人员、当事人、见证人）应当在勘验报告相应的部分签字盖章。

（3）通过抽样取得物证，应由具有抽样资格的人员依技术操作规范和技术规程的要求，按照规定的方法、数量、频次进行。抽取样品的数量以能够认定该物品的品质特征为限；抽取样品的程序除要求通知当事人或者样品持有人到场外，最好还应当有见证人在场。受通知人不到场时，必须邀请见证人到场。抽样取证，必须开具抽样取证的证据清单。抽样取证证据清单由行政执法人员和当事人、被抽样物品持有人或者见证人签名。当事人、被抽样物品持有人拒绝签名的，行政执法人员应当在抽样取证证据清单上注明。抽样取证清单由行政执法人员和当事人、被抽样物品持有人各执一份。样品抽取后，应及时进行检验。经检验，需要作为证据留存使用的，应及时采取登记保存措施。不属于证据或不需要留作证据的，应当及时返还剩余的样品。样品有减损的，除法律、法规有特别规定外，应当予以补偿。

（4）通过先行登记保存获得物证，依法必须由机关负责人批准，并在法定时间内（《行政处罚法》规定在违法案件中对物品的登记、保存的时间为七日）作出处理。查封、扣押或者登记、保存应开具物证清单，由执法人员和当事人在清单上签名，双方各执一份。

（5）向当事人、见证人等直接提取物证，应由当事人、物证持有人或见证人在有关笔录上签名盖章。

（6）原物为数量较多的种类物的，提供其中的一部分。

（7）物证不是原物的，应当对不能取得的原因、复制过程或者原物存放的地点予以说明，并由复制件、照片和录像的制作人以及物证持有人核实无误后签名或签章。

076 如何收集与固定视听资料？

视听资料是指以录音、录像、扫描等技术手段，将声音、图像及数据等转化为各种记录载体上的物理信号，并证明案件事实的证据。如调查取证时的同步录音录像资料。

（1）在城市管理综合执法过程中可以利用执法记录仪等设备通过录音、录像等方式制作视听资料，制作视听资料时不得侵犯当事人的合法权益。执法人员可以对现场执法、调查取证、证据保存、举行听证、强制措施、留置送达和公告送达等容易引发争议的行政执法过程进行音像记录；对查封扣押财产、强制拆除等直接涉及生命健康、重大财产权益的现场执法活动和执法场所，应当进行全过程音像记录。现场执法进行音像记录时，应当自到达现场开展执法活动时开始，对执法过程进行全程不间断记录，直至执法活动结束时停止。

（2）制作视听资料时，应当口头明确告知当事人。口头告知过程应当记录在视听资料里。开启音像记录后，应当首先说明执法日期、执法事由、执法人员、执法对象。例如："今天是×××年××月××日，×××××××（行政执法主体名称）的执法人员×××和×××，依法对××单位（公司）采取××强制措施。为保证执法的公正性，本次执法全程录音录像。"

（3）录音、录像、照片等视听资料，可以采用离线或者在线存储，优先采用离线存储。离线存储可以选择使用只读光盘、一次写光盘、磁带、可擦写光盘、硬磁盘等耐久性好的载体，对每份视听资料应当注明制作方法、制作时间、制作人和证明对象等内容；在线存储应当使用专用存储服务器。

（4）调取视听资料的，应当调取有关资料的原始载体；难以调取原始载体的，可以调取复制件，并应当注明复制方法、人员、时间和原件存放处事项，由复制人和原始载体持有人签章。

调取视听资料原始载体或者复制件的应急视听资料的，应再复制一份进行封存，由原始载体持有人在封条上签章，在信封（包装物）上或者贴的标签上注明"本信封（包装物）内封存的是××（存储介质），其所存储的视听资料是对×××视听资料的复制、备份，由我（单位）提供，与原始载体记载的视听资料核对无误，是真实、完整且未经任何改动的视听资料"，并注明制作方法、制作时间、制作地点、制作人、原始载体存放处和证明对象等，由原始载体持有人的法定代表人（或其他组织的主要负责人）、财物负责人签名，注明日期，加盖单位印章。

（5）利用视听资料对言词证据进行固定时，录音、录像应当不间断；摄录时应当将当时所处的环境摄录清楚，并记录摄录时间、地点；对用于固定证据的录音、录像不得进行剪辑。

（6）对声音资料，应当附有该声音内容的文字记录；对图像资料，应当附有必要的文字说明。文字记录、说明可以由当事人提供或者由执法人员制作。

077 如何收集与固定电子数据？

电子数据包括下列信息、电子文件：网页、博客、微博客等网络平台发布的信息；手机短信、电子邮件、即时通信、通讯群组等网络应用服务的通信信息；用户注册信息、身份认证信息、电子交易记录、通信记录、登录日志等信息；文档、图片、音频、视频、数字证书、计算机程序等电子文件；其他以数字化形式存储、处理、传输的能够证明案件事实的信息。

在违法案件查办过程中，根据电子证据存储特定以及客观需要，可以采取一般证据和复杂证据两类收集方式：一般证据收集方式有打印、拷贝、拍照摄像、制作执法文书、查封扣押、公证等；复杂证据收集方式有解密、恢复、测试等。

以电子数据形式存在的录音资料和影像资料，适用电子数据的取证规定。

1. 书式固定

对于网络平台中文字符号、图画等有证据效力的数据信息，可以将有关内容直接进行打印，经当事人签字确认，按书面证据进行固定。取证时应当注明制作方法、时间、制作人、证明对象和数据信息在计算机中的保存位置。如果是由当事人操作打印的，应当有防止当事人修改、删除等不当行为的监督措施。

书证固定应注明证据来源并要保持其完整性，尤其要注意截屏证据的连贯性。在对含有与违法行为相关内容的网页进行截屏打印时，执法人员往往只截取含有相关内容的部分，比如在一个网页上截取上部分与底部，而中间部分由于不包含违法内容而未对其进行截屏，这样就使证据与证据之间丧失了连贯性，在一定程度上影响了证明力。建议在截屏时先对包含违法内容的网页整体截屏，然后对于违法内容所在的多个部分分别截屏，并标明此截屏属于网页的哪一部分，最后将一个网页上的截屏收集成为一组证据，以保证证据的连贯性。

2. 拷贝复制

在当事人确有困难或其他因素不能提供原始数据时，执法人员可以使用光盘、U 盘等移动存储设备复制相关网页等电子文档，也可以对整个硬盘进行镜像备份。在复制之后，应当检验所准备的移动存储设备确认未被病毒感染或者损坏，且没有数据。在复制之后，应当及时检查复制的质量，防止因保存方式不当等导致复制不成功，同时，要现场封好复制件，注明证据收集时间、方式、提取人，并注明案件当事人确有困难不能提供原始数据的原因，最后由案件当事人签名确认整个过程。

拷贝复制的还要计算数据完整性校验值（HASH 值），利用 HASH 函数具有的输入数字串与输出数字串唯一对应的特点，通过 HASH 值的校验来证明复制件与原件完全一致。

3. 拍照摄像

如果证据具有动态文字图像、声音、Flash 文件或者需要专门软件才能显示的内容，可以采用拍照、录音或摄像的方法进行证据收集。同时，可对证据收集全程进行拍照、摄像。此种证据收集方式对于动态、声音证据的收集较为有效，但是在证据的制作过程中一定要注意与违法行为相关内容的可识别性。

4. 委托分析

对于较为复杂的电子证据或者遇到数据被删除、篡改等执法人员难以解决的情况，可以委托具有资质的第三方电子数据鉴定机构进行检验分析。委托专门机构分析时，执法人员应填写委托书，同时提交封存的计算机存储设备或相关设备清单。专业机构按规定程序和要求分析设备中包含的电子数据,提取与案件相关的电子数据,并出具书面鉴定意见。

5. 见证公证

案件当事人拒绝对打印的相关书证和转化的视听证据进行核对确认,执法人员应当注明原因,必要时可邀请与案件无关的第三方人员进行见证。如果遇到无法在当事人场所的电脑中调取电子数据的情况(如当事人可能在检查人员上门检查时立即删除违法内容,造成证据收集困难),甚至出现当事人事后否认或证明人外出或不在的现象,必要时可以采取公证的方式,即事先在办案单位的计算机登录涉嫌违法当事人的主页,将违法页面打印固定下来,整个证据收集过程由公证机关确认,作为证据使用。

6. 制作现场笔录

在案发现场发现计算机信息系统中存在与违法事实相关的数据信息,可在现场检查笔录中全面、详细地记录信息系统中显示的相关内容,载明时间、地点和事件等内容,并由执法人员和当事人签名。

7. 制作询问笔录

由于当事人对违法行为的内容及如何策划、实施了如指掌,往往是违法行为的组织者与实施者,所以在制作涉网案件的笔录时,要尽量完整、详细地记录当事人对整个违法行为相关情况的陈述。除了要对违法行为的内容以及策划、实施等具体情况进行询问外,还应详细询问现场检查时已经取得的计算机数据内容,就提取的电子数据与当事人发布的内容等是否一致情况的陈述应尽量完整、详细,这样制作的询问笔录才能与其他证据一起形成完整的证据链。

8. 查封或扣押计算机设备

电子数据的特点导致其存放地点相对复杂,往往需要将计算机或者存储器从机器中拆卸出来对数据进行还原分析处理。为了防止案件当事人损毁、破坏数据,执法人员可以依法对网络平台设备、系统进行查封或扣押。在现场实施行政强制措施进行查封时,其查封方法应当保证在不解除查封状态的情况下,无法使用被查封的设备。查封前后应当拍摄被查封计算机设备的照片,清晰反映封口或张贴封条处的状况。

078 如何收集与固定证人证言？

证人证言是指证人以口头或书面形式就其感知的案件情况向城市管理综合执法机关所做的陈述。此处的证人不包括鉴定人、当事人。行政执法中常见的证人证言有：询问笔录及证人书面证言等。证人证言只能由自然人提供，单位不具有出具证人证言的资格。无行为能力人和限制行为能力人只能在同其智力、年龄、健康状况相适应的范围内作证人，生理上、精神上有缺陷或者年幼，不能明辨是非、不能正确表达的人不能作证人。同时，与当事人有利害关系的人也可以成为证人，但同案犯不得互为证人。

（1）询问证人，执法人员不得少于两人，并应在正式询问前向证人出示执法的有关证件。

（2）执法人员应该取得证人身份证、工作证、合同协议复印件等证明证人身份和证人与被查对象之间关系的资料，并取得证人有效的联系方式。

（3）证人是未成年人的，执法人员必须通知其监护人或者其教师到场。确实无法通知或者通知后未到场的，应当记录在案。

（4）证人是聋哑人时，应当有通晓聋哑手势的人参加，并在询问笔录上注明被询问人的聋哑情况以及翻译人的姓名、住址、工作单位和职业。

（5）证人可以采取书面或者口头方式提供证言。证人口头提供证言的，执法人员可以笔录、录音、录像，一般尽量采用笔录形式对口头证言进行记录，笔录应当使用能够长期保持字迹的书写工具书写，也可以使用计算机记录并打印，由证人逐页签章、捺指印，并注明日期。

利用录音、录像记录证人口头证言的，录音、录像应当不间断；摄录时应当将所处的环境摄录清楚，并记录时间、地点。

（6）证人口头提出变更证言的，执法人员应当就变更部分重新制作笔录，注明原因，由证人逐页签章、捺指印，证人变更书面证言的，不退回原件。

（7）制作询问笔录应当字迹清楚、详细具体、忠实原话，并交证人核对。对阅读有困难的，应当向他宣读。如果记载有遗漏或者差错，应当补充或者更正，并让证人在更正或者补充部分捺指印，以证明是自己真实的意思表示。

（8）证人认为笔录没有错误的，由证人在笔录上逐页签名或者盖章；如果拒绝签名或者盖章的，应当在笔录上注明。执法人员也应当在笔录上签名。

（9）自然人代表单位或者法人提供证言的，属于证人证言；以单位或者法人名义出具证明文件的，属于书证。

079 如何收集与固定当事人陈述？

当事人陈述是案件当事人就其所了解的案件事实情况向城市管理综合执法机关作出说明。城市管理综合执法中常见的当事人陈述有：询问笔录或当事人的陈述申辩等。当事人陈述有真实的成分，但同时又带有利己成分，有否认违法的关键事实或避重就轻的特性。因此，执法机关应就其陈述联系案件其他证据综合判断其真伪。

（1）当事人可以多次以书面或者口头形式进行陈述。

（2）当事人以书面形式进行陈述的，应当在该书面材料上逐页签章、在骑缝处捺指印，并注明日期。

（3）当事人口头陈述的，执法人员可以笔录、录音、录像，一般尽量采用笔录形式对当事人口头陈述进行记录，笔录应当使用能够长期保持字迹的书写工具书写，也可以使用计算机记录并打印，由陈述人逐页签章、捺指印，并注明日期。

利用录音、录像记录当事人口头陈述的，录音、录像应不间断；摄录时应将当时所处的环境摄录清楚，并记录摄录时间、地点。

（4）当事人多次口头陈述的，每次口头陈述均应当记录；当事人多次书面陈述的，检查人员接收当事人书面陈述，不退回以前的书面陈述。

080 如何收集与固定鉴定意见？

鉴定意见是在行政执法中，执法机关委托专门机构对案件中的某些专门性问题进行检验、分析后所作出的书面意见，如对房屋承重结构是否受到破坏的鉴定。鉴定意见是专业人员在没有利害关系的前提下运用自己的专业知识和专业设备、科技手段对案件专门性问题进行分析判断得出来的意见，故具有较强的客观性。执法机关可以将鉴定意见直接作为认定案件事实的依据之一。但值得注意的是，由于受鉴定材料、鉴定人水平和状态、科技手段等因素的影响，鉴定意见在某些情形下也可能不完全正确。

（1）为了查明案情，解决案件中某些专门性的问题，应当进行鉴定。

（2）鉴定意见应以书面形式出具，并包括以下内容：一是委托人和委托鉴定的事项；二是向鉴定部门提交的相关材料；三是进行鉴定的时间、地点；四是鉴定的依据和使用的科学技术手段；五是对鉴定情况和结果进行的论证；六是鉴定部门和鉴定人鉴定资格的说明，并应有鉴定人、复核人签名和鉴定部门盖章；七是明确的鉴定意见，通过分析获得的鉴定意见，应当说明分析过程。

（3）鉴定意见内容欠缺或者鉴定意见不明确的，执法机关应当要求鉴定部门予以说明、补充鉴定或者重新鉴定。

081 如何制作现场检查（勘察）笔录？

现场检查（勘察）笔录指执法人员对有关物品、场所等进行检查、勘察时当场制作的反映案件情况的文字记录，如现场检查笔录、现场勘察笔录等。制作现场检查（勘察）笔录需要符合及时、客观、细致、科学、全面、合法的要求。

（1）应当在现场检查（勘察）时由执法办案人员当场制作，不能事后补充制作。

（2）现场检查（勘察）笔录应当使用能够长期保持字迹的书写工具书写，也可以使用计算机记录并打印，并保证字迹清楚。

（3）现场检查（勘察）笔录应当载明时间、地点和事件等内容，"时间"栏应当完整填写起止时间，并具体到"分"。若当事人为单位的，写明单位名称及法定代表人（负责人）姓名，"执法人员"栏应当填写二名以上执法人员。

（4）现场检查（勘察）笔录应当按照纪实、叙述的写作要求，客观、真实、全面地反映现场的实际所见、所闻情况，并避免对有关情况进行主观评判、推断。

（5）"现场情况记录"栏一般包括现场执法的经过、现场执法主要情况，并根据需要附绘制的图样、照片、录像等其他证明材料，填写中注意以下内容：

一是应当记录执法办案人员（二人以上）出示执法证件、查封、扣押等执法文书的送达情况。

二是应当当场告知当事人采取行政执法行为的理由、依据，以及当事人依法应当履行的义务、享有的权利等事项，并记录执法办案人员告知义务的履行情况。

三是应当记录执法现场相关人员姓名、身份、职务以及相关证件等情况。

四是应当记录现场执法的过程。过程记录应当详略得当，对与具体执法关联性不大的内容，可以简要描述；对与执法直接相关的内容和过程，应当尽可能详细记载。记录可以采取先总后具体、先概括后详细的方式进行，并对现场人员的活动状况进行记录。例如，可以首先简要描述现场的总体环境状况、方位地点，然后再具体到需要重点检查的方位、地点；可以首先从现场总体分布、相关物品摆放，然后到具体物品数量、包装标签及现场痕迹等。

五是应当记录现场执法所采取的措施，书证、物证等证据材料的来源、出处、名称、数量以及采集、抽样过程等情况；采取拍照、绘图的，还应当记录现场拍照的内容、数量，绘制现场图的种类、数量，绘制时间、方位，以及测绘人姓名、身份等内容。

（6）实地执法结束时，应当将笔录交当事人核对或者由宣读人向其宣读；笔录有修改的，应当由当事人在改动处捺指印；核对无误后，由当事人在尾页结束处写明"以上笔录我看过（或者向我宣读过），与现场情形相符"，逐页签章、捺指印，并在骑缝处捺指印。

当事人没有阅读能力的，应当对宣读笔录的整个过程进行录音、录像。

（7）当事人拒绝在现场笔录上签章、捺指印或者当事人失踪逃逸的，执法人员应当在现场笔录上注明原因，可由在场的其他第三方见证人签名、捺指印，并开启执法记录仪进行全程录像。

082 应当从哪些方面对执法证据进行审核？

证据审核是城市管理综合执法机关依法对已经收集到的各种证据材料，进行分析研究、审查判断、鉴别真伪，以确定各个证据有无证明力和证明力大小。证据审核的目的是排除假证据，去掉对案件定性裁量缺乏证明力、说服力的证据以及相互矛盾的证据，确保案件定性、裁量证据的充分、合法和真实，确保案件事实清楚、证据确凿充分。因此，对证据的审核是案件审核的关键。

1. 关联性审核

证据的关联性审核主要认定证据与待证事实之间的联系，重点从下列方面判断：

（1）证据与待证事实之间是否存在法律上的客观联系；

（2）证据与待证事实的联系程度；

（3）全部证据、单个证据拟证明的各事实要素能否共同指向据以作出行政处罚决定的事实结论，该事实结论是否唯一；

（4）是否有影响证据关联性的因素。

2. 合法性审核

证据的合法性审核主要认定证据是否符合法定形式、是否按照法律要求和法定程序取得，重点从下列方面判断：

（1）执法人员资格和数量是否符合法定要求；

（2）提取证据的人员权限是否符合法定要求；

（3）证据形式是否符合法定要求；

（4）取证程序是否符合法定要求；

（5）取证手段是否符合法定要求；

（6）取证期限是否符合法定要求。

3. 真实性审核

证据的真实性审核主要认定证据能否反映案件事实，重点从下列方面判断：

（1）证据形成的原因、过程；

（2）发现证据的客观环境；

（3）证据是不是原件、原物，复制品、复制件是否与原件、原物相符；

（4）证据提供人、证人与当事人是否有利害关系或者其他关系可能影响公正处理；

（5）证据与拟证明事实之间是否存在无法解释的矛盾；

（6）是否有影响证据真实性的因素。

083 如何对证据进行个别审核？

个别审核是指对具体证据进行个别的分析、审查、判断。首先，应审核该证据的证明力，即审查该证据对于案件事实的证明能力。而证据要具有证明能力，必须具有证明案件事实的客观性和关联性。因此，审核证据的证明力就是审核证据是否客观存在，是否与案件事实的其他证据有联系，是否能够证明案件事实的本来面目。其次，应审核证据的证据能力又称证据资格，即审核该证据材料在法律上允许其作为证据的资格。因此，审核该证据的证据能力就是审核证据的合法性：是否为依法收集的证据，是否符合证据的法定形式。

1. 个别审核应注意的问题

（1）审核笔录类证据实体事实部分应注意：笔录中的时间、地点、人物、事情、起因、结果六要素是否齐全；陈述是否客观；关系到案件定性、裁量的关键问题记录是否到位；从重从轻的情节是否体现；与其他证据是否相互印证；笔录之间是否有矛盾；是否附有被询问人的身份证明材料；被询问人与本案中其他人的关系等问题是否记载清楚。

（2）审核笔录类证据程序部分应注意：是否存在单人取证现象，如笔录取证只有一人实施或笔录实施人签名处空白等；笔录制作是否出现纰漏、错填等现象；是否履行告知义务；询问时是否告知执法人员身份、出示执法证件；是否注明笔录制作开始、结束时间；询问未成年人时，除法律有特殊规定情形外，是否通知未成年人家长、指定监护人或教师等相关监护人到场；询问聋哑人、不通晓当地语言的人或外国人时，是否有翻译人员参与并签名盖章；被询问人为文盲的，笔录结尾核对意见是否注明"以上笔录我看过（或者向我宣读过），与我说的相符"，被询问人签名处是否捺指印。

（3）审核证据及相关物品的保全措施应注意：保全是否依法实施；对不易保存的物品、痕迹，是否已采取照相等措施固定；实施保全措施的物品特征、数量是否写明。

2. 对书证的审核

对书证的审核，可以从下列方面进行：

（1）审核书证是否为原件，书证为原件的，是否依法办理调取或者收集手续。书证如为复制件、影印件、抄录件，是否由原件保存单位（个人）在复制件、影印件、抄录件上签注"与原件核对无误，原件存于我处"的字样并由其签章、捺指印进行确认。提供由有关部门保管的书证原件的复制件、影印件或者抄录件的，是否注明出处，并经该部门核对无异后加盖其印章。

（2）审核书证的收集程序、方式是否符合法律等有关规定。

（3）审核书证在收集、保管、鉴定过程中是否受损或者改变，是否有单方改动而未经对方确认的情形。

（4）审核书证与案件事实有无关联。

（5）审核与案件事实有关联的书证收集是否全面，能否与其他证据形成完整的证据链。

3. 对物证的审核

对物证的审核，可以从下列方面进行：

（1）物证是否为原物，是否办理调取手续，需归还的是否及时归还，并履行相关签收手续。物证为照片、录像、复制品的，照片、录像、复制品是否与原物相符，是否足以反映原物外形和特征，是否由二人以上制作，有无制作（复制）人关于制作（复制）方法、制作（复制）时间、制作（复制）人员及原物存放处的文字说明和签名，是否经原物持有人或者见证人确认。

（2）物证的收集程序、方式是否符合法律等有关规定；经勘验、检查、扣押的物证，是否附有相关笔录、清单，笔录、清单是否有检查人员、物品持有人或者见证人签名，没有物品持有人签名的，是否注明原因；物品的名称、特征、数量、质量等是否注明。

（3）物证在收集、保管、鉴定过程中是否受损或者改变。

（4）审核物证与案件事实有无关联。

（5）与案件事实有关联的物证是否全面收集，能否与其他证据形成完整的证据链。

4. 对视听资料的审核

视听资料可以从以下方面进行审核：

（1）声音资料是否附有该声音内容的文字记录，图像资料是否附有必要的文字说明。

（2）是否附有提取过程的说明，来源是否合法。

（3）是否为原件，是否注明制作人和持有人的身份、制作的时间、地点、条件和方法有无复制及复制份数；调取复制件的，是否附有无法调取原件的原因、复制方法、复制人员、复制时间和原件存放处的说明，制作人、原视听资料持有人是否签名或者盖章。

（4）制作过程中是否存在威胁、引诱当事人等违反有关法律等有关规定的情形。

(5) 内容和制作过程是否真实，有无剪辑、增加、删改等情形。

(6) 内容与案件事实有无关联。

5. 对电子数据的审核

(1) 收集的电子数据是否使用光盘或者其他数字存储介质备份。是否妥善保存至少一份封存状态的电子数据备份件，并随案移送。

(2) 无法提取电子数据原始载体或者提取确有困难，采用提取电子数据复制件方式的，审核是否附有不能或者难以提取原始载体的原因、复制过程以及原始载体存放地点或者电子数据网络地址的说明，是否由复制件制作人和原始电子数据持有人签名或者盖章并注明"与原始载体记载的电子数据核对无误"，或者以公证等其他有效形式证明电子数据与原始载体的一致性和完整性。

(3) 收集电子数据是否依法制作笔录，是否详细记载取证的参与人员、技术方法、步骤和过程，是否记录收集对象的事项名称、内容、规格、类别以及时间、地点等，或者将收集电子数据的过程拍照或者录像。

(4) 提供通过技术手段恢复或者破解的与案件有关的光盘或者其他数字存储介质、电子设备中被删除的数据、隐藏或者加密的电子数据，是否附有恢复或者破解工具、对象、过程、方法和结果的详细说明。检查对象对该说明持异议的，可以申请鉴定。

(5) 用来收集、固定电子数据的互联网信息系统或者设备是否符合相关规定。

(6) 电子数据内容是否真实，有无删除、修改、增加等情形。

(7) 电子数据与案件事实有无关联。

(8) 与案件事实有关联的电子数据是否全面收集，能否与其他证据形成完整的证据链。

6. 对证人证言的审核

对证人证言的审核，可以从下列方面进行：

(1) 证人是否为能正确表达意志的人，证人证明的事实是否与其年龄、智力状况或者精神健康状况相适应，证人与案件当事人、案件处理结果有无利害关系。

(2) 审核证人证言的形式要件，是否载明证人的姓名、年龄、性别、职业、住址、联系方式等基本情况，是否有证人亲笔签名、捺指印，注明出具证言时间，是否附有居民身份证复印件等证明人身份的资料。

（3）证人证言的内容是否为证人直接感知，证人的猜测性、评论性、推断性的证言不得作为证据使用，但根据一般生活经验判断且符合事实的除外。

（4）询问是否由 2 名以上检查人员实施。询问证人是否个别进行。询问证人没有个别进行的，或者询问笔录没有经证人核对确认的不得作为定案根据。询问未成年证人时，是否通知其法定代理人或者有关人员到场，其法定代理人或者有关人员是否到场。

（5）询问笔录的制作是否符合法律等有关规定，是否注明询问的时间和地点，首次询问时是否告知证人有关作证的权利义务和法律责任；证人对询问笔录是否核对确认，在尾页结束处写明"以上笔录我看过（或者我向我宣读过），与我说的相符"，并逐页签章、捺指印；证人拒绝签章、捺指印的，检查人员是否在笔录上注明；询问笔录询问人处是否有 2 名以上检查人员亲笔签名，记录人处是否有检查人员亲笔签名。

（6）询问笔录有修改的，证人是否在改动处捺指印；重新制作询问笔录时，审核是否注明原因。

（7）证人证言有无以暴力、威胁等非法方法收集的情形。

（8）证人证言与案件事实有无关联。

（9）证言之间与其他证据之间能否相互印证，有无矛盾，能否与其他证据形成完整的证据链。

7. 对当事人陈述的审核

具体可参照上述对证人证言审核的要求。

8. 对鉴定意见的审核

对鉴定意见可以从以下方面进行审核：

（1）鉴定机构和鉴定人是否具有法定资质。

（2）鉴定人是否存在应当回避的情形。

（3）检材的来源、取得、保管和送检是否符合有关法律规定。

（4）鉴定意见的形式要件是否完备，是否注明提起鉴定的事由、鉴定委托人、鉴定机构、鉴定要求、鉴定过程、鉴定方法、鉴定日期等相关内容，是否由鉴定机构加盖鉴定专用章并由鉴定人签名、盖章。

（5）鉴定程序是否符合有关法律规定。

（6）是否对鉴定的依据、使用的科学技术手段及分析过程进行说明。

（7）鉴定意见是否明确。

（8）鉴定意见与案件待证事实有无关联。

（9）鉴定意见与勘验、检查笔录及相关照片等其他证据是否矛盾，能否与其他证据形成完整的证据链。

（10）鉴定意见是否依法及时告知相关人员，当事人对鉴定意见有无异议。

9. 对现场笔录、勘验笔录的审核

对现场笔录可以从以下方面进行审核：

（1）是否记录执法人员（2人以上）进入现场时出示执法证明，告知当事人采取行政执法行为的理由、依据，以及当事人依法应当履行的义务、享有的权利等事项。

（2）现场笔录是否载明时间、地点和检查的经过，检查中出现的问题及解决方法、取证方法及取证数量等，检查人员和当事人是否签名或者盖章。当事人拒绝签名或者不能签名的，是否注明原因。

（3）是否记录现场执法所采取的措施，书证、物证等证据材料的来源、出处、名称、数量以及采集、抽样过程等情况；采取拍照、绘图的，是否记录现场拍照的内容、数量，绘制现场图的种类、数量，绘制时间、方位，以及测绘人姓名、身份等内容。

（4）笔录是否现场制作，事后是否经过删改。

对勘验笔录可以从以下方面进行审核：

（1）是否记录执法人员（2人以上）和勘验人员进入现场时出示执法证明，说明检查内容，告知当事人依法应当履行的义务、享有的权利等事项。

（2）是否记录勘验现场相关人员姓名、身份、职务以及相关证件等情况。

（3）是否记录提起勘验的事由，勘验的时间、地点、现场方位、周围环境、现场物品特征等情况以及勘验的过程、结果，勘验人员和见证人是否签名或盖章。

（4）是否记录勘验过程中所采取的措施，书证、物证等证据材料的来源、出处、名称、数量，以及采集、固定过程等情况；采取拍照、绘图的，是否记录现场拍照的内容、数量，绘制现场图的种类、数量，绘制时间、方位，以及测绘人姓名、身份等内容。

10. 域外证据和外文证据的审核

域外证据和外文证据可以从以下方面进行审核：

（1）对于在中华人民共和国领域以外形成的证据，是否说明来源，是否提供经所在国公证机关证明，并经中华人民共和国驻该国使领馆认证，或者履行中华人民共和国与证据所在国订立的有关条约中规定的证明手续；对在中华人民共和国香港特别行政区、澳门特别行政区和台湾地区内形成的证据，是否具有按照有关规定办理的证明手续。

（2）对于外文书证或者外国语视听资料，是否附有由具有翻译资质的机构翻译的或者其他翻译准确的中文译本，翻译机构是否盖章或者翻译人员是否签名，是否附有翻译机构的翻译资质证明或者营业执照复印件。

084 如何对证据进行综合审核？

综合审核是指在逐个证据审核的基础上，将收集的全案证据相互对比进行审查，看证据之间能否相互印证、相互核实，是否存在矛盾，能否相互组合形成对违法事实的充分证明。通过对各种证据的综合分析和互相印证，进行全面审核，分析矛盾，排除无效证据，确定对案件定性裁量的有效证据。综合审核可以采取分类审核的方式进行。如首先对物证、书证、证人证言等分类综合分析、相互印证，进行分类审核；其次按案件的定性和裁量的证据来分类审核；最后对案件定性和裁量的证据进行全面的综合分析，相互印证，全面审核。

综合审核应注意以下问题：

（1）只有一个直接证据，而且该直接证据证明事实不全面，又没有其他任何间接证据予以鉴别或印证的情况下，不能以该直接证据定案。

（2）只有间接证据，而没有直接证据的情况下，各个间接证据之间要求形成一个完整的体系，环环相扣，构成证据链而不能有任何中断，每一个单独的证据都是整个证据链中的一环。

（3）用证据证明案件事实时，应注意证据与案情之间的矛盾以及案件结论的其他可能性被合理地排除。案件中的所有证据都指向一个目标，得出的结论是唯一的，具有排他性。

（4）综合审核中，允许对所取得的证据提出合理的怀疑，确定其可信程度，如有必要可提出对该证据所证明的事实进行重新调查。在证据审核过程中，还有可能遇到在某一事实的证明上，有两个或两个以上不同甚至完全相反的证据，在这种情况下，一定要通过证据比较、甄别，用证据分类理论结合案件实际加以分析判断，确定采用其中一面的证据，绝对不能将上述证据同时使用。

085 证据审核时应当遵守哪些证据运用规则？

证据规则是指确认证据的范围、调整和约束证明行为的法律规范的总称，是证据法的集中体现。所谓证据范围，是指什么样的事实材料是证据，什么样的事实材料不是证据或者不能作为证据使用，以及有关的划分标准是什么。所谓证明行为，是指形成、发现、展示、质辩、采纳或者排除证据以证明特定案件事实的专门活动。

1. 非法证据排除规则

下列证据属于非法证据，不能作为定案依据：

（1）严重违反法定程序收集的证据材料；

（2）以偷拍、偷录、窃听等手段获取侵害他人合法权益的证据材料；

（3）以利诱、欺诈、胁迫、暴力等不正当手段获取的证据材料；

（4）当事人无正当理由说明不提供原件、原物又无其他证据印证，且对方不予认可的证据的复印、复制件；

（5）被当事人或他人进行技术处理而无法辨明真伪的证据材料；

（6）在中华人民共和国领域外或者在中华人民共和国香港特别行政区、澳门特别行政区和台湾地区形成的未办理法定证明手续的证明材料；

（7）不能正确表达意志的证人提供的证言；

（8）鉴定人不具备鉴定资格或鉴定程序严重违法或鉴定意见错误、不明确或内容不完整；

（9）不具备合法性和真实性的其他证据材料。

2. 证据补强规则

下列证据不能单独作为定案依据：

（1）未成年人所作的与其年龄和智力状况不相适应的证言；

（2）与一方当事人有亲属关系或者其他密切关系的证人所作的对该当事人有

利的证言，或者与一方当事人有不利关系的证人所作的对该当事人不利的证言；

（3）难以识别是否经过修改的视听资料；

（4）无法与原件、原物核对的复制件或者复制品；

（5）经一方当事人或者他人改动，对方当事人不予认可的证据材料；

（6）其他不能单独作为定案依据的证据材料。

3. 证据优位规则

证明同一事实的数个证据，其证明效力一般可以按照下列情形分别认定：

（1）国家机关以及其他职能部门依职权制作的公文文书优于其他书证；

（2）鉴定意见、现场笔录、勘验笔录、档案材料以及经过公证或者登记的书证优于其他书证、视听资料和证人证言；

（3）原件、原物优于复制件、复制品；

（4）法定鉴定部门的鉴定意见优于其他鉴定部门的鉴定意见；

（5）原始证据优于传来证据；

（6）其他证人证言优于与当事人有亲属关系或者其他密切关系的证人提供的对该当事人有利的证言；

（7）数个种类不同、内容一致的证据优于一个孤立的证据。

4. 行政认知规则

下列事实可以直接认定：

（1）众所周知的事实；

（2）自然规律及定理；

（3）按照法律规定推定的事实；

（4）已经依法证明的事实；

（5）根据日常生活经验法则推定的事实，当事人有相反的证据足以推翻的除外。

四、法律适用

086 行政机关执法适用哪些法律规范？

依法行政的"法"是指国家权力机关或行政机关制定的具有普遍约束力的法律文件。按照制定主体、效力层次、制定程序的不同，主要包括宪法、法律、行政法规、地方性法规和规章。

1. 宪法

宪法是一个国家的根本大法，在一国法律体系中的效力最高，是制定其他法律的基础。宪法是依法行政的最高法律依据，行政机关只能按照宪法授予的权力进行行政管理活动，在执法活动中必须遵循宪法的基本原则和精神，维护宪法的尊严。

2. 法律

这里所指的法律是狭义的，仅指全国人民代表大会及其常务委员会依照立法程序，通过和颁布的具有普遍约束力的规范性文件。全国人民代表大会是最高国家权力机关，全国人民代表大会常务委员会是它的常设机关，二者制定的法律在全国范围内适用，其效力仅次于宪法。

3. 行政法规

现行有效的行政法规有以下三种类型：一是国务院制定并公布的行政法规。二是 2000 年《立法法》施行前，按照当时有效的行政法规制定程序，经国务院批准、由国务院部门公布的行政法规。但在 2000 年《立法法》施行后，经国务院批准、由国务院部门公布的规范性文件，不再属于行政法规。三是在清理行政法规时，经国务院确认，由国务院批准、国务院部门公布的具有普遍约束力的规范性文件作为行政法规。

国务院是我国最高行政机关，依法制定和批准颁布的行政法规在全国范围内适用。但是，行政法规的效力低于法律，不能与法律相抵触。也就是说，行政法规是法律的下位法，当行政法规的规定与其上位法的法律的规定相抵触时，应当适用上位法即法律。

4. 地方性法规

地方性法规，是指有权制定法规的地方人民代表大会及其常务委员会按照立法程序制定和颁布的具有普遍约束力的规范性文件。地方性法规的效力低于法律、行政法规，不能与法律、行政法规相抵触。

（1）2015 年修订《立法法》，将"较大的市的人民代表大会及其常务委员会"具有制定地方性法规的立法权，修改为"设区的市的人民代表大会及其常务委员会"具有制定地方性法规的立法权。由原来四十九个较大的市（包括二十七个省、自治区的人民政府所在地的市）扩大为二百八十四个设区的市人民代表大会及其常务委员会具有制定地方性法规的立法权。

（2）设区的市人民代表大会及其常务委员会可以对"城乡建设与管理、环境保护、历史文化保护等方面的事项"制定地方性法规，法律对设区的市制定地方性法规的事项另有规定的，从其规定。原有四十九个较大的市人民代表大会及其常务委员会已经制定的地方性法规，涉及上述事项范围以外的，继续有效。

（3）设区的市的地方性法规须报省、自治区的人民代表大会常务委员会批准后施行。省、自治区的人民代表大会常务委员会对报请批准的地方性法规，应当对其合法性进行审查，同宪法、法律、行政法规和本省、自治区的地方性法规不抵触的，应当在四个月内予以批准。除省、自治区的人民政府所在地的市，经济特区所在地的市和国务院已经批准的较大的市以外，其他设区的市开始制定地方性法规的具体步骤和时间，由省、自治区的人民代表大会常务委员会综合考虑本省、自治区所辖的设区的市的人口数量、地域面积、经济社会发展情况以及立法需求、立法能力等因素确定，并报全国人民代表大会常务委员会和国务院备案。

5. 自治条例和单行条例

这里的自治条例和单行条例，是特指民族自治区、自治州、自治县的人民代表大会依照当地民族的政治、经济和文化特点制定的自治条例和单行条例，以及法律规定有民族自治地方对某项法律的补充或者变通规定。自治区的自治条例和单行条例，报全国人民代表大会常务委员会批准后生效；自治州、自治县制定的自治条例和单行条例，报省、自治区、直辖市的人民代表大会常务委员会批准后生效。

6. 规章

规章分为部门规章和地方政府规章。部门规章，是指国务院各部、委员会、中国人民银行、审计署和具有行政管理职能的直属机构，根据法律和国务院的行政法规、决定、命令，在本部门的权限范围内，制定和发布的具有普遍约束力的规范性文件。地方政府规章，是指省、自治区、直辖市、深圳市、厦门市、珠海市、汕头市，省、自治区的人民政府所在地的市，设区的市，自治州的人民政府根据法律和国务院的行政法规、决定、命令制定和发布的具有普遍约束力的规范性文件。

规章具有以下特征：

（1）规章是由宪法和法律授权的上述行政机关制定和发布的，其他机关、组织、团体均无权制定规章。

（2）制定和发布的规章必须以法律和国务院的行政法规、决定、命令为依据，不能随意制定和发布。

（3）规章的效力低于法律、行政法规。部门规章的上位法是法律、行政法规，地方性法规不属于其上位法；地方政府规章不得与法律和行政法规及上级、同级立法机关制定的地方性法规相抵触。地方政府规章的上位法不仅包括法律、行政法规，同时还包括上级或者同级立法机关制定的地方性法规。

087 行政处罚能否依据规章以下的规范性文件？

规章以下的规范性文件，是指不具有制定和发布规章权力的行政机关制定和下发的具有普遍约束力的文件。包括：国务院各部、委员会的内部职能机构、直属局，各省、自治区、直辖市人民政府的职能机关，没有规章制定权的市、县人民政府及其职能机关，乡镇人民政府制定的具有普遍约束力的规范性文件。

行政机关管理的国家行政事务涉及面非常广泛，涉及社会上各种各样的人和事，社会上的人和事又是在不断的变化之中，加之我国幅员辽阔、民族众多，各地区之间政治、经济、文化等发展不均衡，所以，也需要不具备规章制定权的行政机关依据法律、法规及规章，结合本部门、本地区的实际情况，制定规范性文件，更有针对性地解决实际中的问题。

由于这些规范性文件制定的程序较为简单，《行政诉讼法》没有规定人民法院审理行政案件时是否可以参照。但是，行政机关在职权范围内制定和发布的规章以下的规范性文件的规定，只要与法律、法规及规章的规定一致的，人民法院应当承认其效力，行政机关可以依据其规定来实施行政管理，处罚违法行为。

需要特别指出的是，没有规章制定权的行政机关制定的规范性文件，须与法律、法规及规章不抵触。严禁以部门内设机构名义制发行政规范性文件，行政规范性文件不得增加法律、法规规定之外的行政权力事项或者减少法定职责；不得设定行政许可、行政处罚、行政强制等事项，不得减损公民、法人和其他组织权益或者增加其义务。不同层级之间的规范性文件不一致时，原则上应当适用高层级的规范性文件，不适用低层级的规范性文件。

088 国务院办公厅下发的规范性文件属于何种性质？

经国务院同意、国务院办公厅下发的具有普遍约束力的规范性文件属于何种性质，《立法法》中没有明确的规定。在《立法法》颁布以前，实践中将这类规范性文件视为行政法规。《立法法》第七十条第一款规定："行政法规由总理签署国务院令发布。"这就意味着以后所有的行政法规都必须以总理签署国务院令的形式发布，不再保留国务院批准、国务院部门发布行政法规的这一形式。经国务院同意、国务院办公厅下发的具有普遍约束力的规范性文件，在 2000 年《立法法》施行后，虽然不属于行政法规，但国务院采取这种行政措施主要是基于保障法律、行政法规及中央宏观政策的统一性考虑，防止地方各行其是，破坏法律、行政法规及中央宏观政策的统一性。因此，其法律效力虽低于行政法规，但高于地方性法规和规章，只要不与上位法相抵触，地方各级政府及其部门仍应执行。

089 国务院部门的批复在行政处罚案件中能否适用？

国务院部门对其制定的规章的具体含义和适用条件进行解释的批复具有法律效力。国务院部门为指导执法，对于具体应用法律、法规或规章作出的解释对人民法院不具有法律规范意义上的约束力。但是，人民法院经审查认为被诉具体行政行为依据的具体应用解释和其他规范性文件合法、有效并合理、适当的，在认定被诉具体行政行为合法性时应承认其效力。

《行政法规制定程序条例》第三十一条第三款规定："行政法规的解释与行政法规具有同等效力。"《规章制定程序条例》第三十三条规定："规章解释权属于规章制定机关。规章有下列情形之一的，由制定机关解释：（一）规章的规定需要进一步明确具体含义的；（二）规章制定后出现新的情况，需要明确适用规章依据的。规章解释由规章制定机关的法制机构参照规章送审稿审查程序提出意见，报请制定机关批准后公布。规章的解释同规章具有同等效力。"《最高人民法院关于审理行政案件适用法律规范问题的座谈会纪要》（法〔2004〕96号）明确指出："全国人大常委会的法律解释，国务院或者国务院授权的部门公布的行政法规解释，人民法院作为审理行政案件的法律依据；规章制定机关作出的与规章具有同等效力的规章解释，人民法院审理行政案件时参照适用。""行政审判实践中，经常涉及有关部门为指导法律执行或者实施行政措施而作出的具体应用解释和制定的其他规范性文件，主要是：国务院部门以及省、市、自治区和较大的市的人民政府或其主管部门对于具体应用法律、法规或规章作出的解释；县级以上人民政府及其主管部门制定发布的具有普遍约束力的决定、命令或其他规范性文件。行政机关往往将这些具体应用解释和其他规范性文件作为具体行政行为的直接依据。这些具体应用解释和规范性文件不是正式的法律渊源，对人民法院不具有法律规范意义上的约束力。但是，人民法院经审查认为被诉具体行政行为依据的具体应用解释和其他规范性文件合法、有效并合理、适当的，在认定被诉具体行政行为合法性时应承认其效力；人民法院可以在裁判理由中对具体应用解释和其他规范性文件是否合法、有效、合理或适当进行评述。"

可见，我国在立法和司法实践上承认了依法授权或依职能作出的合法有效的法律、法规解释（批复）和其他规范性文件在行政诉讼案件中得以适用的法律地位，也就是说，对法律、法规的解释（含答复与批复）与相应法律、法规和规章具有同等效力。因此，在行政管理活动中，行政机关可以依法适用合法有效的法律、法规解释和其他规范性文件。并且，仅针对某地作出的合法有效的法律、法规解释（答复或批复）在全国同样适用。国务院部门对具体运用法律、法规或规章作出的解释，对法律、法规或规章的具体含义和适用条件作出的批复可以作为行政执法活动的指引。

城市管理综合执法机关及其执法人员在案件查处实务中引用国务院部门的批复时需要掌握以下几个要点：第一，不得单独直接引用批复作出行政处罚决定；第二，不得引用与现行法律、法规和规章内容相冲突的批复作出行政处罚决定；第三，批复的内容必须与同时引用的法律条款内容具有关联性；第四，在行政处罚决定书中引用现行法律、法规和规则时使用"依据"一词，引用批复时则使用"参照"。

090 政府会议纪要能否在行政执法中适用？

根据法律和目前已经制定的关于规范性文件制定程序的法律、法规的规定，所有的法律文件都必须公布，凡是没有公布的法律文件均无效。法律文件的公布程序是该法律文件生效的必经程序。如果该法律文件的效力及于社会，则必须向社会公布。《宪法》《立法法》明确规定，全国人民代表大会及其常务委员会制定的法律必须由国家主席签署主席令公布；国务院制定的行政法规由总理签署国务院令公布；行政规章由部门首长或者地方政府首长签署命令公布。此外，《立法法》对地方性法规、自治条例、单行条例的签署公布以及法律、法规等规范性文件的公布载体亦作了明确规定。

实践中，城市管理综合执法机关经常适用一些内部文件作为对外实施行政管理的依据。例如，一些地方政府经常采用现场办公的方法处理行政事务，在现场办公以后，会形成一个会议纪要，并将会议纪要发给相关的行政机关，或者依据政府的会议纪要作出决定。在行政诉讼中，时常遇到政府的会议纪要是否有效的争议。很明显，政府的会议纪要并未向社会公布即适用于社会是无效的。还有一些行政机关制定的法律文件不向社会公开，仅由执法人员在作出决定时内部掌握，这种做法也是错误的。

另外，行政机关的内部机构或者内设机构在法律上不具有独立的主体资格，无权制定对外生效的法律文件。如果它们以自己的名义作出了行为，该行为在法律上被归属于其所在的行政机关。这里主要是指行政机关作出的具体行政行为，而不是行政机关的内部机构或者内设机构制定的规范性文件。

091 未及时清理的规范性文件是否有效？

在新的法律制定之后，法律文件的制定机关一般会对原有的法律文件进行必要的清理，以便于执法人员在执法时识别和掌握。因此，凡是已经被清理或者被废止的法律文件，行政机关在作出决定时都当然地不能适用。

实践中还存在的一种情况是，由于各种原因，在新的法律制定后，或者在情势发生重大变迁后，没有对原有的法律进行及时清理，使得这些法律还具备合法的形式，似乎还继续有效。行政机关在执法时应特别注意这种情况。一个法律文件如果与上位法相抵触，无须制定机关或者上级有权机关明确予以撤销，即自动无效或者自然无效。对于与上位法相抵触的下位法，制定机关或者上级有权机关如果明确予以撤销，能够便于行政执法机关在作出决定时识别和掌握；如果制定机关或者上级有权机关没有予以撤销，该法律文件也是当然无效的。因此，法律文件的制定机关应及时根据上位法的变化或者情势发生的重大变迁，对原有的法律文件进行清理；同时对于虽然未及时清理但与上位法相抵触的下位法，不得予以适用。

092 制定机关越权制定的法律文件是否有效？

在制定法律文件时，只能在宪法和法律授权的范围内规定相关的内容，如果在制定的法律文件中规定自己无权规定的内容，则该法律文件应当无效。《行政处罚法》《行政许可法》和《行政强制法》对行政处罚、行政许可和行政强制措施的设定权均有明确的规定。

如《行政处罚法》在关于行政处罚设定权的条款中规定，法律、行政法规、地方性法规、规章具有行政处罚的设定权；行政法规不得设定限制人身自由的行政处罚；地方性法规不得设定限制人身自由的行政处罚和吊销企业营业执照的行政处罚；规章只能设定警告、通报批评和一定数额罚款的行政处罚。因此，如果行政法规、地方性法规和规章的制定主体超越《行政处罚法》规定的权限和事项范围制定规范性文件，该规范性文件是无效的。而有权制定规章以下规范性文件的国家机关在其所制定的规范性文件中设定任何行政处罚都是无效的；一切社会组织、企事业单位制定的规范性文件中设定行政处罚也是无效的。

值得注意的是，2021年1月22日修订通过的《行政处罚法》进一步扩大了行政法规和地方性法规的行政处罚设定权，该法第十一条第三款规定，法律对违法行为未作出行政处罚规定，行政法规为实施法律，可以补充设定行政处罚；第十二条第三款规定，法律、行政法规对违法行为未作出行政处罚规定，地方性法规为实施法律、行政法规，可以补充设定行政处罚。

《行政许可法》在关于行政许可设定权的条款中规定，法律可以设定行政许可。尚未制定法律的，行政法规可以设定行政许可。必要时，国务院可以采用发布决定的方式设定行政许可。实施后，除临时性行政许可事项外，国务院应当及时提请全国人民代表大会及其常务委员会制定法律，或者自行制定行政法规。尚未制定法律、行政法规的，地方性法规可以设定行政许可；尚未制定法律、行政法规和地方性法规的，因行政管理的需要，确需立即实施行政许可的，省、自治区、直辖市人民政府规章可以设定临时性的行政许可。临时性的行政许可实施满一年需要继续实施的，应当提请本级人民代表大会及其常务委员会制定地方性法规。地方性法规和省、自治区、直辖市人民政府规章，不得设定应当由国家统一确定的公民、法人或者其他组织的资格、资质的行政许可；不得设定企业或者其他组织的设立登记及其前置性行政许可。其设定的行政许可，不得限制其他地区的个人或者企业到本地区从事生产经营和提供服务，不得限制其他地区的商品进入本地区市场。

根据《行政强制法》的规定，行政强制措施由法律设定；尚未制定法律，且属于国务院行政管理职权事项的，行政法规可以设定行政许可，但不得设定限制公民人身自由和冻结存款、汇款以及应当由法律规定的行政强制措施；地方性法规只能设定尚未制定法律、行政法规，且属于地方性事务的查封场所、设施或者财物以及扣押财物的行政强制措施；法律、法规之外的其他规范性文件不得设定行政强制措施。

《立法法》第八条规定法律保留的事项，第九条在第八条规定的基础上区分绝对法律保留和相对法律保留事项。根据《立法法》第八条、第九条的规定，国务院的行政法规不得设定绝对法律保留的事项；国务院设定相对保留的事项需要全国人民代表大会及其常务委员会的授权，且符合授权决定的目的、事项、范围、期限以及原则等；其他任何国家机关的规范性文件不得设定法律保留的事项，否则都无效。

093 如何理解行政处罚"从旧兼从轻"的适用规则

"从旧兼从轻"的适用规则来源于刑法的罪刑法定原则，禁止溯及既往是罪刑法定原则的要求之一，是指犯罪及其惩罚必须在行为前预先规定，刑法不得对其公布、施行前的行为进行追溯适用。这里的禁止溯及既往是指禁止不利于行为人的溯及既往，但是允许有利于行为人的溯及既往。《行政处罚法》第三十七条确立了行政处罚的"从旧兼从轻"原则："实施行政处罚，适用违法行为发生时的法律、法规、规章的规定。但是，作出行政处罚决定时，法律、法规、规章已被修改或者废止，且新的规定处罚较轻或者不认为是违法的，适用新的规定。"

适用"从旧兼从轻"原则，首先要明确行政违法行为发生的时间和终了的时间。一般情况下，违法行为发生的时间和终了的时间是相同的。特殊情况下，违法行为发生的时间和终了的时间并不相同，这里的特殊情况是指违法行为处于连续或继续状态。所谓违法行为处于连续状态，根据《国务院法制办公室对湖北省人民政府法制办公室〈关于如何确认违法行为连续或继续状态的请示〉的复函》，违法行为的连续状态是指当事人基于同一个违法故意，连续实施数个独立的行政违法行为，并触犯同一个行政处罚规定的情形。所谓违法行为处于继续状态，指违法行为实施后，其行为与违法状态在时间上仍处于延续之中。继续状态的特点在于只有一个违法行为，而该违法行为的状态持续存在。

"从旧兼从轻"的法律适用简单理解就是：从旧，即适用旧法；兼从轻，即如果新法不认为违法或处罚轻于旧法，则适用新法。结合《最高人民检察院关于对跨越修订刑法施行日期的继续犯罪、连续犯罪以及其他同种数罪应如何具体适用刑法问题的批复》相关规定，"从旧兼从轻"的法律适用主要分为如下几种情形：

（1）如果违法行为发生、终了在新法实施前，并且作出处罚在新法实施前，当然适用旧法。

（2）违法行为发生在新法实施后，适用新法。

（3）违法行为终了后，两年内未被发现的，不再给予行政处罚。法律另有规定的除外，也就是即使超过两年期限，只要法律有规定仍应给予行政处罚。

（4）如果违法行为发生、终了在新法实施前，但发现或作出处罚在新法实施后，应适用旧法，但如果新法处罚轻于旧法或不认为是违法的，则适用新法。

（5）如果违法行为发生在两年前（涉及公民生命健康安全、金融安全且有危害后果的，发生在五年前），但继续或连续到新法实施前终了，应适用旧法。

（6）如果违法行为开始于新法之前，持续到新法实施之后终了，适用新法。

（7）如果违法行为开始于新法之前，持续到新法实施之后终了，在新旧法律都认为是违法的情况下，适用新法，但对于新法比旧法规定的法律责任更重的，也应适用新法，但在进行处罚时，应当提出酌情从轻处理的意见。

094 城市管理综合行政执法如何正确适用兜底条款？

兜底条款是法律文本中常见的法律表述，主要是为了防止法律的不周延以及社会情势的变迁。它将所有其他条款没有包括的、难以包括的或者立法时预测不到的，都囊括了。

城市管理综合执法人员在适用兜底条款时不能随意滥用自由裁量权，应当与法条中明确列举的构成要件要素类比推断，适用事项应与所列举事项的要素性质相同、作用相当。《最高人民法院关于审理行政案件适用法律规范问题的座谈会纪要》明确规定："法律规范在列举其适用的典型事项后，又以'等'、'其他'等词语进行表述的，属于不完全列举的例示性规定。以'等'、'其他'等概括性用语表示的事项，均为明文列举的事项以外的事项，且其所概括的情形应为与列举事项类似的事项。"

例如，《城市照明管理规定》第二十八条第六项"其他可能影响城市照明设施正常运行的行为"就是"兜底条款"，该项前面列举了五项事项："（一）在城市照明设施上刻划、涂污；（二）在城市照明设施安全距离内，擅自植树、挖坑取土或者设置其他物体，或者倾倒含酸、碱、盐等腐蚀物或者具有腐蚀性的废渣、废液；（三）擅自在城市照明设施上张贴、悬挂、设置宣传品、广告；（四）擅自在城市照明设施上架设线缆、安置其它设施或者接用电源；（五）擅自迁移、拆除、利用城市照明设施"。当事人如果实施了可能影响城市照明设施正常运行的行为，要和前面列举的五项事项进行一一对照并且满足"要素性质相同、作用相当"，否则，就不能按照《城市照明管理规定》第三十二条进行处罚。

本来兜底条款给我们的就是一个不明确的概念或适用范围，执法人员在适用之前一定要综合考虑各种立法政策因素给了明确的解释，然后才能进行法律适用。如果解释不明确或含糊不清，一方面会导致说理不清，另一方面当事人也不会信服。

095 法律规范冲突时怎样适用？

在行政处罚适用法律规范的过程中，有时会出现同时有几个法律规范均适用于该处罚决定,而几个法律规范之间却并不一致的情形,即法律规范之间发生冲突。

按照《关于审理行政案件适用法律规范问题的座谈会纪要》的有关规定:"一般情况下应当按照立法法规定的上位法优于下位法、后法优于前法以及特别法优于一般法等法律适用规则,判断和选择所应适用的法律规范。"在城市管理综合执法实践中,面对法律冲突时应遵循以下规则。

1. 法律、行政法规优先适用

法律的效力高于行政法规、地方性法规、规章。行政法规的效力高于地方性法规、规章。

2. 规章之间具有同等效力

部门规章之间、部门规章与地方政府规章之间具有同等效力,在各自的权限范围内施行。

3. 特别规定与一般规定、新的规定与旧的规定的适用关系

同一机关制定的法律、行政法规、地方性法规、自治条例和单行条例、规章,特别规定与一般规定不一致的,适用特别规定;新的规定与旧的规定不一致的,适用新的规定。

法律之间、行政法规之间或者地方性法规之间对同一事项的新的一般规定与旧的特别规定不一致,新的一般规定允许旧的特别规定继续适用的,适用旧的特别规定;新的一般规定废止旧的特别规定的,适用新的一般规定。

4. 不溯及既往原则

法律、行政法规、地方性法规、自治条例和单行条例、规章不溯及既往,但为了更好地保护公民、法人和其他组织的权利和利益而作的特别规定除外。如《行政处罚法》第三十七条规定:"实施行政处罚,适用违法行为发生时的法律、法规、规章的规定。但是,作出行政处罚决定时,法律、法规、规章已被修改或者废止,且新的规定处罚较轻或者不认为是违法的,适用新的规定。"

5. 规定不一致的裁决

法律之间对同一事项的新的一般规定与旧的特别规定不一致,不能确定如何适用时,由全国人民代表大会常务委员会裁决。

行政法规之间对同一事项的新的一般规定与旧的特别规定不一致,不能确定

如何适用时，由国务院裁决。

6. 实体问题适用旧法，程序问题适用新法

行政相对人的行为发生在新法施行以前，具体行政行为作出在新法施行以后，在审核具体行政行为的合法性时，实体问题适用旧法规定，程序问题适用新法规定，但下列情形除外：

（1）法律、法规或规章另有规定的。

（2）适用新法对保护行政相对人的合法权益更为有利的。

（3）按照具体行政行为的性质应当适用新法的实体规定的。

7. 地方性法规与部门规章冲突的选择适用

地方性法规与部门规章之间对同一事项的规定不一致的，参照下列精神适用：

（1）法律或者行政法规授权部门规章作出实施性规定的，其规定优先适用。

（2）尚未制定法律、行政法规的，部门规章对于国务院决定、命令授权的事项，或者对于中央宏观调控的事项、需要全国统一的市场活动规则及对外贸易和外商投资等需要全国统一规定的事项作出的规定，应当优先适用。

（3）地方性法规根据法律或者行政法规的授权，根据本行政区域的实际情况作出的具体规定，应当优先适用。

（4）地方性法规对属于地方性事务的事项作出的规定，应当优先适用。

（5）尚未制定法律、行政法规的，地方性法规根据本行政区域的具体情况，对需要全国统一规定以外的事项作出的规定，应当优先适用。

（6）地方性法规与部门规章之间对同一事项的规定不一致，不能确定如何适用时，由国务院提出意见，国务院认为应当适用地方性法规的，应当决定在该地方适用地方性法规的规定；认为应当适用部门规章的，应当提请全国人民代表大会常务委员会裁决。

（7）部门规章之间、部门规章与地方政府规章之间对同一事项的规定不一致时，由国务院裁决。根据授权制定的法规与法律规定不一致，不能确定如何适用时，由全国人民代表大会常务委员会裁决。

8. 部门规章与地方政府规章冲突的选择适用

部门规章与地方政府规章之间对相同事项的规定不一致的，参照下列精神

适用：

（1）法律或者行政法规授权部门规章作出实施性规定的，其规定优先适用。

（2）尚未制定法律、行政法规的，部门规章对于国务院决定、命令授权的事项，或者对属于中央宏观调控的事项、需要全国统一的市场活动规则及对外贸易和外商投资等事项作出的规定，应当优先适用。

（3）地方政府规章根据法律或者行政法规的授权，根据本行政区域的实际情况作出的具体规定，应当优先适用。

（4）地方政府规章对属于本行政区域的具体行政管理事项作出的规定，应当优先适用。

（5）不能确定如何适用的，逐级上报，请有权机关处理。

9. 部门之间规章冲突的选择适用

国务院部门之间制定的规章对同一事项的规定不一致的，参照下列精神适用：

（1）适用与上位法不相抵触的部门规章规定。

（2）与上位法均不抵触的，优先适用根据专属职权制定的规章规定。

（3）二个以上的国务院部门就涉及其职权范围的事项联合制定的规章规定，优先于其中一个部门单独作出的规定。

（4）不能确定如何适用的，逐级上报，请有权机关处理。

国务院部门或者省、直辖市、自治区人民政府制定的其他规范性文件对相同事项的规定不一致的，参照上述精神处理。

10. 同一违法行为违反多个法律规范的适用

《行政处罚法》确立了"择一从重原则"。该法第二十九条规定："对当事人的同一个违法行为，不得给予两次以上罚款的行政处罚。同一个违法行为违反多个法律规范应当给予罚款处罚的，按照罚款数额高的规定处罚。"

096 行政执法机关适用法律法规错误主要有哪些形式？

《行政诉讼法》第七十条第二项规定，行政行为适用法律、法规错误的，人民法院可以判决撤销或者部分撤销，并可以判决被告重新作出行政行为。现行法律法规对具体行政行为适用法律法规错误的判定，主要包括以下三个方面：

1. 适用法律法规性质错误

包括两种情形：一是行政主体做出某种行为时应当适用甲法，却适用了乙法；二是行政主体在适用法律时，有规避法律的行为。

这里需要指出，以下两种情况不属于适用法律、法规性质错误：

（1）同一行为或者事项，可以适用不同性质的法律规范进行处理，对这种情况，被告适用不同性质的法律、法规中的任何一个，都不属于适用法律、法规性质错误。

（2）一个行为同时违反了两个或者两个以上不同性质的法律规范的规定，被诉行政行为适用了其中一个法律规范作出处理，亦不属于适用法律法规性质错误。

2. 适用法律法规条文错误

指适用法律规范没有错误，但适用的具体条文错误。可以分为适用定性条款错误和适用处理性条款错误两种。

（1）适用定性条款错误，是指行政机关适用认定被处理行为或者事项性质的法律规范的条款错误。定性错误一般将会导致对当事人的处理结果不同。

（2）适用处理性条款错误，是指行政执法机关适用定性的条款正确，但适用相关处理的条款错误。

3. 适用没有效力的法律规范

指行政执法机关适用的实体法律、法规、规章及其他规范性文件（包括法条），尚未生效或者已经失效，本身没有效力或者仅对特定的人和事具有法律效力。

（1）尚未生效

我国法律规范生效通常有两种情况：一种是从法律规范公布之日起立即生效施行；另一种是法律规范公布后并不立即生效，经过一定的期限后才开始施行。

（2）失效

指法律规范的效力终止，一般有四种情形：一是新的法律规范中明文宣布原有法律规范废止；二是由立法机关决定批准公布失效的法律规范目录；三是新的法律规范施行后，旧的法律规范与新的法律规范相抵触的部分自行失效；四是新法律实施后，原有的法规、规章与新法律中的某些部分不符合的，在新法律实施一段时间后废止。

（3）只在特定区域有效

指法律规范只在某些区域范围内发生效力。一种是针对发生在特殊领域的特别问题进行管理所制定的专门法律规范，这些专门的法律规范只在特殊区域内有效；另一种则是地方性法规、自治条例和单行条例及地方政府规章只适用于在本行政区域或民族自治地方发生的行政案件。

（4）只对特定人群有效

不同的法律规范由于其调整的范围不同，有的适用于我国境内的所有人，有的只适用于某一部分特定的人。例如《食品安全法》只适用于食品的生产经营者，对其他人不能适用。

（5）只对特定事项有效

一般行政法律规范仅对规定的事项发生效力，对没有规定的事项则不具有效力。法律规范一般规定一个范围、事项的性质，具体的事项不一一列举，仅作概括性或示例性的规定，对属于概括性或示例性规定的范围内的事项均具有效力。

（6）与上位法相抵触

指下位法与上位法的内容相冲突、相矛盾，违背上位法的基本原则和立法本意，超出法定的权限范围。下位法与上位法相抵触主要有以下几种情形：一是减少、变更或者增加制裁条件、手段、幅度，扩大或者缩小特定机关的制裁权限；二是下位法限制或者剥夺上位法规定的权利，或者违反上位法立法目的的扩大上位法规定的权利范围；三是下位法扩大行政主体或者其职权范围、延长履行法定职责期限等。

（7）适用的规章属于超越职权或违反程序制定

我国宪法和法律在授权特定行政执法机关制定规章时，明确要求行政执法机关在其职权范围内行使制定规章的职权。超越职权制定的规章，按照越权无效原则，不能承认其效力。《立法法》对制定规章的程序也有明确的规定，但实践中规章制定程序存在的问题有：一是在有关部门意见不一致的情况下，制定部门就发布了该规章；二是该规章不公布，而是以下发的形式要求下级行政执法机关执行。

五、定性与量罚

097 认定案件事实有哪些常见错误?

案件事实包括违法事实和案件相关事实,违法事实是案件事实的主体部分,决定违法行为的性质及其后果,案件相关事实多为量罚的情节和其他程序性事实。

城市管理涉及案件事实的执法活动分为两步:第一步是查明案件事实,第二步是认定案件事实。行政处罚的案件事实不清,既包括事实没有查明或无充足的证据予以证明,也包括案件事实虽然已经查明,但对事实的认定出现错误。

广义的事实认定错误,包括案件性质认定错误和案件情节认定错误,案件性质认定错误导致行政处罚案件定性错误。狭义的事实认定错误,不包括案件性质认定错误,仅指案件情节、案件程序性事实等认定错误。

1. 案件的重要情节认定错误

案件情节不仅决定行政处罚的合理性,少数情况下(如有加重情节)可能影响行政处罚的合法性。重要案件情节,如涉案财物的数量、价格、货值金额,当事人的违法所得、非法收入,违法行为的危害后果、社会影响,违法的目的、动机、方法、手段,当事人的改正、补救措施等事实,必须准确予以认定。

2. 程序性事实认定错误

程序性事实,是执法机关及其执法人员依照法定程序办理行政处罚案件的相关事实。程序性事实不清,是因为案件办理的程序过程未形成对应的证据,或者执法机关制作的执法文书等对程序过程的记录不清晰、不完整。程序性事实认定错误,是指执法人员在执法中不履行法定程序或违反法定程序,却误以为依照法定程序开展行政执法活动。一般而言,只要按要求使用、制作执法文书,就不会出现程序性事实不清或认定错误等问题。

常见的程序性事实不清的情形如:现场检查笔录只记录了发现的违法行为;调查笔录、同步录像未告知当事人;提取电子数据、音像资料未制作笔录等文书;当事人提出口头陈述申辩,执法人员拒绝听取并要求提交书面陈述申辩材料;采取直接送达以外的留置送达、委托送达、公告送达等送达方式,未记载原因、过程并将相关资料保存。

3. 违反事实认定的规则

违反事实认定的规则，是指行政处罚案件的事实认定违反公认的原理、规则，违反推定、社会认知、行政惯例、经验规则或约定俗成的规则。

4. 事实与事实之间存在矛盾

认定的事实与事实之间存在矛盾，是指案件的证据与事实之间、事实与事实之间相互矛盾、对立，不可能同时成立。

098 如何认定违法行为的性质？

违法行为的性质，在执法实务中等同于违法行为的名称，或者行政处罚案件的案由。

违法行为性质的认定，是对某个特定的行为是否违反某个特定的禁止性规定作出判断。某个特定的行为，如果违反法律法规的禁止性规定或者惩戒性规定的某项最小单元，则成立某个性质的违法行为。行为是否违反法律法规的禁止性规定或者惩戒性规定，需要依据违法行为的构成要件作出判断。

违法行为的构成要件分为共同构成要件和特别构成要件，共同构成要件决定一个违法行为是否成立，特别构成要件决定一个违法行为是此违法行为还是彼违法行为。

1. 违法行为的共同构成要件

根据《行政处罚法》第四条"公民、法人或者其他组织违反行政管理秩序的行为，应当给予行政处罚的，依照本法由法律、法规章规定，并由行政机关依照本法规定的程序实施"的规定，一个违法主体只要实施了违反行政管理秩序的行为，具备主体要件和客观方面的两要件就应认定违法成立，即理论上的"两要件说"。"两要件说"完全可以满足判断违法行为是否成立的需要。但是，"当事人有证据足以证明没有主观过错的，不予行政处罚。法律、行政法规另有规定的，从其规定"（《行政处罚法》第三十三条第二款）。

执法实务中，可以将违法行为构成要件的"两要件说"简单地公式化为：适格的行为主体＋实施了某个违反法律法规禁止性规定的行为。

2. 违法行为的特别构成要件

违法行为的特别构成要件，是构成某个特定违法行为在主观状态、主体资格、所侵犯的客体、行为的特征等要件要素上的特殊条件。特别构成要件需要依据上述要件及要件要素，结合具体的法条规定，凭借丰富的办案经验才能作出准确判断。

(1) 主体要件

主体要件是成立违法行为的必备要件。常见的主体要件认定错误包括主体不适格、错误认定违法主体、错误行使管辖权等。

(2) 主观要件

常见的主观方面构成要件认定包括对违法的故意、过失以及违法的目的、动机等主观状态的认定，在部分案件中还包括对当事人是否为"明知"、是否"以销售为目的"的认定。当事人有证据足以证明没有主观过错的，不予行政处罚。

(3) 客体要件

违法行为的客体体现为法律法规的禁止性规定或惩戒性规定。违法行为的客体可以表达为：客体＝法所保护的秩序和法益＝法律法规的禁止性规定或惩戒性规定。

(4) 客观方面要件

客观方面的要件，是判断行政违法成立与否的核心要件。包括行为、结果、因果关系三要素。

首先，行为要素的认定是违法行为认定的核心。执法人员需要对法律法规禁止性规定的行为要素组合有精确的理解，熟悉特定领域的违法事实，掌握行为要素的符合性判断和逻辑推理等方法，才能准确判断行为是否违法。对行为要素的判断也是一名执法人员专业能力、职业素质的体现。

其次，违法结果是所有违法构成的要件要素。当事人只要实施了违法行为破坏了相应的行政管理秩序，也就产生了违法的结果。但违法的损害后果一般不是构成要件要素，只有在法律法规有明确规定时，例如法律法规规定当事人的行为必须造成某种人身伤害或财产损失，或达到一定的数额、数量才构成违法时，才是行政违法的构成要件要素。

最后，因果关系在责任事故类和侵权类违法行为中才是构成要件，如安全生产责任事故、环境污染事故、产品质量事故、交通事故等责任事故类案件，以及商标、专利、著作权等侵权案件。以因果关系为构成要件要素的违法行为，执法人员应当对行为与结果之间是否存在因果关系作出决定。从办案的实践看，执法人员鲜有掌握因果关系的正确认定方法的。

099 违法行为定性应该注意哪些问题？

违法行为定性要准确，就是对行政相对人的违法行为的定性必须符合法律的规定。法律规定行政处罚所依据的事实必须具备某种性质，如果不具备这种性质，就不能适用这一法律规范，否则就会构成适用法律、法规错误。实践中，违法行为定性准确必须处理好以下几个问题：

1. 处理好行政执法与刑事司法的衔接，划清行政违法行为与犯罪行为之间的界限

行政相对人实施的一个行为，可能既违反行政法律规范，又违反刑事法律规范；既是行政违法行为，又是刑事犯罪行为；既要受到行政处罚，又要受到刑事处罚。行政罚款和刑事罚金，行政申诫罚、资格罚和能力罚与刑事处罚也都可能存在一定交叉。同样，在司法机关查处刑事犯罪过程中，也可能会将部分不构成犯罪的行为，移送行政机关进行查处。因此，对违法行为的定性和查处，就必须充分考虑违反行政管理秩序而又情节严重涉嫌构成犯罪时的衔接和处理，严格执行《行政执法机关移送涉嫌犯罪案件的规定》，实现行政处罚与刑事处罚的对接。

2. 注意区分行政违法行为与民事违法行为，区分不同法律责任

当事人的行为仅仅违反了民事规范，但不属于行政管辖范围内的事项时，执法机关不得超越职权违法介入。当事人的违法行为既违反了行政法律规范，又违反了民事法律规范，则应承担相应的行政责任和民事责任。行政执法机关对当事人进行行政处罚时，或者由行政执法机关根据法律的规定追究当事人的民事责任，或者由受害人向人民法院提起民事诉讼，以追究当事人的民事责任。

3. 注意其他法律规范的规定，不作出相互冲突的认定

城市管理法律规范整体上是一个大系统，并由若干个部门法律体系共同构成。同一个违法行为既可能侵犯单一行政管理秩序，也可能侵犯多种行政管理秩序；可能触犯多部法律规范，也可能被分别认定为多个性质的违法行为。城市管理综合执法机关在对违法行为定性时，应当相互统一协调，不能彼此冲突，对确

已违反行政法律规范的违法行为，处理时要正确定性。

4. 注意同一法律规范内部不同违法行为构成要件

即使同一个法律规范内部，仍然会涉及违法行为的定性问题。比如，相对人在许可期限届满后继续经营，是认定为无照经营，还是认定为超范围经营，必须结合立法目的进行解释，严格将案件事实与相应的法律规范进行对照，以便准确地理解和选择法律条文。

100 怎么判断行政处罚是否明显不当？

《行政诉讼法》第七十条第六项规定，行政行为明显不当的，人民法院判决撤销或者部分撤销，并可以判决被告重新作出行政行为。行政行为明显不当，是指行政行为虽然在其自由裁量权限范围内，但违背或者偏离了法律规范的目的、原则，不合理地使用自由裁量权，是滥用职权的一种表现形式。可以从三个方面来判断行政处罚是否明显不当：

1. 行政处罚不合理但未超出法定权限

行政机关作出的行政行为如果超出法律、法规规定的权限，即属于超越职权。因此行政机关只有在法律规范规定的职权范围内作出行政行为，才有可能出现不合理地行使自由裁量权的问题。行政机关在对违法行为实施行政处罚时，会根据违法行为事实、性质、情节和后果作出与之相适应的处罚决定。行使了行政处罚自由裁量权，才有可能出现合理与不合理的问题，才有可能出现处罚明显不当的情况。

2. 行政处罚违背或者偏离法律规范的目的、原则

行政机关作出自由裁量的行政处罚，必须与法律、法规的目的和原则相一致。行政机关作出的行政处罚违背或者偏离法律规范的目的、原则，有些是执法人员故意造成的，有些是因为执法人员工作上的疏忽或者水平有限，对应当考虑的因素没有考虑，或者不应当考虑的因素予以考虑，在法律规范规定的范围和幅度内，作出明显不合理的行政处罚。实践中，不合理的行政处罚大多表现为对轻微的或者没有造成危害后果的违法行为处以巨额的罚款。

3. 行政处罚明显不合理

行政处罚明显不合理是指行政处罚决定在具有一般智力水平和知识的人眼中

都是违反了社会公认的公平、正义规则。明显不合理一般表现为：

（1）显失公正。如处罚畸轻畸重。法律、法规规定给予违法行为人行政处罚，处罚本身并不是法律所追求的目的，法律的目的是防止新的违法行为的出现，纠正侵犯权益的行为，保障人民权利和社会秩序。要达到法律的目的，必须做到对违法行为人的处罚公正。明显的不合理，显然违背了法律、法规的目的，是行政违法行为的一种，在性质上不属于合法而不合理。

（2）违反公平原则。如行政执法人员对同种情况的案件在情势未发生变化的情况下，根据自己的情绪无标准地反复变化，或对同案的数个相对人未按照所承担的责任大小实施处罚。

（3）造成行政相对人不必要的损失。行政机关在实施行政处罚过程中，由于自己的疏忽或者故意，造成行政相对人不必要的损失，如城市管理综合执法机关在强制拆除违法建筑时，将完全有条件拆除后可以再使用的材料一概损毁等。

101 如何理解行政处罚的比例原则？

比例原则，又称禁止过度原则，是指设定处罚时及在处罚过程中所采取的调查手段、决定给予的处罚种类及幅度、采取的执行措施，都必须要有法律依据，在能达到同样目的的前提下应选择侵害当事人权益较小的方式。即调查手段、处罚手段或执行手段与目的之间，应该存在一定的比例关系，而不能为达到目的不择手段。

1. 比例原则在行政处罚中的作用

比例原则的意义在于为行政执法机关划定自由裁量权的范围和边界，实现对行政执法机关自由裁量权的限制，确保行政处罚的合法性和合理性。具体表现为以下几点：

（1）明确行政处罚目的。城市管理综合执法机关实施行政处罚是为了纠正违法行为，消除违法行为产生的不法状态或者违法后果，恢复正常的行政管理秩序。行政法确立比例原则就是为了保证所有的行政执法行为以维护社会秩序和公共利益为出发点和落脚点，并在比例原则的统领下设定各种行政执法的手段以便在具体行政执法活动中实现上述目的。

（2）规范行政执法手段。为保证行政执法目的的实现，法律法规赋予行政机关多种行政执法手段，如警告、罚款等行政处罚措施，扣押、查封等行政强制措施，并同时给予行政机关在选取行政手段时充分的裁量权。比例原则要求行政手段、行政目的和行政后果间形成合理恰当的联系，确保行政执法手段的正当合理。

（3）平衡执法代价。目前的行政处罚还存在滥用自由裁量权、同事不同罚、处罚畸轻畸重、显失公平公正等突出问题。比例原则的价值在于能够在充分保障公共利益的前提下最大限度地保障利害关系人权利的实现，以最小的执法代价获得最大的执法效益，预防和化解社会矛盾，维护社会和谐稳定。

2. 比例原则在行政法律法规中的体现

比例原则作为我国行政法的基本原则之一，在行政执法活动所适用的大量法律法规中都体现着它的要求和精神。

（1）在《行政处罚法》中的体现

《行政处罚法》第五条第二款规定："设定和实施行政处罚必须以事实为依据，与违法行为的事实、性质、情节以及社会危害程度相当。"该法条体现了比例原则中必要性原则的要求。行政处罚的目的并不是追求对公民权利的限制，而是通过对公民实施制裁以实现恢复正常社会秩序、维护公共利益。行政机关进行行政处罚时，要做到过罚相当，处罚与违法行为相适应，处罚的种类、幅度与违法行为的事实、情节及社会危害程度相一致，而不能偏轻偏重，更不能畸轻畸重。

（2）在《行政强制法》中的体现

《行政强制法》第五条规定："行政强制的设定和实施，应当适当。采用非强制手段可以达到行政管理目的的，不得设定和实施行政强制。"

第十八条第二款规定："违法行为情节显著轻微或者没有明显社会危害的，可以不采取行政强制措施。"

第二十三条第一款规定："查封、扣押限于涉案的场所、设施或者财物，不得查封、扣押与违法行为无关的场所、设施或者财物；不得查封、扣押公民个人及其所扶养家属的生活必需品。"

第四十三条规定："行政机关不得在夜间或者法定节假日实施行政强制执行。但是，情况紧急的除外。行政机关不得对居民生活采取停止供水、供电、供热、供燃气等方式迫使当事人履行相关行政决定。"

上述法条强调了行政强制要以达到行政管理目的为限度，在非强制手段与强制手段以及多种强制手段之间进行权衡和选择，从而找到一种最适当的手段。这体现了比例原则中的必要性原则的要求。行政强制要在能够实现相应行政管理目的的前提下，尽可能减少对公民权利的消极影响。

《行政强制法》第七条规定："行政机关及其工作人员不得利用行政强制权为单位或者个人谋取利益。"这体现了比例原则中的适当性原则。行政主体在实施行政强制时要基于正当动机，考虑相关因素，对行政相对人公正对待，一视同仁，不能厚此薄彼，不能以感情代替法律，反复无常。

3. 违反比例原则的法律后果

《行政诉讼法》第七十条第五项、第六项规定，行政行为滥用职权或明显不当的，人民法院判决撤销或者部分撤销，并可以判决被告重新作出行政行为。行政行为滥用职权或明显不当，就是行政机关违反比例原则的具体表现，在可能出现的行政诉讼中，会导致具体行政行为被人民法院判决撤销、确认违法或变更。

102　如何理解一事不再罚原则？

一事不再罚是指对违法行为人的同一个违法行为，不得以同一事实和同一依据，给予两次或者两次以上罚款的行政处罚。一事不再罚作为行政处罚的原则，目的在于防止重复处罚，体现过罚相当的法律原则，以保护行政相对人的合法权益，是行政机关实施行政处罚和人民法院审查具体行政行为时所必须遵循的重要原则。

1. 一事不再罚原则的含义

《行政处罚法》第二十九条规定，对当事人的同一违法行为，不得给予两次以上罚款的行政处罚。根据这条规定和执法实践，城市管理综合执法机关和执法人员应从以下三个方面理解一事不再罚的含义：

（1）同一执法机关对行为人的同一违法行为不得给予两次及以上的处罚；

（2）不同执法机关依据不同理由和法律规范对行为人的同一违法行为不得给予两次及以上同种类（如罚款）的行政处罚；

（3）违法行为受到刑罚后，除法律规定或特殊情况外，不得再给予行为人行政处罚。

2. 对一事不再罚原则中"一事"的界定

"一事"是指行为人的同一违法行为或违法事实。同一个违法行为是指行为人在一个特定的时间和空间下，作出的同一违反行政法律规范的行为。它具有以下特征：

（1）是一个独立的违法行为

即行为从开始到终结的一个完整过程。行政主体对违法行为处罚完毕后，这一违法行为便告终结。如同一行为人以后再出现此种违法行为，无论相隔时间长短，都应认定为另一违法行为，对此行为予以处罚，并不构成重复处罚。

（2）是一个违法行为，而非一次违法事件

一次违法事件可能只有一个违法行为，也可能包含几个违法行为。例如，某人在赌博过程中与他人发生争执，并将他人打成轻微伤。在这一违法事件中包含了赌博和打人两个违法行为，应由公安机关分别给予处罚。

（3）是"同一个"违法行为，而不是"同样的"违法行为

当事人作出的违法行为被处罚完毕后，又作出了与之相同的违法行为，则实际上是当事人又实施了新的违法行为，是与被处罚行为"同样的"违法行为，是必须再次受到处罚的违法行为，而不能认定为"同一个"违法行为。

（4）同一个违法行为的实施主体为同一违法行为人

当某人实施违法行为后，另一人又实施了此种违法行为，但由于违法行为的实施主体是不同的，所以上述两个违法行为是不相同的，执法机关可以分别对两个行为人进行处罚。

（5）同一个违法行为指的是该违法行为的整体而非局部

如果违法行为人针对该行为向行政处罚主体作出了重大欺瞒，且该欺瞒导致处罚主体对该违法行为的定性和施罚产生重大影响，则处罚主体在第一次处罚后可以根据新查明的事实情况对违法当事人追加处罚。

3. 不适用一事不再罚的情形

（1）分别对两个性质相同的违法行为实施处罚的情形

当事人的违法行为被处罚完毕后，又继续重复与之相同的违法行为，则实际上是当事人又实施了新的违法行为，与之前被处罚行为系两个性质相同的违法行为。对同一个违法行为只能处罚一次，但对当事人实施的同一类违法行为则可以继续处罚。

（2）因单位违法而对单位及单位负责人、直接责任人给予双罚的情形

双罚制是指对于单位行政违法行为，同时给予单位及相关责任成员行政处罚的法律责任制度。目前我国多部法律、法规都有双罚制的规定。

（3）只能由特定的行政机关行使相应处罚的情形

对当事人的同一个违法行为，行政机关已经予以行政处罚的，其他行政机关不得再给予行政处罚。但法律、行政法规将特定行政处罚权仅授予特定行政机关的除外。如行政拘留只能由公安机关实施，吊销行政许可只能由许可机关实施。

（4）多个行为违反了同一行政法规范的情形

此情形可以由执法机关分别作出裁决同时合并执行。此时每一种违法行为均应依法给予一次处罚，不适用"一事不再罚"原则。

（5）原处罚决定被依法撤销后重新作出处罚决定的情形

包括执法机关通过行政执法监督程序进行自我纠错，先撤销不当的在先行政处罚决定，再重新作出行政处罚决定。行政处罚决定被法院裁决撤销后，执法机关就同一违法行为再次作出决定属于依职权作出的新的具体行政行为。

（6）实施执行罚的情形

执行罚是对拒不履行法定义务的人，由执法机关采取罚款的方式促使其履行义务的一种强制手段。当行为人被施行行政处罚后，又拒不履行行政处罚决定所设的义务（如罚款），行政执法机关可以依法再处以罚款以促使其履行处罚义务，这时的罚款是一种强制执行方式，目的在于促使义务的执行，而不在于惩罚违法行为。即行政处罚与执行罚可以对违法者一并适用，而不属于"一事不再罚"约束的范围。

（7）行政处罚易科的情形

在一些具体的行政法规范中，规定执法机关对行为人给予一种处罚后，处罚难以执行，执法机关可以改施另外一种形式的行政处罚。这种转处的情况也不属于"一事不再罚"范畴。

103 怎样认定违法行为是否处于"连续状态"？

《行政处罚法》第三十六条规定："违法行为在二年内未被发现的，不再给予行政处罚；涉及公民生命健康安全、金融安全且有危害后果的，上述期限延长至

五年。法律另有规定的除外。前款规定的期限，从违法行为发生之日起计算；违法行为有连续或者继续状态的，从行为终了之日起计算。"所谓"连续状态"，是指当事人基于同一个违法故意，连续实施数个独立的行政违法行为，并触犯同一个行政处罚规定的情形。但现行的行政法律、法规并未明确规定数个独立的行政违法行为之间是否可以存在时间间隔以及时间间隔的长短，这就导致了城市管理综合执法机关在认定行政违法行为是否处于连续状态时，在法律适用方面存在困惑。

建立行政违法行为追究时效制度的价值标准，在于寻求提高行政效率与维持社会稳定之间的平衡，通过给予违法者自我纠错的时间（经过法定的时间，不再实施违法行为，即不再追究），敦促行政机关及时履行行政执法权，防止权利和权力的"沉睡"。因此，假设处于"连续状态"的违法行为中的数个独立的违法行为间隔时间过短，表明违法者并无"自我纠错"的主观故意，但却客观上规避了行政处罚的追诉时效，既不利于实现追究时效制度的价值目标，又有纵容违法行为之嫌。因此，在认定违法行为是否处于连续状态时，应当允许独立的违法行为之间存在适当的时间间隔，且间隔时间不宜过短。那么，执法机关在对违法行为是否处于连续状态进行认定的过程中，应当如何把握独立的违法行为之间的时间间隔的长短？《刑法》第八十九条规定："追诉期限从犯罪之日起计算；犯罪行为有连续或继续状态的，从犯罪行为终了之日起计算。在追诉期限以内又犯罪的，前罪追诉的期限从犯后罪之日起计算。"虽然上述刑事追责的法条不适用于行政追责领域，但刑事追究时效制度的立法思路可以为违法行为连续状态的认定提供有益的思考路径，即行为人在前一违法行为的责任追究期内又做出新的违法行为的，前一违法行为的追究期限从后一违法行为做出之日起计算。结合《行政处罚法》第三十六条规定的追究时效，当事人基于同一个违法故意，触犯同一个行政处罚规定，实施的数个独立的行政违法行为之间的时间间隔，可以考虑不超过二年；涉及公民生命健康安全、金融安全且有危害后果的，不超过五年。否则不能认定为违法行为处于连续状态，法律另有规定的除外。

104 什么是牵连违法行为？对牵连违法行为怎样认定和处罚？

牵连违法行为是指当事人实施一个违法行为，其违法的手段行为或结果行为又符合其他违法行为构成要件的违法形态。

牵连违法行为在构成上应具有以下特征：

（1）必须存在数个独立的违法行为，这是构成牵连违法行为的前提条件。行为人只有实施了数个行为才有可能形成彼此之间的牵连关系，而且这数个行为皆须符合违法行为的构成要件，具有可罚性。否则，行为人即使实施了两个或两个以上的行为，但其中一个行为并不被法律所禁止，也不构成牵连违法行为。

（2）行为人出于一个违法目的，这是构成牵连违法行为的主观条件。行为人实施违法行为的最终目的只有一个，即数个行为有着相同的意图，都是在同一违法目的的支配下所实施的。正是基于这种概括的、同一的违法目的，行为人才会决定实施什么样的本行为，同时选择那些有助于本行为顺利实施的他行为。如果不是出于同一的违法目的而实施的数个违法行为则不构成牵连违法行为。

（3）数个违法行为之间存在内在的必然联系，这是构成牵连违法行为的实质条件。行为人实施的数个违法行为从表面看虽然是各自独立的，但相互之间存在方法与目的或原因与结果的密切关系，分别表现为目的行为、方法行为或结果行为，并以目的行为为轴心，方法行为为实现目的行为而服务，结果行为由目的行为派生而引发，数行为相辅相成形成一个有机的整体。

（4）数个违法行为分别触犯了不同的法律规范或条文，这是构成牵连违法行为的必要条件。具有两个以上的违法行为，是事实上的关系，触犯了数个不同的法律规范或条文，则是法律上的关系，也就是说，当事人实施的数个不同行为，不论是目的行为或手段行为还是原因行为或结果行为，各自都具备不同性质的违法行为构成要件。如果不是触犯数个不同的法律规范或条文，就不是牵连违法行为，而可能是连续或继续状态的违法行为。

牵连违法行为是主观上出于一个违法目的，数个违法行为互相依存形成一个有机的整体，且数个违法行为分别触犯了不同的法律规范。对牵连违法行为的定性量罚应遵循主客观相统一的原则，同时，兼顾充分评价和禁止双重评价两方面，将其视为"处断的一个违法行为"，依据《行政处罚法》第二十九条"对当事人的同一个违法行为，不得给予两次以上罚款的行政处罚。同一个违法行为违反多个法律规范应当给予罚款处罚的，按照罚款数额高的规定处罚"的规定，实施处罚。

105　什么是共同违法行为？对共同违法行为怎样认定和处罚？

共同违法行为是指二人或以上共同故意实施的违反行政管理秩序的行为。其构成要件有：

（1）共同违法行为的主体必须是二人以上。可以是二个以上自然人、二个以上的单位，也可以是自然人与单位。

（2）共同违法主体客观上必须具有共同的行政违法行为。即各行为人为追求同一违法结果，完成同一违法事实而实施的相互联系、相互配合的违法行为，这一违法行为与违法结果之间存在因果关系。因此，从本质上看，共同违法行为属于实质意义上的"一事"或"一个行为"，而非"多事"或"多个行为"。

（3）共同违法主体主观上必须具有共同的违法故意，即通过意思联络，多个行为人认识到他们的共同行为会发生某一事实结果，并决定参加共同实施该违法行为，希望这种结果发生的心理状态。

在具体城市管理的执法实践中，对共同违法行为的行政处罚要把握以下几点：

一是不能对违法行为人各自立案、分别处理，而应合并立案、分别处理；因为共同违法行为本质上属于一个违法行为，对一个违法行为各自立案明显违反不得重复评价原则。

二是在案件调查中，需要实行分别处罚时，要对行为人在共同违法行为中所起的作用、具体的分工、参与的程度进行认定，在量罚时依据行为人在共同违法行为中的作用、情节、导致的后果作出综合分析，正确适用裁量权，区别情节予以处罚，以符合"责任自负、过罚相当"的原则。

三是要统一制作文书，而不是分别制作，在行政处罚决定书的当事人一栏中，将所有当事人顺序列出。顺序按行为人在违法活动中所起的作用大小来确定，并注明共同违法事项及各自承担的法律责任。

四是适用听证程序的案件，部分或者全体当事人提出听证申请的，按规定组织听证。部分当事人提出听证申请的，提出申请的当事人为申请人，未提出申请的当事人列为第三人参加听证。

106　什么是双罚制？双罚制应该怎么实施？

双罚制又称两罚制，是法人或其他组织违法，既处罚该单位，也处罚该单位内负有责任的个人的行政处罚制度。被处罚的单位内负有责任的个人，主要是对违法行为起决策、组织、指挥的负责人和违法行为的具体实施者。对单位中的个人给予行政处罚，以个人有故意或者重大过失为前提。

与刑罚的双罚制以自然人为主要的犯罪主体相反，行政处罚的双罚制以法人和其他组织为违法主体，单位中负有责任的个人不是一个独立的违法主体，单位中负有责任的个人仅仅承担数量相对较小的罚款或有限的资格罚。

1. 双罚制的违法主体

双罚制只有一个违法主体，即实施了违法行为的法人或其他组织，法人或其他组织中负有责任的个人不是独立的违法主体，其受到行政处罚，不是作为公民实施了违法行为而承担违法的行政责任，而是基于其在法人或其他组织中的职务、身份而承担单位违法的责任，是一种身份罚。

2. 双罚制的实施程序

实体法设定的双罚制虽然逐渐增多，但实施的程序缺位，如何下达和执行缺少程序支持。双罚制既然只有一个违法主体，只存在一个法律意义上的违法行为，就应当作为一个行政处罚案件立案，一并调查取证、共用一套证据、形成一套案卷材料、作出一个行政处罚决定。处罚决定中对单位和个人一并作出处罚，一并下达，一并执行。

双罚制中被处罚的个人虽然不是独立的违法主体，但可以以自己的名义申请行政复议、提起行政诉讼。

107 如何正确行使城市管理行政处罚自由裁量权？

正确行使城市管理行政处罚自由裁量权，要求城市管理行政执法人员在准确认定违法事实的基础上，依据法律精神、目的、原则和道德准则，按照法定的权限、范围和程序，严格正确地选择和适用法律、法规和规章及相关规范性文件，运用自身的经验和法律良知，作出与违反城市管理行政管理秩序的违法行为事实、性质、情节和后果相适应的处罚决定。具体来看，城市管理行政执法人员应把握好以下几个方面的内容。

1. 深刻理解裁量内涵

城市管理行政处罚环节是当前城市管理行政执法自由裁量权最集中的地方。

实践中，部分城市管理行政执法人员对规范行政处罚自由裁量权的认识不到位，甚至还存在误区，影响了运用自由裁量权的积极性和规范性。执法人员深刻理解行政处罚自由裁量权的内涵和特点，有利于对行政处罚自由裁量权的正确行使。

首先要充分认识到城市管理行政处罚自由裁量权存在的必然性。城市管理具有复杂性、多变性和立法的局限性，必然在法律规定中留给执法人员根据个案进行自由裁量的空间。其次要充分认识到城管行政处罚自由裁量权的"自由"是相对的，不是绝对的，执法人员行使该项权力要依法实施，做到合法和合理。最后要充分认识到城市管理中各类行政处罚自由裁量权的特性。执法人员要深刻掌握本领域行政处罚案件的特点和规律，从而提高行使行政处罚裁量权的效率和效果。

2. 准确把握裁量原则

行政处罚自由裁量权的行使原则明确了执法人员行使行政处罚自由裁量权时应遵守的基本指导思想和准则，具有通用的价值标准和较强的稳定性，其适用范围比具体法律规范要广泛，可以弥补法律规范的不足。在个案的处理上，行政执法人员应当掌握好行政处罚裁量权的行使原则，能够遵循原则的要求，根据立法目的，综合考虑个案的各种情况和因素，正确进行处罚；特别是在找不到现成的法律规范时，可以从法律原则中找到解决问题的钥匙，以不变应万变，这对解决行政争议，弥补行政法律规范漏洞，公正行使行政处罚自由裁量权具有重要价值。

行政处罚自由裁量权行使的具体原则包括处罚法定原则、过罚相当原则、教育与处罚相结合原则、综合考量和平等对待原则。严格依照原则来实施，既要合法，还要合理，不得滥用手中的自由裁量权，不得有不正当目的、不善良动机、不相关考虑、不应有的疏忽、不正确的认定、不适当的迟延、不平常的背离、不一致的解释、不合理的决定和不得体的方式等情况发生。

3. 准确认定案件事实

准确认定案件事实是判定是否对行为人正确做出行政处罚的先决条件。城市管理综合执法人员在具体执法过程中，通过对行政相对人的主观过错、实施违反城市管理秩序行为的过程及其危害后果三个方面来判断行为的性质，正确判断违法种类，为进一步准确适用法律奠定基础。如果案件事实性质判断错误，正确行使城管行政处罚自由裁量权则无从谈起。因此，在实施行政处罚裁量权之前，执法人员一定要谨慎判断,准确认定案件性质、种类。

4. 准确把握裁量情节

裁量的情节很大程度上决定了裁量的幅度,只有把握好个案中各种裁量情节,才能准确做出裁量的幅度。城管相关法律、法规和规章对某些违法行为的处理规定不能让执法人员准确把握,导致处罚时很难把握。特别是对"情节严重""情节轻微"等情节的认定,执法实践中缺少具有可操作性的指导意见或相关解释。执法人员要根据个案中违法行为的性质、程度及危害对象、结果,行政相对人的主观过错程度,违法行为涉及的数量、金额大小,行政相对人实施违法行为的手段、方法和行为方式等各种因素做出判断。如对屡教不改,严重损害人民群众健康和财产安全,严重妨碍执法公务的违法分子判定为情节严重;同时对主动改正,主动配合,减轻违法行为危害的当事人可以判定具有从轻情节。情节的判断直接影响到自由裁量的结果,情节较轻,则轻罚,而不得重罚;情节严重,则重罚,而不能轻罚。从轻、减轻、从重处罚等不同情节形成行政处罚轻重不同的裁量幅度。因此,在实际操作中,行政执法人员在实施自由裁量权时要准确判断裁量情节,这样有利于维护法律的公平公正。

5. 正确收集运用证据

行政处罚证据是指行政执法主体收集和核实的能够证明行政处罚案件真实情况的根据性材料。行政处罚证据是认定案件事实的依据,是正确适用法律的基础,是实现行政处罚自由裁量权公正的前提。正确收集和运用证据才能公正执法,保障当事人的合法权益。

行政处罚证据包括多种形式,如书证、物证、视听资料、电子数据、证人证言、当事人的陈述、鉴定意见、勘验笔录和现场笔录等。正确收集这些证据要求城市管理综合执法人员在行政执法过程中,根据有关规定发现、采集、提取证据;认定和运用证据,应当遵循一定的标准,对已经收集的行政处罚证据的证明资格进行认定与采信。执法人员要掌握好证据认定和运用的规则,包括证据相关性规则、非法证据排除规则、传闻证据排除规则、最佳证据规则、补强证据规则。

6. 严格遵守裁量程序

城市管理综合行政执法人员实施行政处罚自由裁量权的行为,必须严格遵守法律、法规和规章规定的步骤、方式、顺序和时限等有关程序，不得违反程序。严格遵守裁量程序有利于防止执法人员滥用行政处罚自由裁量权，保障行政相对人的合法权益和提高行政效率。

在行政处罚中，执法人员必须严格依照法定程序。在日常的行政处罚中，经常会出现违法行为事实清楚、证据确凿，但由于执法人员不遵循裁量的法定程序而导致行政处罚决定被撤销。不严格执行裁量的程序，不仅影响到裁量结果的公正，还会影响行政执法的权威性，也违背了行政处罚所最追求的行政价值。

7. 准确适用相关法律

执法人员在准确认定事实后要正确适用法律。从法律、法规和规章对行政执法人员赋予的自由裁量权来看，法律、法规和规章是自由裁量的根本，是自由裁量权行使的依据。离开了法律、法规和规章的依据，行政执法人员就不能正确行使行政处罚自由裁量权，不能正确作出行政处罚。因此，准确适用法律依据至关重要。

第一，要熟知现有城管行政执法依据。应当作为城管行政执法依据的规范，包括法律、行政法规、部门规章、地方性法规、地方政府规章和其他规范性文件；可以作为城管行政执法依据的规范，包括法律原则、公共政策和行政习惯。

第二，要掌握法律的基本适用规则。城管行政执法人员在适用法律时，要清楚法规之间的效力，特别是在相关法律对同一事项规定不一致时要做出正确的选择。

8. 公正做出处罚裁量

城市管理综合执法人员综合案件事实、性质和情节，正确选择法律依据后，有些情况下可直接做出判断，而绝大多数情况下，执法人员要面临行政处罚幅度的裁量。目前，各地政府和城市管理综合执法机关大多已经建立起适合本地区实际的行政处罚自由裁量基准制度。裁量基准为规范行政处罚自由裁量权制定了具体判断、裁量标准，对法律、法规中原则性、抽象性以及弹性条款进行了细化和量化，可减少行政处罚的随意性。在具体执法中，已制定基准制度的，执法人员应严格执行行政处罚裁量基准；没有基准制度的，要综合考量，合法又合理地行使处罚自由裁量权。

108 执法机关如何进行处罚幅度的裁量？

行政处罚自由裁量权基准制度，针对不同的违法行为和种类，制定公平、公正的行政处罚实施标准，增强行政执法透明度，规范行政处罚行为，做到合法、合理。但裁量权基准制度与生俱来的局限性这一基本事实要求每一位城市管理综合执法人员面对细化的自由裁量权基准制度，仍需注意行使自由裁量权的几个重要方面，做到正确行使自由裁量权。

1. 认定事实

准确认定情节轻重。对违法事实情节轻重的准确认定，是正确确定处罚幅度的前提条件。所谓情节，是指事物发生、发展的因果关系和演变过程。违法行为的情节可以分为主观和客观两个方面。主观方面包括目的、动机、心理状态和态度表现等，客观方面包括时空、对象、方式手段和危害后果等。在实施行政处罚时，必须认真考虑上述主观和客观两个方面的违法情节。在实务中，执法人员可能违反比例性、适度性和必要性，随意判断具体事实属于"情节较轻"还是"情节严重"，从而随意适用从重、从轻或减轻的规定。

2. 确定阶次

进行量罚前，对于没有制定自由裁量权标准的，要结合案件事实和法规综合考虑。对已制定自由裁量权标准的，要严格遵照执行，准确确定阶次。确定阶次，找准处罚幅度，尽量避免出现合法但不合量的决定。其往往表现在两个方面：一是执法结果与立法目的相悖，如对违规行为处理不适当；二是未将相关因素纳入考虑范围，如对从事个体经济违规行为的个别处罚，没有顾及国家有关"优惠政策"和扶贫政策。

3. 量罚

量罚要求合理把握裁量尺度。首先，要准确理解不予行政处罚、减轻行政处罚、从轻行政处罚和从重行政处罚的含义和内容；其次，要熟练掌握行政处罚相关规定。

在实践中要掌握处罚规则。禁止不分情节轻重一律实行上限罚款。如从重处罚：主观恶意的，从重处罚；后果严重的，从重处罚；区域敏感的，从重处罚；屡罚屡犯的，从重处罚。对其中由国家机关任命的人员，城市管理综合执法机关应当移送任免机关或者监察机关依法给予处分。从一重处罚：多个行为分别处罚，即一个主体的多个违法行为，虽然彼此存在一定联系，但各自构成独立违法行为的，应当对每个违法行为同时、分别依法给予相应处罚。

4. 避免处罚幅度不当

行政处罚显失公正，是指执法机关在自由裁量权限范围内作出的行政处罚，虽然在形式上不违背法律、法规的规定，且在法律规定的手段、范围、幅度内，但实际上与法律精神相违背，没有依据立法目的和公正合理的原则精神来执行法律，损害了社会或个人的利益。"显失公正"虽然在形式上合法，但违背了合理性原则，表现出明显的不公正。

109 行政处罚有哪些裁量等级？

就城市管理行政处罚自由裁量权的分级制度而言，可以考虑将行政处罚自由裁量权划分为免除处罚、减轻处罚、从轻处罚、从重处罚等裁量等级。

1. 免除处罚

为改进执法方式，在行政执法中推广运用说服教育、劝导示范、行政指导等非强制性手段，推进柔性执法。各地纷纷制定并公布了《城市管理领域轻微违法行为免予处罚清单》，对不予处罚事项的违法行为、适用条件和法定依据均做了明确说明。执法人员除了依据已经制定的清单，对属于清单标准的违法行为免予行政处罚，还可以依据《行政处罚法》和其他有关法律的规定，对当事人的违法行为免予行政处罚。免予行政处罚的法定情节和事由主要有以下几种：

（1）当事人有证据证明没有主观过错的；

（2）违法行为轻微并及时纠正，没有造成危害后果的；

（3）未到法定行政责任年龄，即违法行为人实施违法行为时不满十四周岁的；

（4）精神病人在不能辨认或者不能控制自己行为时有违法行为的，全部丧失行政责任能力；

（5）已经超过追诉时效；

（6）初次实施违法行为，没有造成危害后果并及时改正的；

（7）属于紧急避险的；

（8）其他依法不予行政处罚的。

2. 减轻处罚

减轻处罚是指在法定的处罚种类或处罚幅度最低限以下，对违法行为人适用的行政处罚。可以减轻处罚的量罚因素包括：

（1）已满十四周岁不满十八周岁的人实施违法行为的；

（2）情节轻微，社会影响和危害较小且主动纠正违法行为的；

（3）主动中止违法行为的；

（4）主动消除或者减轻违法行为危害后果的；

（5）受他人诱骗、胁迫有违法行为的；

（6）主动供述行政机关尚未掌握的违法行为的；

（7）配合查处违法行为有立功表现的；

（8）又聋又哑的人或者盲人实施违法行为的；

（9）初次实施违法行为，危害后果极小的；

（10）其他依法可以减轻处罚的。

3. 从轻处罚

从轻处罚是指在法定的处罚种类和处罚幅度内，对违法行为人在几种可能的处罚种类内选择较轻的处罚方式，或者在一种处罚种类中法定幅度内选择较低限至中限进行处罚。可以从轻处罚的量罚因素有：

（1）已满十四周岁不满十八周岁的人实施违法行为的；

（2）主观无恶意，社会影响和危害较小的；

（3）主动中止违法行为的；

（4）主动供述执法机关尚未掌握的违法行为的；

（5）在执法机关查处违法过程中，积极配合调查，如实陈述违法情况的；

（6）主动交代违法行为的；

（7）在共同违法行为中起次要或者辅助作用的；

（8）初次实施违法行为，危害后果较小的；

（9）其他依法可以从轻处罚的。

4. 从重处罚

从重处罚是指在一种处罚种类中法定幅度内选择中限至高限进行处罚。应当或可以从重处罚的量罚因素包括：

（1）情节恶劣，造成严重后果的；

（2）社会影响恶劣，造成影响面较广的；

（3）被群众多次举报的；

（4）逃避、妨碍执法，暴力抗法尚未构成犯罪的；

（5）转移、隐匿、销毁违法证据，故意提供虚假证据，或者拒不配合城管行政执法人员调查取证的；

（6）经执法人员劝告后，继续实施违法行为或者在规定期限内未停止、改正违法行为，以及未采取其他补救措施的；

（7）在共同违法行为中起主要作用的或者胁迫、诱骗他人实施违法行为的或者教唆未成年人实施违法行为的；

（8）多次实施违法行为，或者被处罚后一定期限内再次实施相同违法行为的；

（9）在发生突发公共事件时或者专项整治期间实施违法行为的；

（10）违法行为引发群体性事件的；

（11）侵害残疾人、老年人、未成年人等群体利益的；

（12）对举报人、证人或者执法人员打击报复的；

（13）其他依法应当从重处罚的。

110 不予行政处罚和不得给予行政处罚有什么不同？

1. 两者的适用情形不同

"不予行政处罚"的前提条件是有违法行为，《行政处罚法》第三十三条规定了三种不予行政处罚的情形，违法行为轻微并及时改正，没有造成危害后果的，不予行政处罚；初次违法且危害后果轻微并及时改正的，可以不予行政处罚；当事人有证据足以证明没有主观过错的，不予行政处罚。

而"不得给予行政处罚"的前提是"违法事实不清、证据不足"。《行政处罚法》第四十条规定："公民、法人或者其他组织违反行政管理秩序的行为，依法应当给予行政处罚的，行政机关必须查明事实；违法事实不清、证据不足的，不得给予行政处罚。"

2. 法律后果不同

行政机关负责人决定因"违法事实不清、证据不足的"不得给予行政处罚后，后续程序是直接予以结案，而"不予行政处罚"决定需要作出不予行政处罚决定书。

3. 是否有救济途径不同

不得给予行政处罚因未对当事人的权利义务造成影响，当事人没有申请复议或者提起诉讼的权利；不给予行政处罚的前提是认定当事人有违法行为，当事人可能因此负有改正义务，承担相关民事责任，或者信用受到影响，其权利义务可能受到影响，因而其应当有申请复议或者提起诉讼的权利。

111 如何计算"违法所得"的数额？

在城市管理行政处罚中，经常有"没收违法所得"的表述，如《城镇燃气管理条例》第四十五条、第四十六条；《大气污染防治法》第一百一十八条；《固体废物污染环境防治法》第一百零二条；《无证无照经营查处办法》第十三条、第十四条等均规定了"没收违法所得"的行政处罚。但是，在具体计算过程中，如何计算"违法所得"的数额、是否要剔除违法行为相对人合理的成本等问题一直没有明确的界定。

《行政处罚法》对此予以了明确。该法第二十八条规定，当事人有违法所得，除依法应当退赔的外，应当予以没收，违法所得是指实施违法行为所取得的款项。也就是说，在计算违法所得时，以违法行为人所取得的所有款项计算，而无须考虑行为人实施违法行为付出的合理成本等因素。法律、行政法规、部门规章对违法所得的计算另有规定的，从其规定。

112 城市管理综合执法如何把握"首违不罚"制度？

《行政处罚法》第三十三条第一款规定："……初次违法且危害后果轻微并及时改正的，可以不予行政处罚。"使近年来各地和各部门积极探索和推进的"首违不罚"制度从法律层面得到确认。城市管理综合执法机关在执法实践中除了依据本部门的免罚清单确认免罚事项外，还应从以下几个方面把握"首违不罚"的认定。

1. "首违不罚"的起点

首次违法从何时开始计算,是行政相对人历史上从未有过违法,还是从某个特定的时间段开始计算。关于这一点,还需要相关行政部门进一步进行明确。但是,从现有开展"首违不罚"的相关部门实践看,"历史上从未有过违法"显然难以操作和确定。未来更合理的操作路径是确定一个具体的时间段,在该时间段内没有违法,此后出现的违法即视为"首违"。

2. "首违不罚"的适用条件

"首违不罚"的适用应同时满足"危害后果轻微并及时改正的"要求。值得注意的是,"首违不罚"是与"轻微不处罚"明显区分的。在"轻微不处罚"中,要求"没有造成危害后果"。而在"首违不罚"中,则允许"危害后果"的存在,只不过"危害后果"应当是轻微的,并且得到了"及时改正"。

关于这两类要求,都是需要相应的客观证据予以证明的。执法人员对于此类"首违不罚"案件,要及时固定好相关证据,并在调查中予以体现。

3. "首违不罚"的决定形式

"首违不罚"是调查终结后经过审查作出的决定,该决定并非在立案阶段就有了定论。因此,"首违不罚"并不影响案件正常的"立案调查"。

同时,考虑到"首违不罚"对后续违法行为的影响,如果是第二次违法必须处罚。对于"首违不罚"以行政处罚决定的形式作出更加合理,而不应以"首违不罚"不予立案,也不宜在立案后予以销案处理。

六、复议与应诉

113 收到行政复议机关的申请书副本要怎样答复和处理?

行政复议答复及处理,是指城市管理综合执法机关在收到行政复议机关的申请书副本或者申请笔录复印件后提出书面答复,提交作出具体行政行为的证据、依据和其他有关材料,配合调查,参加听证,提出意见,并在行政复议机关作出复议决定后，依据复议决定作出处理的业务处理过程。

1. 收到复议材料

办案机构接收行政复议机关送达的行政复议申请书副本或者行政复议申请笔录复印件后，向所属机关负责人报告。

2. 提交答复材料

办案机构根据行政复议案件的情况，准备答复材料的草拟和整理工作，制作行政复议答复书，行政复议答复书由相关负责人审批后，在收到行政复议申请书副本或者行政复议申请笔录复印件之日起 10 日内向复议机关提交，并提交作出决定所依据的证据和其他有关材料。在行政复议过程中，执法机关不得自行向申请人和其他有关组织或者个人收集证据。

3. 配合调查

城市管理综合执法机关应当配合行政复议机关针对行政复议案件的调查工作，不得拒绝或者阻挠。

4. 参加听证

办案机构在接到行政复议机关听证通知后，经执法机关负责人同意，指定人员参加行政复议的听证。

5. 和解和调解

对行使自由裁量权、行政赔偿、行政奖励以及存在其他合理性问题的具体行政行为的行政复议，按照合法、自愿的原则，执法机关可以在复议机关作出决定前，与申请人达成和解，也可由复议机关进行调解。和解协议经双方签字盖章，提交行政复议机关。行政复议调解书应当载明行政复议请求、事实、理由和调解结果，并加盖行政复议机关印章。行政复议调解书经双方当事人签字盖章，具有法律效力。

6. 执行复议决定

收到复议机关的复议决定后，执法机关应当执行复议决定。行政复议机关责令重新作出具体行政行为的，执法机关不得以同一事实和理由作出与原具体行政行为相同或者基本相同的具体行政行为；但是行政复议机关以原具体行政行为违反法定程序决定撤销的，执法机关重新作出具体行政行为的除外。

行政复议机关责令执法机关重新作出具体行政行为的，执法机关应当在法律、法规、规章规定的期限内重新作出具体行政行为；法律、法规、规章未规定期限的，重新作出具体行政行为的期限为六十日。

114 对行政处罚不服申请行政复议的期限是怎么计算的？

《行政复议法》第九条规定："公民、法人或者其他组织认为具体行政行为侵犯其合法权益的，可以自知道该具体行政行为之日起六十日内提出行政复议申请；但是法律规定的申请期限超过六十日的除外。因不可抗力或者其他正当理由耽误法定申请期限的，申请期限自障碍消除之日起继续计算。"

《行政复议法实施条例》第十五条对因不服行政处罚决定申请行政复议期限的计算作出了具体的规定：

（1）当场作出具体行政行为的，自具体行政行为作出之日起计算。

（2）载明具体行政行为的法律文书直接送达的，自受送达人签收之日起计算。

（3）载明具体行政行为的法律文书邮寄送达的，自受送达人在邮件签收单上签收之日起计算；没有邮件签收单的，自受送达人在送达回执上签名之日起计算。

（4）具体行政行为依法通过公告形式告知受送达人的，自公告规定的期限届满之日起计算。根据《民事诉讼法》，自发出公告之日起，经过三十日，即发生直接送达的法律效力。

（5）行政机关作出具体行政行为时未告知公民、法人或者其他组织，事后补充告知的，自该公民、法人或者其他组织收到行政机关补充告知的通知之日起计算。

（6）被申请人能够证明公民、法人或者其他组织知道具体行政行为的，自证据材料证明其知道具体行政行为之日起计算。

行政机关作出具体行政行为，依法应当向有关公民、法人或者其他组织送达法律文书而未送达的，视为该公民、法人或者其他组织不知道该具体行政行为。

115 城市管理综合执法机关如何应诉？

行政诉讼应诉，是指执法机关收到人民法院发送的应诉通知书和起诉状副本，依法参加诉讼以及执行生效判决、裁定或者调解协议的业务处理过程。

1. 起诉审核

城市管理综合执法机关收到人民法院发送的应诉通知书和起诉状副本，应当对原告的起诉进行审核：

（1）原告是否为本机关实施的行政行为所侵犯的公民、法人或者其他组织；

（2）诉讼是否在法律规定的期限内提出；

（3）是否属于人民法院受案范围和受诉法院管辖；

（4）原告已就被诉行政行为申请行政复议的，是否尚在行政复议程序中；

（5）应当复议前置的行政行为，是否已经过行政复议；

（6）其他需要审核的内容。

对上述审核内容有异议的，城市管理综合执法机关应当及时书面提请人民法院依法处理，并做好各项应诉准备。

2. 委托诉讼代理人

被诉执法机关负责人应当出庭应诉。不能出庭的，应当委托行政机关相应的工作人员出庭，不得仅委托律师出庭。执法机关负责人出庭应诉的，可以再另行委托一至二名诉讼代理人。诉讼代理人可以是本机关工作人员，也可以是律师或者法律规定的其他人员。委托诉讼代理人应当向人民法院提交授权委托书。授权委托书应当载明委托权限，并经人民法院审核同意。

3. 提交行政诉讼答辩材料

由被诉行政机关负责人指定专人负责答辩材料的整理，撰写答辩状，经负责人审批后，在收到起诉状副本之日起十五日内向人民法院提交作出行政行为的证据和依据的法律法规，并提交答辩状。

4. 经复议案件的举证分工

行政复议机关作为共同被告的案件，由作出原行政行为的行政机关对原行政行为的合法性进行举证，行政复议机关予以协助；行政复议机关对行政复议决定的合法性进行举证。行政复议机关作为单独被告的案件，行政复议机关对复议决定的合法性进行举证，作出原行政行为的行政机关予以协助。

5. 准备庭审材料及证据交换

（1）开庭前，应诉人员应当认真准备庭审材料，并可组织有关人员分析研究案情，整理作出行政行为所依据的证据和法律法规，应当针对案情和庭审时可能出现的问题，拟定代理词和法庭辩论提纲。

（2）应诉人员在开庭审理前，应当依法到人民法院查阅有关案卷材料。

（3）对于案情比较复杂或者证据数量较多的案件，应诉执法机关可以在人民法院的组织下与原告在开庭前向对方出示或者交换证据，并将交换证据的情况记录在卷。

6. 出庭应诉

应诉行政机关认为审判人员以及书记员、翻译人员、鉴定人、勘验人与本案有利害关系或者其他关系，可能影响公正审判的，有权申请上述人员回避。申请回避应在案件开始审理前提出，回避事由在案件开始审理后知道的，也可以在法庭辩论终结前提出。

在行政应诉过程中，应诉人员应当按照人民法院通知的开庭时间出庭应诉，出示证据并互相质证，围绕案件事实、适用法律、证据效力和程序规范等方面进行辩论，阐明作出行政行为的合法性和合理性，对原告在辩论中提出的问题逐一答复和辩驳，陈述我方意见，最后由应诉人员核对庭审笔录并签字。

7. 行政诉讼调解

人民法院审理行政案件，不适用调解。但是，行政赔偿、补偿以及行政机关行使法律、法规规定的自由裁量权的案件可以调解。人民法院在征求应诉行政机关对行政诉讼调解的意见时，由应诉行政机关负责人决定是否同意调解协议。

8. 提起上诉

应诉行政机关不服人民法院第一审判决的，有权在判决书送达之日起 15 日内向上一级人民法院提起上诉；不服人民法院第一审裁定的，有权在裁定书送达之日起 10 日内向上一级人民法院提起上诉。

9. 申请再审及申请抗诉

应诉行政机关对已经发生法律效力的判决、裁定，认为确有错误的，可以向上一级人民法院提出申诉，但判决、裁定不停止执行。

对人民法院违反法律、法规规定作出的已经发生法律效力的判决或者裁定，应诉行政机关可以请求人民检察院按照审判监督程序提出抗诉。

10. 执行生效判决、裁定

应诉行政机关应当履行人民法院已经发生法律效力的判决或者裁定。人民法院判决重新作出行政行为的，行政机关不得以同一事实和理由作出与原行政行为基本相同的行政行为，但因原行政行为违反法定程序而被撤销的除外。

116 行政机关负责人出庭应诉制度是怎么规定的?

《行政诉讼法》第三条第三款规定："被诉行政机关负责人应当出庭应诉。不能出庭的，应当委托行政机关相应的工作人员出庭。"从立法本意看，是希望负责人能够经常性出庭应诉，通过庭审活动更好地了解行政执法情况。但立法机关同时也认识到，由于各种原因，要求负责人在所有的行政案件中都出庭应诉，既无必要，也难以实现。因此规定了在负责人不能出庭应诉的情况下，行政机关相应的工作人员应当出庭应诉。由于行政诉讼法对行政机关负责人出庭应诉的规定过于原则，尤其是对"不能出庭"的情形缺乏规范性要求，导致行政机关负责人是否出庭随意化。因此，行政案件负责人出庭应诉本应"出庭为原则，不出庭为例外"，在一些地区却似乎成为"不出庭为原则，出庭为例外"。

为解决这些问题，2016年6月27日《国务院办公厅关于加强和改进行政应诉工作的意见》明确提出，行政机关要支持人民法院受理和审理行政案件，保障公民、法人和其他组织的起诉权利，认真做好答辩举证工作，依法履行出庭应诉职责，配合人民法院做好开庭审理工作。该文件还要求"各地区、各部门要从协调推进'四个全面'战略布局的高度，充分认识做好行政应诉工作对于依法及时有效化解社会矛盾纠纷、规范行政行为、加强政府自身建设的重要意义，把加强和改进行政应诉工作提上重要议事日程，切实抓紧抓好"。2020年3月23日《最高人民法院关于行政机关负责人出庭应诉若干问题的规定》（法释〔2020〕3号），从统一和规范人民法院对行政机关出庭应诉的要求等方面作出规定，更好地引导和促进行政机关正确履行出庭应诉职责。该规定自2020年7月1日起施行。

1. 行政机关负责人的范围

行政机关负责人包括行政机关的正职、副职负责人，参与分管被诉行政行为实施工作的副职级别的负责人以及其他参与分管的负责人。被诉行政机关委托的组织或者下级行政机关的负责人，不能作为被诉行政机关负责人出庭。

2. 人民法院应当通知或可以通知行政机关负责人出庭应诉的案件类型

对于涉及食品药品安全、生态环境和资源保护、公共卫生安全等重大公共利益，社会高度关注或者可能引发群体性事件等的案件，人民法院应当通知行政机关负责人出庭应诉。

有下列情形之一，需要行政机关负责人出庭的，人民法院可以通知行政机关负责人出庭应诉：

（1）被诉行政行为涉及公民、法人或者其他组织重大人身、财产权益的；
（2）行政公益诉讼；
（3）被诉行政机关的上级机关规范性文件要求行政机关负责人出庭应诉的；
（4）人民法院认为需要通知行政机关负责人出庭应诉的其他情形。

3. 行政机关负责人不能出庭的正当理由情形

有下列情形之一的，属于《行政诉讼法》第三条第三款规定的行政机关负责人不能出庭的情形：

（1）不可抗力；
（2）意外事件；
（3）需要履行他人不能代替的公务；
（4）无法出庭的其他正当事由。

行政机关负责人有正当理由不能出庭的，应当提交相关证明材料，并加盖行政机关印章或者由该机关主要负责人签字认可。

4. 行政机关负责人出庭应履行的义务

行政机关负责人或者行政机关委托的相应工作人员参加诉讼活动，应当依法行使诉讼权利，履行诉讼义务，遵守法庭规则，自觉维护诉讼秩序，在庭审过程中应当就案件情况进行陈述、答辩、提交证据、辩论、发表最后意见，对所依据的规范性文件进行解释说明。

行政机关负责人出庭应诉的，应当就实质性解决行政争议发表意见。

5. 不依法履行出庭应诉义务的后果

有下列情形之一的，人民法院应当向监察机关、被诉行政机关的上一级行政机关提出司法建议：

（1）行政机关负责人未出庭应诉，且未说明理由或者理由不成立的；

（2）行政机关有正当理由申请延期开庭审理，人民法院准许后再次开庭审理时行政机关负责人仍未能出庭应诉，且无正当理由的；

（3）行政机关负责人和行政机关相应的工作人员均不出庭应诉的；

（4）行政机关负责人未经法庭许可中途退庭的；

（5）人民法院在庭审中要求行政机关负责人就有关问题进行解释或者说明，行政机关负责人拒绝解释或者说明，导致庭审无法进行的。

人民法院还会将上述情形记录在案并在裁判文书中载明，通过中国裁判文书网对外发布。同时定期将辖区内行政机关负责人出庭应诉情况进行统计、分析、评价，向同级人民代表大会常务委员会报告，向同级人民政府进行通报，或者通过适当形式将行政机关负责人出庭应诉情况向社会公开。

117 如何理解行政诉讼中被告的举证责任？

举证责任是指当事人必须承担的证明案件事实的责任。《行政诉讼法》第三十四条第一款规定："被告对作出的具体行政行为负有举证责任，应当提供作出该具体行政行为的证据和所依据的规范性文件。"确定了我国的行政诉讼制度采取被告负主要举证责任的分配规则，这样规定主要是基于以下理由：

（1）行政机关与行政相对人之间是一种管理与被管理的关系。行政法律关系的产生基于行政机关的单方面行为。行政机关作出具体行政行为时，应当遵循"先取证、后裁决"的法定程序规则。不得在没有事实根据的时候作出任何决定，否则，就是程序违法或滥用职权。进入行政诉讼程序之后，如果行政机关在法定期限内举不出证据，便说明其违反了法定行政程序规则，已经违法，理应由其承担败诉责任。

（2）行政诉讼所要解决的是被诉具体行政行为的合法性问题，而该具体行政行为是由行政机关作出的，行政机关行使行政管理职权掌握着必要的技术手段和工具，了解职权范围内的有关规范性文件，并享有一定的自由裁量权，为具体行政行为收集证据并作出具体行政行为是职责范围内的事情，与行政相对人相比，容易完成举证责任，所以行政机关应当对该具体行政行为的合法性承担举证责任。

（3）行政机关承担举证责任，是行政法治原则的要求。行政法治原则的基本要求是行政机关必须依法行政，其作出的任何具体行政行为都必须建立在有充分证据证明的事实基础之上，否则，行政机关就是在凭臆测办事，就属于专断，甚至有滥用职权的恶意。让行政机关承担举证责任，有利于促使行政机关依法行政，有利于促使行政机关在行使职权时，坚持以事实为根据，以法律为准绳的原则，切实做到先取证、后裁决。

行政诉讼中被告方应就下列三种情况承担举证责任：（1）与被诉具体行政行为合法性有关的事实；（2）作出被诉具体行政行为的法律依据；（3）被告行政机关与原告之间因起诉时效问题发生争议时，认为原告方起诉已超过法定起诉期限的事实。同时，被告方还应依据《行政诉讼法》《最高人民法院关于适用〈中华人民共和国行政诉讼法〉的解释》《最高人民法院关于行政诉讼证据若干问题的规定》规定的举证规则履行举证责任。

1. 行政诉讼的举证责任主要由被告承担

被告首先要对具体行政行为的合法性承担举证责任，必须举出事实根据和法律根据来证明具体行政行为合法，如果不能证明自己被诉的具体行政行为合法，则无须原告证明其行为违法，被告就承担败诉的法律后果。根据《行政诉讼法》第三十四条和第六十七条的规定，被告对作出的具体行政行为负有举证责任。被告应当在收到起诉状副本之日起十五日内，提供据以作出被诉具体行政行为的全部证据和所依据的规范性文件。如果被告不提供或者无正当理由逾期提供证据的，视为被诉具体行政行为没有相应的证据。

被告的举证范围包括：

（1）证明行政行为合法性的事实依据和法律依据。原告可以提供证明被诉行政行为违法的证据，原告提供的证据不成立的，不免除被告对被诉行政行为合法性的举证责任，人民法院不得为证明被诉行政行为的合法性而主动调取证据。

（2）认为原告起诉超过法定期限。《最高人民法院关于行政诉讼证据若干问题的规定》第四条第三款规定："被告认为原告起诉超过法定期限的，由被告承担举证责任。"

（3）根据《行政诉讼法》第三十八条的规定，在起诉被告不履行法定职责的案件中，原告应当提供其向被告提出申请的证据，但有被告应当依职权主动履行法定职责的或原告因正当理由不能提供证据的情形的除外。在行政赔偿、补偿的案件中，原告应当对行政行为造成的损害提供证据。因被告的原因导致原告无法举证的，由被告承担举证责任。比如行政机关强制拆除违法建筑物，行政相对人认为行政机关不具有实施强制拆除的主体资格，因此提起行政赔偿诉讼。但因该建筑物已经被行政机关拆除而不复存在，行政相对人无法对行政行为造成的损害提供证据，在这种情况下，应当由行政机关提供执法时填写的强制拆除违法建筑物物品清单。

2. 被告承担举证责任的例外情形

《行政诉讼法》第三十四条第二款还规定了被告承担举证责任的例外情形，即被诉行政行为涉及第三人合法权益，第三人提供证据的除外。第三人，是指公民、法人或者其他组织同被诉行政行为有利害关系但没有提起诉讼，或者同案件处理结果有利害关系的诉讼参加人。在行政诉讼中，虽然第三人举证只围绕自己的利益主张，但在有些情况下，第三人的利益主张和行政行为的合法性密切相关。《行政诉讼法》为提供更加充分有效的救济途径，能够在一个案件中将涉及的多个相互关联的法律关系进行有效处理，从而达到定分止争的效果，实现行政诉讼的效率。

3. 满足条件可以补充证据

被告补充证据可以分为被动补正和主动补正。在被动补正的情形下，被告是在法院的要求下进行的补正；在主动补正的情形下，法院要审查补正是否符合法律规定。法院是否准许，需要考虑的因素有：（1）被告补充的证据是否在行政行为作出之前已经收集，即被告是否先取证后裁决；（2）被告是否积极应诉，因为不可抗力在答辩状期限内不能举证；（3）是否因为被告或者第三人在诉讼中提出了被告在实施行政行为过程中没有反驳理由或者证据材料。

在一审中，被告补充提供的证据能够作为定案依据必须满足两个条件：一是原告或者第三人提出了其在行政处理程序中没有提出的理由或者证据的；二是经人民法院准许。在二审程序中，被告补充提供的证据能够作为定案依据必须满足的条件是在一审程序中应当准许延期提供而未获准许的证据。

4. 在诉讼中被告不得自行向原告和证人收集证据

《行政诉讼法》第三十五条规定，在诉讼过程中，被告不得自行向原告和证人收集证据。

根据实施行政行为的程序，行政机关应当先取证、后裁决。在诉讼中，被告应当已经具备了作出裁决的依据，否则其在程序上已经违法。如果允许被告在诉讼中可以取证，则不利于督促行政机关遵循先取证、后裁决的规则。

5. 被告严重违反法定程序收集的证据不能作为认定被诉具体行政行为合法的根据

《最高人民法院关于行政诉讼证据若干问题的规定》第五十七条规定，严重违反法定程序收集的证据材料，不能作为定案依据。第六十条第二项规定，被告在行政程序中非法剥夺公民、法人或者其他组织依法享有的陈述、申辩或者听证权利所采用的证据，不能作为认定被诉具体行政行为合法的依据。人民法院更不得为了证明被诉具体行政行为的合法性，调取被告在作出具体行政行为时未收集的证据。

6. 复议机关在复议过程中收集和补充的证据不能作为人民法院维持原具体行政行为的根据

《最高人民法院关于行政诉讼证据若干问题的规定》第六十一条规定："复议机关在复议程序中收集和补充的证据，或者作出原具体行政行为的行政机关在复议程序中未向复议机关提交的证据，不能作为人民法院认定原具体行政行为合法的依据。"行政诉讼审查的对象是被告的具体行政行为，即法院审查的是被告实施具体行政行为所依据的事实、根据的规范性文件和遵循的程序，如果这一具体行政行为是经过复议的，而复议机关是可以依据职权进行调查的，尽管复议机关所收集的证据可能证明行政行为符合客观事实，但由于这些证据已经不是被告实施行政行为时所获取和依据的证据，被告在程序上已经违法，所以，复议机关收集的证据是不能作为法院维持原具体行政行为的根据的，尽管这些证据是真实的和客观的。

118 行政诉讼中，原告是否有举证责任？

行政诉讼中，原告承担举证责任的范围仅限于法律的特别规定，在某些情况下原告对有关事项应当承担相应的举证责任。具体来说，原告负有举证责任的事项是：当原告主张其合法权益受到被告实施的具体行政行为侵犯，其人身权、财产权受到损害时，需要证明侵害以及损害存在的事实；当原告主张被告滥用职权时，需要证明被告滥用职权的事实；当原告主张由于被告作为或者不作为损害利益时，需要证明其受到损害及损害大小。

1. 原告的举证范围

（1）原告向人民法院提起诉讼时，应当提供相应的证据材料，证明起诉符合法定条件，但被告认为原告起诉超过起诉期限的除外。如果被告认为原告的起诉超过了法定期限，由被告承担举证责任。

（2）在起诉被告不作为的案件中，证明其提出申请的事实。原告起诉被告不作为，应当先提供证据材料，证明其在行政程序中已经提出申请，然后才有权要求法院判令被告履行法定职责。但是，在以下情形，原告无须提供其在行政程序中曾经提出申请的证据材料：一是被告应当依职权主动履行法定职责的；二是原告因被告受理申请的登记制度不完备等正当事由，不能提供相关证据材料并能够作出合理说明的。

（3）在一并提起的行政赔偿、补偿诉讼中，证明因受具体行政行为侵害而造成损失的事实。在赔偿、补偿诉讼中，原告应当对被诉具体行政行为造成损害的事实提供证据，证明对象包括侵害行为的存在、损害的存在以及行为与损害之间存在因果关系。但是因被告的原因导致原告无法举证的，由被告承担举证责任。

2. 原告的举证期限

原告或者第三人应当在开庭审理前或者人民法院指定的交换证据清单之日提供证据。因正当事由申请延期提供证据的，经人民法院准许，可以在法庭调查中提供。逾期提供证据的，人民法院应当责令其说明理由；拒不说明理由或者理由不成立的，视为放弃举证权利。原告或者第三人在第一审程序中无正当事由未提供而在第二审程序中提供的证据，人民法院不予采纳。但是，原告或者第三人在二审程序中提供的"新"的证据，经过质证后，可以作为定案根据。

119 人民法院能否判决变更被告的行政行为？

《行政诉讼法》第七十七条规定："行政处罚明显不当，或者其他行政行为涉及对款额的确定、认定确有错误的，人民法院可以判决变更。人民法院判决变更，不得加重原告的义务或者减损原告的权益。但利害关系人同为原告，且诉讼请求相反的除外。"

变更判决是撤销判决的补充形式，是人民法院运用司法变更权对被诉行政行为直接作出实质变更的判决。它旨在查清事实的基础上"越过"行政机关直接作出法律关系的变更，也减少了因行政机关重新作出行政行为可能引发的后续纠纷。法院作出变更判决，需要把事实查清，准确适用法律法规。但是由于各种主、客观条件不宜直接对即将发生的行政行为内容作出明确规定，法院变更判决的基础欠缺，则不宜直接作出变更判决。因此，人民法院是"可以"作出变更判决，而不是一定要作出变更判决。

行政诉讼中的变更判决主要集中在以下两项：

1. 行政处罚明显不当

明显不当主要表现为处罚决定的畸轻畸重，由于已属极不合理，故视为违法情形。其他行政行为明显不当的，不能适用变更判决，法院只能作出撤销判决。

2. 其他行政行为中对款额的确定或认定确有错误

这里的"其他行政行为"是指行政处罚以外的行政行为，包括行政支付、行政裁决、行政确认、行政合同、行政奖励、行政补偿等行政行为。"涉及对款额的确认、认定确有错误"，是指其他行政行为对金钱、数字等的确定和认定确有错误。数额的确定，是指行政机关对客观事实的确认。例如，行政机关按照非法所得的比例计算的金钱数额存在错误。数额的认定，是指行政机关根据案件事实作出的数额判断。例如，行政机关按照相对人的违法情节确定的金钱数额。"确有错误"是对人民法院审查程度的要求，是指人民法院经过审查以后，已经对案件的事实认定，尤其是对款额的确定和认定形成确信。一般来说，"确有错误"也意味着，无论是行政机关还是人民法院作出的判断都是一致的，行政机关根本没有裁量空间或者裁量空间极小。

人民法院依法判决变更行政行为，不能增加原告的义务或者减损原告的权益，使原告处于更为不利的境地。诉讼禁止不利变更原则也有例外，在利害关系人同为原告，且诉讼请求相反时，可以加重处罚或增加义务。

120 行政处罚决定因主要证据不足而被判决撤销的，被告能否重新作出？

《行政诉讼法》第七十条第一项规定，行政行为主要证据不足的，人民法院判决撤销或者部分撤销，并可以判决被告重新作出行政行为。因此，法院经审查认定被诉行政处罚决定主要证据不足的，应当判决撤销。但有以下两个问题需要注意：

1. 撤销后，是否判决被告重作

行政处罚决定证据不足，说明被告作出时未查清相关事实，不具备作出条件，是否需要重新作出难以判断。据此，以主要证据不足判决撤销被诉行政处罚决定的，一般不宜判决被告重新作出行政处罚决定。但涉及依申请的裁决或者拒绝履行法定职责的行政行为，因主要证据不足被撤销后，行政相对人申请裁决或许可的事项或者其职责是否需要履行未确定，因此，在这两类行政行为被撤销时，应当判决被告在一定期限内重新作出行政行为。

2. 判决撤销未判重作的，被告可否重新作出行政处罚决定

《行政诉讼法》第七十一条规定，人民法院判决被告重新作出行政处罚决定的，被告不得以同一的事实和理由作出与原行政行为基本相同的行政处罚决定。因此，法院判决撤销被诉行政处罚决定，未判决被告重新作出行政处罚决定，城市管理综合执法机关如果未取得新的证据，不得重新作出行政行为；如果取得新的证据，查清事实后，根据法律的规定需要作出行政行为的，可以重新作出行政行为。

121 行政行为违法是否一定会被撤销？

《行政诉讼法》第七十四条规定："行政行为有下列情形之一的，人民法院判决确认违法，但不撤销行政行为：（一）行政行为依法应当撤销，但撤销会给国家利益、社会公共利益造成重大损害的；（二）行政行为程序轻微违法，但对原告权利不产生实际影响的。行政行为有下列情形之一，不需要撤销或者判决履行的，人民法院判决确认违法：（一）行政行为违法，但不具有可撤销内容的；（二）被告改变原违法行政行为，原告仍要求确认原行政行为违法的；（三）被告

不履行或者拖延履行法定职责，判决履行没有意义的。"

对违法的行政行为作出确认违法判决，而不是作出撤销判决，实际上是对违法行政行为的"宽容"和妥协，即明知其违法还是要承认其效力。因此，确认违法判决必须符合法定条件，法定条件要严格把握。适用确认违法判决的情形有：

1. 行政行为依法应当撤销，但撤销会给国家利益、社会公共利益造成重大损害

在这种情形下，法院需要衡量撤销违法行政行为与国家利益、社会公共利益两项利益，如果前者小于后者，撤销违法行为会给国家利益、社会公共利益造成重大损害的，不能适用撤销判决，而只能适用确认违法判决。

2. 行政行为程序轻微违法，但对原告权利不产生实际影响

程序轻微违法主要是指执法程序可以补正的一些情形，不影响实体决定的正确性，如告知送达不规范、超过法定期限作出决定，但并没有对原告权利产生实际影响的，不宜撤销该行政行为，而是判决确认程序违法，保留其法律效力。

3. 行政行为违法，但不具有可撤销内容

这主要是针对违法的事实行为。事实行为实际影响当事人的利益却不为当事人设定权利义务。例如，城市管理综合执法机关强制拆除建筑物的行为程序严重违法，但因强制拆除建筑物的行为并未确定行政相对人的权利义务关系，不具有可撤销内容，亦不需要撤销或者判决履行，所以应该判决确认违法。但是，无论被诉行政行为是轻微违法，还是严重违法，只要造成公民、法人或者其他组织合法权益损害的，被告均应承担相应的赔偿责任。

4. 被告改变原违法行政行为，原告仍要求确认原行政行为违法

被告改变原违法行政行为，该行政行为已经不存在，为了保护当事人合法权益和加强对行政机关的监督，行政诉讼法仍允许当事人起诉，原告胜诉需要撤销原违法行政行为的，因为已经无行政行为可以撤销，只能作出确认违法判决。

5. 被告不履行或者拖延履行法定职责，判决履行没有意义

在一些要求行政机关履行保护的法定职责案件中，由于原告的请求时效性很强，时过境迁再去履行已无条件或者无任何实际意义，此时就不宜判决履行法定职责。确认违法判决更为适宜。

122 行政行为适用法律、法规错误是否会被撤销？

《行政诉讼法》第七十条第二项规定，行政行为适用法律、法规错误的，人民法院判决撤销或者部分撤销，并可以判决被告重新作出行政行为。但以下两种情形人民法院一般不会判决撤销：

（1）定性错误，但处理结果适当的，从提高诉讼效率，减少当事人诉累，彻底解决纠纷的角度考虑，可以判决确认违法，保留处理结果的法律效力。

（2）适用定性条款正确，但适用处理条款错误，或适用条款正确，但未适用必须适用的部分，这两类适用法律错误的行为，一般都会导致处理轻重或者权利义务多少、大小的问题，若是行政处罚明显不当或者其他行政行为涉及对款额的确定、认定违法，可以适用变更判决。除此之外，应当判决予以撤销。

123 什么样的行政处罚决定会被判决无效？

确认行政处罚决定无效判决，是对行政行为合法性最严厉的否定判决。"无效"具有如下特征：一是自始无效。即行政处罚决定从作出之时起就没有法律上的约束力。二是当然无效。即该无效不是由于法院的判决导致无效，而是其本身就无效，法院的确认只是对该事实予以宣告而已。三是绝对无效。即该处罚决定所包含的意思表示完全不被法律承认，法院判决宣告无效，如同该行政行为从来没有存在过。

《行政诉讼法》第七十五条规定："行政行为有实施主体不具有行政主体资格或者没有依据等重大且明显违法情形，原告申请确认行政行为无效的，人民法院判决确认无效。"具体而言，人民法院适用确认无效判决要具备以下条件：

1. 行政处罚决定存在"重大且明显"的违法情形

例如，城市管理综合执法机关要求行政相对人作出违反法律规定的行为；执法机关的行为违反公序良俗、违反法律禁止性规定。

2. 实施主体不具有行政主体资格

指法律、法规及规章没有授权的行政机关内部机构、派出机构或者其他组织以自己的名义作出处罚决定。

3. 行政处罚决定没有依据

指城市管理综合执法机关作出行政处罚决定时，没有法律、法规、规章等规范性文件的依据。主要分为两种情况：

（1）处罚决定无任何依据，即执法机关作出处罚决定时，已达到恣意妄为的程度。在涉及超越职权问题中主要是无任何职权管辖的依据。

（2）行政处罚决定虽然有规章以下的规范性文件的依据，但是该规范性文件与上位法直接、明显抵触，也应视为无依据。涉及超越职权问题主要表现形式是，处罚决定所依据的规章以下的规范性文件授予该行政主体的职权，法律、法规及规章明确授予了其他行政主体，排除了该执法机关的管辖权。

4. 原告申请确认处罚决定无效

人民法院一般不主动作出确认无效判决，而是需要原告申请。

124 当事人针对实施强制拆除违法建筑等行为提起行政诉讼的，能否将作出责成决定的县级以上政府列为共同被告？

《城乡规划法》第六十八条规定的"责成"行为属于县级以上政府是否准予强制执行及如何强制执行的决定权，属于行政机关内部行政强制执行中的"裁执分离"方式。行政强制执行中的裁决准予执行和实施执行是两个独立的行政行为。因而当事人对行政执法机关实施强制拆除违法建筑等行为不服的，只能针对实施强制拆除等行为本身的合法性提起诉讼，并以该实施的行政执法机关为被告。最高人民法院行政审判庭同样认为该情形下，直接实施强制拆除行为的行政机关是被告，法院不应对"责成"这一行政行为的合法性进行审查。

那对县级以上政府"责成"这一行政行为提起诉讼的，应当以谁为被告呢？

县级以上政府对已认定为违法建筑而责成有关部门采取强制拆除等措施的，其做法可归纳为两类：一是以规范性文件方式事先予以明确，二是就个案作出具体的责成决定。而第二类做法又分为两种方式：一种是县级以上政府以内部行文的方式决定由被责成部门实施强制拆除等措施，并由被责成部门以自身名义将实施强制拆除等的决定通知当事人；第二种是县级以上政府发布责成有关部门采取强制拆除等措施的公告。

对于以规范性文件方式事前加以明确的，当事人不能提出行政诉讼等法律救济，对此我国《行政诉讼法》是有明确规定的。但对于县级以上政府就个案作出责成决定的情形，当事人对此提起行政诉讼应根据不同情形确定适格的被告。

（1）对县级以上政府发布责成由有关部门采取强制拆除等措施的公告，当事人有权以县级以上政府为被告提起行政诉讼。因为该情形实际是县级以上政府将本属于内部行政行为的决定以外部行政行为的形式作出，并代替被责成机关发布强制执行的公告，从而对当事人的权利义务产生了实际影响。

（2）县级以上政府以内部行文的方式进行"责成"并由被责成部门向当事人作出强制拆除等决定的，当事人有权将县级以上政府和被责成部门作为共同被告。最高人民法院2009年12月公布的《关于审理行政许可案件若干问题的规定》第四条规定，当事人不服行政许可决定提起诉讼的，以作出行政许可决定的机关为被告；行政许可依法须经上级行政机关批准，当事人对批准或者不批准行为不服一并提起诉讼的，以上级行政机关为共同被告。虽然该规定仅是针对行政许可事项而言的，但从该规定的制定背景看，显然应当适用于所有应当经上级机关批准的行政行为。所以在《城乡规划法》第六十八条明确规定了县级以上政府责成制度的情况下，同样应当允许以被责成部门及县级以上政府为共同被告，最高人民法院行政审判庭亦赞同该情形应以被责成部门及县级以上政府为共同被告的观点。[①]

（3）县级以上政府以内部行文的方式责成有关部门采取强制拆除等措施的，当事人不能仅就该责成行为本身单独提出行政诉讼等法律救济。理由是县级以上政府的"责成"是仅对被责成部门产生法律效力的内部行政行为，须由被责成部门向当事人作出强制拆除等决定才对当事人产生法律效力。

[①] 张先明："厘清权属界限 规范拆违行为——最高人民法院行政审判庭负责人答记者问"，载《人民法院报》2013年4月2日。

第二部分
违法案件的查处

城市管理综合行政执法机关在查处具体违法案件时，应当符合执法主体适格、程序合法、证据确实充分、适用法律准确、裁量得当、执法文书使用规范等要求。这也是行政诉讼中法院对行政机关的具体行政行为进行司法审查的几大要件。

1. 执法主体适格

城市管理综合执法机关、街道办事处或者乡镇人民政府根据各地相对集中行政处罚权的决定，获得城市管理领域的行政处罚权和相关的行政强制权、行政检查权。因此，必须根据当地人民政府公布的权责清单行使权力并承担责任。尤其对一些容易出现职权交叉的领域，如噪声污染防治、违法建设等，一定要根据界定好的职责边界行使职权，否则就是超越职权。

2. 程序合法

城管行政执法机关、街道办事处或者乡镇人民政府应严格遵守《行政处罚法》《行政强制法》和各地行政程序规定的执法程序。办案程序必须先后有序、齐全规范；落实行政执法三项制度；注意办案时效；坚持办案、审案、定案三分离制度。

3. 证据确实充分

城市管理执法事项繁杂，执法人员应根据不同违法行为的证明标准，对违法行为人基本情况、违法时间、地点、违法情节、危害后果等调查要件做到事实清楚，定性准确，证据充分，证据形式齐备，符合取证规则。

4. 适用法律准确

城市管理执法所依据的法律规范多而分散，执法人员应根据法律适用规则，做到引用法律条款准确，适用法律规范有效。

5. 裁量得当

执法人员在行使自由裁量权时，应符合行政处罚的比例原则，首先考虑违法行为的事实、性质、情节以及社会危害程度。从更有利于行政相对人的利益保护角度选择处置方式，如果对当事人有多重处罚种类或幅度可选择，应在可以达到行政处罚目的的范围内，选择最轻的处罚种类或幅度，在该条件不能符合时，再选择更严厉的处罚措施。

6. 执法文书使用规范

执法文书的根本作用在于保证法律规范的具体实施。执法人员必须按照规定的程序、方式、步骤和格式等要求来制作执法文书，保证案卷整体质量，使法律规范切实得以体现。

以上六个要件也是行政处罚案件法制审核的基本内容。实践中，城市管理执法事项涉及不同领域，各种违法案件都具有不同的特征，法律规范只是抽象性的概括，如何运用抽象的法律规范来处理具体的执法难题，是执法人员必须了解和掌握的业务技能。本部分主要以各地城市管理综合执法实践总结和近年来的行政司法审判案例为参考，探讨和解答当前常见的城市管理执法事项和相关的执法难点疑点。

125 查处违法建筑需要调查清楚哪些客观事实？

在行政处罚案件中，行政执法机关必须在事实清楚、定性准确、证据确凿的基础上才能给予行政处罚。具体到一个违法建筑案件的查处过程中，城市管理综合执法机关、街道办事处或者乡镇人民政府需要调查清楚的客观事实包含以下几个方面：

1. 被处罚的适格主体

行政执法机关要确定被处罚的主体，就需要了解违法建筑的实际建造人是谁，违法建筑有没有经过买卖、出租，违法建筑目前的实际管理人是谁，以及违法建筑的实际管理人对该建筑是否存在添附等情况。

2. 违法建筑的客观情况

通过现场检查和勘验，确定违法建筑的具体地址。如果没有公安机关编制的门牌号，要注明具体的坐落位置，此外还要了解具体的建筑时间，是否经过翻建，二次建筑时间及面积，建筑的结构及附属物的具体情况。

3. 是否取得相关审批文件

行政执法机关现场检查时，可以查阅、调取、复制有关证据材料，有权要求有关单位和个人提供工程用地审批手续、工程建设审批手续等材料或者就有关情况作出说明。但是有的房屋建筑时间较长，有的经过了几次买卖，有可能存在房屋最初建造时有相关的合法凭证，但是经过几次流转后实际管理人手里已经没有相关材料的情况，所以行政执法机关作出的最终事实认定，不能仅仅依靠当事人的陈述。除现场了解到的情况外，还应致函规划和自然资源部门，了解涉案建设是否取得了土地及规划的批准文件；取得建设工程规划许可证的，是否按建设工程规划许可证的规定进行建设；当事人提供的规划权证材料的真伪及有效性。

4. 明确违法建设是否属于尚可采取改正措施消除对规划影响的情形

有的地方性法规规定了城市管理综合行政执法机关对无法采取改正措施消除对规划影响的违法建设可以直接认定和查处，如侵占城市道路、城市河道、消防通道、广场、公共绿地、公共设施及公共场所用地的情形；在已经规划核实的建设工程用地范围内或者利用建设工程擅自新建、搭建建筑物、构筑物的情形。但是，对属于尚可采取改正措施消除对规划影响的违法建筑的认定，一般需要城市管理综合行政执法机关致函规划部门，同时附上照片、调查取证材料（包括有资质的技术中介机构出具的认定意见）等相关资料送规划部门审核确认。再决定责令消除规划实施的影响，并处罚款的行政处罚。

126 如何认定违法建设行政处罚的相对人？

违法建设行政处罚的适格相对人是指城市管理综合执法机关、街道办事处或者乡镇人民政府在查处违法建设行为时，按照相关法律规范应当作为行政处罚的对象，通俗地讲就是违法建设行政处罚应该向谁作出？正确的处罚对象是谁？限期拆除违法建筑决定应该向谁作出？

实践中，如果违法建设人和实际管理人是一致的，一般不存在争议。但是如果房屋经过了一次甚至是多次买卖，或者存在房屋出租的情形，也就是说当建房人和实际管理人不一致时，到底应该以建房人还是实际管理人作为被处罚对象，行政执法机关在类似情形下比较容易产生混乱。

目前法律对于违法建设行政处罚的适格相对人并没有明文规定，执法人员在实践中可以参照北京市三中院的裁判观点："违建查处案件中，违建的建设单位、个人或实际管理人是适格相对人。能够确定违建的建设单位、个人，或者没有证据证明建设单位、个人已将违建全部转让给实际管理人的，行政机关未将建设单位、个人作为查处相对人的，属认定事实不清，法院不予支持，但行政机关已依法履行公告程序的除外。"[1]

总结以上裁判观点，行政执法机关在查处违法建设时，应根据以下几点来认定适格相对人：

（1）建设单位、个人或者实际管理人均可以作为适格相对人。

（2）如果有证据证明建设单位、个人已经将房屋全部转让，应以实际管理人作为适格相对人。

（3）如果没有证据证明建设单位、个人已经将违法建筑转让给他人，且能够查明建设单位、个人，查处时应将建设单位、个人列为行政相对人。

（4）无法确定违法建筑的建设单位或者所有人、管理人的，行政执法机关可以通过在公共媒体或者该建设工程所在地发布公告的形式督促建设单位或者其所有权人、管理人依法接受处理，公告期间届满，仍无法确定建设单位、所有人、管理人或者其拒不接受处理的，报经县级以上人民政府批准后强制拆除。公告期间以当地相关规定为准。

127 违法建筑承租人是否为案件的利害关系人，如何保障承租人的权利？

根据《最高人民法院关于适用〈中华人民共和国行政诉讼法〉的解释》，"与行政行为有利害关系"是指行政机关的行政行为对公民、法人和其他组织的权利义务已经或将会产生实际影响。因此，违法建筑被出租案件中，承租人是否为利害关系人，应当视具体情况而定。认定的基本标准是考虑行政处罚或者行政强制是否对承租人权益造成影响，或者是否需要承租人给予配合。因为在违法建设案件中，行政处罚或行政强制的对象是实施违法建设的单位或个人，而违法建筑承租人往往并未参与实施违法建设行为。但作为违法建筑的使用人，如果行政

---

[1] 参见北京市第三中级人民法院微信公众号，"三中院召开涉违法建设行政案件新闻通报会"，载 https: //mp.weixin.qq.com/s/6GHmceETylwNMEpoaqNdkw，最后访问时间 2022 年 6 月 30 日。

处罚或者行政强制可能会影响到承租人对违法建筑的使用，或者发生需要承租人迁出等情况，承租人就成为案件利害关系人。

（1）对于尚可采取改正措施消除对规划实施影响的违法建设行为，行政机关责令限期改正，并处以罚款，违法建设单位、个人按期改正且未对承租人造成影响，也不需要承租人给予配合。此类案件中，无须将承租人作为利害关系人。

（2）有行政执法机关决定强制拆除需要承租人迁出的，承租人作为房屋使用人，其使用权自然会因强拆而灭失，当然属于有利害关系。在承租人作为利害关系人的行政处罚或行政强制中，承租人实际上也是其中一方当事人，应当适用与违法建设单位、个人相同的法律程序，保障承租人的合法权益。承租人如果认为行政执法机关认定违建有误，或是程序违法，也可以提起相应诉讼维护自身权利。

（3）承租人作为强制拆除涉及的利害关系人，可就屋内自身物品主张权利，行政执法机关在强制拆除过程中执法不文明，造成承租人屋内设备等损坏或丢失，要承担相应的赔偿责任。

行政执法机关在查处存在租赁关系的违法建筑时，应注意以下几个方面的问题，确保案件顺利办理。

第一，应该全面了解违法建筑的出租、转租、实际使用等具体情况，向相关人员调查核实，充分收集足以反映违法建筑全貌的证据材料。只有在了解全部事实的基础上，才能准确判断案件法律关系，从而形成切合实际、合法合理的决策。

第二，在确定违法建筑被出租的情况下，需要进一步评估行政处罚或者行政强制是否会对承租人造成影响；是否需要承租人给予配合，以认定承租人是否应作为案件的利害关系人。一旦认定承租人属于利害关系人，就应当严格按照法定程序向承租人送达相关文书，确保承租人能够参与案件处理的全过程，确保其知情权。

第三，执法人员应严格区分违法建设单位、个人与行政执法机关之间的行政法律关系和违法建设单位、个人与承租人之间的民事法律关系，并根据不同法律分别处理。对于违法建设行为的处罚，属于违法建设单位、个人与行政执法机关的行政法律关系，行政执法机关可以在查明违法建设事实后依法作出处罚决定，并可以依法采取行政强制措施。但违法建设单位、个人与承租人之间就违法建筑租赁产生的纠纷，属于违法建设单位、个人与承租人之间的民事纠纷，行政执法机关应当引导双方通过协商、调解、民事诉讼等方式自行处理，而不应当从行政管理角度采取行政手段干预。

第四，针对承租人以未实施违法建设行为或对违法建设不知情等理由拒不配合强制拆除的情形，行政执法机关应在保障承租人程序性权利的同时，告知承租人可以与违法建设单位、个人通过协商、诉讼等方式解决双方租赁纠纷，行政执法机关也应当依法配合并为承租人及违法建设单位、个人提供解决纠纷所需的相关证据材料。但承租人无权以存在租赁纠纷为由阻碍行政执法机关实施强制拆除。

第五，应当事先通知承租人清理违法建筑内的有关物品。承租人拒不清理的，行政执法机关应当制作物品清单，由承租人签字确认；承租人不签字的，行政执法机关可以邀请违法建筑所在地居民委员会、村民委员会代表或者公证机构作为见证人见证。行政执法机关应当将有关物品运送到指定场所，交还承租人；承租人拒绝接收的，行政执法机关可以在留存证据后根据实际情况妥善处置。

128 拆除违法建筑是否属于行政处罚？适用听证程序吗？

虽然修订前和修订后的《行政处罚法》在列举行政处罚种类时都未将拆除违法建筑列入行政处罚的种类，但也未将其排除在行政处罚种类之外。其第九条第六项规定，行政处罚的种类包括"法律、行政法规规定的其他行政处罚"。即拆除违法建筑是否属于行政处罚，必须根据具体的法律或法规规定以及是否符合行政处罚的特征来判断。

城市管理综合行政执法机关或乡镇街道人民政府拆除违法建筑针对的是建设单位或个人违反城市规划法律规范的行为，其体现在因行政管理相对人违法建设而被行政机关依法剥夺该建筑物的所有权上，建筑物一旦被拆除即失去其大部分价值，违法建筑的所有人正是以这种损失承担了其违法进行建设的法律责任。因此，拆除违法建筑符合行政处罚的特征，属于行政处罚中的财产罚。无论是《城乡规划法》还是《土地管理法》，均将拆除违法建筑作为违法行为应承担的法律责任来规定，与违法者应承担的被没收违法建筑物等其他惩戒性法律责任一起作出规定，这表明法律的立法本意就是将这种行为作为行政处罚来规定的。因此，虽然《行政处罚法》没有规定拆除违法建筑是行政处罚，但实际上，拆除违法建筑属于"法律、行政法规规定的其他行政处罚"。

拆除违法建筑应适用听证程序。这是因为：第一，拆除违法建筑是针对不符合土地利用总体规划或者严重影响城市规划的建筑物、构筑物而言的，是比一般行政处罚罚款更为严重的行政处罚。《行政处罚法》第六十三条明确将"其他较重的行政处罚"作为必须举行听证的行政处罚种类，从《行政处罚法》立法精神看，听证程序是针对较重处罚设定的。第二，拆除违法建筑前适用听证程序也是十分必要的。当行政机关即将作出对当事人不利的决定时，应当听取当事人的意见，允许当事人辩解和反驳，而不能单方面认定事实，剥夺当事人的辩护权利。行政处罚听证程序，是为了相对人能够充分行使自己的权利，维护自己的合法权益而设置的一种程序上的保障制度。由于拆除违法建筑是较重大的案件及较重大的行政处罚，直接影响到建筑物所有权人的财产权。适用听证制度有利于公平、正确地处理这类案件，保障当事人的合法权益，也有利于行政执法人员查明案件事实，正确适用法律，减少和防止作出违法的行政处罚决定。

129 强制拆除已建成的违法建筑，在程序和实际执行中应注意哪些要点？

对违法建筑实施强制拆除，是《城乡规划法》赋予行政执法机关的强制执行权。规范实施强制拆除是制止和查处违法建设，维护城市建设规划严肃性，实现违法建筑"零增长"的最有力方式。《行政强制法》第四十四条专门针对违法建筑强制拆除程序作出特别规定，不仅设置了行政机关在强制拆违过程中应当履行公告义务，还设置了诉讼不停止执行的例外，将当事人在法定期限内不复议或不诉讼作为强制拆违的前置条件，以法律规范来促进行政机关强制拆违的规范运行，保障当事人的合法权益。城乡综合执法部门、街道乡镇人民政府在强制拆违的过程中应严格遵循法定程序，确保拆违行为的合法性和正当性，最大程度地避免法律风险和强拆工作的稳妥进行。

1. 限期拆除阶段

行政执法机关经过调查取证和规划部门的确认，最终认定涉案建筑属于违法建筑且无法采取改正措施消除影响的，或尚可采取改正措施消除对规划实施影响但逾期不改正的，应依法作出书面责令限期拆除的决定书，并送达当事人。限期拆除在程序上有以下几个要点：

（1）事先告知。行政执法机关在作出行政决定之前，应当告知当事人作出限期拆除决定的事实、理由及依据，并且告诉当事人享有陈述、申辩的权利，否则属于程序违法。对当事人提出的事实、理由及其证据，执法部门应当在规定期限内进行复核，不予采纳的，应当说明理由。还应当告知当事人有要求听证的权利；当事人要求听证的，行政执法机关应当组织听证。

（2）书面决定。行政执法机关作出的责令限期拆除的决定书应该载明的内容有：拆除的法律依据、违建的基本情况、拆除期限等内容。决定书里还应当告知当事人对此有提起复议和诉讼的权利以及期限，否则属于程序违法，当事人起诉期限从知道或者应当知道起诉期限之日起计算，但从知道或者应当知道行政行为内容之日起最长不得超过一年。

（3）送达。限期拆除决定书应当在宣告后当场交付当事人，并由当事人在送达回证上签字；当事人如果不在场或者拒绝签收的，可以视不同情况采用留置送达或者公告送达。

（4）执行例外。根据《行政强制法》第四十四条的规定，如果当事人对限期拆除决定提起复议、诉讼，且在复议和诉讼期间（复议限期六十日内，诉讼限期六个月内），执法部门不得强制执行。

2. 作出强制拆除决定阶段

当事人在限期拆除期满后，仍未拆除违法建筑的，经催告当事人履行决定后，执法程序就进入行政强制拆除决定环节。之所以把行政强制拆除决定和行政强制拆除执行分为两个阶段，是因为在实务中行政执法机关针对两个行为需要作出不同的法律文书，且司法实践中也认为这两个行为是独立可诉的。行政强制拆除决定程序须掌握以下要点：

（1）先行催告。行政执法机关在作出强制拆除决定前，应当事先催告当事人限期拆除，并在违建及其周围张贴公告，也可以在媒体上公示，张贴公告的过程应当拍照或者摄像取证。

（2）强拆决定。经催告，当事人逾期仍不拆除且无正当理由的，行政执法机关将限期拆除决定及逾期未拆除的情况报告违建所在地县级以上人民政府，由县级以上人民政府责成行政执法机关作出强制拆除决定。由行政执法机关制作强制拆除违法建筑决定书并直接送达当事人。

（3）前提条件。当事人收到责令限期拆除决定书后，在法定期限内不申请行政复议或者提起行政诉讼，又不拆除的，行政执法机关才能作出强制拆除决定。如果当事人在法定期限内申请行政复议或者提起行政诉讼的，应当根据行政复议或者行政诉讼的结果，作出相应处理。

（4）不停止执行。《行政强制法》第四十四条规定的"当事人在法定期限内不申请行政复议或者提起行政诉讼，又不拆除的"才可以依法强制拆除的原则针对的是责令限期拆除的决定，如果当事人对行政强制执行决定申请行政复议或提起行政诉讼，并不受该规定约束，行政执法机关可不停止执行强拆决定。

3. 强制拆除执行阶段

行政执法机关在作出强拆决定并张贴公告后，在合理的期限后即可执行强制拆除程序。强拆实施之前应做好强拆风险评估和安全鉴定，合理做好强拆预案。

（1）提前公告。按照规定提前在现场公告强制拆除决定，告知实施强制拆除的时间、依据、当事人的权利义务等。违建当事人是自然人的，通知本人或者其成年家属到场；违建当事人是法人或者其他组织的，通知其法定代表人、主要负责人或者其上级单位负责人到场。

（2）风险评估。委托有资质的机构对违建强拆工作进行安全鉴定；充分考虑各种阻碍执法的可能性和方式。

（3）制定强拆方案。行政执法机关决定实施强制拆除要制定详细的强制拆除预案，确保执法效果。

（4）部门协助。应由当地县级以上人民政府通知电力、市政公用、公安、市场监管等部门协助强制拆除，对该违法建筑实施停电、停水、停气、停热，责令变更住所或注销营业执照等措施。

（5）强拆限制。根据《行政强制法》，行政执法机关不得在夜间（指晚二十二点至次日晨六点之间的期间）或者法定节假日实施行政强制执行。但是情况紧急的，如违法建筑存在重大安全隐患的除外。

（6）物品清点和处理。事先通知当事人清理违法建筑内的有关物品。当事人拒不清理的，行政执法机关应当制作物品清单，由违建当事人签字确认；违建当事人不签字的，行政执法机关可以邀请违法建筑所在地居民委员会、村民委员会代表或者公证机构作为见证人见证；随后将有关物品运送到指定场所，交还违建当事人；违建当事人拒绝接收的，行政执法机关可以在留存证据后根据实际情况妥善处置。

（7）全过程记录。当事人拒不到场的，行政执法机关应当邀请违法建筑所在地居民委员会、村民委员会代表或者公证机构作为见证人见证强制拆除的实施；对实施强制拆除过程应当制作笔录并全程录像。

4. 违建强拆的后续处理阶段

违法建筑强制拆除后，对拆除回填费用、安全鉴定费用、建筑垃圾清运处置费用、相关物品保管费用等各种因强拆产生的费用，行政执法机关应要求当事人限期缴纳。限期不缴纳的，经催告后，依法申请人民法院强制执行。

当事人主张拆除后的违法建筑残值的，应当在强制拆除前提出书面声明，并在限定期限内自行处置；当事人未事先提出书面声明，或者事先提出书面声明但未在限定期限内处置完毕的，行政执法机关予以清理。

130 对违法建筑能否采取改正措施消除对城乡规划实施影响应如何判断？

依据《城乡规划法》第六十四条的规定，是否可以采取改正措施消除对城乡规划的影响，将决定违法建筑最终的处理结果。但对于哪些属于可采取改正措施的情形，法律条文只作出原则性的规定，并未规定具体的判断标准，由于违建在实践中形态千差万别，立法也不可能穷尽所有可能出现的情形。

1. "尚可采取改正措施消除对城乡规划实施影响"的判断标准

理论和实践中，对"尚可采取改正措施消除对城乡规划实施影响"一般可从两个方面理解：一是对建筑物本身进行必要的改正，比如拆除违法部分的建筑等，使得原本不符合城乡规划的建设行为符合城乡规划实质性要求；二是虽然未取得建筑工程规划许可证，但建设行为符合城乡规划实体规范，只是不符合城乡规划的程序规范，通过补办必要的规划行政许可手续，可符合城乡规划的程序性要求。也有很多地方通过地方性法规、规范性文件等形式列举了具体的情形，这些具体规定对行政执法起到较好的指引作用，可操作性较强。

判断违法建筑是否属于"尚可采取改正措施消除对城乡规划实施影响"，主要在于建筑物是否符合控制性详细规划等实体性要求，或经改正后是否符合上述要求，以及有无《民法典》关于建筑物不得违反国家有关工程建设标准的情形；是否符合不得妨碍相邻建筑物的通风、采光和日照的规定。

（1）能够采取改正措施的违法建筑应位于城乡规划确定的建设用地范围之内；

（2）违法建筑没有实质性违反详细规划关于各地块的主要用途、建筑密度、建筑高度、容积率、绿地率、基础设施和公共服务设施配套规定等强制性内容要求；

（3）违法建筑没有损害社会公共利益，没有危害公共卫生、公共安全，没有破坏文物古迹、风景名胜；

（4）违法建筑没有损害他人在先的合法利益，没有影响他人合法建筑物安全或使用；

（5）违法建筑应通过了立项、土地、环保、建设等有关部门必要的审批手续，符合核发新的建设工程规划许可证的相关前提条件。

2. "无法采取改正措施消除对城乡规划实施影响"的判断标准

根据《城乡规划法》，"无法采取改正措施消除对城乡规划实施影响"应理解为建设活动严重违法，而且这种违法不仅仅是程序上违反城乡规划法规定的管理程序，同时这种违法行为还违反了城乡规划的实体性要求，并且是严重违反城乡规划，从而无法通过对建筑物进行改正而消除对城乡规划的影响。以下列举几种常见的情形，但各地有对"无法采取改正措施消除对城乡规划实施影响"的具体情形作出规定的，应以当地规定为准。

（1）超过建设工程规划许可证确定的建筑面积（计算容积率部分）或者建筑高度超出合理误差范围的；

（2）违反建筑间距、建筑退让道路红线、建筑退让用地边界等城乡规划管理技术规定或者控制性详细规划确定的强制性内容的；

（3）侵占现状及规划确定的道路、消防通道、广场、公共绿地、河湖水面、地下工程、轨道交通设施、通信设施或者压占城市管线、永久性测量标志等公共设施、公共场所用地的；

（4）占用各级文物保护单位、历史建筑保护范围用地进行建设的；

（5）擅自在建筑物楼顶、退层平台、住宅底层院内以及配建的停车场地进行建设的；

（6）在已完成规划条件核实的建设工程用地范围内擅自新建、搭建建筑物、构筑物的。

在查处违法建筑时，对违法建筑情形的判断应注意以下几点：一是考量其违法程度首要是依据控制性详细规划，如尚未编制控制性详细规划的，可以总体规划为其判断标准；二是城乡规划法律法规以及与其密切相关的法律法规中禁止性或强制性规定的，如违反河道堤防相关法律规定，影响泄洪的违法建筑即应当依法拆除；三是要以城乡规划方面强制性技术规范为依据，如《城市居住区规划设计规范》中有关日照标准、建筑间距、建筑密度等强制性规定。

131 在施违法建筑如何快速处置？

在施违法建筑，是指未经规划许可或违反规划许可，正在搭建、开挖的建设。违法建筑具有搭建容易、拆除困难等突出特点。相对人实施突击搭建，待造成既定事实后，再采取各种方式阻碍行政机关执法，或通过诉讼等方式拖延时间，继续施工。而且很多违法建筑处于私人空间，查封施工现场的手段往往难以奏效。因此，对在施违法建筑应采取及时有效、坚决果断的处置方式，避免违法事实产生严重后果，以降低执法工作成本，确保把违法建筑"禁于萌芽，止于初始"。

目前，全国大部分地区都依据《城乡规划法》制定了相关的地方条例或规范性文件，用于规范对在施违法建筑的快速处置。虽然是快速处置，但是行政执法的普通程序要求却不能省略。除应遵循普通程序的规范性要求，各地在具体的操作上又根据地方的具体情况略有不同。

1. 发现违法建设行为

行政执法机关综合利用各种途径及时发现在施违法建筑，应立即予以制止并依法处理。发现途径主要有：

（1）街道办事处或者乡镇人民政府对本辖区进行巡查。

（2）居民委员会、村民委员会、业主委员会和物业服务企业在本区域内进行日常管理、服务工作中发现。

（3）各级人民政府、规划自然资源主管部门、城市管理综合行政执法机关通过信访、举报及卫星影像、视频探头、街景等途径发现。

（4）其他行政执法机关、社会公众对违法建设行为的举报发现以及媒体曝光等。

2. 现场核实认定、责令改正

城市管理综合行政执法机关、街道办事处或者乡镇人民政府、规划自然资源主管部门等执法人员发现或接到在施违法建筑线索后,应当立即到达现场,做到接诉即办,在规定时间内完成情况核实,违法认定并立即下达责令改正通知书。

核实认定违法建筑需要相关部门配合的,相关部门须积极配合。涉及国家机关、企事业单位的,可通知该单位相关人员到场配合;涉及小区业主或本村村民的,可通知居民委员会、村民委员会、业主委员会和物业服务企业相关人员到场协助配合。

执法人员现场核实时不得少于两名,并应向违建当事人或有关人员出示执法证件。首先核查工程规划许可文件。违建当事人无法提供或者提供文件经核实不能证明属于有效文件的,执法人员应当立即予以制止,并在完成现场检查、勘验等工作后下达责令改正通知书,责令违建当事人立即停止建设并在规定时间之内自行拆除(回填),并告知其权利和义务。

对一些可以直接认定的违法建设行为,如擅自在建(构)筑物顶部、退层、露台、花池、设备平台建设阳光房、活动板房、增设玻璃屋顶等构件或进行封闭,或者在住宅底层院内、配建的停车场地等进行房屋建设的,应该立即责令改正或当场拆除。需要当场拆除的,执法人员应当在二十四小时内向行政执法机关负责人报告,并补办批准手续。

3. 查封施工现场、扣押施工工具和材料

违建当事人拒不停止建设的,行政执法机关可以依法作出查封施工现场、扣押施工工具和材料的决定。行政执法机关组织实施查封、扣押措施时,应事前通知违建当事人到场,制作并送达查封、扣押决定书及查封、扣押物品清单,交由违建当事人签字确认。决定书应告知违建当事人相关权利、义务。

违建当事人不到场、不配合的,可由违法建筑所在地居民委员会、村民委员会到场人员签字见证。查封决定应在现场公告,实施查封、扣押全过程须进行音像记录。

违建当事人现场不停工,不配合查封施工现场的,可以按照阻碍城管执法人员或暴力抗法的情形,依照《治安管理处罚法》的规定由公安机关处置。

4. 下达强制拆除(回填)决定书

违建当事人拒不停止建设或者在责令改正期限内拒不拆除(回填)的,行政执法机关下达强制拆除（回填）决定书。

强制拆除（回填）决定书应当载明以下内容：

（1）告知违建当事人强制拆除（回填）的时间和要求其提前自行清理合法财物，强制拆除（回填）时须到场履行义务，如果不到场不影响强制拆除（回填）工作的开展。

（2）强制拆除（回填）违法建筑及其安全鉴定的费用、建筑垃圾清运处置费用，以及相关物品保管费用由违建当事人承担。

（3）其他应告知事项。

5. 实施强制拆除（回填）

实施强制拆除（回填）时，应做好以下几方面工作：

（1）组织协调相关部门提前制定工作预案和应急预案，包括要求市政公用部门强制拆除（回填）前停止提供水、电、气、热等服务，确保强制拆除（回填）工作顺利实施。

（2）行政执法机关应在下达强制拆除（回填）决定书当日将该文书张贴在拆违现场予以公告。

（3）行政执法机关对当事人未自行清理合法财物的，应制作物品保管清单，妥善保管；对强制拆除（回填）全过程进行音像记录。强制执行完毕，应当制作强制拆除（回填）执行记录，由参加拆除部门签字确认。

6. 强制拆除（回填）等费用的追缴

有的地方通过地方法规规定强制拆除（回填）费用由当事人承担的，行政执法机关还应对强制拆除（回填）等费用进行追缴。

违法建筑强制拆除（回填）前，由实施拆除单位根据实际情况，依法合理确定费用清单，并报实施强制拆除的行政执法机关。

（1）实施强制拆除（回填），清运处置建筑垃圾等费用须由强制拆除施工单位或清运单位出具加盖单位印章的费用证明和明细。

（2）安全鉴定费用须由符合要求的房屋安全鉴定单位出具加盖单位印章的费用证明和明细。

（3）委托第三方对违法建筑内物品保管的，须由第三方保管单位出具加盖单位印章的保管费用证明和明细。

行政执法机关根据上述费用发生情况，制作追缴强制拆除（回填）费用告知书，告知违建当事人具体缴纳费用金额、种类、缴纳方式和期限，不履行行政决定规定义务的法律后果，以及加处滞纳金的计算标准等，并附上述费用证明和清单，一并送达违建当事人。违建当事人有权要求查阅相关费用证明明细。

违建当事人未按规定期限缴纳费用的，行政执法机关除责令其限期缴纳外，按照每日百分之三的标准加处滞纳金，其数额不得超出应追缴费用的数额。行政执法机关对缴费加处滞纳金超过三十日，经催告当事人仍不履行的，应当依法申请人民法院强制执行。

132 擅自搭建建（构）筑物案件的证据应如何收集？

擅自搭建建（构）筑物是指违反《城乡规划法》第四十条第一款、第四十一条第一款的规定，在城市、镇规划区或者乡、村庄规划区内未取得建设工程规划许可进行建设的行为。

擅自搭建建（构）筑物案件的违法主体一般为出资搭建人，可能是房屋产权人、房屋承租人。在出资搭建人无法查找的情况下，可以将房屋实际使用人作为当事人。查处擅自搭建建（构）筑物案件，主要是通过现场检查、询问当事人、收集证人证言、向有关行政管理部门查询、调取案件所需的资料等方式收集证据、查清事实。

1. 现场检查

现场检查笔录应载明违法搭建地点、土地性质、层数、面积、高度、形状结构、用途以及与参照物（四周道路、相邻建筑物等）间距等建筑状态，由当事人进行核实、确认。

（1）拍照：对违法搭建状态从正面、侧面拍摄近景和远景，照片中应包含对比参照物以便于识别取证位置，固定证据。

（2）测量：对违法搭建的层数、面积、高度、结构等进行实地测量。

（3）询问：现场向在场人进行调查询问，确认违法搭建当事人。

（4）文书制作：对现场调查、测量、询问、核实的经过进行记录，制作现场检查笔录。

（5）其他方法：案件调查需要的，可以采用摄像、询问其他证人等方法。

2. 询问当事人

以提问、回答的方式收集，并制作询问笔录，必要时可以同步录音、摄像。调查询问应从以下几个方面着手。

（1）确认当事人或者委托人的基本信息。对当事人进行调查询问前，要求当事人提供相关证明。

（2）询问当事人实施违法搭建行为时间和被城市管理综合执法机关、街道乡镇人民政府发现的时间。

（3）询问当事人土地性质、是否取得规划许可证。

（4）询问当事人是否取得有效的建设项目选址意见书、建设工程规划设计要求通知单、建设用地规划许可证或建设工程设计方案审核意见。

（5）记录当事人想要补充说明和反映的问题。

（6）由当事人阅后签字确认，每页注明"以上内容属实"，或在最后一页注明"以上×页内容属实"。当事人拒签的，由在场人签字见证，必要时可以录音、摄像取证。

询问笔录中应反映是否经规划许可、是否有四证之一等，并向当事人确认法律文书送达地址（确保法律文书的有效送达）。当事人拒绝接受调查询问的，应当收集当事人拒绝接受调查的证据，包括制作询问笔录、电话录音等。

3. 收集证人证言

收集证人证言应该在实施现场检查的同时进行，现场无法收集到证人证言的，可以在现场检查结束后，案件调查终结前完成证人证言的收集。

（1）寻找现场见证人。现场见证人包括搭建物的相邻方、所在地居委会、物业公司、路人等。

（2）以提问、回答的方式收集，并制作询问笔录。询问前，先核实确认证人的身份，然后从实施违法搭建的时间、地点、面积、结构、用途、行为人等方面进行调查、询问。

（3）可以要求证人对案件相关情况提供书面证明。

（4）证人不愿接受询问，也不愿提供书面证明的，在证人同意的情况下，可以对证人的证言进行录音，使用陈述笔录整理成书面材料。

4. 向有关行政管理部门查询、调取案件所需的资料

（1）当事人确认有合法经营资格，但拒绝提供相关证照的，向市场监管部门

协查。

（2）当事人拒绝提供身份证的，可以先向属地居委会、物业公司了解相关信息，再向公安部门（派出所）进行协查，进行户籍资料摘录或外来人员信息摘录，由公安派出所在信息资料摘录上盖章确认。

（3）确定搭建物所在的规划区域、当事人是否取得规划许可等情况，可以向规划自然资源部门协查。

（4）协助调查时，一般需制作协助通知书（函），采用直接送达或邮寄（双挂号）的方法，送至规划自然资源、公安等相关部门。

附：擅自搭建建（构）筑物案件证据明细表

证据明细表

证据种类	证据明细	证据收集方法
书证	当事人身份证明材料，包括单位证照、个人居民身份证、授权委托书等	当事人提供、相关部门协作提供
	房地产登记簿、房地产权证、租用居住公房凭证、房屋租赁合同、规划许可文件等	
	违法搭建的协助认定意见	规划自然资源主管部门提供
	案件受理材料，包括媒体报道、案件受理单、案件移送函、举报信、举报人（证人）提供的书面材料等	案件受理，相关部门、举报人（证人）提供，查阅、复印、调取等
物证	施工工具、擅自搭建的建（构）筑物	现场取证
视听资料	现场录像、照片	现场取证
电子数据	/	/
证人证言	证人询问笔录或陈述笔录	询问调查
当事人的陈述	当事人询问笔录、陈述笔录，陈述材料	询问调查，当事人提交
鉴定意见	/	/
勘验笔录、现场笔录	现场检查笔录	现场检查

133 损坏房屋承重结构案件如何收集证据？

损坏房屋承重结构是指擅自改变房屋的基础、承重墙体、梁柱、楼盖、屋顶等房屋原始设计建造的承重构件，以及扩大承重墙上原有的门窗尺寸，拆除连接房屋与阳台的砖、混凝土墙体等损坏公共权益及他人利益的违法行为，其实施主体一般为房屋的产权人或者承租人。

房屋原始设计承重构件一般以房屋竣工图标示的位置为准。

1. 现场检查

执法人员到达现场后，表明身份并出示执法证件，在告知当事人相关事宜后，应立即开始实施现场检查。当事人不配合的，可协调物业、居委会工作人员随同进行现场调查。

（1）拍照：对涉案房屋的外立面现状，以及房屋室内现场装修、改动、墙体拆除等情况进行拍摄，可拍摄相同房型同一位置照片进行对比。

（2）测量：使用卷尺或者激光测距仪器对房屋建筑布局和被拆除墙体等尺寸等进行测量，包括被拆除墙体的高度、宽度、厚度，裸露钢筋的长度、密度等。

（3）询问：现场向在场人进行调查询问，确认改动、损坏、拆除房屋墙体的违法行为人、时间、损坏部位、程度等。

（4）文书制作：对现场调查、测量、询问、核实的信息进行记录，制作现场检查笔录。

（5）其他方法：案件调查需要，可以采用摄像、询问其他证人等方法。

2. 询问当事人

实施现场检查的同时，在现场对当事人展开询问，也可以在询问通知书载明的地点进行。询问以提问、回答的方式进行，并制作询问笔录，必要时可以同步录音、摄像。

房屋产权人事实上自行实施，或者委托他人实施损坏房屋承重结构行为的，以产权人作为当事人；房屋使用权人事实上自行实施，或者委托他人实施损坏房屋承重结构行为的，以房屋使用权人为当事人。

房屋在装修过程中，虽然装修工人直接实施了改动、损坏、拆除墙体施工行为，但装修工人是受房屋产权人或房屋使用权人的委托，在其授意下进行，因此违法当事人是房屋产权人或房屋使用权人。

（1）确认当事人或者委托人的基本信息。对当事人进行调查询问前，要求当事人提供房屋的所有权或者使用权相关证明，包括房屋产权登记证明、公有住房租赁证明、房屋租赁合同和个人身份证明等，并进行核实；其中受当事人委托前来的，应当提供授权委托书，对授权事项、授权期限、委托人、被委托人身份进行核实。

（2）询问改动、损坏、拆除房屋墙体的具体时间、地点、数量、部位、尺寸、装修人员、施工工具等。

（3）询问当事人改动、损坏、拆除房屋原始设计状况的起因、目的。

（4）询问当事人是否收到过物业管理企业的告知、制止，是否知晓改动、损坏、拆除房屋墙体可能会对房屋质量、建筑物和人身安全造成的影响、危害。

（5）记录当事人想要补充说明和反映的问题。

（6）由当事人阅后签字确认，每页注明"以上内容属实"，或在最后一页注明"以上×页内容属实"。当事人拒签的，由在场人签字见证，同时进行摄像取证。

3. 收集证人证言

（1）寻找损坏房屋承重结构的证人。证人包括装修工人、当事人的邻居、所在地居委会、物业公司的工作人员、房屋产权人、房屋承租人、房屋出租人等。

（2）以提问、回答的方式收集，并制作询问笔录。询问前，先核实确认证人的身份，然后从实施损坏房屋承重结构的地点、部位、规模、程度、发生时间、违法行为人等方面进行调查、询问。

（3）可以要求证人对案件相关情况提供书面证明。

（4）证人不愿接受询问，也不愿提供书面证明的，在证人同意的情况下，可以对证人的证言进行录音，使用陈述笔录整理成书面材料。

现场无法收集到证人证言的，可以在现场检查结束后，案件调查终结前完成证人证言的收集。对投诉举报人进行调查、核实，应当征得对方的同意，并应当对投诉举报人的信息进行保密。

4. 执法协作证据收集

（1）当事人拒绝提供身份证的，可以先向属地居委会、物业公司了解相关信息，再向公安部门（派出所）进行协查，进行户籍资料摘录或外来人员信息摘录，由公安派出所在信息资料摘录上盖章确认。

（2）当事人拒绝提供房屋产权人信息的，可以向房屋行政管理部门进行协查，复印房产产权信息，由房屋行政管理部门在信息资料复印件上盖章确认。

（3）当事人拒绝提供房屋结构图、建筑平面图、单线图等图纸资料的，可以向属地物业公司调取。如物业公司没有相关图纸的，可以向规划部门进行协查，调取资料，由规划部门在图纸资料上盖章确认。

（4）协助调查时，一般需制作协助通知书，采用直接送达或邮寄（双挂号）的方法，送至公安、房管、规划等相关部门。

5. 委托专业鉴定

为确保专业检测、技术鉴定的时效性，城管执法人员要及时与房屋检测人员沟通联系，便于检测人员进入涉案房屋检测、鉴定。

（1）填写房屋安全及承重结构技术鉴定申请书。

（2）委托具有相应资质的房屋质量检测机构进行专业技术鉴定。

文书范例

现场检查笔录[①]

案　　由：<u>损坏房屋承重结构</u>

检查地点：<u>××路×弄×号×室</u>

检查时间：<u>××××年××月××日××时××分至××时××分</u>

当 事 人：<u>王×</u>　身份证或机构代码：<u>现场当事人拒绝提供</u>

电　　话：<u>　／　</u>地址：<u>××路×弄×号×室</u>

在 场 人：<u>张×（物业公司员工）</u>　　地址：<u>××路×弄×号</u>

　　　　　电话：<u>×××××××</u>

检查人员：<u>胡××、赵××</u>　记录人：<u>胡××</u>

现场检查情况：

我局接投诉反映"××路×弄×号×室有人在装修过程中损坏房屋承重结构"，××中队执法人员胡××、赵××立即联系小区物业公司员工张×赴现场进行行政检查。现场检查情况如下：

[①] 本范例以现场检查某损毁房屋承重结构案为例编写，仅供参考。在执法中需根据现场检查具体情况填写。后文同。

1. 张×现场确认××路×弄×号×室为商品房,房型结构为两室一厅一卫,产权人王×正在装修房屋。

2. 经现场勘查,业主在装修过程中共拆除、改动四处墙体。其中,客厅和卫生间处的两扇门边的部分墙体被拆除、加宽;两个窗洞边的墙体被拆除,原位置增开成门洞。

3. 对现场遗留痕迹使用卷尺测量:卫生间与室外平台相连接的外墙,长1.21米,厚0.2米,高2.5米,去除窗户长0.9米,高1.5米,面积为1.675平方米,断面留有钢筋,墙体为混凝土;次卧室与室外平台相连接的外墙,长1.61米,厚0.2米,高2.5米,去除窗户长1.5米,高1.5米,面积为1.775平方米,断面留有钢筋,墙体为混凝土;卫生间的门垛墙长0.32米,厚0.1米,高2.5米,面积为0.8平方米,断面无钢筋,为砖砌;储物间与餐厅连接处墙体长0.7米,厚0.1米,高2.5米,面积为1.75平方米,断面无钢筋,为砖砌。

4. 现场检查时,××路×弄×号×室产权人王×在场。经询问,王×承认了拆除上述墙体的事实。(或者:现场检查时,××路×弄×号×室产权人王×不在场,××公司的施工人员××在场,××称与房屋业主签有装修合同,拆除上述墙体是根据业主要求实施的。)

执法人员进行现场拍照、摄像取证。

上述记录已阅,属实,无异议。

王×(签名)

上述记录已阅,属实。

张×(签名)

附件:

  1. 现场情况示意图;

  2. 现场照片陆张;

  3. 现场摄像伍分钟。

当事人/在场人(签名):<u>王×</u>   <u>××××年×月×日</u>

见证人(签名):<u>张×</u>   <u>××××年×月×日</u>

检查人员(签名):<u>胡××、赵××</u>   <u>××××年×月×日</u>

记录人(签名):_____

134 强制拆除在施违法建筑，必须依照《行政强制法》规定的强制执行程序吗？

强制拆除在施违法建筑是否必须依照《行政强制法》的强制执行程序，涉及对在施违法建筑的强制拆除行为是属于行政强制执行还是行政强制措施的定性。如果把所有的强制拆除都定性为行政强制执行，那么行政执法机关就必须严格按照《行政强制法》第四十四条规定的，限期拆除决定→送达→公告→等待相对人复议、诉讼期限届满→催告→听取陈述申辩→下达强制拆除决定→公告→实施的流程，实施对违法建筑的强制拆除。对于大量的小型违法建筑，如果遵循《行政强制法》第四十四条规定的强制拆除程序，则会使执法效果和社会效益大打折扣，导致违建者实施突击搭建，待造成既定事实后，再采取各种方式阻碍行政机关执法，或通过诉讼等方式拖延时间，继续施工。特别是会给公众造成执法者无能和违建容易的错觉，从而引发区域群体违建，给后续执法带来严重困扰，造成恶劣的社会影响。

《最高人民法院第一巡回法庭关于行政审判法律适用若干问题的会议纪要》指出，《行政强制法》第四十四条是有关行政机关强制执行程序的规定，不适用于行政强制措施。《城乡规划法》第六十八条规定："城乡规划主管部门作出责令停止建设或者限期拆除的决定后，当事人不停止建设或者逾期不拆除的，建设工程所在地县级以上地方人民政府可以责成有关部门采取查封施工现场、强制拆除等措施。"可以看出，该条针对的主要是正在进行中的违法建设行为，因为对于已经完工的建筑而言，作出责令停止建设的规定实在没有意义和必要。行政执法机关对在施违法建筑的强制拆除，实质是为制止违法行为、避免危害发生、控制危险扩大，对公民、法人或者其他组织的财物实施的暂时性控制行为。因此，针对正在进行的违法建设所采取的强制拆除，可以定性为行政强制措施，不受《行政强制法》规定的强制执行程序的限制。对已经完成的违建采取的强制拆除，则属于行政强制执行。

虽然在司法审判中部分法院持"城乡规划法规定的'强制拆除'在行为性质上属于典型的行政强制执行，受行政强制法调整"的观点，但是各地对在施违法建筑即时拆除的处置方式一般通过地方性法规或规范性文件作出规定。城市管理综合行政执法机关、街道办事处或者乡镇人民政府、规划自然资源主管部门应该执行当地政府的规定，对违建采取"零容忍"的要求，对在施违法建筑采取快速、严格、细致的处置。

135 行政执法机关强制拆除在施违法建筑应注意哪些问题？

按照当地政府的规定处置在施违法建筑时，行政执法机关还应该注意以下几个问题：

1. 对违建"正在进行"的认定

行政执法机关综合利用各种途径及时发现的在施违法建筑，应当认定为"正在进行"。除此之外，行政执法机关在当事人实施违法建设前，已经通过适当方式提示告知的，即使违法建筑已经完工建成，只要行政执法机关在合理时间内发现，均应认定为违建"正在进行"。

2. 是否需要当地县级以上人民政府"责成"才能实施强制拆除

根据《城乡规划法》第六十八条，对违法建筑采取查封施工现场、强制拆除等措施，建设工程所在地县级以上地方人民政府可以责成有关部门实施。但各地县级以上人民政府"责成"的方式各有不同，有的以规范性文件方式事先予以明确，有的则是就个案作出具体的责成决定（以内部行文或对外公告的形式）。有的地方性法规则直接明确了在施违法建筑强制拆除的行政执法机关，如《北京市禁止违法建设若干规定》。执法人员应按照当地的具体规定，确定自身的执法权限才能实施强制拆除的具体行政行为。

3. 在施违法建筑是部分拆除还是全部拆除

由于对强制拆除在施违法建筑这一行政强制措施尚存在不同理解，所以各地对强制拆除范围在立法上也有不同的规定。有的规定只能拆除继续建设部分的建筑物。如《浙江省违法建筑处置规定》第九条第一款："自然资源主管部门发现城镇违法建筑正在建设中的，应当责令当事人停止建设；当事人拒不停止建设的，设区的市、县（市、区）人民政府应当责成有关部门采取拆除继续建设部分的措施。"有的则要求拆除全部在施违法建筑。如《北京市禁止违法建设若干规定》第十条第二款："违法建设当事人不立即停止建设的，行政执法机关可以查封违法建设施工现场、扣押违法建设施工工具和材料；违法建设当事人拒不拆除或者回填的,街道办事处、乡镇人民政府应当依法立即拆除或者回填。"

在实践中,拆除违法建筑的范围,地方法律规范有规定的,执法人员应按照规定执行;没有规定的,应根据实际情况,认定继续建设部分予以强制拆除。如果行为人实施违法建设前,行政机关已经通过适当方式提示告知的,以发出告示为时间节点,之后的违法建筑都应予以强制拆除。

136 没收违法建筑适用听证程序吗?

《行政处罚法》修订之前,第四十二条关于听证程序的适用条件并没有明确列举"没收财产",但是根据最高人民法院指导案例6号的解释,该条中的"等"系不完全列举,应当包括与明文列举的"责令停产停业、吊销许可证或者执照、较大数额罚款"类似的其他对相对人权益产生较大影响的行政处罚。为了保证行政相对人充分行使陈述权和申辩权,保障行政处罚决定的合法性和合理性,对没收较大数额财产的行政处罚,也应当根据《行政处罚法》第四十二条的规定适用听证程序。

新修订的《行政处罚法》第六十三条第一款第二项明确,行政机关拟作出没收较大数额违法所得、没收较大价值非法财物的行政处罚决定,应当告知当事人有要求听证的权利,当事人要求听证的,行政机关应当组织听证。关于没收较大数额的非法财物的标准,应比照相应地区对于较大数额罚款金额的规定。行政机关在对拟没收的违法建筑依法作出估价后,符合相应地区对于较大数额罚款的规定的,在作出行政处罚前应当告知被处罚人有要求听证的权利。

137 没收的违法建筑物应该怎么处置?

《城乡规划法》第六十四条规定,未取得建设工程规划许可证或者未按照建设工程规划许可证的规定进行建设,无法采取改正措施消除影响的,限期拆除,不能拆除的,没收实物或者违法收入,可以并处建设工程造价百分之十以下的罚款。执法机关根据该条规定查处并作出没收行政处罚决定后,没收的建筑物归国家所有。但没收的建筑物移交当地政府处置后缺乏监管,长期由违法当事人继续使用的情况大量存在。

2020年12月17日，财政部印发《罚没财物管理办法》（财税〔2020〕54号），对罚没财物的管理和处置有了明确的规范。对于罚没的违法建筑物，依法应当进行权属登记或依据行政处罚决定进行权属变更，变更后应当按《罚没财物管理办法》相关规定处置。权属变更后的承接权属主体可以是执法机关、政府公物仓、同级财政部门或者其他指定机构，但不改变罚没财物的性质，承接单位不得占用、出租、出借。

1. 移交

执法机关作出没收决定后，应当同时函告或报告当地县级以上人民政府。当地政府随后指定接收单位并会同执法机关同步制定处置方案。

（1）行政处罚决定的行政复议、行政诉讼时效期满后，执法机关才能向接收单位办理没收建筑物移交手续；行政处罚决定经行政复议或者行政诉讼的，应当在维持行政处罚决定的行政复议决定或者法院的裁定、判决法律文书生效后，才能向接收单位办理没收建筑物移交手续。

（2）执法机关移交没收建筑物时，执法机关、接收单位应共同进行现场勘察，留存影像资料及书面材料。书面材料包括行政处罚决定书、非法财物移交书及法律法规规章规定的其他材料。非法财物移交书由执法机关、财政部门、接收单位共同签署并分别保管。

（3）接收单位在接收移交的没收建筑物后，应当实际控制建筑物。违法当事人仍拒不腾退没收建筑物的，接收单位告知其限期腾退。当事人经催告后仍不履行的，由接受单位依法向人民法院申请强制执行。

移交工作完成后，接收单位应当组织相关部门进行房屋质量安全和地质灾害检测、安全隐患检查和整改，同时做好处置全过程安全稳定等工作。

2. 处置

对符合完善行政审批手续条件，且经房屋安全鉴定合格，符合消防安全及地质灾害安全条件的违法建筑，由当地政府确定具体完善手续方式后，报相关部门为没收建筑物提供审批服务。按下列方式处置：

（1）市场公开交易

具有经营性功能的没收建筑物，具备市场公开交易条件的，由当地政府依法组织对没收建筑物进行评估，作价后计入公开交易底价。按照相关规定进行市场公开交易后，由接收单位协助买受人办理土地使用权手续和不动产权登记手续。

（2）政府调拨使用

用于基础设施、公共服务设施或公益事业的没收建筑物，经当地政府审定同意后，由接收单位调拨给使用人使用，并协助办理土地使用权及不动产权登记手续。使用人未经批准不得转让、变卖接收建筑物，不得擅自改变使用用途，不得进行不动产产权抵押和转让，不得占用、出租、出借。

对不符合完善行政审批手续条件的违法建筑，由当地政府责成没收建筑物的执法机关予以拆除。

3. 公开信息

执法机关应按照《政府信息公开条例》的规定及时、准确公开有关违法建筑物的没收情况，政府应公开处置方式、公开处置程序、公开处置结果，自觉接受社会监督。

138 违法建筑的违法收入和工程造价应该如何确定？

1. 对违法收入的确定

对无法采取改正措施消除对规划实施影响的违法建筑，可以拆除的，下发限期拆除决定书；不能拆除的，除了没收实物这一处罚方式外，还可以作出没收违法收入的处罚决定。根据住房和城乡建设部《关于规范城乡规划行政处罚裁量权的指导意见》（建法〔2012〕99号）规定，不能拆除的情形，是指拆除违法建筑可能影响相邻建筑安全、损害无过错利害关系人合法权益或者对公共利益造成重大损害的情形。

根据《行政处罚法》第二十八条的规定，对违法收入的计算应该以下列方式确定：

（1）按照新建、扩建、改建的存在违反城乡规划事实的建筑物、构筑物单体出售所得价款计算；

（2）新建、扩建、改建的存在违反城乡规划事实的建筑物、构筑物单体出售所得价款明显低于同类房地产市场价格的，执法机关应当委托有资质的房地产评估机构评估确定；

（3）没收的违法收入应当与应依法没收的实物价值相当，不应当扣除实物的建设成本，即建设工程造价；

（4）对依附于原有建筑物增建的，不是用来出售的建筑物和构筑物，应当委托有资质的房地产评估机构评估价格，评估机构所确定的价格即违法收入。

2. 对工程造价的确定

执法机关对无法采取改正措施消除影响的违法建设，责令限期拆除按期拆除的，不予罚款；但是当事人逾期不拆除的，应当在依法强制拆除后，并处建设工程造价百分之十的罚款；不能拆除的，在没收实物或者违法收入后，可以并处建设工程造价百分之十以下的罚款。对尚可采取改正措施消除对规划实施影响的，执法机关责令停止建设，当事人按期改正违法建设部分的，处建设工程造价百分之五的罚款；当事人逾期不改正的，除依法采取强制拆除等措施外，还应当并处建设工程造价百分之十的罚款。也就是说，对当事人处以罚款的行政处罚时，应当以新建、扩建、改建的存在违反城乡规划事实的建筑物、构筑物单体造价作为罚款基数。

对建设工程造价可以以下列方式确定：

（1）已经完成竣工结算的违法建筑，应当以竣工结算价作为罚款基数；

（2）尚未完成竣工结算的违法建筑，可以根据工程已完工部分的施工合同价确定罚款基数；

（3）未依法签订施工合同或者当事人提供的施工合同价明显低于市场价格的，执法机关应当委托有资质的造价咨询机构评估确定。

139 建设工程未按照规划许可证的内容建设，是按整栋建筑的工程造价罚款，还是按违建部分进行罚款？

取得建设工程规划许可证，但未按建设工程规划许可证的规定进行建设的，在限期内采取局部拆除等整改措施，能够使建设工程符合建设工程规划许可证要求的，属于尚可采取改正措施消除对规划实施影响的情形。执法机关以书面形式责令停止建设、限期改正，对按期改正违法建筑部分的，处建设工程造价百分之五的罚款；对逾期不改正的，依法采取强制拆除等措施，并处建设工程造价百分之十的罚款。根据住房和城乡建设部《关于规范城乡规划行政处罚裁量权的指导意见》（建法〔2012〕99号），此处作为罚款计算基数的建设工程造价是指存在违反城乡规划实施的建筑物、构筑物单体造价，即违法建筑工程的整体造价，而不是仅以违建部分工程造价作为罚款的计算基数。例如，建设工程规划许可证规定的是五栋六米高的独立厂房，但施工过程中其中一栋厂房擅自加高了三米，其余四栋均按规定建设。执法机关在对违建进行罚款时，应当以存在违法建筑的单栋厂房整体造价作为罚款计算基数。

对违建作出罚款决定时，应当严格按照法律规定，结合违建事实计算罚款数额，务必做到罚款数额准确无误。确定罚款数额所依据的竣工结算文件、施工合同、评估报告等材料均应要求当事人书面确认真实性，并以市场价格为参考。行使行政处罚裁量权也应当在法律规定的幅度内酌情确定罚款数额，不得随意规定罚款数额。

140 对无法确定当事人的违法建筑，应当如何执行强制拆除？

执法机关在确定建设违法，却无法确定违法建设工程的建设单位或者所有人、实际管理人的，可按无主建设制作限期主张权利公告和责令限期拆除无主违建公告，在公共媒体或者该建设工程所在地发布，督促违建当事人依法接受处理，责令其限期拆除违法建筑，告知其逾期不拆除的，执法机关将依法实施强制拆除。在合理的公告期间届满后六个月内无人提起行政复议或者行政诉讼的，依法强制拆除或者没收。

公告的内容包括：

（1）违法建筑的详细地点、规模、结构、面积等；经过向规划自然资源部门查询，无建设工程规划审批手续。

（2）根据《城乡规划法》第四十条规定，请上述违法建筑的建设单位或所有人、管理人在公告发布之日起×日内，到本行政机关主张权利，接受调查，或自行拆除违法建筑；建设人或所有人、管理人是个人的，携带本人身份证、授权委托书、房屋建设相关审批文件等材料；建设单位是法人或者其他组织的，携带营业执照复印件、法定代表人身份证明、授权委托书、被委托人身份证、房屋建设审批文件等材料。

（3）限期拆除的期限。写明当事人限期拆除违法建筑的期限，在具体操作中，应当根据违法建筑的规模大小和实际情况确定一个合理期限。

（4）逾期不拆除的法律后果。逾期无人主张权利或者拒不接受处理的，将依据《城乡规划法》第六十四条、第六十八条的规定，对上述建设予以强制拆除。相关权利人在公告期限届满前应自行清理存放于上述违法建筑内的财物；逾期不清理的，造成的损失由相关权利人本人承担。

（5）救济途径和期限。写明如果当事人不服责令限期拆除违法建筑决定的，可以申请行政复议的部门名称或提起诉讼的法院名称，以及申请行政复议和提起行政诉讼的期限。

141 如何查处未取得建筑工程施工许可证擅自施工案件？

未取得建筑工程施工许可证擅自施工，违反了《建筑法》第七条"建筑工程开工前，建设单位应当按照国家有关规定向工程所在地县级以上人民政府建设行政主管部门申请领取施工许可证；但是，国务院建设行政主管部门确定的限额以下的小型工程除外。按照国务院规定的权限和程序批准开工报告的建筑工程，不再领取施工许可证"，以及《建筑工程施工许可管理办法》第三条"本办法规定应当申请领取施工许可证的建筑工程未取得施工许可证的，一律不得开工。任何单位和个人不得将应当申请领取施工许可证的工程项目分解为若干限额以下的工程项目，规避申请领取施工许可证"的规定。

因建筑工程施工许可手续审批受各方因素影响较大，同时，为了加强监管，保障各方利益，主管部门还会依据相关规定要求建设主体在申领施工许可手续时缴纳一定比例的"农民工工资保证金""工程质量保证金"等款项，在建筑业挂靠行为仍然存在的情形下，给实际工程承包人带来了一定的资金压力。考虑到时间成本以及资金成本，建设主体往往在取得用地手续以及规划手续后就开始施工，甚至有些政府投资工程因有进度督查压力，往往在用地手续尚未取得的情况下就开工建设。但是手续的烦琐以及资金的压力，或者是督查的压力并不能作为擅自开工的理由。

未取得建筑工程施工许可证擅自施工破坏了建筑工程施工管理秩序，行政执法机关应在调查充分清楚的基础上，根据违法情节依法给予行政处罚。

1. 取证要点

针对未取得施工许可手续擅自施工的行为，行政执法工作主要从以下几个方面进行：

（1）查阅有关建设手续。主要核查用地批准手续、工程规划手续、用地规划手续、质监和安监手续、施工图审查合格证、施工合同、监理合同等，用来确定是否满足开工条件和工程投资额。

（2）核查建设单位、施工单位、监理单位的营业执照、资质信息等资料，用来确定违法行为的主体。

（3）检查开工报告、施工日志等记录资料，用来确定具体的开工日期。

（4）制作现场勘验（检查）笔录。现场检查（勘查）笔录应客观、详细载明违法行为发现的时间、地点、当事人的基本情况、现场施工情况的描述等相关内容。

（5）在现场及时捕捉与案件有关的事实，对施工现场情况等进行拍摄取证，有针对性地摄取违法事实。要点如下：一是拍摄现场施工工人作业的相关场景以及有重点地拍摄相关施工内容；二是照片内容要清晰，并标明案由、案发地、当事人、取证时间及照片显示的简要内容等说明材料，为案件提供证明效力明显的书证。

（6）询问建设单位：被询问人的身份情况，如被询问人为非当事人，表明被询问人与当事人之间的关系和委托情况；建设单位的基本情况；建设工程的情况：建设工程的名称、施工单位、开工时间、建筑面积、合同价款以及工程目前形象进度等，某些建设工程还应当询问建设工程规划许可证的办理情况；建设工程施工合同的签订情况；建筑工程施工许可证的办理情况。

（7）询问施工单位：被询问人的身份情况，如被询问人为非当事人，表明被询问人与当事人之间的关系以及询问当事人的基本情况和委托情况；施工单位的基本情况与施工资质情况；建设工程的情况：承接建设工程的名称、开工时间、建筑面积、合同价款、目前施工内容与形象进度等；建设工程施工合同的签订情况；是否清楚建设单位建筑工程施工许可证的办理情况。

2. 违法事实认定

（1）新建项目开工时间的认定

根据国家的有关规定，开工日期是指建设项目或单项工程设计文件中规定的永久性工程计划开始施工的时间，以永久性工程正式破土开槽开始施工的时间为准，不需开槽的工程，正式开始打桩的日期就是开工日期。铁路、公路、水库等需要进行大量土、石方工程的，以开始进行土方、石方工程的日期作为正式开工日期。在此以前的准备工作，如工程地质勘探、平整场地、拆除旧有建筑物、临时建筑、施工用临时道路、水、电等工程都不算正式开工。同时，在执法实践中，经监理批准的开工报告也是一种辅助证据，可以证明具体开工时间。

（2）是否具备法定开工条件的认定

《建筑工程施工许可管理办法》第四条规定了办理施工许可的各项条件：（一）依法应当办理用地批准手续的，已经办理该建筑工程用地批准手续。（二）依法应当办理建设工程规划许可证的，已经取得建设工程规划许可证。（三）施工场地已经基本具备施工条件，需要征收房屋的，其进度符合施工要求。（四）已经确定施工企业。按照规定应当招标的工程没有招标，应当公开招标的工程没有公开招标，或者肢解发包工程，以及将工程发包给不具备相应资质的企业的，所确定的施工企业无效。（五）有满足施工需要的资金安排、施工图纸及技术资料，建设单位应当提供建设资金已经落实承诺书，施工图设计文件已按规定审查合格。（六）有保证工程质量和安全的具体措施。施工企业编制的施工组织设计中有根据建筑工程特点制定的相应质量、安全技术措施。建立工程质量安全责任制并落实到人。专业性较强的工程项目编制了专项质量、安全施工组织设计，并按照规定办理了工程质量、安全监督手续。此外，执法人员还应注意某些建设项目应具备的特殊施工条件。如《城镇燃气管理条例》第二十四条规定："在燃气设施保护范围内，有关单位从事敷设管道、打桩、顶进、挖掘、钻探等可能影响燃气设施安全活动的，应当与燃气经营者共同制定燃气设施保护方案，并采取相应的安全保护措施。"因此，执法人员应当加强核查在燃气设施保护范围内的建设项目，凡是未与燃气经营者共同制定燃气设施保护方案，并采取相应的安全保护措施的，均属于不具备开工条件的情况。

（3）是否达到必须办理施工许可手续的规模的认定

《建筑工程施工许可管理办法》第二条第二款对可以不办理施工许可手续的工程规模进行了明确，即工程投资额在三十万元以下或者建筑面积在三百平方米以下的建筑工程，可以不申请办理施工许可证。各省、自治区、直辖市人民政府住房城乡建设主管部门可以根据当地的实际情况，对限额进行调整，并报国务院住房城乡建设主管部门备案。如何认定这里的三十万元以下或者三百平方米以下这个规模呢？第一，工程投资额是否在三十万元以下。参照相关资料，工程总投资有双重含义：一是投资主体为获得预期收益，在选定的工程项目上投入全部所需资金的行为；二是指项目从筹建开始到全部建成投产为止，全过程所发生的费用总和。生产性工程项目包括固定资产投资与流动资产投资两部分，非生产性工程项目总投资只有固定资产投资，不包含流动资产投资。认定工程投资额不能仅按照单项施工合同金额，应当包括与工程有关的所有建设单位在设计阶段对建设项目投资额度概略计算的工程造价，它包括项目从立项、可行性研究、设计、施工、监理、试运行到竣工验收等阶段的全部建设资金。第二，建筑面积是否超过三百平方米。建筑面积实质建筑外墙勒脚以上的结构外围水平面积，是以平方米为单位反映房屋建筑建设规模的实物性指标，它由使用面积、辅助面积和结构面积组成。一幢建筑物的总建筑面积包括地上建筑面积和地下建筑面积。在执法实践中，建筑面积的认定，也可以依据施工图审查合格证的累计总面积进行确定，或者查阅设计图纸进行确定。

3. 处罚决定

对符合开工条件的，可要求限期改正，对不符合开工条件的，对建设单位以及施工单位依据《建筑工程施工许可管理办法》第十二条的规定，根据当地《行政处罚自由裁量权基准》分别处以罚款。

《建筑工程施工许可管理办法》第十五条同时规定了对该违法行为实行双罚制。即对建设单位和施工单位直接负责的主管人员和其他直接责任人员处单位罚款数额百分之五以上百分之十以下罚款，并作为不良行为记录予以通报。

142 未取得建筑工程施工许可证又未取得建设工程规划许可证就施工的，应当如何处罚？

建设单位未取得建筑工程施工许可证又未取得建设工程规划许可证就擅自施工，实际上是实施了两个违法行为，即同时违反了《城乡规划法》第四十条第一款的规定和《建筑法》第七条、《建筑工程施工许可管理办法》第三条的规定。

1. 是否属于法条竞合的情形

法条竞合也称竞合违法行为，是指行为人实施了一个违法行为，侵犯一个法益，违反两个及两个以上法律规范或一个法律规范中的两个及两个以上法条，多个法条规定了不同的法律责任，且几个法条间存在相互重合或包容的关系，即一法条所规定的违法行为的构成要件外延包含了另一法条规定的行为要件。法条竞合最终只能按照一事进行处罚，适用一个法律规范。按照《行政处罚法》的规定，在罚款上择一重罚。

建设单位未取得建筑工程施工许可证又未取得建设工程规划许可证就施工的行为，侵犯了城乡规划管理秩序和建筑工程施工管理秩序两个客体，从而在形式上构成两个违法行为的形态，而且这两个违法行为又不存在相互重合或包容，属于两种应当给予行政处罚的违法行为，所以行政执法机关应当分别裁量，合并处罚。

2. 对建设单位的合并处罚

所谓合并处罚，是指一个行政相对人在某一个行政法律关系中，存在两种以上应当受到行政处罚的违法行为，有管辖权的行政机关对其违法行为分别裁量后，按照法定的原则，决定给予何种、何程度的行政处罚的适用制度。合并处罚的适用应符合以下三个条件。

（1）必须是同一个行政相对人；

（2）必须存在两种以上违法行为；

（3）同一行政机关对同一行政相对人的数个违法行为均有管辖权。

因此，只有城市管理综合行政执法机关同时集中了违反规划的行政处罚权和违反建筑施工许可的行政处罚权，才能对实施这一违法行为的建设单位进行合并处罚。执法机关可以按一个案件立案查处，但事实部分及适用法律应当分别表述。

（1）根据《城乡规划法》第八十八条，作出责令停止建设或者限期拆除的决定，当事人不停止建设或者逾期不拆除的，依法采取查封施工现场、强制拆除等措施；

（2）根据《建筑工程施工许可管理办法》第十二条，处工程合同价款百分之一以上百分之二以下罚款。

3. 对施工单位和单位负责人的分别处罚

行政执法机关还应对施工单位和建设单位、施工单位的主要负责人、其他具有直接责任的负责人分别处罚。根据《建筑工程施工许可管理办法》第十二条对施工单位处三万元以下的罚款；根据《建筑工程施工许可管理办法》第十五条对建设单位、施工单位的直接负责的主管人员和其他直接责任人员处单位罚款数额百分之五以上百分之十以下罚款。

143 城市管理综合执法机关如何对建设工程领域违法行为实施处罚？

《中共中央 国务院关于深入推进城市执法体制改革改进城市管理工作的指导意见》对综合行政执法的范围作出了原则要求，要求住房城乡建设领域法律法规规章规定的全部行政处罚权由城市管理综合行政执法机关集中行使，并由其依法行使与之相关的行政检查权和行政强制权。各地人民政府原则上应同时对城乡建设主管部门和城市管理综合执法机关之间承担的行政检查职责逐一具体划分，列入"权责清单"对外公布；对"权责清单"未予以明确的行政检查职责，城乡建设主管部门按照"谁审批谁监管、谁主管谁监管"的要求，加强事中、事后监管，继续履行行政许可、行业管理、监督检查、检验检测等职责，需立案处罚的，按照规定将案件移送城市管理综合执法机关。

具体到建设工程领域，城乡建设主管部门移送案件给城市综合执法机关实施处罚的，应同时移送以下书面材料：违法案件基本情况报告、主要证据材料、相关检测检验报告或者鉴定意见等。主要证据材料未能证明基本违法事实的，城市管理综合行政执法机关可以自行组织调查，也可以退回要求补充证据材料。城市管理综合执法机关对建设工程违法行为进行查处，涉及较为复杂的专业判断和定性，确需相关专业意见的，应当请求城乡建设主管部门协助出具专业意见。

对建设工程领域违法行为的处罚主要依据《建筑法》《招标投标法》《安全生产法》《建筑工程施工许可管理办法》《建设工程质量管理条例》《建设工程安全生产管理条例》《建设工程勘察设计管理条例》《招标投标法实施条例》《民用建筑节能条例》《生产安全事故报告和调查处理条例》《房屋建筑和市政基础设施工程施工图设计文件审查管理办法》《建筑施工企业安全生产许可证管理规定》《实施工程建设强制性标准监督规定》《建设工程质量检测管理办法》《房屋建筑和市政基础设施工程施工图设计文件审查管理办法》《建筑工程施工发包与承包计价管理办法》等法律、法规、部门规章和所在地地方法规、规章。

建设工程领域的违法行为主要表现为：

1. 建设程序方面的违法行为

（1）未取得施工许可证或者为规避办理施工许可证将工程项目分解后擅自施工；

（2）施工图设计文件未经审查或审查不合格擅自施工；

（3）建设项目必须实行工程监理而未实行工程监理；

（4）未组织建设工程竣工验收或验收不合格，擅自交付使用。

2. 建设招投标方面的违法行为

（1）必须进行招标的项目而不招标，或者将必须进行招标的项目化整为零或者以其他任何方式规避招标；

（2）未以投标方式承接必须投标承包的建设工程；

（3）投标人相互串通投标或者与招标人串通投标；

（4）招标代理机构泄密或与招标人、投标人串通；

（5）以他人名义投标或者以其他方式弄虚作假骗取中标。

3. 承发包方面的违法行为

（1）将建设工程支解发包；

（2）将建设工程发包给不具有相应资质等级的单位承包；

（3）委托未取得相应资质的检测机构进行检测；

（4）转包、违法分包；

（5）转让检测业务；

（6）允许其他单位或者个人以本单位名义承揽工程；

（7）未取得资质证书，借用他人资质或者以他人名义承接工程；

（8）承接建设工程时，提供伪造或者变造的资料。

4. 资质资格方面的违法行为

（1）未取得资质证书从事建筑活动；

（2）未取得相应资质从事检测活动；

（3）超越资质等级承揽工程；

（4）涂改、倒卖、出租、出借或者以其他形式非法转让资质证书；

（5）出租、出借注册执业证书或者执业印章；

（6）超出注册执业范围或者聘用单位业务范围从事执业活动；

（7）在非本人负责完成的文件上签字或者盖章；

（8）使用不符合条件的审查人员；

（9）使用不符合条件的检测人员；

（10）检测单位的检测人员未取得资格或者未经考核合格从事检测业务；

（11）委派未取得检测资格或者未经检测专业培训考核合格的检测人员实施检测。

5. 违反建设工程安全生产管理的行为

（1）安全防护设施不符合标准；

（2）施工机械、机具和电气设备在安装前，未按照规定的安全技术标准进行检测或检测不合格即安装；

（3）使用施工机械、机具和电气设备期间，未指定专人负责维护、保养，保证其完好、安全；

（4）未遵守施工现场电气安全保护和防火安全的有关规定；

（5）未保持变配电设施和输配电线路处于安全、可靠的可使用状态；

（6）未确保用火作业符合消防技术标准和规范，并保证消防设施的完好、有效；

（7）施工现场安全生产管理人员配备不符合规定；

（8）安排未接受过安全教育、技术培训并经考核合格的施工人员上岗作业；

（9）特种作业人员未按照规定经专门的安全作业培训并取得相应资格，上岗作业；

（10）发生安全生产事故。

6. 违反建设工程质量管理的行为

（1）明示或者暗示设计单位或者施工单位违反工程建设强制性标准，降低工程质量；

（2）违反工程建设强制性标准；

（3）偷工减料，不按图或技术标准施工，擅自修改设计。

7. 建筑材料方面的违法行为

（1）使用不合格的建材产品；

（2）使用禁止使用的建材；

（3）未对使用的建材产品进行进货检验和质量检测；

（4）未对施工单位的建设工程材料的质量检测进行监督、检查。

8. 违反建筑节能要求的行为

（1）未按照民用建筑节能强制性标准进行施工；

（2）明示或者暗示设计单位、施工单位违反民用建筑节能强制性标准进行设计、施工；

（3）明示或者暗示施工单位使用不符合施工图设计文件要求的节能材料、设备；

（4）未按照民用建筑节能强制性标准进行设计，或者使用列入禁止使用目录的技术、工艺、材料和设备。

9. 违反建设工程质量检测管理的行为

（1）未按照国家有关工程建设强制性标准进行检测；

（2）伪造检测数据，出具虚假检测报告或者鉴定意见；

（3）未按规定上报发现的违法违规行为和检测不合格事项；

（4）未按照规定留置检测试样；

（5）未建立检测档案管理制度，造成检测数据无法追溯；

（6）未单独建立检测结果不合格项台账，造成检测数据无法追溯；

（7）检测档案管理不符合规定，造成检测数据无法追溯；

（8）未在检测报告上签字盖章；

（9）未按照要求将检测试样送检测机构进行检测；

（10）要求检测机构伪造检测数据或者检测报告；

（11）未按照技术标准抽取或者制作检测试样；

（12）检测人员未按照规定检测。

10. 建设工程设计方面的违法行为

（1）设计单位未根据勘察成果文件进行工程设计；

（2）设计文件未对建设工程本体可能存在的重大风险控制进行专项设计；

（3）设计文件采用新技术、新工艺、新材料、新设备的，未明确质量和安全的保障措施。

11. 审图方面的违法行为

（1）未按照规定开展施工图设计文件审查活动；

（2）未按规定在审查合格书和施工图上签字盖章；

（3）未按规定上报审查过程中发现的违法违规行为；

（4）出具虚假审查合格书。

12. 监理方面的违法行为

（1）发现质量和安全事故隐患未及时要求施工单位改正或者暂停施工以及施工单位拒不改正或者不停止施工，未及时向有关行政管理部门报告；

（2）委派总监理工程师同时担任建设工程监理人员不符合规定数量；

（3）变更后的总监理工程师的专业技术职称低于原派驻的总监理工程师的专业技术职称等级；

（4）总监理工程师未按照技术规范要求在施工现场履行监理职责。

13. 工程造价方面的违法行为

（1）在建筑工程计价活动中，出具有虚假记载、误导性陈述的工程造价成果文件；

（2）造价咨询机构就同一建设工程同时接受招标人和投标人或者两个以上投标人委托。

14. 违反工程管理要求的行为

（1）未按照规定安排项目负责人现场监督；

（2）注册建造师不履行义务；

（3）未编制施工监测方案或者出具虚假监测数据；

（4）未按照规定委托专业监测单位实施监测；

（5）未按照要求在建设工程施工现场进行公示；

（6）未按照要求设置施工铭牌；

（7）脚手架杆件、搅拌砂浆等加工作业、渣土处置或者光照遮蔽措施不符合要求；

（8）未分隔设置生活区和作业区，未设置饮用水设施、盥洗池、淋浴间，宿舍设置不符合要求；

（9）未按照规定镶刻建筑铭牌。

144 违规夜间施工案件如何认定和调查取证？

违规夜间施工是指未经生态环境部门批准或者未按批准的要求，在夜间从事产生噪声污染的建筑施工作业的行为。工地无证夜间施工问题已成为市民投诉的热点，也是城市管理综合执法工作的难点。执法人员在办理无证夜间施工类案件时需进行认真调查，并掌握夜间违规施工与环境噪声防治的有关证据。

1. 违法行为的构成要件

（1）违法主体须为建设施工单位

《住房和城乡建设部办公厅关于进一步加强建筑工程施工许可管理工作的通知》规定，建设单位要在施工现场显著位置设置施工许可公告牌，公告牌内容应与施工许可证内容一致，主动接受社会监督。因此，执法人员可根据施工现场公示牌初步确认调查对象；再通过对调查对象的调查询问，查阅建设工程中标通知书、施工合同、建设用地规划许可证等证据确认违法主体，调查过程中如遇中标施工单位将工程转包、分包情形，应当转换调查对象。

（2）违法地点须为城市市区噪声敏感建筑物集中区域内

根据《噪声污染防治法》第八十八条第三项，噪声敏感建筑物，是指用于居住、科学研究、医疗卫生、文化教育、机关团体办公、社会福利等需要保持安静的建筑物。县级以上地方人民政府根据国家声环境质量标准和国土空间规划以及用地现状，将以用于居住、科学研究、医疗卫生、文化教育、机关团体办公、社会福利等的建筑物为主的区域，划定为噪声敏感建筑物集中区域。

（3）违法时间须为夜间

《噪声污染防治法》第八十八条第二项规定，夜间，是指晚上十点至次日早晨六点之间的期间，设区的市级以上人民政府可以另行规定本行政区域夜间的起止时间，夜间时段长度为八小时。

（4）违法行为表现

违法行为表现为未经批准从事建筑施工作业，或者未按照批准的时间、施工工种等要求进行捶打、敲击和锯割等作业，且不存在因抢险、抢修作业和因生产工艺上要求或者特殊需要必须连续作业的情况。

根据《建筑施工场界环境噪声排放标准》3.1的规定，建筑施工是指工程建设实施阶段的生产活动，是各类建筑物的建造过程，包括基础工程施工、主体结构施工、屋面工程施工、装饰工程施工（已竣工交付使用的住宅楼进行室内装修活动除外）等。

（5）社会危害

确认因施工产生噪声污染该项事实可通过现场勘查、当事人询问笔录等证据证明。

2. 现场检查

（1）拍照、摄像：对夜间施工的现场进行拍照、摄像，对夜间建筑施工的工地地点、施工铭牌、现场施工情况、施工现场设备、施工产生的噪声情况等进行实地摄录，摄录后可刻成光盘作为证据保存。

（2）询问：现场向工地负责人进行调查询问，初步确认夜间建筑施工的单位、现场施工情况、夜间施工许可情况。

（3）文书制作：对现场调查、询问、核实的经过进行记录，制作现场检查笔录，绘制现场示意图，在场相关人员签字确认。

（4）其他方法：案件调查需要，可以采取询问其他证人等方法。

3. 询问当事人

在夜间建筑施工的地点，或者是询问通知书载明的要求当事人接受调查的地点对当事人进行询问，并制作询问笔录，必要时可以同步录音、摄像。

（1）确认当事人和委托人的基本信息。对当事人进行调查询问前，要求当事人提供相关证明，包括营业执照、法定代表人身份证明、授权委托书、居民身份证等，并进行核实。

（2）询问施工工地的基本信息、实施夜间建筑施工的时间、具体施工种类、使用的设备等。

（3）询问夜间建筑施工是否取得相关许可；若经过生态环境部门许可的，询问批准的具体内容。

（4）询问工地夜间建筑施工整改情况。

（5）询问对现场拍摄照片、摄像的认可情况。

（6）询问当事人实施夜间建筑施工的原因，是否属于抢修、抢险。

（7）记录当事人想要补充说明和反映的问题。

（8）由当事人阅后签字确认，每页注明"以上内容属实"，或在最后一页注明"以上×页内容属实"。当事人拒签的，应当在笔录上注明，由在场人签字见证，必要时可以录音、摄像取证。

（9）当事人拒绝接受调查询问的，应当收集当事人拒绝接受调查的证据，包括制作询问笔录、电话录音等。

4. 收集证人证言

（1）寻找现场见证人。现场见证人包括案发地相邻方、投诉人、环保部门的工作人员等。

（2）以提问、回答的方式收集，并制作询问笔录。询问前，先核实确认证人的身份，然后从夜间建筑施工的地点、单位、施工种类、持续时间及噪声污染等方面进行调查、询问。

（3）可以要求证人对案件相关情况提供书面证明。

（4）证人不愿接受询问，也不愿提供书面证明的，在证人同意的情况下，可以对证人的证言进行录音，使用陈述笔录整理成书面材料。

（5）现场无法收集到证人证言的，可以在现场检查结束后，案件调查终结前完成证人证言的收集。

5. 向有关行政管理部门查询、调取案件所需的资料

（1）当事人拒绝提供营业执照的，向市场监管部门协查。

（2）当事人拒绝提供身份证的，可以先向属地居委会、物业公司了解相关信息，再向公安部门（派出所）申请协查，进行户籍资料摘录或外来人员信息摘录，由公安派出所在信息资料摘录上盖章确认。

（3）当事人主张其经批准进行夜间建筑施工，但无法提供相关批准文件的，向生态环境部门协查；当事人对未按批准的要求从事夜间建筑施工的行为予以否认，涉及专业问题的，向生态环境部门协查。

（4）当事人未经批准进行夜间建筑施工，但其认为是抢修、抢险的，向建设行政主管部门或安监部门协查。

（5）协助调查时，一般需制作协助通知书，采用直接送达或邮寄（双挂号）的方法，送至市场监管、生态环境、公安等相关部门。

附表：违规夜间施工案件证据明细表

证据明细表

证据种类	证据明细	证据收集方法
书证	当事人身份证明材料，包括单位、个人身份证证明、授权委托书等	当事人提供，相关部门协作提供
	施工合同、夜间施工许可等材料	当事人、建设单位提供，管理部门协作提供
	案件受理材料，包括媒体报道、案件受理单、案件移送函、举报信、举报人（证人）提供的书面材料等	案件受理，相关部门、举报人（证人）提供，查阅、复印、调取等
物证	施工设备等实物	现场取证
视听资料	现场录像、照片	现场取证
	其他录像、照片资料	当事人、市民和管理部门等提供
电子数据	/	/
证人证言	证人询问笔录或陈述笔录	询问调查
当事人的陈述	当事人询问笔录、陈述笔录，陈述材料	询问调查，当事人提交
勘验笔录、现场笔录	现场检查笔录	现场检查

145 建设工程施工现场扬尘治理需要检查哪些内容？

研究表明，城市可吸入的污染物主要来源为建筑扬尘，建筑施工扬尘治理成为大气污染防治最核心的工作。因此，建设工程施工现场扬尘治理是落实《大气污染防治法》，促进城市空气质量改善，打赢"蓝天保卫战"的重要举措。对建设工程施工现场扬尘治理的检查主要针对围挡、物料堆放覆盖、土方开挖湿法作业、路面硬化、出入车辆清洗、渣土车辆密闭运输"六个百分之百"要求的落实情况进行巡查监督，对违法行为责令改正或实施处罚。

检查内容包括：

（1）施工现场主要产生扬尘的工序是否实行全密闭施工（如土方开挖、土方回填、小市政、园林、材料加工等）。

（2）施工现场是否按要求安装、使用和管理远程视频监控。施工现场运输车辆出入口至少安装一个球形摄像头和一个车牌抓拍设备，视频监控系统与相关执法部门信息共享。

（3）是否制定施工现场扬尘治理工作方案，建立扬尘治理机构，明确责任部门和人员。施工现场扬尘治理工作方案应包括施工现场扬尘治理的总体目标，施工现场重要环境因素分析，施工现场扬尘治理的重点，施工现场扬尘治理的措施，施工现场扬尘治理组织机构。应建立由项目经理牵头作为第一责任人和组长，项目各有关部门负责人作为组员的扬尘治理工作小组，明确各责任部门相关扬尘治理工作，落实小组各成员相关扬尘治理责任。

（4）工程建筑垃圾消纳手续是否齐全，是否使用符合条件的有资质的建筑垃圾运输车辆。建设单位应当选择符合要求的运输企业和消纳场。委托方应当与运输企业签订委托清运合同，与消纳场签订处置协议。建设单位和运输企业应当在施工前到工程所在地区城市管理部门，为工程项目办理建筑垃圾消纳许可证，为建筑垃圾、土方、砂石运输车辆办理准运许可证。

（5）施工现场是否安装高效洗轮设施，并确保出工地车辆有效清洁或冲洗干净。施工现场施工车辆出入口应设置车辆冲洗设施，对车辆槽帮、车轮等易携带泥沙部位进行清洗，不得带土上路。

（6）施工现场是否按要求使用预拌混凝土和预拌砂浆。

（7）施工现场土方、拆除工序施工是否采用湿法作业防止扬尘。

（8）施工现场主要道路硬化情况。施工现场主要道路必须进行硬化处理，土层夯实后，面层材料可用混凝土、沥青、细石、钢板等。

（9）施工现场材料堆放场地是否进行硬化处理。材料存放区、大模板存放区等场地必须平整夯实，面层材料可用混凝土、细石等。

（10）施工现场非施工作业面的裸露地面是否按要求覆盖。非施工作业面的裸露地面应采用防尘网进行覆盖，或采取绿化、固化措施。

（11）施工现场长期存放或超过一天以上的临时存放的土堆是否按要求覆盖。长期存放或超过一天以上的临时存放的土堆应采用防尘网进行覆盖，或采取绿化、固化措施。

（12）施工现场易产生扬尘的零散材料是否按要求覆盖。水泥、粉煤灰、灰土、砂石、砂浆等易产生扬尘的细颗粒建筑材料应封闭存放或进行覆盖，使用过程中应采取有效措施防止扬尘。

（13）施工现场易产生扬尘的施工作业面是否采取降尘防尘措施。

（14）强噪音施工机具是否采取降噪措施，是否达到夜间施工不违规，噪声排放不超标，有监测记录。

（15）施工现场设备、设施及器具是否具有节能和降耗措施。

（16）施工现场料具是否码放整齐，是否有减少资源消耗和材料节能再利用措施。

（17）食堂是否安装油烟净化装置，并保持有效。

（18）施工现场办公区、生活区是否与施工区分开设置，并保持安全距离。

（19）施工现场是否实行封闭管理，施工现场围挡材质和高度是否符合要求。施工围挡应坚固、严密，表面应平整和清洁，高度不得低于二点五米；现场围挡及大门至少每半年清洗或粉饰见新一次；施工围挡使用材料、构造连接要达到安全技术要求，确保结构牢固可靠。

（20）进入施工现场的非道路移动机械是否进行编码登记。

（21）施工现场是否按要求设置封闭式垃圾站，采取措施减少建筑垃圾的产生，垃圾分类存放并及时清运。

（22）多层、高层建筑物、构筑物内清理垃圾是否采用密闭式专用垃圾道或采用容器吊运。

（23）工程出口两侧各一百米路面实现"三包"（包干净、包秩序、包美化）的情况。施工现场是否及时洒水降尘。

（24）是否安装渣土运输车辆车牌识别和洗轮机监测功能视频设备。

（25）外脚手架是否按要求采用密目网或钢板网等进行封闭。外脚手架架体必须用密目安全网沿外架内侧进行封闭或使用金属防护网等，密目安全网之间必须连接牢固，封闭严密，并与架体固定。

（26）大风等极端恶劣天气期间是否严格按照预警要求落实应急措施。风力四级及以上大风天气不得进行土方运输、土方开挖、土方回填、房屋拆除以及其他可能产生扬尘污染的施工作业。

（27）进门查证、出门查车记录是否建立台账。应当在施工现场门口设立检查点，安排专人对进出施工现场的运输车辆逐一检查，并做好登记。检查运输车辆号牌是否污损、车厢密闭装置是否闭合、车轮车身是否带泥等情况。

（28）车辆冲洗记录是否建立台账。

（29）是否制定空气重污染和大风预警应急预案，空气重污染预警等级牌按规定对外公示。

（30）在施工人员入场三级安全教育培训中是否增加绿色施工规程关于扬尘污染防治的内容，是否将施工扬尘污染防治措施要求传达到一线施工人员。

（31）施工单位是否在施工现场出入口公示相关信息。施工单位要在施工现场大门口处设置扬尘治理和建筑垃圾处置责任公示牌。

146 哪些违法行为可以适用《大气污染防治法》实施处罚？

在扬尘治理、露天烧烤、餐馆油烟排放等执法领域中，城市管理综合执法机关可以适用《大气污染防治法》对相关违法行为实施处罚。其中，符合《大气污染防治法》第一百二十三条第四项规定情形，建筑施工或者贮存易产生扬尘的物料未采取有效措施防治扬尘污染，受到罚款处罚，被责令改正，拒不改正的，执法机关可以自责令改止之日的次日起，按照原处罚数额按日连续处罚。

1. 施工单位未设置硬质围挡

违反条款：《大气污染防治法》第六十九条第三款规定，施工单位应当在施工工地设置硬质围挡。

处罚条款：《大气污染防治法》第一百一十五条第一款第一项，施工工地未设置硬质围挡的，责令施工单位改正，处一万元以上十万元以下的罚款；拒不改正的，责令停工整治。

执法机关可以按未设置围挡的长度裁量罚款额度，其间发生危害公共安全行为的从重处罚。

2. 施工单位未采取有效防尘降尘措施

违反条款：《大气污染防治法》第六十九条第三款规定，施工单位应采取覆盖、分段作业、择时施工、洒水抑尘、冲洗地面和车辆等有效防尘降尘措施。

处罚条款：《大气污染防治法》第一百一十五条第一款第一项，施工工地未采取覆盖、分段作业、择时施工、洒水抑尘、冲洗地面和车辆等有效防尘降尘措施的，责令施工单位改正，处一万元以上十万元以下的罚款；拒不改正的，责令停工整治。

3. 施工单位未及时清运建筑土方（工程渣土、建筑垃圾）

违反条款：《大气污染防治法》第六十九条第三款规定，建筑土方、工程渣土、建筑垃圾施工单位应当及时清运。

处罚条款：《大气污染防治法》第一百一十五条第一款第二项，建筑土方、工程渣土、建筑垃圾未及时清运的，责令施工单位改正，处一万元以上十万元以下的罚款；拒不改正的，责令停工整治。

执法机关可以按建筑土方、工程渣土、建筑垃圾的占地面积和逾期清运的天数裁量罚款额度。造成尘土飞扬，严重污染环境的，从重处罚。

4. 施工单位未采用密闭式防尘网遮盖建筑土方（工程渣土、建筑垃圾）

违反条款：《大气污染防治法》第六十九条第三款规定，在施工工地场地内堆存的建筑土方、工程渣土和建筑垃圾，应当采用密闭式防尘网遮盖。

处罚条款：《大气污染防治法》第一百一十五条第一款第二项，建筑土方、工程渣土、建筑垃圾未采用密闭式防尘网遮盖的，责令施工单位改正，处一万元以上十万元以下的罚款；拒不改正的，责令停工整治。

5. 建设单位未对暂不开工的建设用地裸露地面进行覆盖

违反条款：《大气污染防治法》第六十九条第五款，暂时不能开工的建设用地，建设单位应当对裸露地面进行覆盖。

处罚条款：《大气污染防治法》第一百一十五条第二款，违反本法规定，建设单位未对暂时不能开工的建设用地的裸露地面进行覆盖的，责令改正，处一万元以上十万元以下的罚款；拒不改正的，责令停工整治。

6. 建设单位未对超过三个月不能开工的建设用地裸露地面进行绿化、铺装或者遮盖

违反条款：《大气污染防治法》第六十九条第五款，暂时不能开工超过三个月的，应当进行绿化、铺装或者遮盖。

处罚条款：《大气污染防治法》第一百一十五条第二款，违反本法规定，建设单位未对超过三个月不能开工的建设用地的裸露地面进行绿化、铺装或者遮盖

的，责令改正，处一万元以上十万元以下的罚款；拒不改正的，责令停工整治。

7. 运输散装、流体物料车辆未采取密闭或者其他措施防止物料遗撒

违反条款：《大气污染防治法》第七十条第一款，运输煤炭、垃圾、渣土、砂石、土方、灰浆等散装、流体物料的车辆应当采取密闭或者其他措施防止物料遗撒造成扬尘污染，并按照规定路线行驶。

处罚条款：《大气污染防治法》第一百一十六条，违反本法规定，运输煤炭、垃圾、渣土、砂石、土方、灰浆等散装、流体物料的车辆，未采取密闭或者其他措施防止物料遗撒的，由县级以上地方人民政府确定的监督管理部门责令改正，处二千元以上二万元以下的罚款；拒不改正的，车辆不得上道路行驶。

因车辆未采取密闭或者其他措施，造成车辆泄漏遗撒的，按照"运输车辆泄漏遗撒"的案由从重处罚。

8. 易产生扬尘的物料未密闭贮存

违反条款：《大气污染防治法》第七十二条第一款，贮存煤炭、煤矸石、煤渣、煤灰、水泥、石灰、石膏、砂土等易产生扬尘的物料应当密闭；不能密闭的，应当设置不低于堆放物高度的严密围挡，并采取有效覆盖措施防治扬尘污染。

处罚条款：《大气污染防治法》第一百一十七条第一项，未密闭煤炭、煤矸石、煤渣、煤灰、水泥、石灰、石膏、砂土等易产生扬尘的物料的，责令改正，处一万元以上十万元以下的罚款；拒不改正的，责令停工整治或者停业整治。

9. 易产生扬尘的物料不能密闭贮存的，未按规定设置围挡或者未采取有效覆盖措施

违反条款：《大气污染防治法》第七十二条第一款，贮存煤炭、煤矸石、煤渣、煤灰、水泥、石灰、石膏、砂土等易产生扬尘的物料应当密闭；不能密闭的，应当设置不低于堆放物高度的严密围挡，并采取有效覆盖措施防治扬尘污染。

处罚条款：《大气污染防治法》第一百一十七条第二项，对不能密闭的易产生扬尘的物料，未设置不低于堆放物高度的严密围挡，或者未采取有效覆盖措施防治扬尘污染的，责令改正，处一万元以上十万元以下的罚款；拒不改正的，责令停工整治或者停业整治。

10. 装卸物料未采取密闭或者喷淋等方式控制扬尘排放

违反条款：《大气污染防治法》第七十条第二款，装卸物料应当采取密闭或者喷淋等方式防治扬尘污染。

处罚条款：《大气污染防治法》第一百一十七条第三项，装卸物料未采取密闭或者喷淋等方式控制扬尘排放的，责令改正，处一万元以上十万元以下的罚款；拒不改正的，责令停工整治或者停业整治。

11. 填埋场（消纳场）未采取有效措施防治扬尘污染

违反条款：《大气污染防治法》第七十二条第二款，码头、矿山、填埋场和消纳场应当实施分区作业，并采取有效措施防治扬尘污染。

处罚条款：《大气污染防治法》第一百一十七条第五项，码头、矿山、填埋场和消纳场未采取有效措施防治扬尘污染的，责令改正，处一万元以上十万元以下的罚款；拒不改正的，责令停工整治或者停业整治。

12. 露天焚烧秸秆（落叶）等产生烟尘污染的物质

违反条款：《大气污染防治法》第七十七条，省、自治区、直辖市人民政府应当划定区域，禁止露天焚烧秸秆、落叶等产生烟尘污染的物质。

处罚条款：《大气污染防治法》第一百一十九条第一款，违反本法规定，在人口集中地区对树木、花草喷洒剧毒、高毒农药，或者露天焚烧秸秆、落叶等产生烟尘污染的物质的，由县级以上地方人民政府确定的监督管理部门责令改正，并可以处五百元以上二千元以下的罚款。

13. 焚烧沥青（油毡、橡胶、塑料、皮革、垃圾）等产生有毒有害烟尘和恶臭气体的物质

违反条款：《大气污染防治法》第八十二条第一款，禁止在人口集中地区和其他依法需要特殊保护的区域内焚烧沥青、油毡、橡胶、塑料、皮革、垃圾以及其他产生有毒有害烟尘和恶臭气体的物质。

处罚条款：《大气污染防治法》第一百一十九条第二款，违反本法规定，在人口集中地区和其他依法需要特殊保护的区域内，焚烧沥青、油毡、橡胶、塑料、皮革、垃圾以及其他产生有毒有害烟尘和恶臭气体的物质的，由县级人民政府确定的监督管理部门责令改正，对单位处一万元以上十万元以下的罚款，对个人处五百元以上二千元以下的罚款。

14. 违反规定露天烧烤食品或为露天烧烤食品提供场地

违反条款：《大气污染防治法》第八十一条第三款，任何单位和个人不得在当地人民政府禁止的区域内露天烧烤食品或者为露天烧烤食品提供场地。

处罚条款：《大气污染防治法》第一百一十八条第三款，违反本法规定，在当地人民政府禁止的时段和区域内露天烧烤食品或者为露天烧烤食品提供场地的，由县级以上地方人民政府确定的监督管理部门责令改正，没收烧烤工具和违法所得，并处五百元以上二万元以下的罚款。

15. 拒不执行停止工地土石方作业和建筑物拆除施工等重污染天气应急措施

违反条款：《大气污染防治法》第九十六条第一款，县级以上地方人民政府应当依据重污染天气的预警等级，及时启动应急预案，根据应急需要可以采取责令有关企业停产或者限产、限制部分机动车行驶、禁止燃放烟花爆竹、停止工地土石方作业和建筑物拆除施工、停止露天烧烤、停止幼儿园和学校组织的户外活动、组织开展人工影响天气作业等应急措施。

处罚条款：《大气污染防治法》第一百二十一条第二款，违反本法规定，拒不执行停止工地土石方作业或者建筑物拆除施工等重污染天气应急措施的，由县级以上地方人民政府确定的监督管理部门处一万元以上十万元以下的罚款。

16. 排放油烟的餐饮服务业经营者未安装油烟净化设施、不正常使用油烟净化设施或者未采取其他油烟净化措施，超过排放标准排放油烟

违反条款：《大气污染防治法》第八十一条第一款，排放油烟的餐饮服务业经营者应当安装油烟净化设施并保持正常使用，或者采取其他油烟净化措施，使油烟达标排放，并防止对附近居民的正常生活环境造成污染。

处罚条款：《大气污染防治法》第一百一十八条第一款，违反本法规定，排放油烟的餐饮服务业经营者未安装油烟净化设施、不正常使用油烟净化设施或者未采取其他油烟净化措施，超过排放标准排放油烟的，由县级以上地方人民政府确定的监督管理部门责令改正，处五千元以上五万元以下的罚款；拒不改正的，责令停业整治。

饮食服务业油烟排放的标准限值，按照《饮食业油烟排放标准》（GB 18483 - 2001）执行。处于同一建筑物内，隶属于同一法人的所有排烟灶头，计为一个饮食业单位。

对未安装油烟净化设施、不正常使用油烟净化设施两种情形下的油烟排放，依据《饮食业环境保护技术规范》（HJ 554 - 2010）和《饮食业油烟排放标准》（GB 18483 - 2001）的规定，"未安装油烟净化设施、不正常使用油烟净化设施"实施的油烟排放即未经任何油烟净化设施净化的油烟排放，为无组织排放，视同超标，可以无须检测即可认定违法。

对不正常使用油烟净化设施导致超过排放标准排放油烟的，则可以参考《关于"不正常使用"污染物处理设施违法认定和处罚的意见》（环发〔2003〕177号）进行认定和处罚。

17. 在居民住宅楼、未配套设立专用烟道的商住综合楼以及商住综合楼内与居住层相邻的商业楼层内新建、改建、扩建产生油烟、异味、废气的餐饮服务项目

违反条款：《大气污染防治法》第八十一条第二款，禁止在居民住宅楼、未配套设立专用烟道的商住综合楼以及商住综合楼内与居住层相邻的商业楼层内新建、改建、扩建产生油烟、异味、废气的餐饮服务项目。

处罚条款：《大气污染防治法》第一百一十八条第二款，违反本法规定，在居民住宅楼、未配套设立专用烟道的商住综合楼、商住综合楼内与居住层相邻的商业楼层内新建、改建、扩建产生油烟、异味、废气的餐饮服务项目的，由县级以上地方人民政府确定的监督管理部门责令改正；拒不改正的，予以关闭，并处一万元以上十万元以下的罚款。

147 哪些违法行为可以适用《固体废物污染环境防治法》实施处罚？

2020 年修订通过的《固体废物污染环境防治法》第四章、第五章分别规定了生活垃圾和建筑垃圾的管理和处置规范，并在第八章第一百一十一条授予地方人民政府环境卫生主管部门对相应违法行为的处罚权力。对违反生活垃圾和建筑垃圾管理处置的违法行为实施行政处罚时，应依据法律适用规则，优先适用《固体废物污染环境防治法》。

1. 随意倾倒、抛撒、堆放或者焚烧生活垃圾

违反条款：《固体废物污染环境防治法》第四十九条第二款，任何单位和个

人都应当依法在指定的地点分类投放生活垃圾。禁止随意倾倒、抛撒、堆放或者焚烧生活垃圾。

处罚条款：《固体废物污染环境防治法》第一百一十一条第一款第一项、第二款，单位随意倾倒、抛撒、堆放或者焚烧生活垃圾的，责令改正，处五万元以上五十万元以下的罚款，没收违法所得；个人随意倾倒、抛撒、堆放或者焚烧生活垃圾的，责令改正，处一百元以上五百元以下的罚款，没收违法所得。

2. 擅自关闭、闲置或者拆除生活垃圾处理设施、场所

违反条款：《固体废物污染环境防治法》第五十五条第三款，禁止擅自关闭、闲置或者拆除生活垃圾处理设施、场所；确有必要关闭、闲置或者拆除的，应当经所在地的市、县级人民政府环境卫生主管部门商所在地生态环境主管部门同意后核准，并采取防止污染环境的措施。

处罚条款：《固体废物污染环境防治法》第一百一十一条第一款第二项、第二款，单位擅自关闭、闲置或者拆除生活垃圾处理设施、场所的，责令改正，处十万元以上一百万元以下的罚款，没收违法所得。

3. 工程施工单位未编制建筑垃圾处理方案报备案

违反条款：《固体废物污染环境防治法》第六十三条第一款，工程施工单位应当编制建筑垃圾处理方案，采取污染防治措施，并报县级以上地方人民政府环境卫生主管部门备案。

处罚条款：《固体废物污染环境防治法》第一百一十一条第一款第二项、第二款，工程施工单位未编制建筑垃圾处理方案报备案的，责令改正，处十万元以上一百万元以下的罚款，没收违法所得。

4. 工程施工单位未及时清运施工过程中产生的固体废物

违反条款：《固体废物污染环境防治法》第六十三条第二款，工程施工单位应当及时清运工程施工过程中产生的建筑垃圾等固体废物，并按照环境卫生主管部门的规定进行利用或者处置。

处罚条款：《固体废物污染环境防治法》第一百一十一条第一款第三项、第二款，工程施工单位未及时清运施工过程中产生的固体废物的，责令改正，处十万元以上一百万元以下的罚款，没收违法所得。

该违法行为也可以适用《大气污染防治法》第一百一十五条第一款第二项实

施处罚，执法机关应根据违法情节和危害后果选择适用。

5. 工程施工单位擅自倾倒、抛撒或者堆放工程施工过程中产生的建筑垃圾

违反条款：《固体废物污染环境防治法》第六十三条第三款，工程施工单位不得擅自倾倒、抛撒或者堆放工程施工过程中产生的建筑垃圾。

处罚条款：《固体废物污染环境防治法》第一百一十一条第一款第四项、第二款，工程施工单位擅自倾倒、抛撒或者堆放工程施工过程中产生的建筑垃圾，或者未按照规定对施工过程中产生的固体废物进行利用或者处置的，责令改正，处十万元以上一百万元以下的罚款，没收违法所得。

6. 产生、收集厨余垃圾的单位和其他生产经营者未将厨余垃圾交由具备相应资质条件的单位进行无害化处理

违反条款：《固体废物污染环境防治法》第五十七条第二款，产生、收集厨余垃圾的单位和其他生产经营者，应当将厨余垃圾交由具备相应资质条件的单位进行无害化处理。

处罚条款：《固体废物污染环境防治法》第一百一十一条第一款第五项、第二款，产生、收集厨余垃圾的单位未将厨余垃圾交由具备相应资质条件的单位进行无害化处理的，责令改正，处十万元以上一百万元以下的罚款，没收违法所得。个人未将厨余垃圾交由具备相应资质条件的单位进行无害化处理的，责令改正，处一百元以上五百元以下的罚款，没收违法所得。

7. 畜禽养殖场、养殖小区利用未经无害化处理的厨余垃圾饲喂畜禽

违反条款：《固体废物污染环境防治法》第五十七条第三款，禁止畜禽养殖场、养殖小区利用未经无害化处理的厨余垃圾饲喂畜禽。

处罚条款：《固体废物污染环境防治法》第一百一十一条第一款第六项、第二款，畜禽养殖场、养殖小区利用未经无害化处理的厨余垃圾饲喂畜禽的，责令改正，处十万元以上一百万元以下的罚款，没收违法所得。

8. 在运输过程中沿途丢弃、遗撒生活垃圾

违反条款：《固体废物污染环境防治法》第四十九条第二款，任何单位和个人都应当依法在指定的地点分类投放生活垃圾。禁止随意倾倒、抛撒、堆放或者焚烧生活垃圾。

处罚条款：《固体废物污染环境防治法》第一百一十一条第一款第七项、第

二款，单位在运输过程中沿途丢弃、遗撒生活垃圾的，责令改正，处五万元以上五十万元以下的罚款，没收违法所得。个人在运输过程中沿途丢弃、遗撒生活垃圾的，责令改正，处一百元以上五百元以下的罚款，没收违法所得。

9. 未在指定的地点分类投放生活垃圾

违反条款：《固体废物污染环境防治法》第四十九条第二款，任何单位和个人都应当依法在指定的地点分类投放生活垃圾。禁止随意倾倒、抛撒、堆放或者焚烧生活垃圾。

处罚条款：《固体废物污染环境防治法》第一百一十一条第三款，违反本法规定，未在指定的地点分类投放生活垃圾的，由县级以上地方人民政府环境卫生主管部门责令改正；情节严重的，对单位处五万元以上五十万元以下的罚款，对个人依法处以罚款。

148 对生活垃圾分类违法行为如何查处？

《固体废物污染环境防治法》从法律上明确国家推行生活垃圾分类制度，就生活垃圾的分类投放、分类收集、分类运输、分类处理作出规定，并要求省、自治区、直辖市和设区的市、自治州可以结合实际情况，制定本地方生活垃圾具体管理办法。以上海市为例，2019年，上海市通过了《上海市生活垃圾管理条例》，该条例规定生活垃圾分类制度在上海市的具体实施，并设定了对违反垃圾分类制度的行为的处罚条款。上海市城市管理局经过前期的执法实践，制定了《上海市生活垃圾分类违法行为查处规定》和《〈上海市生活垃圾管理条例〉行政处罚裁量基准》，作为《上海市生活垃圾管理条例》配套的规范性文件，对生活垃圾分类管理的违法行为归类并进一步细化，对违法行为的界定、分类、处罚的适用情形作了详细规定，规范对违反生活垃圾分类管理规定行为的查处工作，具体指导各区城管执法部门办理生活垃圾执法案件。

1. 各类违法主体的违法行为

（1）单位。单位未将生活垃圾分别投放至相应收集容器的。

（2）个人。个人将有害垃圾与可回收物、湿垃圾（厨余垃圾）、干垃圾（其他垃圾）混合投放，或者将湿垃圾与可回收物、干垃圾混合投放的。

（3）管理责任人。管理责任人未按照要求设置收集容器、设施的或未分类驳运的。

（4）无证经营的单位或个人。单位或个人擅自从事有害垃圾、湿垃圾（厨余垃圾）、干垃圾（其他垃圾）经营性收集、运输，以及湿垃圾、干垃圾经营性处置活动的。

（5）收集、运输单位。未使用专用车辆、船舶，未清晰标示所运输生活垃圾的类别、未实行密闭运输或者未安装在线监测系统的；将已分类投放的生活垃圾混合收集、运输，或者将危险废物、工业固体废物、建筑垃圾等混入生活垃圾；未按照要求将生活垃圾运输至符合条件的转运场所的。

（6）处置单位。未保持生活垃圾处置设施、设备正常运行，影响生活垃圾及时处置或未按照要求分类处置生活垃圾的。

2. 整改前置

除擅自从事有害垃圾、湿垃圾（厨余垃圾）、干垃圾（其他垃圾）经营性收集、运输，以及湿垃圾（厨余垃圾）、干垃圾（其他垃圾）经营性处置活动的行为外，城市管理综合执法机关发现生活垃圾分类违法行为，应根据违法情形责令立即改正或限期整改。当事人拒不改正的，再实施行政处罚。当事人是个人的，先由生活垃圾分类管理责任人，如小区物业、垃圾桶值守人员等进行劝阻；对拒不听从劝阻的，城市管理综合执法机关给予书面警告；再次违反规定的，再实施罚款或参加社区服务等处罚。

3. 违法行为认定的证据

垃圾分类的违法认定主要以现场笔录、录像资料、取证照片为主，如垃圾厢房和单位安装的监控探头视频，居民、志愿者、物业拍下的照片和视频或者证言等，都可作为证据来源。但各种证据需要相互印证，形成证据链才能认定违法行为，孤证不能定案。

149 城市管理综合执法机关如何查处社会生活噪声？

1. 社会生活噪声的定义

社会生活噪声，是指人为活动产生的除工业噪声、建筑施工噪声和交通运输噪声之外的干扰周围生活环境的声音。《噪声污染防治法》将除工业噪声、建筑施工噪声和交通运输噪声之外的所有人为活动产生的噪声皆归类为社会生活噪声。对社会生活噪声，《噪声污染防治法》作出了如下防止、减轻规定：

（1）文化娱乐、体育、餐饮等场所的经营管理者应当采取有效措施，防止、减轻噪声污染。

（2）使用空调器、冷却塔、水泵、油烟净化器、风机、发电机、变压器、锅炉、装卸设备等可能产生社会生活噪声污染的设备、设施的企业事业单位和其他经营管理者等，应当采取优化布局、集中排放等措施，防止、减轻噪声污染。

（3）禁止在商业经营活动中使用高音广播喇叭或者采用其他持续反复发出高噪声的方法进行广告宣传。对商业经营活动中产生的其他噪声，经营者应当采取有效措施，防止噪声污染。

（4）禁止在噪声敏感建筑物集中区域使用高音广播喇叭，但紧急情况以及地方人民政府规定的特殊情形除外。

（5）在街道、广场、公园等公共场所组织或者开展娱乐、健身等活动，应当遵守公共场所管理者有关活动区域、时段、音量等规定，采取有效措施，防止噪声污染；不得违反规定使用音响器材产生过大音量。

（6）家庭及其成员应当培养形成减少噪声产生的良好习惯，乘坐公共交通工具、饲养宠物和其他日常活动应尽量避免产生噪声对周围人员造成干扰，互谅互让解决噪声纠纷，共同维护声环境质量。使用家用电器、乐器或者进行其他家庭场所活动，应当控制音量或者采取其他有效措施，防止噪声污染。

（7）对已竣工交付使用的住宅楼、商铺、办公楼等建筑物进行室内装修活动，应当按照规定限定作业时间，采取有效措施，防止、减轻噪声污染。

（8）居民住宅区安装电梯、水泵、变压器等共用设施设备的，建设单位应当合理设置，采取减少振动、降低噪声的措施，符合民用建筑隔声设计相关标准要求。

2. 城市管理综合执法机关的执法范围

根据《噪声污染防治法》《中共中央　国务院关于深入推进城市执法体制改革改进城市管理工作的指导意见》，各地的地方性法规规定的属于城市管理综合执法机关管辖的社会生活噪声类型一般有以下几种：

（1）超过噪声排放标准排放建筑施工噪声的；

（2）未按照规定取得证明，在噪声敏感建筑物集中区域夜间进行产生噪声的建筑施工作业的；

（3）超过噪声排放标准排放社会生活噪声的；

（4）在商业经营活动中使用高音广播喇叭或者采用其他持续反复发出高噪声的方法进行广告宣传的；

（5）未对商业经营活动中产生的其他噪声采取有效措施造成噪声污染的。

由于各地地方性法规和开展相对集中行政处罚权的范围各有不同，城市管理综合执法机关在受理社会生活噪音相关案件时，应严格依据公布的权责清单和执法事项划定的执法范围执行。

3. 社会生活噪声违法行为的查处

针对属于本机关管辖范围的社会生活噪声，城市管理综合执法机关应区分不同情形进行处理：

（1）针对不需要监测即可认定的社会生活噪声，执法机关可以在取证后，直接责令当事人改正。

例如在居民小区内切割钢材发出高噪声污染的行为，执法机关在接到投诉举报后，经调查情况属实，即可书面责令当事人立即改正，并固定证据，以备进入行政处罚程序。

（2）针对需要监测结果才能认定的社会生活噪声，城市管理综合执法机关经现场核实情况后，应当致函环保部门，商请其对噪声是否超标排放予以认定，并根据认定结果，由环保部门提出整改意见后，再作进一步处理。

例如接到群众对宾馆酒店的冷却塔噪声的投诉举报后，城市管理综合执法机关不能直接认定冷却塔的噪声排放超标，需环保部门对噪声排放的监测结果认定超标后，提出整改意见并督促当事人改正。

（3）对拒不改正违法行为的，执法机关应依法采用一般程序进行行政处罚。

例如城市管理综合执法人员对在小区内加工铝合金门窗的商户使用切割机加工钢材发出高噪声的行为作出了书面责令改正的通知，但当事人拒不改正。执法人员依法对其作出了罚款二千元的处罚决定，并将处罚结果上网公示。当事人既不提起行政复议和诉讼，经催告后也不履行处罚决定，城市管理综合执法机关依法申请人民法院进行非诉执行，完成全部处罚程序。

150 建设工程施工噪声污染防治要求是什么？有哪些违法行为？

建筑施工噪声主要指建筑施工过程中产生的干扰周围生活环境的噪声，包括城市公用设施，如轨道交通、道路、桥梁、敷设地下管道和电缆等，以及工业与民用建筑的施工现场，所使用各种不同性能的动力机械和设备发出的噪声，使原来比较安静的环境成为噪声污染严重的场所。建筑施工噪声污染源主要来自施工机械、施工场地进出的交通运输车辆等。已竣工交付使用的住宅室内装修装饰产生的环境噪声不属于建筑施工噪声。

1. 建设工程施工噪声污染防治的要求

（1）建设单位应当采取有效的噪声污染防治措施，使排放的噪声符合国家规定的施工场界环境噪声排放标准。采取噪声污染防治措施所需的费用列入工程造价。

（2）在工程开工前，施工单位应当根据建设单位、设计单位提出的噪声污染防治意见，结合施工工地现场条件、周边噪声敏感点分布，识别主要噪声污染源，明确噪声污染防治的具体措施，按照规定制定噪声污染防治实施方案，采取有效措施，减少振动、降低噪声。建设单位应当监督施工单位落实噪声污染防治实施方案。

（3）在噪声敏感建筑物集中区域施工作业，应当优先使用低噪声施工工艺和设备。

（4）在噪声敏感建筑物集中区域施工作业，建设单位应当按照国家规定，设置噪声自动监测系统，并与监督管理部门联网，保存原始监测记录，对监测数据的真实性和准确性负责。

（5）中考、高考期间及当地人民政府规定的其他特殊时段内，除抢修抢险外禁止在噪声敏感建筑物集中区域内从事产生噪声的施工作业。

（6）除抢修、抢险作业和因生产工艺上要求或者特殊需要必须连续作业外，禁止夜间在城市市区噪声敏感建筑物集中区域内进行产生噪声污染的建筑施工作业。

（7）建筑施工单位夜间进行产生噪声污染的建筑施工作业，应当合理安排工期与工序，采取有效的噪声污染防治措施，需取得夜间施工证明的，严格按照载明的要求进行施工，减少对施工场所周围单位和居民的干扰。

（8）因特殊需要必须连续施工作业的，应当取得地方人民政府住房和城乡建设、生态环境主管部门或者地方人民政府指定的部门的证明，并在施工现场显著位置公示或者以其他方式公告附近居民。公告内容包括：施工项目名称、施工单位名称、夜间施工批准文号、夜间施工起止时间、夜间施工内容、工地负责人及其联系方式、监督电话等。

（9）施工现场应对噪声进行实时监测，施工场界环境噪声排放昼间不应超过70dB（A），夜间不应超过55dB（A）。噪声测量方法应符合现行国家标准《建筑施工场界环境噪声排放标准》（GB 12523-2011）的规定。

（10）施工过程宜使用低噪声、低振动的施工机械设备，对噪音控制要求较高的区域应采取隔声措施。

（11）进入施工现场的车辆禁止鸣笛。装卸材料应轻拿轻放。

2. 建设工程施工噪声违法行为

（1）超过噪声排放标准排放建筑施工噪声的，未按照规定制定噪声污染防治实施方案，或者未采取有效措施减少振动、降低噪声的。

执法机关可以根据工程面积、开工时间、所处位置、居民投诉反映情况、施工现场管理情况等因素确定违法行为的情节。

（2）未把产生噪声的设备、设施布置在远离居住区一侧。

"产生噪声的施工设备、设施"包括：蒸汽桩机、锤击桩机、旋挖桩机、破碎设备、泵锤机、简门锯、金属切割机、降尘雾炮机等高噪声设备且相对固定的机械。

关于"远离居住区一侧"的认定：如施工现场仅有一侧边界远离居住区的，则应将产生噪声的施工设备、设施布置在远离居民住宅的一侧；有两侧以上边界远离居住区的，应布置在相对远离居民住宅的一侧；若施工现场四周均为居住区，施工单位采取有效防止噪声措施的，不认定为本案由的违法行为。施工单位或举报人有异议的，可向环境监测部门申请监测认定。

（3）特殊时段在噪声敏感建筑物集中区域内从事产生噪声的施工作业。

是指在中考、高考期间及当地人民政府规定的其他特殊时段内，除抢修抢险外禁止在噪声敏感建筑物集中区域内从事产生噪声的施工作业。

噪声敏感建筑物集中区域指医疗区、文教科研区和以机关或者居民住宅为主的区域。

"产生噪声的施工作业"包括：土方工程；浇注混凝土；支、拆模板；大型机械夜间清理施工现场；切割机、电锯作业；夯实作业；捆扎钢筋；破碎作业；拆除作业等。

（4）未按照规定取得证明，在噪声敏感建筑物集中区域夜间进行产生噪声的建筑施工作业的。

（5）建设单位未按照规定将噪声污染防治费用列入工程造价的。

（6）在噪声敏感建筑物集中区域施工作业的建设单位未按照国家规定设置噪声自动监测系统，未与监督管理部门联网，或者未保存原始监测记录的。

（7）因特殊需要必须连续施工作业，建设单位未按照规定公告附近居民的。

公告内容应包括：施工项目名称、施工单位名称、施工批准文号、施工起止时间、施工内容、工地负责人及其联系方式、监督电话等。

151 违反城市建筑垃圾管理的行为有哪些情形？查处时应该注意什么？

建筑垃圾是在进行拆迁、建设、装修、修缮等建筑业的生产活动中产生的渣土、废旧混凝土、废旧砖石及其他废弃物的统称，也可以称为建筑固体废弃物。按产生源分类，建筑垃圾可分为渣土、装修垃圾、拆迁垃圾、泥浆等；按组成成分分类，建筑垃圾可分为渣土、混凝土块、碎石块、砖瓦碎块、废砂浆、泥浆、沥青块、废塑料、废金属、废竹木等。

对城市建筑垃圾的管理主要依据《城市建筑垃圾管理规定》来规范。

违反城市建筑垃圾管理的情形有以下几种：

1. 擅自倾倒、抛撒建筑垃圾

主要表现为：

（1）运输建筑垃圾的车辆，由于密闭装置不严实，或者超高超量装载等不规范装载行为导致沿途抛撒、滴漏等现象。

（2）单位和个人为了规避行政主管部门管理、逃避费用，擅自倾倒、堆放或者处置建筑垃圾、工程渣土。

对抛撒建筑垃圾的，要对抛撒的现场情况、抛撒的车辆情况、处置建筑垃圾的单位、施工工地周边、道路的污染情况进行详细的调查取证。对擅自倾倒、堆放建筑垃圾的，还应当核查其是否获得行政许可手续。

2. 运输工程渣土、砂石、泥浆及流体废弃物车辆车轮带泥行驶污染道路

由于运输建筑垃圾的车辆驶出施工工地前未按照要求清洗车轮，导致施工工地的泥土附着在车轮上，污染道路，如果违法行为人拒不采取补救措施的，应当根据《行政强制法》有关代履行的规定组织作业单位及时清除，清除费用由违法行为人承担。执法人员应根据本单位自由裁量基准表中划分处罚情节的标准，如次数、面积、长度、区域等条件，调取相关的证据作为裁量的依据。需要注意的是，在调取运输建筑垃圾车辆的车轮带泥行驶的相关证据的同时，还要对其导致的结果即污染道路的情况进行取证。

3. 建筑垃圾混入生活垃圾和危险废弃物

主要表现为：

（1）处置建筑垃圾的单位和个人将建筑垃圾掺杂在生活垃圾中。

（2）将医疗垃圾混入建筑垃圾中。

（3）将化学原料废弃物混入建筑垃圾中。

将建筑垃圾混入生活垃圾和危险废弃物的违法行为，违反了《城市建筑垃圾管理规定》第九条规定，根据《城市建筑垃圾管理规定》第二十条规定依法处理。

危险废弃物是指列入国家危险废物名录或者根据国家规定的危险废物鉴别标准和鉴别方法认定的具有危险特性的固体废物。在查处将危险废物混入建筑垃圾的违法行为时，应当对混入建筑垃圾的物质进行核查，以确定其是否属于危险废物。

4. 擅自设立弃置场地受纳建筑垃圾

对擅自设立弃置场地受纳建筑垃圾的违法行为，在取证过程中，要注意收集当事人租用弃置场地与处置建筑垃圾的单位受纳建筑垃圾的情况等相关证据。同时，处置建筑垃圾的单位也存在涉及违法等问题，对处置建筑垃圾的单位也需要进行调查。

5. 建筑垃圾储运消纳场受纳工业垃圾、生活垃圾和有毒有害垃圾

主要表现为：

（1）建筑垃圾储运消纳场受纳生产废料等工业垃圾。

（2）建筑垃圾储运消纳场受纳单位或者个人运输来的生活垃圾。

（3）建筑垃圾储运消纳场受纳医疗废物、化学废料等有毒有害垃圾。

查处该违法行为时，要注意同时调查对建筑垃圾储运消纳场受纳的工业垃圾、生活垃圾和有毒有害垃圾的处置方法，并对建筑垃圾储运消纳场处置工业垃圾、生活垃圾和有毒有害垃圾的具体情况进行取证。

6. 施工单位未履行义务

（1）施工单位未及时清运工程施工过程中产生的建筑垃圾造成环境污染。

（2）施工单位不按照环境卫生行政主管部门的规定对施工过程中产生的固体废物进行利用或者处置。

对施工单位未履行义务的行为进行查处时，应该注意以下几个问题：

（1）施工单位未及时清运工程施工过程中产生的建筑垃圾，造成环境污染的行为，适用《城市建筑垃圾管理规定》第二十二条第一款进行处罚。需要注意的是，如果选择适用《城市建筑垃圾管理规定》第二十二条第一款的规定，在给予当事人罚款的同时，还应给予警告。

（2）对于施工单位不按照环境卫生行政主管部门的规定对施工过程中产生的固体废物进行利用或者处置的行为，必须对照行政许可决定书及其附件中关于施工单位对固体废物进行利用或者处置的要求进行核查，也可以按照环境卫生行政主管部门的相关规范性文件要求进行核查。

（3）对于施工单位将建筑垃圾交给个人或者未经核准从事建筑垃圾运输的单位处置的，应该对个人或者运输的单位进行确认，并明确其与施工单位之间的关系，调取相关的运输协议。

7. 非法获得或者转让建筑垃圾处置核准文件

主要表现为：

（1）由于超过处置核准文件规定的时限要求，擅自涂改城市建筑垃圾处置核准文件。

（2）将城市建筑垃圾处置核准文件倒卖给不符合条件的单位和个人。

（3）将城市建筑垃圾处置核准文件出租、出借给不符合条件或者未取得核准文件的单位和个人。

（4）将城市建筑垃圾处置核准文件出租、出借给已获得核准文件但由于业务量发生变化又需要增加运输车辆等，但又未办理许可手续的单位和个人。

（5）以其他形式向未能够获得核准文件或者不符合要求的单位和个人非法转

让城市建筑垃圾处置核准文件。

对非法获得或者转让建筑垃圾处置核准文件的违法行为，涂改建筑垃圾处置核准文件的，应当调查原始的核准文件并进行核对；将建筑垃圾处置核准文件倒卖、出租、出借或者以其他形式非法转让给其他单位和个人的，应当调查相关买卖、出租、出借、转让的协议，调查买受方、租赁方、受让方的相关情况，购买、租借、受让建筑垃圾处置核准文件的动机、目的和建筑垃圾处置核准文件的使用情况。

8. 未经核准擅自处置或者处置超出核准范围建筑垃圾

（1）处置建筑垃圾的单位为规避管理、逃避费用，未经核准擅自处置建筑垃圾。

（2）处置建筑垃圾的单位在运输建筑垃圾时，为规避监管或者获取超额的利益，超出核准范围私自承运建筑垃圾。

对未经核准擅自处置或者处置超出核准范围建筑垃圾的违法行为，首先应当调查其是否取得行政许可，并根据建筑垃圾处置核准文件核查当事人是否超出核准的范围私自处置建筑垃圾；该违法行为的当事人分为施工单位、建设单位、运输建筑垃圾的单位，执法人员应当根据调查取证的情况，选择合适的对象进行查处。

152 如何现场处置物业管理范围内的违法行为？

物业管理范围内的违法行为主要有三种情形：一是违法建造，二是擅自改变建筑设计使用功能，三是擅自改动房屋建筑主体和承重结构。此类行为一般发生在装修期间，违法行为的主体较明确，行为人一般为业主或承租人，违法行为一般具有持续性。

城市管理综合执法机关现场处置上述违法行为，主要以责令改正违法行为和收集固定现场证据为目的。一是要开具文书，责令当事人改正、接受处理。二是现场询问，了解第一手资料。三是完成现场勘验。

1. 现场文书的填写要求

（1）尽量使用专业术语：如搭建建筑物、屋顶、×侧、外墙、露台、晒台、平（坪）台、砖混、钢结构等表述。

（2）主体的确认：如无法现场确认当事人的，可以具体填写门牌号＋业主，如××区××路××号××室业主。法人或其他组织以营业执照为准；无主建设填写××建筑建设者。

（3）责令停止违法建设行为通知书中对建筑物的描述应尽量详细，尤其是对在建的违法建筑更应详细描述现状（包括：面积、所在方位、在建时间、建到第几层、建（构）筑物的结构、是否封顶、是否进行装修等）。

（4）送达及签收：当事人本人或同住成年家属签收有效；拒签、不在现场的应写明情况且有见证人签名见证（需取得见证人的相关信息），留置送达并全程摄像。

2. 现场询问的注意要点

（1）进入现场，应首先了解在场人员的身份（业主、租户、装修工人、物业服务人员），根据其身份再进行询问；

（2）需注意了解是否是权属人的行为或者是承租人的行为，是否有共同违建的主体如共有权人等，权属人与共有权之间的关系；

（3）是否存在翻修的行为，翻修的程度是关键，如涉及梁柱板等主体结构的翻修就属于改建行为，应对翻修的部分及翻建的时间进行询问。

3. 现场勘验的注意要点

（1）应事先和当事人联系，如有当事人配合最好；若进入现场时当事人不在现场的，应立即联系物业或周边业主（投诉人）到场，以便尽快确定违法事实。

（2）可联系物业或投诉人就违章情况进行了解，如是否有房屋平面图、业主联系电话等，先对违章前的情况有个初步了解，便于判断现场违章情况。

（3）属于擅自改变建筑设计使用功能的，勘验时可参考楼上楼下户型；对增设卫生间的，应对其增设的马桶、水池等构件拍照取证。

（4）属于擅自改动房屋建筑主体的，勘验时可参考楼上楼下户型，且应测量改动部分的尺寸面积。

（5）属于违法建造的，应在现场详细了解违法建造部分的结构、尺寸、面积、材质等。

（6）现场勘验应拍摄相关的违章情况：明确显示违章现场的全景、近景，多角度拍摄方便日后选用相关相片，在选用相片应注意选用能清楚表达违章情况的图片，最好多角度多方位选取。

（7）现场勘验时应当绘图，并标明方位。

4. 无法进入现场的处置

（1）对违法行为可从室外观测到的，如在屋顶、露台、阳台违法建造或拆除墙体的，可以从有利位置对其进行拍照取证，并根据相邻建筑物或结合房屋建筑图纸等，初步确认违法建筑物的尺寸等要素，以利于下次现场勘验。

（2）对违法行为处于室内的，可向物业了解业主信息，并与业主联系要求进入现场检查，业主拒绝的，可制作此次执法记录，并由物业或投诉人见证。必要时，可申请公安部门或其他部门配合入户进行检查。

5. 暂扣施工工具

对经责令改正能够立即停止施工的，可不予暂扣施工工具。需要当场暂扣措施的，经电话请示机关负责人同意后可以立即实施，但应当在二十四小时内补办审批手续。执法人员暂扣施工工具时，应当向相对人送达查封、扣押物品决定书。查封、扣押物品决定书应当详细列明暂扣物品规格型号、数量等（必要时应采取摄影、摄像等证据保全措施），由执法人员和当事人以签名或者盖章等方式确认。当事人拒绝签名的，应由二名以上执法人员在查封、扣押物品决定书上注明情况。相对人拒绝到场的，可以邀请有关人员作为见证人，由执法人员和有关人员在查封、扣押物品决定书上签名并注明情况，并全场录像。

153 无运输许可证承运渣土如何查处？

无证运输渣土案件要重点围绕当事人认定，未取得许可证运输渣土的事实和运输渣土量等方面开展证据收集。

无证运输渣土案件的案发现场可能在车辆运输途中、建设工地即出土地点（装点）、回填地点（卸点）等场所，要根据不同的场所采取不同的现场检查方式开展调查取证。

1. 运输途中现场取证

（1）现场确认。一进入现场，首先要求驾驶员配合调查。若驾驶员拒不配合现场调查，可联系单位负责人到现场，或邀请证人见证现场检查执法活动。

（2）现场勘查。围绕车辆正在实施承运渣土的行为，车辆装载渣土的状况，如是否满载渣土（承运渣土量）等情况，进行现场勘查。

（3）现场拍摄。对车辆正面、侧面拍摄近景和远景，照片中应包含检查场面、车辆、车牌、装载的渣土状况、道路场景，对当事人（或证人）在场情况等方面进行摄像拍照取证。

（4）现场询问。要求驾驶员出示承运渣土车辆的处置证和驾驶证、行驶证，核对其行为合法性、涉案的当事人和涉案车辆驾驶员等信息。可以现场联系管理部门核对该单位许可证的发放情况。如有必要，可以制作询问笔录。

（5）现场暂扣。为制止违法行为、防止证据损毁、避免危害发生、防止危害扩大，对无证运输渣土的车辆可以采取暂扣措施。

（6）制作现场检查笔录。现场检查笔录应包括以下内容：一是现场勘查的情况，包括运输车辆、车牌、运输货物（渣土）、运输状态等内容；二是违法程度，如渣土装载量等情况；三是现场询问的情况，包括核查驾驶证、行驶证（可对证件拍摄取证），核对涉案当事人和涉案车辆驾驶员的信息，询问驾驶员是否取得渣土运输许可；四是在场人情况，涉案车辆驾驶员如拒不配合，邀请证人见证执法取证情况；五是暂扣情况，写明并告知暂扣的事实、理由和依据，享有的权利，记录当事人陈述申辩和文书签收情况；六是现场拍摄情况；七是对涉案的其他情况进行客观记录。

2. 建设工地现场取证

（1）现场确认。一进入现场，首先联系建设单位、施工单位、该项目渣土专营单位和驾驶员，要求其配合调查。

（2）现场勘查。围绕建设工地正在产生渣土，运输车辆正在承运渣土，或承运渣土车辆正在卸载渣土等情况进行现场勘查。

（3）现场询问。要求当事人或驾驶员出示承运渣土车辆的处置证和驾驶证、行驶证，核查其行为合法性和涉案当事人及涉案车辆驾驶员的信息；询问建设单位或施工单位渣土运输企业；查阅渣土运输台账，如有必要可以现场询问调查，制作询问笔录。

（4）现场拍摄。对建设工地正在产生渣土场景、承运渣土的车辆、车牌及车辆装载渣土场景等方面，进行摄像拍照取证。

（5）现场暂扣。为制止违法行为、防止证据损毁、避免危害发生、防止危害扩大，对无证运输渣土的车辆，可以采取暂扣措施。

（6）制作现场检查笔录。现场检查笔录应包括以下内容：一是现场勘查的情况，包括建设工地产生渣土场景、承运渣土的车辆（车牌）、车辆承运渣土的情况；二是现场询问的情况，查验驾驶证、行驶证（可拍摄取证），核查涉案当事人和涉案车辆驾驶员信息；三是询问建设单位或施工单位渣土运输企业及涉案当事人运输渣土情况，查阅渣土运输台账情况；四是在场人情况，如驾驶员、建设单位等配合调查情况，拒不配合的邀请证人见证执法取证情况；五是暂扣情况，写明并告知暂扣的事实、理由和依据，享有的权利，记录当事人陈述申辩和文书签收情况；六是现场拍摄情况；七是对涉案的其他情况进行客观记录。

3. 询问当事人

主要针对下列事宜进行询问：

（1）告知当事人"有权申请回避和是否需要申请回避"的事宜，应经当事人确认；

（2）核实当事人（单位）和前来接受调查人员的身份信息；

（3）明确告知，对运输工程渣土情况进行询问调查；

（4）查证违法行为当事人；

（5）查证行为的合法性，是否取得当地业务主管部门核发的许可证；

（6）查证无证运输渣土的违法事实，包括运输渣土时间、地点等；

（7）查证无证运输渣土的违法程度，包括运输渣土的数量等；

（8）查明出土工地、卸点，形成运输渣土整个环节的证据；

（9）查明承接渣土运输业务的相关情况，如发包方、合同及涉案相关人员等情况；

（10）对现场检查笔录等证据以及在场人情况进行确认；

（11）现场实施暂扣时当事人拒签的，在询问笔录中要求当事人确认，并将暂扣物品决定书及清单交给当事人；

（12）其他证据，对涉及举报人、证人的证言和材料或媒体曝光报道等进一步查证；

（13）对当事人提供的证据、自认的证据，应当进行证据闭合。

4. 询问驾驶员

对具体实施渣土运输行为的驾驶员进行询问调查，制作询问笔录，进一步查明案情，形成违法事实证据链，主要针对下列事宜进行询问：

（1）告知"有权申请回避和是否需要申请回避"的事宜，应经驾驶员确认；

（2）核实驾驶员的个人身份信息；

（3）明确告知，对运输工程渣土一案进行询问调查；

（4）查证驾驶员具体实施渣土运输的时间、出土工地、卸点；

（5）查证驾驶员实施渣土运输的车辆、车牌、车次、持续时间，运输渣土量，包括车辆载重量；

（6）查证行为合法性，单位是否有许可证，运输车辆是否有处置证；

（7）对现场检查笔录，现场取证照片、摄像，在场人等情况进行确认；

（8）其他证据、争议证据等进一步查证。

5. 相关行为人询问调查取证内容

在目前渣土管理制度下，无许可证单位运输渣土多发生于专营单位或加盟单位暗箱操作，转包无许可证单位运输渣土。这就有必要对可能涉嫌违规的渣土专营单位、加盟单位或建设单位和卸点进行询问调查取证，制作询问笔录，查明无许可证单位运输渣土的相关情况，主要针对下列事宜进行询问调查：

（1）告知"有权申请回避和是否需要申请回避"的事宜，应经其确认；

（2）核实个人身份信息；

（3）明确告知，对运输工程渣土一案进行询问调查；

（4）核查建设工地产生渣土的情况；

（5）核查建设工地渣土运输的相关情况；

（6）核查无许可证运输单位承接渣土运输业务的相关情况；

（7）核实无许可证单位渣土运输车辆、车次、持续时间，承运渣土量；

（8）要求提供工地渣土产生、运输的相关材料；

（9）涉及卸点的，核实无许可证单位渣土运输全卸点车次、持续时间，承运渣土量等相关情况；

（10）其他需要查证的事实。

6. 证人询问

调查取证内容在现场检查、询问调查、文书送达等执法活动中，证人对案件查处起到了积极作用。对证人进行询问调查取证，应制作询问笔录。询问笔录要围绕案件事发时间、地点、出土工地、运输车辆、车牌号等进行取证。

7. 询问调查取证相关要求

（1）在询问调查前，对已取得证据、需要进一步查证的案情、争议证据等进行梳理，有的放矢地开展调查取证。

（2）当事人和相关当事人前来接受调查询问，应提交个人身份证明、单位证照证明和委托书。

（3）当事人等提供的相关材料，在笔录中要写明。提供的复印件材料上应写明与原件核对无误并签名。

（4）为防止当事人事后推翻陈述的内容，应进行证据闭合。在询问笔录中，应提请当事人确认"还有无陈述、申辩事宜及其他证据材料的提交"等，进行证据闭合。

（5）对证人进行询问调查，要核对证人的身份证明；对证人的证言，要进一步查证。

154 查处占道设摊案件如何收集证据？

占道设摊是指占用道路、桥梁、人行天桥、地下通道及其他公共场所设摊经营、兜售物品，影响市容环境卫生的行为。查处占道设摊案件的证据收集，重点围绕"在道路等公共场所""从事设摊经营、兜售物品"等方面开展证据收集。

1. 现场调查取证收集

现场取证是占道设摊案件证据收集的重要环节之一，执法人员应以文字、绘图和拍照摄像等方法，及时对现场违法行为进行证据固化。

（1）现场勘查。进入现场要求当事人配合调查，执法人员围绕"道路状况""设摊经营""经营物品""占地面积"等方面进行现场勘查，对占道设摊的范围（长度、宽度）、规模（占用道路或公共场所的程度）进行实地测量。

（2）现场拍摄。对"现场道路等公共场所状况""当事人设摊经营状况""经营物品""当事人在场情况"等方面进行摄像拍照取证。

（3）现场询问。询问当事人占道设摊经营情况，要求当事人出示有效身份证明进行核对。

（4）现场暂扣。为制止违法行为、防止证据损毁、避免危害发生、控制危险扩大，可以暂扣当事人经营兜售的物品和与违法行为有关的工具。

（5）制作现场检查笔录。主要针对下列事宜进行记录：一是勘查情况，包括道路等公共场所状况、当事人占道设摊经营情况；二是违法程度，包括当事人占道设摊经营范围（长度、宽度）、规模（占用道路或公共场所的程度）；三是询问情况，即询问当事人占道设摊经营情况，核对当事人身份证明情况（当事人拒不出示的应注明，或自称为"王某某"等）；四是暂扣记录，即实施暂扣的，告知暂扣理由、依据以及当事人依法享有的权利、救济途径，记录当事人辩解情况；五是在场人情况，即当事人配合调查情况，如当事人逃逸等不在现场的，邀请证人见证执法取证情况，无见证人的应当注明情况；六是使用记录仪情况，即开启执法记录仪，并明确告知当事人"本次执法全程录音录像"；七是其他情况，即现场对涉案的其他情况进行客观记录。

（6）责令改正。当事人在现场的，执法人员应当现场出具责令改正通知书，责令当事人改正违法行为。当事人现场整改情况，应予以记录。

2. 当事人询问调查取证

对当事人询问调查，制作询问笔录，要针对下列事宜进行询问调查：

（1）查证占道设摊时间、地点，核实当事人个人（单位）身份信息；

（2）占道设摊经营情况，包括经营物品；

（3）占道设摊经营程度，核实现场检查笔录记载的"经营范围（长度、宽度）、规模（占用道路等公共场所的程度）"等案情；

（4）如现场当事人有抗拒执法、拒不接受调查、不配合暂扣、逃逸等情形的，在询问笔录中应加以确认；对现场涉及的相关执法活动，如现场检查笔录、现场拍摄、暂扣等证据材料，应要求当事人确认；

（5）对举报人、证人的证言和材料，或媒体曝光的报道等进一步核查确认；

（6）对其他证据、争议证据进一步查证。

3. 证人询问调查取证

在现场检查、询问调查、文书送达等执法活动中，对证人进行取证，对案件查处会起到积极作用。对证人进行询问调查取证，应制作询问笔录。询问笔录要围绕当事人占道设摊经营的事发时间、地点及经营物品等案情进行取证。

4. 询问调查取证相关要求

（1）在询问调查前，对已取得证据、需要进一步查证的案情、存在争议的证据等进行梳理，围绕案件事实开展调查询问工作。

（2）当事人前来接受调查询问，应对其提交的个人身份证明、单位证照证明和委托书进行核实。委托书应写明前来接受调查、处理等事宜。

（3）当事人等提供的相关材料，在笔录中也要写明。

（4）确认当事人没有其他事实、理由、证据需要陈述或提供，应进行证据闭合。在询问笔录中，应询问当事人"还有无陈述、申辩事宜及其他证据材料的提交"等。

（5）对证人进行询问调查，要对证人的身份进行核对；对证人的证言，要进行查证确认。

5. 执法协作证据收集

城市管理综合执法机关可以要求相关管理部门提供执法协作。管理部门依法对案情相关情况出具相关材料为城管执法提供证据。执法协作应当制作协助通知书，可采用直接送达或邮寄（双挂号）送达。

（1）当事人拒绝提供相关证照的，可向市场监管部门申请协查。

（2）当事人拒绝提供身份证明的，可向公安部门（派出所）申请协查。

（3）需要调取街面监控视频证明占道设摊经营情况的，可向公安、相关管理部门申请协查。

6. 其他方面证据收集

对媒体报道、举报热线受理单和管理部门移送案件所附的相关材料，执法人员应进行核查，并作为证据。

文书范例

现场检查笔录

案　　由：占用道路设摊经营

检查地点：××路×××号前人行道

检查时间：××××年×月×日×时×分至×时×分

当事人：张××　身份证号码或者机构代码：××××××××××

电　　话：××××××××××　地址：××路×××号×××室

在场人：　／　　地址：　／　　电话：　／

调 查 人：王××、赵××　　　　　记录人：赵××

现场检查情况：

我局执法人员王××、赵××（巡查/接到举报）至××路×××号，对占用人行道设摊经营案件进行现场检查。执法人员表明身份，告知当事人"本次执法全程录音录像"。检查情况如下：

1. 一辆面包车（车牌号××××××）停在××路×××号前人行道上，车辆后板打开，当事人正在设摊经营服装。车辆上装有 8 箱服装。

2. 用卷尺测量占用人行道设摊经营的面积，长×米，宽×米，面积为×平方米；人行道一半被占，影响市容环境以及行人正常通行。

3. 现场要求设摊当事人出示身份证明，核对个人身份信息。当事人拒绝，自称"张××"。

4. 执法人员当场责令当事人停止占道设摊的行为，当事人拒不整改。

5. 对现场进行拍照、摄像取证。

为制止违法行为，执法人员依法开具暂扣物品决定书，对面包车采取暂扣措施，并告知当事人：你占道设摊的行为违反了《××市市容环境卫生管理条例》第×××条第×款的规定，依据《××市市容环境卫生管理条例》第×××条第×款的规定，将暂扣违法经营的工具；你享有陈述权、申辩权，对暂扣决定不服的，有权依法申请行政复议或者提起行政诉讼。

当事人未提出陈述、申辩。

上述记录已阅，属实，无异议。

王××（签名）

附件：1. 现场示意图；

　　　2. 现场照片肆张；

　　　3. 现场摄像叁分钟。

当事人/在场人（签名）：张××　　　　　　　　××××年×月×日

见证人（签名）：　　　/

调查人（签名）：王××、赵××　　　　　　　××××年×月×日

记录人（签名）：赵××

155 如何以非接触性执法方式查处跨门经营行为？

非接触性执法是指在违法当事人不配合的情况下，执法人员以现场可视化为前提，以取证多元化为保障，运用视频监控、影像摄录等信息技术手段，以及第三方证人、证言（如社区工作人员、城管义工、热心市民等），固定违法事实证据，再通过留置、邮寄、公告等方式，履行法律程序，可在违法当事人"零口供"情况下查处违法行为的新模式。查处商铺跨店经营违法行为，在遇到店主不配合、屡教不改的情况下，可采取非接触性执法的方式进行查处。

1. 确定立案对象

为避免发生违法主体错误的情况，执法人员应认真确认当事人的身份。一是可以直接从相关部门调取违法行为人的相关信息，如涉事店铺的管辖社区、商业综合体的物业服务企业、派出所、工商登记部门等；二是通过旁证确认，如隔壁邻居、环卫工人、网格管理人员、物业人员、举报人员等；三是平时执法巡查过程中建立的基础档案信息；四是根据店铺的地理位置及门头招牌在国家企业信用信息公示系统中取得该店的营业执照等信息资料。

当事人未取得营业执照，以实际从事经营活动的经营者作为当事人。

2. 收集、固定证据

（1）执法人员应使用执法记录仪记录执法全过程。从日常巡查发现店外经营行为，到下发提示告知单、责令限期改正通知书、接受调查通知书、行政处罚告知书和行政处罚决定书的各个环节，都使用执法记录仪全程记录，为证据的固定、卷宗的形成及后续非诉执行奠定基础。

（2）整理现场采集的照片、视频资料，将历次违法现场、宣传教育过程和相关文书送达的视频刻入光碟，制作视听文书，对证据进行有效固化，形成完整的证据链。执法人员制作的视频证据，应符合《最高人民法院关于行政诉讼证据若干问题的规定》的相关要求，通过刻录机制作光盘，注明证据名称来源、制作方法、制作时间、制作人和证明等。

3. 法制审核

执法人员根据当事人多次超出门店经营且拒不配合的情况，完成调查报告，拟定行政处罚审批表，报法制机构审核。法制部门重点审核证据收集制作的合法性、真实性和关联性，以及违法当事人身份确认，视听资料证据是否后期剪辑、编辑等问题。经审核，足以证明当事人违法事实的，及时协助办案人员制作行政处罚事先告知书并送达当事人，经审核证据不足，仍需要进一步调查取证的，应退回办案人员补充调查。

4. 送达

鉴于当事人有可能拒绝签收执法文书的情况，执法人员可采用留置送达，并通过执法记录仪记录整个送达过程。

5. 催告

执法人员对不执行处罚决定的违法当事人，应耐心分析、讲解行政处罚的理由、法律依据、量罚标准及法律后果等，促其自动履行。违法当事人在六个月内，既不申请行政复议，也不提起行政诉讼的，到期后由执法人员下达催告通知书，催告在期限内履行义务。

6. 申请人民法院强制执行

催告书送达后，违法当事人仍未在催告期限内履行的，制作行政强制执行申请书向人民法院申请强制执行。

156 查处无证无照经营案件的具体执法流程是什么？应注意哪些问题？

根据《行政处罚法》的规定，对无照经营的摊贩没收非法经营物品和工具的处罚，应适用普通程序。但鉴于无照经营活动流动性人，其违法经营的商品和工具不当场采取措施事后难以执行的特点，有关执法部门在查处无照经营违法行为时，可依据《行政处罚法》第五十六条的规定，对其违法经营的物品和工具作出先行登记保存的决定，并实行异地保存然后在先行登记保存的法定期限内，按照行政处罚的普通程序适时作出将其违法经营的商品和工具予以没收的处罚决定。

1. 查处擅自摆摊设点案件的执法流程

（1）两名以上执法人员到达现场，出示执法证件，进行查处。

（2）进行现场检查，应查清违法形态，违法行为地点、经营（摆放）物品、经营工具等事实情节，以及是否取得违法所得、是否取得批准等情况，现场检查时应制作检查笔录。

（3）对现场违法行为，应及时摄像或拍照取证，固定证据。

（4）告知相对人违法事实、理由和依据，听取相对人陈述和申辩。

（5）适用简易程序作出当场处罚决定，责令立即改正违法行为，并当场送达行政处罚决定书。

（6）适用普通程序的，可以将经营工具和经营（摆放）物品先行登记保存，并填写提取证据物品通知书、谈话通知书；责令相对人立即停止违法行为，并在现场检查笔录中予以记载。

（7）应在现场送达谈话通知书、提取证据物品通知书，通知违法行为人接受调查询问。

（8）及时立案，并制作相关文书。

（9）收集相关材料。

（10）制作询问笔录。

（11）审批后作出先行登记保存物品的处理，作出行政处罚决定书，并开具行政处罚缴款书；作出行政处罚决定前，符合听证条件的，依法履行听证程序。

（12）违法相对人按行政处罚决定书到指定银行缴纳罚款。

（13）制作结案报告，经批准后结案。

2. 查处非法运营行为具体执行流程

（1）两名以上执法人员到达现场，出示执法证件，进行查处。

（2）现场检查事项，包括检查身份证、驾驶证、车辆行驶证。车辆型号、车牌号、搭载乘客及数量；车辆何时自何地驶出、驶往目的地；是否约定车费及数量；是否存在违法所得。现场检查时应制作现场执法文书；对运营车辆实施扣押，并由相对人填写送达地址确认书、对乘客询问调查并制作乘客证明；注意现场检查过程中将相对人与乘客分离，分别进行调查询问。

（3）对现场违法行为，应及时摄像或拍照取证，固定证据。

（4）责令相对人立即停止违法行为。

（5）应现场送达现场执法文书第二联，通知违法行为人接受调查询问。

（6）及时立案，并制作相关文书。

（7）收集相关材料。

（8）制作询问笔录。

（9）审批后作出对扣押物品的处理，作出行政处罚决定书；作出行政处罚决定前，符合听证条件的，依法履行听证程序。

（10）送达行政处罚决定书、扣押物品决定书等文书。违法相对人按处罚决定到指定银行缴纳罚款。

（11）制作结案报告，经批准后结案。

3. 查处擅自摆摊设点案件需注意的问题

（1）擅自摆摊设点的案由查处时应区别于无照经营的案由。擅自摆摊设点包括擅自摆设的经营性摊点和非经营性摊点，侵害的是交通通行秩序、市容环境卫生秩序或者市场经营秩序。无照经营只限未取得市场监督管理部门核发的营业执照进行的流动性经营行为，侵害的是正常的市场经营秩序。占用盲道或者机动车道；占用过街桥、地下过街通道；使用畜力车、农用运输车及其他机动车为经营工具；经营违法或限制流通商品；占用非机动车道或者其他公共场所面积较大；造成通行秩序、市容秩序混乱等无照经营情形，原则按照擅自摆摊设点案由查处。

（2）现场照片内容应体现相对人在什么地点、使用什么工具、经营（摆放）什么物品等情况。

（3）先行登记保存的物品需要返还当事人的，执法人员应当通知权利人领取；权利人不明的，执法机关应当发布招领公告，权利人拒绝领取或者公告期满后无人认领的，由城管执法机关依法处理。

（4）"没收违法所得"是指实施违法行为所取得的款项，"非法财物"主要指违禁物品或者用以实施违法行为的工具，而工具的范畴需与违法行为有直接关联，是否实施没收，需要考虑是否违背行政行为适当性和合理性原则。

（5）关于一事不两罚。按照《行政处罚法》的规定，是否重复处罚，主要是看所处罚的行为是否为同一违法行为。在查处无照经营违法行为时，如果某违法行为受到处罚并已改正或已被纠正，行为人停止违法经营并被驱离现场后，又回到原地或转移他地继续进行无照经营活动，该无照经营活动应视为新发生的违法行为，城市管理综合执法部门及其执法人员对该行为实施的处罚不属于重复处罚。

4. 查处无证无照经营案件需注意的问题

（1）摩托车、人力三轮车、残疾人机动轮椅车、电瓶车、燃油助力车等从事非法运营行为适用"无照经营（人力三轮车等业务）"案由。

（2）经现场检查有乘客证明和车辆照片等证据。能够基本证明违法事实的，可经执法机关负责人批准后，直接实施"扣押"的行政强制措施。扣押的期限不得超过三十日，申请执法机关负责人批准延期后，最长不得超过三十日。情况复杂的，经执法机关负责人批准，可以延长，但是延长期限不得超过三十日。法律、行政法规另有规定的除外。

（3）现场证据照片。照片应从不同角度体现运营车辆前后车号、车型及整体情况，车辆破损时必须进行拍照、摄像取证。夜间检查现场注意光线较暗时使用辅助光源拍照以保证照片清晰度。

（4）乘客证明。乘客证明在执法现场制作完成，并由乘客在上面签名确认。乘客证明中需记载的内容：乘客基本信息，姓名、性别、年龄、身份证号、住址、单位、联系电话。乘车基本情况，何时何地上车，准备到达何目的地，协商或已付车费数量。车辆基本情况，车号、车型及颜色。未协商车费或未付车费情况说明。乘客需在乘客证明上签名。两名以上承办人在乘客证明上签名。

（5）困难证明、保证书、从轻处罚申请书。当事人确有生活困难，并主动配合执法人员调查，有明确表示要改正违法行为的，可在裁量中考虑实施从轻行政处罚。"确有生活困难"，是指当事人能够提供街道办事处、乡镇政府出具的，证明当事人生活困难的书面证明或者民政部门出具的低保证明。"明确表示要改正违法行为"，是指违法行为人出具表示要改正违法行为，不再从事黑车运营行为的保证书。

（6）在制作现场执法文书、拍摄车辆照片，当事人承认非法运营事实的情况下即使没有乘客证明，同样可认定为"事实清楚"并依法实施处罚。

（7）送达地址确认书在现场检查时交由相对人认真填写；相对人如果拒绝填写，在进行调查询问时再次提示其填写。相对人再次拒绝填写的，城市管理综合执法机关应当在送达地址确认书备注中说明情况。

（8）条件具备的，执法过程中应有公安及交通部门共同参与，特别是在夜间执法的情况下。执法人员在联合执法过程中发现非法客运行为后，首先应当由公安部门负责控制车辆和人员，然后，由城管执法人员对驾驶非法运营车辆的驾驶员与乘客分别制作现场执法文书与乘客证明。在初步认定违法事实成立后，将涉及违法的车辆作为证据予以保全。

（9）对于"趴活揽客"等黑车违法行为，积极收集证据，有相关证据证明其有违法行为的，城管执法机关应积极协调各相关职能部门，按照各自职责分工，开展执法活动。

（10）对于公安、交通管理等其他部门移送给城管机关的无（证）照经营案件，执法人员应注重收集案件移送函、当事人询问笔录、扣押物品清单等相关证明其违法行为的材料。

157 如何查处擅自占用城市道路违法行为？

城市道路，是指供车辆、行人通行的，具备一定技术条件的道路、桥梁及其附属设施。包括：机动车道、非机动车道、人行道、广场、街头空地、路肩、桥梁、涵洞、立体交叉桥、地下人行通道、过街人行大桥、城市道路与铁路、公路两用桥等。《城市道路管理条例》规定，未经市政工程行政主管部门和公安交通管理部门批准，任何单位和个人不得占用或挖掘城市道路。因特殊情况需要临时占用城市道路的，须经市政工程行政主管部门和公安交通管理部门批准，方可按照规定占用。临时占用如临街建筑工程的临时围挡设施、占用人行道设置报刊亭、牛奶亭与非机动车停放车辆等各类设施、占用道路设施安装门头招牌或进门门店装修等，应根据规定申请并获得审批。

对擅自占用城市道路的行为，应认真细致地收集证据，在证据确凿的基础上依据《城市道路管理条例》实施行政处罚。

1. 现场检查

（1）拍照：对占用城市道路的状态从正面、侧面，按照近景和远景的角度进行取证，照片中占用城市道路的状况以及周边的参照物应当清晰、可辨，便于对占用城市道路的地点进行准确定位，对占用城市道路的事实进行确认。

（2）测量：使用卷尺对占用城市道路的范围（长度、宽度、面积）进行实地测量；占用人行道的，应当对人行道的实际宽度进行测量。

（3）询问：现场向在场人进行调查询问，确认实施占用城市道路的行为人、占用城市道路的持续时间。

（4）文书制作：对现场调查、测量、询问、核实的经过进行记录，制作现场检查笔录。

（5）其他方法：案件调查需要的，可以采用摄像、询问其他证人等方法。

2. 询问当事人

调查询问应从以下几个方面着手：

（1）确认当事人的基本信息。对当事人进行调查询问前，要求其提供相关证明材料，并进行核实。当事人是个人的，主要问明姓名、性别、身份证号码、年龄、职业、住址、通信方式等基本情况，并对当事人提供的居民身份证进行核对；当事人是单位的，主要问明单位名称、住址、法定代表人姓名和职务、通信方式、联系地址等，并对该单位提供的营业执照或组织机构代码证、法定代表人证明文件进行核对；当事人委托他人前来接受调查处理的，除核对上述材料外，还要问明委托代理人的基本情况，并对委托代理人提供的委托书、居民身份证等身份证明材料进行核对。

（2）确认当事人实施占用城市道路行为被城管执法部门发现的时间。

（3）询问占用城市道路的具体情形（堆物、设摊、搭建脚手架或其他占用城市道路的情形）、具体地点、路段、范围、持续时间、是否存在损坏道路设施的情况。

（4）对是否办理过临时占用城市道路许可证的情况进行核实、确认；办理过临时占用城市道路许可证的，应当对许可占用的路段、面积、期限、用途进行核实确认。当事人占用的城市道路属于法律、法规、规章禁止占用路段的，应当对占用的具体路段进行核实，将相关的法律依据告知当事人。

（5）是否按照责令改正通知书的要求进行整改。

（6）记录当事人想要补充说明和反映的其他问题。

（7）由当事人阅后签字确认，每页注明"以上内容属实"，或在最后一页注明"以上×页内容属实"。当事人拒签的，在笔录中注明；请在场人签字见证，并开启执法记录仪全程录像。

3. 收集证人证言

（1）寻找现场见证人。现场见证人包括被占用城市道路周边住户、商家、路人等。

（2）以提问、回答的方式收集，并制作询问笔录。询问前，先核实确认证人的身份，然后从占用城市道路的具体情形、地点、范围、持续时间、行为人等方面进行调查、询问。

（3）可以要求证人对案件相关情况提供书面证明。

（4）证人不愿接受询问，也不愿提供书面证明的，在证人同意的情况下，可以对证人的证言进行录音，使用陈述笔录整理成书面材料。

4. 执法协作

发出协助函，对当事人是否办理过临时占用城市道路许可证的事实情况进行核实。

5. 立即代履行

占用道路的物品需要立即清除，当事人不能清除的，执法机关可以根据《行政强制法》第五十二条立即实施代履行。当事人不在场的，执法机关应当在事后立即通知当事人，并依法作出处理。

6. 行政处罚

可依据《城市道路管理条例》第四十二条，责令限期改正，根据违法情节和危害后果，可处以二万元以下的罚款。

158 环境卫生设施管理有哪些违法情形？如何查处？

环境卫生设施是重要的城市公共基础设施，与人们的日常生活密切相关，其功能为改善环境卫生、限制或消除生活废弃物危害，创造整洁、优美的城市环境。具体包括环境卫生公共设施、环境卫生工程设施和环境卫生机构使用的工作场所三类。环境卫生公共设施是指公共厕所、化粪池、垃圾管道、垃圾容器和垃圾容器间、废物箱和痰盂等。环境卫生工程设施是指环境卫生工作中收集、运输、处理、消纳垃圾、粪便的基础设施，包括垃圾粪便码头、垃圾中转站、无害化处理厂（场）、垃圾堆场、垃圾堆肥场、临时应急垃圾堆场、供水龙头和车辆冲洗站。环境卫生机构使用的工作场所是指环卫作业队为完成所承担的管理和业务职责所需要的场所，包括环境卫生管理工作用房、车辆停车场、修造厂及环境卫生清扫、保洁工人作息场所等。

对环境卫生设施管理违法行为的行政处罚，目前在各地方性法规或者地方政府规章中都有规定，主要以罚款为主，其违法情形主要表现为以下几个方面。

1. 擅自占用、迁移、拆除、封闭环境卫生设施或者改变环境卫生设施用途的

（1）擅自占用公共厕所、垃圾收集转运站作为其他用途。

（2）擅自拆除、迁移原有的公共厕所。

（3）擅自封闭垃圾池。

2. 环境卫生设施未经验收投入使用或者验收不合格投入使用的

（1）小区的配套建设的环境卫生设施，建设单位未组织竣工验收或者验收不合格就投入使用。

（2）商业配套建设的公共厕所、垃圾收集站点不符合标准，建设单位不组织竣工验收或者验收不合格就投入使用。

3. 未按照规定配套建设环境卫生设施的

（1）住宅小区未按照规定配套公共厕所、密闭式垃圾收集站等。

（2）商业开发项目未按照规定配套公共厕所、密闭式垃圾收集站、垃圾转运站等。

（3）集贸市场、商场、超市、车站未按照规定配套建设公共厕所。

4. 市场、车站、码头、船舶及摊主未按照规定设置垃圾收集容器的

（1）集贸市场、批发市场等未按照环境卫生设施的设置标准设置垃圾收集容器。

（2）车站、码头、船舶、摊主未按照规定设置垃圾收集容器。

对违反环境卫生设施管理的行为进行查处应把握以下几个要点：

（1）对擅自占用环境卫生设施的违法行为，应注意调查环境卫生设施被占用情况的相关摄像资料、照片、文件资料等。

（2）对擅自迁移环境卫生设施的违法行为，要调查清楚迁移前环境卫生设施设置的情况和迁移后环境卫生设施设置的情况。

（3）对擅自拆除环境卫生设施的违法行为，应调查拆除前环境卫生设施设置的相关资料和证据，并对拆除后的现场情况进行取证。

（4）对擅自封闭环境卫生设施的违法行为，要对封闭环境卫生设施的现场进行认真核查，并调查其封闭原因。

（5）对擅自改变环境卫生设施用途的违法行为，应调查原环境卫生设施设置的相关资料和证据，并对改变用途后的环境卫生设施现场情况进行取证。

（6）对擅自占用、迁移、拆除、封闭环境卫生设施或者改变环境卫生设施用途的违法行为，应当对环境卫生设施是否损毁或者丧失使用功能的情况进行核

查，如有损毁或者丧失使用功能的情况，应当进行详细的调查，并对损失进行认定，要求当事人依法承担赔偿责任。

（7）对未组织竣工验收的违法行为，应调查建设项目工程的验收资料，查验配套的环境卫生设施是否组织验收；验收不合格的，还应调查验收材料。

（8）处罚未按照规定配套建设环境卫生设施违法行为，是将应建配套设施的工程造价作为罚款基数的，执法人员应调查建设项目工程造价预算书等资料证明应建配套设施的工程造价。如无配套建设的环境卫生设施的工程造价方面资料的，可根据相同地区、相同标准的环境卫生设施进行计算，或者申请鉴定部门进行鉴定。

（9）对市场、车站、码头、船舶及摊主未按照规定设置垃圾收集容器的违法行为，应根据当事人的不同，对照其设置垃圾收集容器的标准和要求进行核查。

159 擅自收运餐厨废弃物案件中的"经营行为"如何认定？

《国务院办公厅关于加强地沟油整治和餐厨废弃物管理的意见》（国办发〔2010〕36号）明确要求，禁止将餐厨废弃物交给未经相关部门许可或备案的餐厨废弃物收运、处置单位或个人处理。餐厨废弃物收运单位应当具备相应资质并获得相关许可或备案。从事餐厨废弃物经营性收集、运输活动的单位须取得餐厨废弃物收集、运输许可证。查处擅自收运餐厨废弃物案件应重点围绕"收运资质（合法性）""收运量""是否属于经营性活动"等方面进行调查取证。

经营行为，是指自然人、法人或非法人组织以营利为目的从事商品经营或提供劳务、服务的行为。从行政法的角度来看，是指符合条件（如工商登记、取得相应行政许可）的自然人、法人、非法人组织从事的营利性活动。城市管理综合执法机关在执法时应当从行政法的公法视角对经营行为进行判断。对于此类案件中的经营行为的认定，可按以下环节（满足其一即可）进行：

（1）经营行为须具有营利目的，这里的营利不仅包括直接的金钱给付，还包括以实物或服务折抵对价、代为付款、清偿债务等情形；

（2）实际收运人没有相应的收运许可或资质，从事了餐厨废弃物的收集、运输行为，并从中获利。

实践中，可能存在餐厨废弃物所有人与名义收运人（即无资质的中间人）签订合同后，中间人将收运的具体实施转让给他人的情形。这里我们认为，应当以最终的收运人是否具有收运许可和资质来判断是否构成违法。如果实际收运人符合有关法律法规的规定且手续齐全，则不能认定为违法行为。理由是当前的法律法规约束的是没有相应许可或资质的收运人收集、运输餐厨废弃物的行为，在上述的情形中，中间人并未从事相应的收集、运输活动，在整个交易过程中其相当于业务中介。

160 擅自收运餐厨废弃物案件如何调查取证？

擅自收运餐厨废弃物是指不具有餐厨废弃物的收运资质而从事餐厨废弃物收运活动。查处擅自收运餐厨废弃物案件应重点围绕"收运资质（合法性）""收运量""是否属于经营性活动"等方面开展证据收集。

1. 现场调查证据收集

（1）时间要求。到达现场后立即开始。

（2）现场确认。一进入现场，首先控制收运工具，要求具体收运的行为人和产生单位人员配合调查。拒不配合的，邀请证人见证现场检查执法活动。

（3）现场询问。询问产生单位相关人员和收运人信息、收运情况；如涉及车辆运输工具的，应要求其出示个人身份证和车辆证照，进行核对（可拍照取证）。如有必要，可以现场制作询问笔录。

（4）现场勘查。围绕"餐厨废弃物现场存放状况""收运工具""收运人装载餐厨废弃物情况"等方面，进行现场勘查。

（5）现场清点。对餐厨废弃物数量进行实地清点。

（6）现场拍摄。对"餐厨废弃物现场存放状况""收运工具""餐厨废弃物装载情况"和在场人等进行拍照摄像取证。

（7）制作现场检查笔录。主要针对下列事宜进行记录：一是现场状况；二是现场餐厨废弃物存放状况；三是收运工具情况；四是现场收运状况；五是餐厨废弃物量；六是实施证据先行登记保存的，记录先行登记保存情况；七是询问产生单位（个人）及收运人，记录餐厨废弃物收运的相关情况；八是核对收运人、车辆等信息；九是现场拍摄取证情况；十是对涉案的其他情况进行客观记录。

（8）证据保存。对事后可能难以查到收运行为人的，现场对收运工具等实施证据先行登记保存。

2. 询问调查证据收集

主要针对下列事宜询问当事人：

（1）告知"有权申请回避和是否需要申请回避"的事宜，应经其确认；

（2）核实当事人和前来接受调查人员的单位、个人身份信息、委托书；

（3）明确告知，对收运餐厨废弃物一案进行询问调查；

（4）查证违法行为当事人；

（5）查证行为合法性，当事人是否为市、区绿化市容管理部门招标确定的餐厨废弃物收运单位，并在规定的区域内收运餐厨废弃物；

（6）查证收运餐厨废弃物的违法事实，包括收运的时间、地点；

（7）查证收运餐厨废弃物的违法程度，包括收运餐厨废弃物的数量等；

（8）查证收运餐厨废弃物是否属于经营行为；

（9）查明餐厨废弃物源头产生者；

（10）查明与源头产生者之间收运餐厨废弃物的业务情况；

（11）查明收运的餐厨废弃物流向、处置情况等；

（12）对现场检查笔录等证据、在场人进行确认；

（13）其他证据、争议证据以及涉及举报人、证人的证言和材料，或媒体曝光报道等进一步查证；

（14）确认当事人是否有其他事实、理由、证据需要陈述或提供，进行证据闭合。

在餐厨废弃物处置环节中，对将餐厨废弃物交由无证单位（个人）收运的产生单位（个人），主要针对下列事宜进行询问调查：

（1）告知"有权申请回避和是否需要申请回避"的事宜，应经其确认；

（2）核实前来接受调查人员身份信息，包括单位信息；

（3）明确告知对餐厨废弃物收运一案进行询问调查；

（4）核查产生餐厨垃圾日产量、收运和处置情况，并要求其提供相关台账；

（5）查明产生单位（个人）与收运餐厨垃圾单位（个人）之间的收运业务情况；

（6）对现场检查笔录等证据、在场人进行确认；

（7）其他证据、争议证据以及涉及举报人、证人的证言和材料，或媒体曝光报道等进一步查证；

（8）确认行为人是否有其他事实、理由、证据需要陈述或提供，进行证据闭合。

3. 证人证据收集

在实施现场检查的同时进行证人证言的收集。现场无法收集到证人证言的，可以在现场检查结束后，案件调查终结前完成证人证言的收集。对证人提供的现场照片等证据材料，应进一步查证。

（1）证明执法活动。现场检查、文书送达等执法活动中，邀请证人到场，就相关执法活动、事实进行证明。

（2）主要针对下列内容询问证人：一是核实证人的个人身份信息；二是核查事发时间、地点、餐厨废弃物收运等案情；三是其他与案件相关情况的调查。

161 商业综合体内的餐饮企业未办理排水许可擅自向市政管网排放污水的，应如何处罚？

《城镇排水与污水处理条例》第二十一条、第五十条规定，从事工业、建筑、餐饮、医疗等活动的企业事业单位、个体工商户（以下称排水户）向城镇排水设施排放污水的，应当向城镇排水主管部门申请领取污水排入排水管网许可证。排水户未取得污水排入排水管网许可证向城镇排水设施排放污水的，由城镇排水主管部门责令停止违法行为，限期采取治理措施，补办污水排入排水管网许可证，可以处五十万元以下罚款；造成损失的，依法承担赔偿责任；构成犯罪的，依法追究刑事责任。由此可以看出，从事餐饮的企业作为排水户有义务按规定办理排水许可证，擅自向市政管网排放污水的，执法机关有权对餐饮企业进行处罚。另外，根据《城镇污水排入排水管网许可管理办法》第六条规定，对于集中管理的建筑或者单位内有多个排水户的，可以由产权单位或者其委托的物业服务企业统一申请领取排水许可证，并由领证单位对排水户的排水行为负责。该条只是规定特殊情况下，可以由产权单位或者委托的物业服务企业统一申请领取排水许可证，并不是必须由产权单位领取，也就不能以产权单位未领取排水许可证而处罚产权单位。所以，商业综合体内的餐饮企业未办理排水许可证，擅自向市政管网排放污水，应当由餐饮企业承担法律责任，执法机关应当对从事餐饮的排水户进行处罚，而不能以未办理排水许可证处罚产权单位。

在由产权单位或者其委托的物业服务企业统一领取排水许可证的情况下，领证单位实际上就对排水户的排水行为负有监督管理职责。但需要注意的是，领证单位的监督管理职责并不免除排水户依法排水的责任。如果排水户不按照污水排入排水管网许可证的要求排放污水，领证单位又未尽到监督管理职责，执法机关可以同时处罚排水户和领证单位，但责任大小应有所区别。

实践中，违规排水可能涉及排水户、产权单位、物业企业、排水设施单位或个人等多方主体，执法机关在查处违规排水行为时，应充分收集证据材料，查清排水的全部事实后，厘清各方关系和责任，再依据相关法律规定进行处罚。

162 查处擅自移植树木行为如何收集证据？

对未经园林绿化部门批准，擅自移植树木的行为，执法人员应当围绕移植树木的数量、品种、规格、价值等要素进行调查取证，为后续的处罚决定确定补种数量和罚款数额。

1. 案件受理证据收集

通过案件受理，执法人员对可能涉及擅自移植树木的行为进行取证。

（1）署名投诉举报受理，详细记录移植树木的地点、时间、品种、数量、规格和涉及当事人等案情。必要时对举报人进行询问调查取证，制作询问笔录。

（2）媒体报道、相关管理和执法部门案件移送的相关材料，执法人员应进行核查，作为证据。

案件受理阶段涉及的证据，应在调查取证中加以佐证，形成证据链，作为定案证据之一。

2. 现场调查取证

执法人员以文字、绘图和拍照摄像等方法，及时对移植树木现场进行勘验或检查，制作现场检查笔录进行取证。

（1）树木移出地现场检查。主要针对下列事宜进行记录：一是事发地点，树木移出地现场施工状况；二是现存绿化状况，包括具体方位残留的树穴、残枝、残叶；三是移植树木的施工单位（人员）和当事人；四是询问行政许可情况；五是其他涉及移植树木的情况等。

（2）树木移入地现场检查。主要针对下列事宜进行记录，与移出地的证据形成证据链，相互印证：一是树木移入地点，现场施工状况；二是移植树木的品种、规格和数量；三是迁移树木的施工队（单位）和当事人；四是询问行政许可情况；五是其他从异地移入树木的迹象证据等。

（3）现场核查证据收集。在调查取证期间，必要时执法人员应当对当事人或施工单位提供的施工方案及移植树木清单，或其他涉及树木移植的证据进行现场核查，主要针对树木的品种、数量及规格等事项进行现场勘验、核查。

（4）现场复查证据收集。按照责令改正通知书的规定要求，执法人员对当事人整改事项进行复查，制作现场检查笔录，主要针对下列事宜进行记录：其一是否按照责令改正要求进行了改正，其二是否在责令改正期限内进行了改正。

（5）拍照摄像现场取证。现场调查、核查和复查应进行拍照、摄像取证，要与现场检查笔录中记载的内容相互印证，如残留的树穴、残枝、残叶等，在拍照摄像中要有所反映。

现场检查应注意以下问题：确定移植树木的品种、数量、规格时，应逐棵清点、测量；现场不能辨别树木品种的，可以在现场检查笔录注明"树木品种不详或无法识辨"等。事后，应请绿化专家进行鉴定；对移植树木品种、规格有争议的，可以邀请绿化专家赴现场进行核查认定；根据移出地现场残枝、残叶不能识别树木品种的，可对其实施证据保全措施，进行绿化专业鉴定，或与移入地树木的枝、叶进行比对；移植大量树木，一时无法对树木数量、品种、规格进行勘查的，应组织多次现场检查；当事人、施工单位（人员）提供的迁移树木清单与现场核查情况不符的，可委托专家鉴定，并坚持有利于当事人的原则；对当事人、施工单位（人员）提供的迁移树木清单数量多，无法逐棵清点、测量的，可以抽样核查；也可以委托绿化专业单位（人员）进行清点、测量。绿化专业单位（人员）抽样核查，委托清点、测量的，应出具相关书面报告。

3. 询问

（1）询问当事人。主要针对下列事宜进行询问调查：一是查证事发地点、当事人；二是行为合法性；三是移植树木的时间、数量、品种和规格；四是具体施工单位（人员）；五是要求提供施工合同、移植树木清单等书面材料；六是移植树木的目的、实施情况；七是对现场检查笔录、现场照片、摄像、在场人等情况予以确认；八是对其他证据、争议证据等进一步查证；九是确认当事人没有其他事实、理由、证据需要陈述或提供，进行证据闭合。

（2）询问施工单位。对具体实施移植树木行为的施工单位（人员）进行询问调查，进一步查明案情。主要针对下列事宜进行询问调查：一是事发地点、当事人；二是移植树木的时间、数量、品种、规格；三是要求提供施工合同、移植树木方案（清单）等书面材料；四是移植树木实施情况；五是对现场检查笔录、现场照片、摄像以及其他证据、争议证据等进一步确认；六是其他需要查证的案情。

在询问笔录中，应询问当事人还有无陈述、申辩事宜或者其他证据材料提交等，进行证据闭合。

4. 执法协作证据收集

涉及下列事宜可提请绿化管理部门提供协作：

（1）移植树木行政许可情况；

（2）提供、查阅绿化管理相关资料；

（3）邀请参与现场勘查、调查、核实；

（4）邀请对树木品种、规格进行专业认定；

（5）提供其他管理的相关信息。

5. 陈述申辩证据收集

在案件调查和处罚告知阶段，当事人主动就案件的相关情况，拟行政处罚的事实、理由和证据进行陈述申辩，或提交书面证据材料。陈述申辩材料与案情有出入的，应进行核查，当事人提出的事实、理由和证据成立的，执法机关应当采纳。

6. 证人证据收集

围绕案件事发时间、地点、当事人，移植树木的时间、数量、品种和规格等案情进行取证。证人要有相关的身份证明材料，对证人的证言要进一步查证。

7. 专业鉴定证据收集

绿化执法具有专业性，许多树木品种的认定需要绿化专业人员进行鉴定，为执法提供专业支撑。

（1）一般绿化专业鉴定，以委托绿化专业单位（人员）为主；涉及绿化管理职能的，以绿化管理部门协作为主。

（2）委托有资质的绿化专业单位，如植物园、园林科学院、施工企业，或绿化专业技术人员进行鉴定。

（3）鉴定结果应出具相应的报告。绿化专业单位应加盖公章，绿化专业技术人员应签名并附个人绿化技术证书。

附表：擅自移植树木案件证据明细表

证据明细表

证据种类	证据明细	证据收集方法
书证	当事人身份证明材料，包括单位证照、个人居民身份证、授权委托书等	当事人提供、相关部门协作提供
	施工合同、施工方案（树木迁移方案）	当事人、施工单位提供
	绿化竣工验收图、树木种植图	绿化建设、设计、施工单位，业主、物业，绿化管理部门等协作提供
	绿化等管理部门批文、批复，树木管理信息	绿化等管理部门协作提供
	案件受理材料，包括媒体报道、案件受理单、案件移送函、举报信、举报人（证人）提供的书面材料等	案件受理，相关部门、举报人（证人）提供，查阅、复印、调取等
物证	迁移的树木	现场取证
视听资料	现场录像、照片	现场取证
	其他现场录像、照片资料	管理部门和市民等提供
电子数据	/	/
证人证言	施工单位（人员）、投诉人、证人询问笔录或陈述笔录	询问调查
当事人的陈述	当事人询问笔录、陈述笔录，陈述材料	询问调查，当事人提交
鉴定意见	绿化专业单位（人员）鉴定报告	绿化专业单位（人员）出具
勘验笔录、现场笔录	现场检查笔录	现场检查

163 查处擅自占用绿地违法行为如何收集证据？

查处擅自占用绿地要围绕当事人认定、行为合法性、侵占绿地目的（如搭建建筑物）、侵占绿地面积、当事人恢复绿地改正情况、当事人在两年内侵占绿地次数等方面开展证据收集。

1. 案件受理证据收集

通过案件受理，执法人员对可能涉及擅自占用绿地的行为进行取证。

（1）署名投诉举报受理，详细记录侵占绿地行为的方位、时间，涉及当事人等案情。如有可能对举报人进行询问调查取证，制作询问笔录。案件受理单、询问笔录可作为证据。

（2）媒体报道、相关管理和执法部门案件移送的相关材料，执法人员应进行核查，作为证据。

案件受理涉案的证据，应在调查取证中加以佐证，形成证据链，作为定案证据之一。

2. 现场调查取证

（1）现场确认。一进入现场，首先联系当事人或施工单位现场负责人，口头询问占用绿地的相关情况。若当事人、施工人员联系不上，或拒不到场的，应邀请证人到场见证现场检查。

（2）现场勘查。围绕侵占绿地的相关事宜，对原绿化痕迹、现存绿化状况、原绿地上已实施项目、涉及占绿地的其他事宜进行现场勘查。

（3）现场测量。使用测量工具对可能擅自占用绿地的面积、原绿地上已实施项目占地面积进行实地测量。

（4）现场拍摄。对占用绿地的现场状态，包括已实施项目、原绿化痕迹、现存绿化状况、涉及侵占绿地事宜，在场人及现场施工状况等方面，进行摄像、拍照取证。

（5）现场询问。对现场人员（包括当事人、施工人员）进行询问。询问内容包括当事人、施工者（单位）、已实施项目、行政许可等情况，必要时制作询问笔录。

（6）制作现场检查笔录。主要包括以下几个方面内容：一是现场状况，包括施工现场、原绿化痕迹和现存绿化状况；二是占用情况，如原绿地上已实施的项目等情况；三是现场测量，对可能涉及的侵占绿地面积、已实施项目占地面积进行测量；四是现场询问，询问当事人、施工者（单位）、实施项目和行政许可等情况；五是在场人情况；六是对侵占绿地涉及的其他情况进行客观记录。

（7）涉及移植树木、砍伐树木的，应一并进行取证。

3. 询问

（1）询问当事人。主要针对下列内容进行调查询问：一是告知"有权申请回避和是否需要申请回避"的事宜，经其确认；二是核实当事人和前来接受调查人员的单位、个人身份信息；三是明确告知对占用绿地一案进行询问调查；四是查证当事人、具体施工者；五是占用绿地的目的和行为实施情况；六是查证违法行为发生的地点、时间；七是查证违法行为程度，侵占绿地的面积；八是查证行为合法性；九是查证违法行为相关情况，如对涉及举报人、证人的证言和材料，或媒体曝光报道等进一步查证；十是对现场检查笔录、现场取证照片、摄像、在场人等情况签名确认；十一是确认当事人是否有其他事实、理由、证据需要陈述或提供，进行证据闭合。

在询问笔录中，应写明要求当事人提供占用绿地的相关材料及期限。如当事人应当提供而拒绝提供的，或当事人声称"没有"的，应在笔录中注明。

（2）询问施工者。对具体实施占用绿地行为的施工单位（人员）进行调查，主要针对下列内容进行询问：一是告知"有权申请回避和是否需要申请回避"的事宜，经其确认；二是核实个人身份信息；三是明确告知对占用绿地一案进行询问调查；四是查证当事人；五是查证违法行为发生的地点、时间；六是占用绿地的实施情况；七是查证违法行为程度，侵占绿地的面积；八是查证违法行为相关情况。

4. 执法协作证据收集

（1）绿化管理部门提供协作。涉及下列事宜，可提请绿化管理部门提供协作：一是绿化竣工图；二是邀请参与现场勘查、调查、核实；三是对当事人整改情况进行认定；四是提供其他绿地管理的相关信息。

（2）规划测绘部门提供协作。占用绿地面积相关资料的调阅，可提请规划、测绘部门提供协作。

（3）建设单位等提供协作。向绿地产权单位、原绿地施工（设计）单位、物业等部门，调阅占用绿地面积的相关资料。

5. 当事人陈述申辩

在案件处罚告知阶段，当事人主动就拟行政处罚的事实、理由和证据进行陈述申辩，或提交书面证据材料。陈述申辩材料与案情有出入的，应进行核查，当事人提出的事实、理由和证据成立的，城管执法部门应当采纳。

6. 证人证言

（1）证明执法活动。现场检查、文书送达等执法活动中，邀请证人到场，就相关执法活动、事实进行证明。

（2）询问调查取证。围绕事发时间、地点、当事人，占用绿地的相关情况等案情进行询问调查。

（3）证人提供证据。证人可能掌握侵占绿地的相关资料，包括现场照片等证据材料，有必要对证人进行调查获得证据材料。

证人提供的证据材料，应进一步查证，形成证据链。

7. 专业测绘

涉及占用大量绿地面积，占绿地面积测量有争议的，可请测绘专业单位对占用绿地的面积进行测量。

8. 整改情况

侵占绿地的执法目的是恢复绿地。执法人员对当事人恢复绿地（绿化）的情况应进行现场复查。可以邀请绿化管理部门一同对当事人整改情况进行复查，认定是否符合恢复绿地（绿化）的要求。

附表：擅自占用绿地案件证据明细表

证据明细表

证据种类	证据明细	证据收集方法
书证	当事人身份证明材料，包括单位证照、个人居民身份证、授权委托书等	当事人提供、相关部门协作提供
书证	施工合同、施工方案	当事人、施工单位提供
书证	绿化竣工图、规划图、测绘图	绿化建设、设计、施工单位、业主、物业，绿化管理、规划、测绘等部门协作提供
书证	绿化等管理部门批文、批复，绿地管理信息	绿化等管理部门协作提供
书证	案件受理材料，包括媒体报道、案件受理单、案件移送函、举报信、举报人（证人）提供的书面材料等	案件受理，相关部门、举报人（证人）提供，查阅、复印、调取等
物证	实施占用绿地的工具等	现场取证，管理部门和市民提供
视听资料	现场录像、照片	现场取证
视听资料	其他录像、照片资料	管理部门和市民等提供
电子数据	/	/
证人证言	施工单位（人员）、投诉人、证人询问笔录或陈述笔录	询问调查
当事人的陈述	当事人询问笔录、陈述笔录，陈述材料	询问调查，当事人提交
鉴定意见	测绘报告	专业测绘单位（人员）
勘验笔录、现场笔录	现场检查笔录	现场检查

164 查处河道管理范围内搭建建（构）筑物违法行为如何调查取证？

河道管理范围内搭建建（构）筑物是指在本市规定的河道管理范围内（含水域和陆域，陆域包括堤防、防汛墙、防汛通道、护堤地等区域）搭建房屋、棚舍等建筑物或构筑物的行为。河道管理范围内的违法建（构）筑物若符合一般代履行或者立即代履行条件的，执法人员现场检查时应重点对该建（构）筑物已经或者即将危害交通安全、造成环境污染或者构成河道障碍物等情况进行取证。

1. 现场检查

（1）勘查：对违法建（构）筑物的具体地点、长度、宽度、高度、面积、材质、结构、用途、使用状态、侵占河道管理范围的程度、所造成的危害后果等进行实地勘查。

（2）拍照：对违法建（构）筑物从正面、侧面拍摄近景和远景，照片中应包含对比参照物便于识别取证位置，固定证据。

（3）测量：使用红外测距仪对违法建（构）筑物的长度、宽度、高度进行实地测量。

（4）调查：向在场人或违法建（构）筑物的管理者进行调查询问，初步确认违法行为人。

（5）文书制作：对现场拍照、测量、调查、核实的经过进行记录，制作现场检查笔录。

（6）其他方法：案件调查需要的，可以采用摄像、询问其他证人、请求管理部门协助等方法。

2. 询问当事人

（1）确认当事人或者委托人的基本信息。对当事人进行调查询问前，要求当事人提供相关证明，包括经营资格、委托书和个人身份证明，并进行核实。

（2）询问当事人搭建违法律（构）筑物行为被城管执法部门发现的时间。

（3）询问搭建违法建（构）筑物的具体地点、长度、宽度、高度、面积、楼层、材质、结构、用途、使用状态、侵占河道管理范围的程度、所造成的危害后果等。

（4）记录当事人想要补充说明和反映的问题。

（5）由当事人阅后签字确认，每页注明"以上内容属实"，或在最后一页注明"以上×页内容属实"。当事人拒签的,由在场人签字见证,并录音、摄像取证。

如果搭建违法建(构)筑物的行为人无法确认,以该违法建(构)筑物的实际使用人(受益人)作为当事人。

3. 收集证人证言

(1)寻找现场见证人。现场见证人包括路人、河道管理部门的工作人员等。

(2)以提问、回答的方式收集,并制作询问笔录。询问前,先确认证人的身份,然后从搭建违法建(构)筑物的具体地点、长度、宽度、高度、面积、材质、结构、用途、使用状态、侵占河道管理范围的程度、所造成的危害后果等方面进行调查、询问。

(3)可以要求证人对案件相关情况提供书面证明。

(4)证人不愿接受询问,也不愿提供书面证明的,在证人同意的情况下,可以对证人的证言进行录音,再将陈述笔录整理成书面材料。

4. 向有关行政管理部门查询、调取案件所需的资料

(1)当事人确认有合法经营资格,但拒绝提供相关证照的,向市场监管部门申请协查。

(2)当事人拒绝提供身份证的,可以先向属地居委会、物业公司了解相关信息,再向公安部门(派出所)申请协查,进行户籍资料摘录或外来人员信息摘录,由公安派出所在信息资料摘录上盖章确认。

(3)对无法确定建(构)筑物搭建地点是否属于河道管理范围内的,向河道管理部门申请核实。

(4)对是否已经或者将危害交通安全、是否需要立即清除,向河道管理等部门申请协查。

165 强制拆除违法户外广告设施应适用什么法律依据?

对于违法户外广告设施的拆除或清理,可以根据实际情况,采用不同的处理方式和法律依据。

1. 可以界定为构筑物的大中型户外广告设施的拆除

根据《民用建筑设计术语标准》(GB/T 50504 - 2009),构筑物是指为某种使

用目的而建造的、人们一般不直接在其内部进行生产和生活活动的工程实体或附属建筑设施,可以将大中型户外广告界定为构筑物,也有一些地方政府规章,如《广州市户外广告和招牌设置管理办法》直接明确户外广告设置包括建(构)筑物及其附属设施。因此,对此类违法户外广告可以依据《城乡规划法》第六十四条和《行政强制法》第四十四条实施强制拆除。对违法户外广告需要强制拆除的,应当由执法机关予以公告,限期当事人自行拆除。当事人在法定期限内不申请行政复议或者提起行政诉讼,又不拆除的,经过催告仍不拆除的,报县级以上人民政府责成强制拆除。

有的地方性法规或规章,如《广州市户外广告和招牌设置管理办法》《北京市市容环境卫生条例》,直接规定了违法户外广告由城市管理综合执法机关强制拆除。执法机关查处违法户外广告时,要依照《行政处罚法》规定的程序,经过立案、调查取证、限期拆除、强制执行四个环节。在强制执行环节,依据《行政强制法》第四十四条的规定,自公告之日起,当事人无正当理由六十日内不申请行政复议、三个月内不起诉,又不拆除的,城市管理综合执法机关才可以依法强制拆除。

值得注意的是,以《城乡规划法》为依据强制拆除违法户外广告设施,《城乡规划法》已授予行政机关强制执行权。根据《最高人民法院关于违法的建筑物、构筑物、设施等强制拆除问题的批复》:"根据行政强制法和城乡规划法有关规定精神,对涉及违反城乡规划法的违法建筑物、构筑物、设施等的强制拆除,法律已经授予行政机关强制执行权,人民法院不受理行政机关提出的非诉行政执行申请。"因此,强制拆除违法户外广告不能申请人民法院强制执行。

无法确定违法户外广告所有人和管理人的,城市管理综合执法机关应当在公共媒体以及户外广告的所在地发布公告,督促所有权人或者管理人改正违法行为。公告期间届满,未改正违法行为的,再予以强制拆除。

2. 灯箱、条幅、横幅、张贴广告等违法户外广告设施的拆除、清理

灯箱、条幅、横幅、张贴广告如果适用作为行政强制执行的强制拆除,遵循繁杂的程序,显然不可行也没有必要,需要其他执法方式,适用不同的法律规范实施拆除或清理。

(1)先行登记保存

《行政处罚法》规定了先行登记保存的条件,在证据可能灭失或者以后难以

取得的情况下才可以采取，套用到治理违法户外广告，尤其是条幅、横幅，可以认为证据可能灭失或以后难以取得。先行登记保存可以起到直接控制违法证据、及时制止违法行为的效果，因此为城市管理综合执法实践所采用。

（2）没收

《行政处罚法》规定了没收非法财物的行政处罚，某些地方性法规、规章也有"没收户外广告设施"的相关规定。在执法实践中，没收的适用对象有所限制，主要针对灯箱、条幅、横幅等简易广告，一般不宜适用于需要严格适用强制拆除程序的大中型违法户外广告。

（3）作为行政强制措施的强制拆除

《城市户外广告设施技术规范》对户外广告设施的定义，将条幅、横幅、张贴广告涵括在设施的范畴，与《行政强制法》第四十四条规定的强制拆除的对象范围相对应。但在执法实践中，对于违法设置的条幅、横幅、张贴广告等简易广告的处理，适用严格的强制拆除程序显然不可行，一般直接予以拆除。这种直接强制拆除与《行政强制法》中的强制拆除的性质不同，可以归类为其他行政强制措施，使用这种方式，可以及时有效地制止违法行为，无须经过作为行政强制执行的强制拆除的繁杂程序。

在执法实践中，也有执法机关以《行政强制法》中关于代履行的相关规定来处理，其局限在于取证难，对违法行为后果的认定难。代履行分为一般代履行和立即代履行。强拆若采取立即代履行，需要证明该户外设施构成障碍物、需要立即清除而当事人不能清除，难点在于设施多位于道路或公路两侧，未直接影响交通，若认定为障碍物尚显牵强，需要相关的立法或司法机关对公共场所、需要立即清除的情形进行解释。这需要属地管理的街道、社区或者其他市民、社会团体组织来证明其有影响市容和构成障碍而需要及时代履行的必要性。如果通过检测公司的检测证明存在安全隐患危害交通安全，则需要行政机关内部的协调和沟通，对是否有安全隐患需要拆除也往往存在争议。

第三部分
执法文书制作

城市管理行政执法文书，是指城市管理综合执法机关根据行政执法需要，应用法律、法规和规章处理违法案件过程中制作的具有法律效力或法律意义文书的总称。行政执法文书以文字、图片等形式记录行政执法过程，固定违法行为和依法行政的证据，反映行政处理结果，体现执法人员的逻辑思维过程，是证据收集、事实认定和法律适用水平的具体体现。如果行政执法文书存在不完整、不规范等问题，就可能会导致行政处罚的证据、依据、程序出现缺失和漏洞，进而影响行政处罚的正确性和公信力。

城管执法文书具有以下四个特征：

（1）合法性。行政执法文书的制作必须符合法律、法规、规章的规定，依法制作。主要表现为：制作时既要符合法定的文种、条件和时限等方面的要求，又要符合法定的操作程序、履行一定手续等要求。

（2）规范性。行政执法文书是一种程式性特点十分明显的文书，书写内容应当达到规范性要求。主要表现为：格式要求统一，内容要求完整，结构相对固定，用语应当规范。

（3）约束性。行政执法文书是具体实施法律的重要手段，是城市管理综合执法机关代表国家行使职责的表现，以国家强制力为保障。主要表现为：城市管理综合执法机关作出的具体行政行为往往通过文书形式表现出来，对当事人有约束力。

（4）稳定性。行政执法文书是城市管理综合执法机关对行政执法过程的记载，是城市管理综合执法机关依法行使职权的具体体现，具有稳定性的特点。主要表现为：城市管理综合执法机关制作完成的法律文书不得随意更改或者撤销，如果发现执法行为存在过错，需要变更或者撤销文书时，也应当依照法定程序进行。

2020年，住房和城乡建设部办公厅印发了《城市管理行政执法文书示范文本（试行）》，供各地城市管理部门制发行政执法文书参考使用。示范文本共包括七十二种执法文书，分为外部文书和内部文书两大类，涵盖城市管理行政执法立案、调查取证、处罚告知、处罚决定、执行阶段等环节。规范城市管理行政执法文书，是贯彻落实《国务院办公厅关于全面推行行政执法公示制度执法全过程记录制度重大执法决定法制审核制度的指导意见》的具体举措，有利于规范城市管理行政执法行为，提升执法能力和水平，更好地保护行政相对人的合法权益。也可以通过使用统一的城市管理执法文书为案卷归档管理、跨区域案件调查提供便利，为将来数字化、智能化执法做铺垫，以推进全国城市管理综合执法向现代化、精细化转型。

随着城市管理综合执法的规范化，执法文书也必然会经历一个发展和完善的过程。各地城市管理综合执法机关在统一使用执法文书时，也可以就当地的实际情形和具体案件的需要，对示范文本进行必要的完善和增补。本部分主要对部分示范文本和常见问题进行必要的讲解，同时也借鉴不同领域行政执法的经验增补了若干文书，供执法机关在实践中就具体问题参考使用。

表 城管执法各阶段执法文书和用途

序号	名称	性质	用途
立案阶段			
1	检查记录	内部文书	依照职权进行监督检查时，记载检查的相关情况，检查对象是否存在涉嫌违法行为，并由负责人填写处理意见
2	举报记录	内部文书	记载举报人、举报内容以及受理意见等相关情况
3	案件来源登记表	内部文书	对投诉举报、监督检查、相关部门移送或上级部门交办等案件来源情况进行登记时使用
4	立案审批表	内部文书	对涉嫌违法行为初步审查后，认为需立案查处，履行立案审批手续时使用。普通程序案件需要在办理立案审批手续后，才能开展调查取证活动
5	立案通知书	外部文书	经立案审批后确定立案，告知行政相对人其涉嫌违法行为已立案并将进一步调查，同时告知当事人具有配合调查的义务和陈述申辩、申请办案人员回避的权利

续表

序号	名称	性质	用途
6	不予立案告知书	外部文书	经审查投诉举报、检查发现、媒体披露以及部门移送的违法线索，发现不符合立案条件的，向提供线索来源的自然人和单位告知不予立案的文书
调查取证阶段			
7	调查（询问）通知书	外部文书	通知当事人或其他有关人员在一定时间内到承办机构办公场所协助调查，接受询问。并告知当事人接受调查（询问）时需要携带的相关材料
8	调查（询问）笔录	外部文书	询问案件当事人或者其他有关人员，就其对案件有关情况进行调查、了解时制作的笔录
9	现场检查（勘验）笔录	外部文书	对现场进行检查或勘验时，用于记载可能与违法活动有关的情况，是认定违法事实的必要证据
10	现场勘验图	外部文书	通过绘制图示的方法，对涉嫌违法行为发生的地点、环境、建筑、物品和遗留痕迹进行记录，图既可作为现场勘验（检查）笔录的附件，也可单独作为文书使用
11	现场照片及说明	外部文书	用照片反映正在实施违法行为或违法行为实施后现场基本情况，记录违法现场方位、周围环境及原始状态，记录物证所在部位、形状、大小及其相互之间的关系，同时注明拍摄人员、拍摄时间、拍摄地点以及照片所反映的内容
12	音像证据及说明	外部文书	执法过程的音像记录需要作为证据使用的，应从存储设备中复制调取音像记录资料，并刻录成光盘附在卷中，同时注明资料来源、刻录时间、刻录地点、刻录人以及需要证明的内容
13	电子数据证据及说明	外部文书	用来说明电子数据的名称、来源以及需要证明的对象；对电子数据的提存时间、提存地点、提存方法和步骤也要有详细的记录；需要提存人、当事人、见证人和执法人员的签字，以确保电子数据的合法和有效
14	调取证据材料通知书	外部文书	在办理行政案件过程中，需要向当事人或有关单位、个人调取相关证据时制作

续表

序号	名称	性质	用途
15	取证单	外部文书	办理案件时，当事人或有关单位、个人提供相关证据时，为证明证据的合法性所使用的文书。需同时注明取证时间、地点，取证人和提供人，并由提供人写明"以下证据由本人（单位）提供，保证提供的材料及所反映的事实是真实的，如有作假愿承担相应法律责任"。可根据证据的数量多次使用
16	抽样取证通知书	外部文书	需要采取抽样取证措施收集证据时，通知当事人予以配合并列明抽样取证物品清单
17	抽样取证笔录	外部文书	抽取样品进行技术鉴定或者检验，应制作笔录。如果抽样人为执法人员，由抽样人填写；如果委托相关机构进行抽样，则由该机构指派的抽样人员填写
18	检验/检测/鉴定委托书	外部文书	查办案件过程中，需要委托有关机构对专门事项进行检测、检验、鉴定时，使用本文书
19	检验/检测/鉴定期限告知书	外部文书	是城市管理行政执法部门需要对抽样取证的物品或查封、扣押的物品进行检测、检验、技术鉴定时，就查封（扣押）期限相应顺延告知当事人制作的文书
20	检验/检测/鉴定结果告知书	外部文书	对抽样取证的物品或实施强制措施的物品委托有关机关进行检验、检测、鉴定的，需要将检验、检测、鉴定的结果告知当事人时使用
21	抽样取证物品处理通知书	外部文书	把抽取的样品的处理情况通知当事人而制作的文书
22	先行登记保存证据审批表	内部文书	在证据可能灭失或者以后难以取得的情况下，执法人员报请本机关负责人审查批准实施或者解除先行登记保存时制作的文书
23	现场证据先行登记保存笔录	外部文书	在现场执法时，对有关物品采取先行登记保存时，应制作笔录
24	证据先行登记保存通知书	外部文书	在查办案件过程中，对证据可能灭失或者以后难以取得的情况下，经本部门负责人批准后，将证据物品的数量、规格、性质等情况先行记录下来，再保存在原地或者指定的地方，在一定期限内限制该物品流转，并将上述情况告知当事人的通知文书

续表

序号	名称	性质	用途
25	先行登记保存证据处理通知书	外部文书	在查办案件的过程中，依法对有关先行登记保存的证据物品作出解除、检验鉴定或移送等处理时制作
26	行政强制措施审批表	内部文书	依法向机关负责人申请对当事人的场所、设施或物品实施、解除查封（扣押）行政强制措施时或者延长查封（扣押）期限时制作的文书
27	查封（扣押）决定书	外部文书	对案件涉及的自然人、法人或其他组织所有或占有的有关场所、设施或物品实施查封（扣押）行政强制措施时制作的文书
28	延长查封（扣押）期限决定书	外部文书	对涉案的场所、设施或物品继续维持查封（扣押）状态时，依据《行政强制法》第二十五条的规定，作出延长查封（扣押）期限决定时制作的文书
29	查封（扣押）物品移送告知书	外部文书	依法将涉案查封（扣押）物品以及与案件有关的其他材料移送其他有权机关，并书面告知当事人时使用
30	查封（扣押）现场笔录	外部文书	记录实施查封（扣押）的现场情况，包括现场情况及告知事项；当事人的陈述、申辩情况；现场处理情况等内容
31	解除查封（扣押）决定书	外部文书	实施查封（扣押）措施后，鉴于当事人没有违法行为、暂扣的物品与违法行为无关、执法机关已经作出处理决定不再需要查封（扣押）或者查封（扣押）期限已经届满等原因，依法决定解除查封（扣押）时使用
32	（场所、设施、财物）清单	外部文书	城市管理综合执法机关依法采取或者解除先行登记保存措施，实施或者解除行政强制措施，委托检测、检验、鉴定，进行抽样取证等需要记载场所、设施、财物时使用的文书
33	（场所、设施、财物）委托保管书	外部文书	城市管理综合执法机关实施行政强制措施、先行登记保存措施（主要针对查封、扣押、先行登记保存物品及查封场所这类措施）后，要将被依法实施上述措施的场所、设施、财物委托给除当事人、执法机关以外的第三人保管时使用
34	先行处理物品通知书	外部文书	城市管理综合执法机关对查封、扣押的容易腐烂、变质的物品先行处理时，应当制作本文书告知当事人

续表

序号	名称	性质	用途
35	物品处理记录	外部文书	是城市管理综合执法机关对执法办案过程中依法先行登记保存、查扣、没收物品的处理情况进行记录时制作的文书
36	责令停止（改正）违法行为通知书	外部文书	发现当事人有违法行为，要求违法行为人立即停止违法行为或限期改正时使用。执法机关在决定行政处罚之前，应当先责令当事人改正或者限期改正违法行为，也就是说在普通程序中，在下达行政处罚决定书之前，必须已经下达过责令（改正）违法行为通知书
37	责令改正情况复查记录	外部文书	下达责令停止（改正）通知书后，在对当事人整改情况进行复查时，使用该文书对复查情况进行记录
38	封条	外部文书	在执法检查、案件查办时，为调查取证、保存证据或者防止危害进一步扩大等，对特定场所、物品等采取临时停止使用，以及禁止销售、转移、损毁、隐匿物品等措施时使用的文书。封条需要配合证据先行登记保存决定书、查封（扣押）决定书、抽样取证通知书等使用
39	证据照片（图片）登记表	内部文书	在案件调查过程中对收集的证据照片、图片进行汇总登记的文书
40	征询意见函	内部文书	查办案件时，需要向城建、规划自然资源、交通、环保、市监等行政机关征询相关意见时制作的文书。如对违法行为的协助认定以及非法物品的鉴定等
41	撤销立案审批表	内部文书	依法对已立案的案件进行撤案审批时作出的文书
告知阶段			
42	案件调查终结报告	内部文书	对已经立案的案件，办案机构认为调查终结，将案件全部情况进行总结，提出处理意见时所使用的文书
43	案件审核表	内部文书	审核机构对办案机构报送的调查终结报告及案件材料进行审核时所使用的文书

续表

序号	名称	性质	用途
44	行政处罚事先告知书	外部文书	执法机关在作出行政处罚决定之前，依法履行事先告知程序，告知当事人拟作出行政处罚决定的事实、理由、依据、处罚内容以及当事人依法享有的陈述申辩权利。如果案件适用听证程序，可以把听证权利一并告知，而无须单独作出听证告知书
45	陈述申辩复核意见书	内部文书	城管执法机关对当事人提出的陈述申辩理由进行审核并提出意见的文书
46	听证通知书	外部文书	适用听证程序的案件当事人提出听证申请的，告知当事人举行听证会的时间、地点时使用
47	听证笔录	外部文书	举行行政处罚听证时，记录当事人、案件承办人员以及其他有关人员的陈述、申辩和质证情况时制作的文书
48	听证报告	内部文书	听证主持人在听证结束后向执法机关负责人报告听证情况和处理意见时使用的文书
49	重大案件集体讨论记录	内部文书	在记录由本机关负责人参加的，对情节复杂或者重大的行政处罚案件组织集体讨论时使用
	决定阶段		
50	行政处罚决定审批表	内部文书	办案机构在案件调查终结之后，将最终处理意见提请执法机关负责人审批决定时使用的文书。经机关负责人集体讨论的，讨论决定应在文书中予以记载；经审核机构审核的，应注明提出审核意见的日期和具体审核意见
51	当场处罚决定书	外部文书	依照行政处罚简易程序的相关规定对违法行为人当场作出处罚时作出的文书
52	行政处罚决定书	外部文书	执法机关对当事人作出行政处罚决定，载明对当事人作出行政处罚决定的事实、理由、依据、处罚内容以及救济途径和期限等事项。本文书在办案机构填报行政处罚决定审批表经执法机关负责人批准后制发

续表

序号	名称	性质	用途
53	不予行政处罚决定书	外部文书	在对违法行为进行充分调查取证后，依法对当事人作出不予行政处罚决定的文书。本文书在办案机构填报行政处罚决定审批表经执法机关负责人批准后制发
54	准予分期（延期）缴纳罚款通知书	外部文书	当事人确有经济困难，需要延期或者分期缴纳罚款的，可以向执法机关提出暂缓或者分期缴纳申请，经执法机关审查同意的，制作本文书
55	不予分期（延期）缴纳罚款通知书	外部文书	不同意当事人提出的分期（延期）缴纳罚款申请时使用的文书
56	撤销行政处罚决定书	外部文书	作出并送达行政处罚决定书后，经过复核认为需要撤销时制作的文书
57	责令拆除/清除/恢复原状决定书	外部文书	责令拆除/清除/恢复原状决定书，是在城市管理综合执法机关依法作出责令当事人在规定期限内对违法设施、物品等予以自行拆除、清除或者恢复原状决定时使用。其中，责令拆除决定书一般适用于户外设施等依法需要拆除的违法案件，责令清除决定书一般适用于乱张贴、乱涂写、乱刻画、乱悬挂、乱散发物品等需要依法清除的违法案件。责令恢复原状决定书一般适用于破坏房屋外貌、损坏房屋承重结构等依法需要恢复原状的违法案件
执行阶段			
58	行政决定履行催告书	外部文书	依法作出行政决定后，当事人未在规定时间内履行义务的，城市管理综合执法机关在自行强制执行或者申请人民法院强制执行前，应该制作此文书
59	强制拆除决定书	外部文书	城市管理综合执法机关依法责令当事人在规定期限内自行拆除的户外设施（违法建筑除外），当事人逾期不履行并经催告仍不履行，执法机关依法决定予以强制拆除时制作的文书

续表

序号	名称	性质	用途
60	代履行决定书	外部文书	城市管理综合执法机关依法要求当事人履行排除妨碍、恢复原状等义务的行政决定后,当事人逾期不履行,经催告仍不履行,其后果已经或者即将危害交通安全、造成环境污染或者破坏自然资源的,执法机关决定自行实施或者委托无利害关系的第三人实施代履行时制作的文书
61	代履行催告书	外部文书	作出代履行决定书后,当事人未履行的,在实施代履行三日前,依法催告当事人履行义务时使用
62	立即代履行决定书	外部文书	依法要求当事人立即清除道路、河道、航道或者公共场所的遗洒物、障碍物或者污染物,当事人不能清除时,城市管理综合执法机关决定予以立即实施代履行时制作的文书,执法机关在紧急情况下,依法立即实施代履行时使用
63	立即代履行事后通知书	外部文书	在依法作出立即代履行决定,由本机关或没有利害关系的第三人立即实施代履行后,通知当事人时制作的文书,写明立即实施代履行产生的实际费用,附费用清单,并提出代履行费用的承担主体、缴纳方式及法律后果
64	代履行完毕确认书	外部文书	在代履行实施完毕后用于记录代履行过程以及结果的文书。记录代履行的简要过程与结果,并应当附有代履行实施完毕后现场照片,对代履行实施过程进行拍摄
65	代履行费用追缴决定书	外部文书	依法向被代履行人追缴代履行费用时使用,写明代履行产生的实际费用。同时应当注明代履行费用的缴纳期限及方式
66	行政强制执行现场笔录	外部文书	依法对实施行政强制执行的现场情况予以记录的文书
67	加处罚款决定书	外部文书	对当事人作出罚款的行政处罚决定后,当事人在规定期限内不履行缴纳罚款义务的,城管执法机关依法作出加处罚款决定时制作的文书

续表

序号	名称	性质	用途
68	中止强制执行通知书	外部文书	依据《行政强制法》第三十九条规定，予以中止强制执行时制作的文书
69	执行协议	外部文书	在实施行政强制执行过程中与当事人就执行的内容和方式达成协议的文书。执行协议可以约定分阶段履行，分阶段履行的应当写明各个阶段履行期限及内容。
70	恢复强制执行通知书	外部文书	依法恢复强制执行时制作的文书
71	终结强制执行通知书	外部文书	依据《行政强制法》第四十条规定，予以终结强制执行时制作的文书
72	强制执行申请书	内部文书	城市管理综合执法机关对当事人逾期不履行行政决定，向有管辖权的人民法院申请强制执行时使用
结案阶段			
73	结案报告	内部文书	对已经处理完毕的案件情况进行汇总，按程序报请本机关负责人审查批准结案时制作的文书
74	卷内文件目录	内部文书	对已结案的行政处罚案件，将其涉及的全部材料按档案管理规定，进行归档时所作的有关案卷内材料顺序的提示性文书
75	卷宗封面	内部文书	在行政处罚案件结案后，将案件材料立卷归档时所做的案卷封面
76	卷内备考表	内部文书	用于说明案卷缺损、修改、补充、移出、销毁等情况的文书
其他类文书			
77	案件移送函	内部文书	城市管理综合执法机关将案件或者违法线索移送有管辖权的行政机关时使用的文书。执法机关发现已经立案的案件不属于自己管辖的，应当依法移送案件；发现正在核查的违法线索不属于自己管辖，对当事人涉嫌违法行为进行调查时发现还有违反其他行政管理秩序线索的，应当移送违法线索

续表

序号	名称	性质	用途
78	陈述申辩笔录	外部文书	用来记录当事人对案件有关情况所做的陈述、申辩时制作的文书。本文书主要适用以下三种情形：（1）在调查取证过程中，如采取暂扣物品等强制措施时，执法人员记录当事人的陈述内容时使用；（2）行政处罚事先告知后，记录当事人陈述、申辩意见时使用；（3）当事人收到行政决定履行催告书后，要求陈述、申辩时使用；（4）当事人放弃听证权利后，但提出陈述、申辩时使用
79	送达地址确认书	外部文书	送至受送达人确认的地址，即视为送达。城市管理综合执法机关要求当事人确认送达地址或请当事人同意以电子方式送达时，使用本文书。确认的送达地址可用于案件处理的各个阶段需要送达执法文书的情况
80	送达回证	外部文书	将执法文书送达当事人或其他有关人员时，作为回执和凭证要求由受送达人签名或盖章，并注明收件时间。由其他人员代签的，要审核代签人员的签收资格，注明代收原因及与受送达人的关系。在受送达人拒收或其他原因无法直接送达的情况下，在备注栏注明采取其他送达方式的原因及证人情况，或者注明其他情况。采取邮寄送达或公告送达方式的，应当将邮寄凭证或者公告文书加贴在备注处或另附材料
81	回避决定书	外部文书	对当事人提出的回避申请依法作出同意回避申请或驳回回避申请的决定的文书
82	物品处理记录	外部文书	对执法办案过程中依法先行登记保存、查扣、没收物品的处理情况进行记录时制作
83	指定管辖申请书	内部文书	是指城市管理综合执法机关在案件管辖发生争议时，报请共同的上一级行政机关指定管辖时制作的文书
查处违建类专用文书			
84	责令停工通知书	外部文书	城管执法机关经过执法检查后认为行为人涉嫌违法建设，需要立即停工并要求行为人接受调查处理的文书
85	解除停工通知书	外部文书	经过调查核实后依法向当事人发出解除停工通知的文书

续表

序号	名称	性质	用途
86	责令限期拆除违法建筑事先告知书	外部文书	作出责令限期拆除违法建筑决定之前，依法履行事先告知程序时使用，告知当事人作出限期拆除违法建筑决定的事实、理由、法律依据和当事人依法享有的陈述、申辩权利
87	责令限期拆除违法建筑决定书	外部文书	责令违建当事人在一定期限内自行拆除违法建筑时使用
88	限期拆除违法建筑催告书	外部文书	当事人未在责令限期拆除违法建筑决定书规定期限内拆除违法建筑，执法机关在作出强制拆除违法建筑决定之前，依法催告当事人在一定期限内自行拆除违法建筑时制作的文书
89	限期拆除违法建筑公告	外部文书	执法机关在作出限期拆除违法建筑催告书的同时，以本机关的名义在违建现场依法进行公告时使用
90	强制拆除违法建筑决定书	外部文书	在经过限期拆除违法建筑催告并予以公告后，当事人仍未予以自行拆除违法建筑时，以执法机关的名义依法作出强制拆除违法建筑决定时使用
91	强制拆除违法建筑通告	外部文书	在经过限期拆除违法建筑催告并予以公告后，当事人仍未予以自行拆除违法建筑的，城市管理综合执法机关依法作出强制拆除违法建筑决定的同时，以本机关名义在违建现场依法进行通告时使用
92	限期主张权利公告	外部文书	执法机关在确定建设违法，却无法确定违法建设工程的建设单位或者所有人、实际管理人的，制作本文书，在公共媒体或者该建设工程所在地发布，督促违建当事人依法接受处理，责令其限期拆除违法建筑，告知其逾期不拆除的，执法机关将依法实施强制拆除
93	物品清单	外部文书	执法机关采取强制拆除违法建筑，应当事先通知当事人清理违法建筑内的有关物品。当事人拒不清理的，执法机关应当制作物品清单，由违建当事人签字确认；当事人不签字的，行政执法机关可以邀请违法建筑所在地居民委员会、村民委员会代表或者公证机构作为见证人见证

续表

序号	名称	性质	用途
94	保管物品领取通知书	外部文书	执法机关应当将有关物品运送到指定场所保管，并通知违建当事人领取时使用的文书
95	强制拆除现场笔录	外部文书	执法机关对实施强制拆除或者回填现场制作的笔录
96	缴纳强制拆除违法建筑费用告知书	外部文书	依法向违建当事人追缴强制拆除或者回填违法建筑费用、安全鉴定费用、建筑垃圾清运处置费用、相关物品保管费用时使用

166 城市管理行政执法文书的作用是什么？

城市管理行政执法文书是城市管理综合执法机关依法制作的具有法律效力或者法律意义的专用凭证和书面证明。它的作用主要体现在以下六个方面：

1. 实施法律、法规、规章的重要工具

城市管理行政执法文书制作的目的在于法律、法规、规章的具体贯彻实施。它是实施法律的工具，具有很强的能动性。这些法律文书既要忠实地反映实施法律的行为，又要以法律为准绳，对事实作出公正的分析和判断。城市管理综合执法机关对当事人实施行政处罚时，就是通过法律文书这种形式实现的，所以城市管理行政执法文书起着实施法律的工具作用。

2. 开展城市管理综合执法活动的真实记录

城市管理行政执法文书是城市管理执法过程的客观记录，它可以比较准确地反映当时的行政执法情况，这些法律文书既是作出行政决定的重要依据，也是解决执法争议的重要依据。当城市管理综合执法案件当事人提出申诉控告或者申请行政复议、提起行政诉讼时，执法文书即成为判断案件事实、适用法律以及办案程序是否合法的重要依据。

3. 体现城市管理综合执法公正的重要载体

公正是行政执法活动的出发点和归宿，没有公正，城市管理综合执法工作就失去存在的意义。行政执法文书是城市管理综合执法工作的载体和体现，也是衡量行政执法工作是否公正以及质量优劣的重要依据。"以事实为根据，以法律为准绳"的原则，在行政执法工作中以十分鲜明的色彩体现在执法文书中。没有相应的执法文书，城市管理综合执法机关办理案件的各个过程就失去了存在的载体，办理案件的合法性也会因缺乏相应的执法文书而受到质疑。

4. 考核评定城市管理综合执法工作的重要依据

行政执法文书记录了城市管理综合执法工作的全过程，是对城市管理综合执法机关执法的动机、对法律原则的规定的遵守以及是否科学、公正、廉洁、高效的客观反映，是城市管理综合执法机关是否尽职尽责的客观证明。因此，行政执法文书可以作为考核评定行政执法工作的客观标准和依据。同时，通过这些文书，也可以实现对执法办案过程的监督。

5. 城市管理综合执法法制宣传的生动教材

城市管理综合执法工作不仅是处理各种类型的违法案件，而且是通过具体的行政执法工作来宣传城管的法律、法规、规章，而这种法制宣传主要是通过城市管理行政执法文书的制作体现出来的。通过行政执法文书，当事人可以知晓哪些行为是违法的，应该受到什么样的法律制裁，同时当事人还可以知道自己有哪些权利，以及通过怎么样的途径来维护自己的权利。因此，在行政执法文书制作过程中，可以提高人民群众的法治意识，教育当事人自觉守法，达到法制宣传教育的目的。

6. 城市管理综合执法案卷材料的重要档案

城市管理行政执法各种法律文书无论是对有关执法案件本身，还是对国家整个行政执法工作建设，都是十分重要的专业档案资料，应当按照档案管理规定妥善保管。将城市管理综合执法各种法律文书保存和管理好，有利于保证办案质量，提高案卷制作水平，提升城市管理依法行政能力。

167 制作城市管理行政执法文书有哪些规范性要求？

城市管理行政执法文书制作具有程式化特点，具体制作应当符合一定的规范，尤其是在规范格式、叙述事实、阐述理由、引用依据以及语言文字等方面，都应当遵循一定的要求。

1. 依法制作

行政执法文书是实施法律活动的书面表现形式，制作时在内容上要以法律、法规、规章为准绳，形式上要符合《行政处罚法》《行政强制法》等法律规定，以及相关司法解释的要求。行政执法文书制作只有符合法定要求，遵循法定程序，才能受法律保护。因此，要求制作行政执法文书的执法人员必须了解熟悉城市管理综合执法相关的法律规范，准确适用法律、法规、规章规定，并根据不同违法情形，掌握行政处罚幅度和种类，选择行政强制方式和手段，只有这样，才能制作出符合法律要求的城市管理行政执法文书。

2. 按照客观事实制作

尊重客观事实是执法人员在城市管理综合行政执法活动中必须持有的态度。客观事实是处理案件的基础，尤其是违法事实是作出行政处罚的根据。因此，城市管理行政执法文书制作时要求执法人员必须实事求是地进行调查取证，把事实的前因后果、时间地点、人物情节等叙述清楚，这样才能制作出合格的行政执法文书。否则，事实不清楚，就不能准确地适用法律，更不能对违法行为准确定性。

3. 遵循格式要求

遵循统一的文书格式要求，为有效发挥行政执法文书的作用，奠定了良好的基础。因此，城市管理综合执法人员在制作行政执法文书时，要熟悉行政执法文书惯用体例和程式要求。行政执法文书一般包括首部、正文、尾部三个部分。首部是行政执法文书的开头部分，主要是起到表明主题的作用。通常由标题和编号等内容构成。正文是行政执法文书的主体部分，是制作的主要内容，主要起着记载主要事项、说明理由和处理意见或者客观记录事实情况等作用。如决定类文书的正文，通常由违法事实、情节、理由、适用法律依据、处理决定、告知权利等内容构成。尾部是行政执法文书的结尾部分，主要起着附注和签署的作用。通常由签署盖章和注明日期等内容构成。只有了解熟悉这些格式，遵循格式要求制作，城市管理行政执法文书才能符合规范，使人一目了然。

4. 语言准确、说理充分

首先，用语必须准确、严谨。不能渲染、修饰、比喻和夸张，要绝对避免模棱两可、含糊不清的语言。用词要准确、精练、言简意赅。其次，要充分说明当事人的行为在法律上是如何界定的，当事人应当承担的法律责任。法律规定是行政执法文书中阐明理由的基石，必须准确适用法律规范。引证法律条文力求明确具体，若法律条文分款分项，则应有针对性地引用某条某款某项，应将法律条文的原文引出或写明原条文第×条第×款第×项。一般先引法律规定，再引法规规定，最后引规章规定；先引定性规定，再引处罚性规定。

5. 要规范制作

（1）用墨、笔、纸符合规范。墨、笔一般用黑色、蓝黑色笔墨书写，不能用圆珠笔、红笔，做到字迹清楚、文面整洁；用纸一般采用国际标准 A4 型（210mm×297mm），左侧装订。张贴的文书用纸大小，根据实际需要确定。

（2）书写要规范。首先，要使用法律语言，尽量避免口语、方言等表述方式。其次，行政执法文书中出现的各种名称，如法律名称、单位名称或者当事人名称以及物品名称等，应当使用全称，不得用文号或者其他代号来代替。标点符号使用应当准确，避免产生歧义。最后，行政执法文书中的数字书写，除文件编号、价格、数量等必须用阿拉伯数字外，一般用汉字书写。

（3）在填写当事人情况时，应根据案件情况确定"个人"或者"单位"，"个人""单位"两栏不能同时填写。当事人为个人的，姓名应填写身份证或户口簿上的姓名；个人需要填写当事人的身份证号；住址应填写常住地址或居住地址；"年龄"应以公历周岁为准。当事人为法人或者其他组织的，填写单位名称、法定代表人（负责人）、地址等事项应与工商登记注册信息一致，并要注意当事人名称前后一致。

（4）行政执法文书设定的栏目，应当逐项填写，不得遗漏和随意修改。无须填写的，应当用斜线划去。如果执法文书首页不够记录，可以附纸记录，但应当注明页码，由相关人员签名并注明日期。

（5）印章规范。加盖印章是制作行政执法文书最后的法定程序，城市管理综合执法机关的印章加盖在发文日期之上，即所谓的"骑年盖月"。使用符合技术规范、通过安全认证的电子签名、电子指纹捺印制作的各类笔录文件、法律文书，与手写签名、盖章和捺指印的纸质法律文书和笔录文件具有同等法律效力。对电子签名、电子指纹捺印的过程，应当同步录音录像。

168 城市管理行政执法文书制作有哪些常见错误及瑕疵？如何规避？

行政执法文书在表现形式上具有一定的程式化和规范化的特点，准确把握文书的基本样式和制作方法是对文书制作的基本要求。认真撰写行政执法文书是每一个城市管理综合执法人员和其他基层综合执法人员在城市管理综合执法工作中的必备基本功。如果行政执法文书存在不完整、不规范的问题，就可能导致行政处罚的证据、依据、程序出现缺失和漏洞，进而影响行政处罚的正确性、公信力和城市管理综合执法队伍形象，最严重的法律后果是在行政诉讼中导致执法机关败诉，行政处罚决定被撤销。

在总结历次行政处罚案卷评查和梳理行政审判案例的基础上，本书归纳出了行政执法文书制作若干常见错误和瑕疵。

表　城市管理行政执法文书制作常见错误和瑕疵

序号	常见错误	所属文书	填制规范
1	当事人的基本情况填写不规范	设有当事人项目的文书	（1）是法人或者其他组织的，应当填写单位的全称、地址、证件类型及编号、联系电话，法定代表人（负责人）的姓名、性别、民族、职务等内容，应与营业执照或者登记文件上的信息一致； （2）是个人的，填写姓名、性别、出生日期、居民身份证号码、联系地址、联系电话等内容，应与居民身份证的信息一致； （3）有字号的个体工商户，以登记的字号为当事人，同时注明该字号经营者的基本信息（姓名、性别、身份证号码、住址、民族、联系电话等）；无字号的个体工商户，则以营业执照上登记的经营者为当事人，同时注明该营业者的基本信息（姓名、性别、身份证号码、住址、民族、联系电话等）； （4）当事人为没有领取营业执照的法人分支机构的，以设立该分支机构的法人为当事人； （5）法人或者其他组织应登记而未登记即以法人或者其他组织名义进行生产经营活动，或者法人或者其他组织依法终止后仍以其名义进行生产经营活动的，以直接责任人为当事人； （6）法人、其他组织、自然人冒用法人、其他组织名义进行生产经营活动的，以实施冒用违法行为的法人、其他组织、自然人为当事人； （7）法人或其他组织实施违法行为后，发生合并或分立的，以合并或分立后的法人或其他组织为当事人。

续表

序号	常见错误	所属文书	填制规范
2	涂改处、空格处、空白处未做相应处理	各类文书	（1）文书涂改的技术处理：在文书涂改处压指印或者加盖印章。不需要当事人确认的内部审批文书一般由承办案件的执法人员做技术处理；需要当事人签字确认的执法文书一般由当事人做技术处理；（2）文书空格、空白处的技术处理：文书空格处，可采取划"＼"反斜线处理；文书结尾空白处注"以下空白"或者另起一行顶格划"＼"反斜线处理。
3	机关负责人审批意见不符合要求	立案审批表	"负责人审批意见"栏，应当写明"同意立案"，确定立案日期，同时明确两名以上具体承办人。
4	一份笔录记录多个现场或询问多个被询问人	现场检查笔录、询问笔录	一份现场检查笔录只能记录一个涉嫌违法的现场；一份询问笔录只能询问一个人。
5	相同执法人员制作的不同笔录时间出现重叠	现场检查笔录、询问笔录	同一时间，相同的执法人员只能检查一个涉嫌违法现场；同一时间，相同执法人员只能询问一个人。
6	现场检查笔录用语不规范	现场检查笔录	（1）不能使用模糊性语言。对物品数量描述时不能使用"大约""大概""估计""多""少""余""左右"等模糊词语或者不定词语；不能使用"一般""很乱"等抽象词语代替具体的描写。（2）不能使用推定性质的结论性语言。切忌先入为主，使用"违法""非法""擅自"等词语，或者直接在笔录中叙述当事人违反的法律条款。笔录应只记载现场实况，不作评价和结论。
7	被询问人没有签署意见或者姓名	询问笔录	笔录每一页都应由被询问人注明"笔录经本人核对，记录属实"，笔录每一页都应有被询问人签名和加捺手印。
8	只记录当事人未签名的事实而未注明其不签名的原因	现场检查笔录、询问笔录	当事人拒绝签名或不能签名的，应当注明原因。

续表

序号	常见错误	所属文书	填制规范
9	只记录检查的内容，未记录采取相关措施的情况	现场检查笔录	检查过程中，依据现场情况作出的证据先行登记保存、查封扣押等措施，也是现场检查记录应该记录的内容。
10	时间填写不精确	现场检查笔录、询问笔录	有的只填写笔录的日期，而不填写起止时间；有的虽然填写了时间，但是未能精确到分钟。
11	地点填写不清楚	现场检查笔录、询问笔录	应写明检查或者询问的具体地点。
12	证据先行登记保存方式不符合要求	证据先行登记保存通知书	证据先行登记保存不同于查封、扣押，保存方式不能写指定地点"封存"，应写指定地点"保存"。
13	先行登记保存证据处理决定不当	证据先行登记保存处理决定书	证据先行登记保存处理决定书不能作出"没收"的决定，"没收"属于行政处罚，应在行政处罚决定书里作出。
14	续页所接的执法文书名称书写不规范	有续页的文书	使用续页应当写明所接执法文书的名称，有相关人员签字并注明页码、日期。不能只注明"接上页"。
15	行政处罚决定书落款日期与案件处理呈批表中的审批日期不一致	行政处罚决定书、案件处理呈批表	行政机关作出行政处罚决定的日期应与案件处理审批表中行政机关负责人审批日期一致。
16	没有告知当事人准确的复议机关、诉讼法院名称	行政处罚决定书、查封（扣押）决定书、责令限期拆除违法建筑决定书	应该准确告知当事人复议机关、诉讼法院名称，使用单位的规范全称

续表

序号	常见错误	所属文书	填制规范
17	引用法律遗漏了具体的款、项	行政处罚事先告知书、行政处罚决定书	引用法律条文，要具体写上条、款、项、目。
18	以指导意见、裁量基准或其他规范性文件为处罚依据	行政处罚事先告知书、行政处罚决定书	行政处罚应当以法律、法规、规章为依据。指导意见、裁量基准和其他规范性文件等，可以作为行政处罚决定说理的内容，但不得直接作为处罚的法律依据。
19	处罚意见或处罚决定随意的增加或减少处罚的种类	案件调查终结报告、行政处罚决定书	应全部引用处罚所依据的法律条款上规定的罚种，并且不得擅自增加；"责令改正"不是行政处罚，应该在责令改正通知书中作出。
20	"建议""拟"和"决定"的使用混淆	案件调查终结报告、行政处罚事先告知书、行政处罚决定书	（1）案件调查终结报告以办案人员名义向单位负责人提出的处罚意见，只能使用"建议"，而不能使用"决定"； （2）行政处罚事先告知书并非最终的正式决定，此时，只能使用"拟"，而同样不能使用"决定"； （3）行政处罚决定书不应该遗漏"决定"二字，不能写成："作处罚如下""处罚如下"等不规范的表述。
21	无授权委托书	需要附授权委托书的现场检查笔录、询问笔录、陈述申辩笔录、送达回证	（1）现场检查笔录、询问笔录中被检查人、被询问人为非单位法定代表人或单位负责人时，应标明被检查人、被询问人身份、职务、与负责人或当事人的关系，并有当事人或单位的授权委托书； （2）陈述申辩人不是单位负责人或法定代表人时，应有当事人或单位的授权委托书； （3）其他人代收听证通知书、行政处罚事先告知书、行政处罚决定书时，应有当事人或单位的授权委托书。

169　哪些执法文书需要当事人逐页手写签名？

城市管理行政执法文书所对应的执法程序的真实性、合法性等情况往往需要当事人或第三人予以认可。在行政处罚过程产生的大量执法文书中，现场检查笔录、现场勘验笔录、询问笔录等文书需要当事人逐页手写签名予以确认。

（1）现场检查笔录——被检查人应在核对后逐页手写签名，并在最后一页签字确认笔录内容属实，写明姓名和日期；

（2）现场勘验笔录——现场见证人员应在核对后逐页手写签名，并在最后一页签字确认笔录内容属实，写明姓名和日期；

（3）询问笔录——被询问人应在核对后逐页手写签名，并在最后一页签字确认笔录内容属实，写明姓名和日期；

（4）先行登记保存物品清单（可与先行登记保存通知书合并）——当事人应在核对后逐页手写签名，并在最后一页签字确认清单内容属实，写明姓名和日期；

（5）抽样取证物品清单（可与抽样取证通知书合并）——当事人应在核对后逐页手写签名，并在最后一页签字确认清单内容属实，写明姓名和日期；

（6）先行登记保存物品处理决定书——决定将先行登记保存的物品退还当事人的，应在决定书中处理清单部分列明退还的物品。当事人应在核对后逐页手写签名，并在最后一页签字确认清单内容属实并已接收，写明姓名和日期；

（7）陈述和申辩意见——当事人针对行政处罚事先告知书口头提出陈述和申辩意见的，执法人员应如实记录，当事人应在核对后签字确认记录内容属实，并逐页写明姓名和日期；

（8）听证笔录——当事人或其委托代理人应在核对后逐页手写签名，并在最后一页签字确认笔录内容属实，写明姓名和日期。

170　办理案件时，哪些事项需要使用行政处罚案件有关事项审批表进行审批？

行政处罚案件有关事项审批表是城市管理综合执法机关在查办案件过程中，对需要经过机关负责人审批的事项，提请机关负责人审批时所使用的文书。

1. 审批事项

除立案或者不予立案审批、行政处罚决定审批、结案审批等有专用审批文书的审批外,在案件办理过程中,以下事项需要使用行政处罚案件有关事项审批表进行审批:

(1) 实施、解除先行登记保存证据措施。

(2) 实施、解除行政强制措施,延长行政强制措施期限。

(3) 先行处理物品、没收物品处理。

(4) 执法人员回避。

(5) 中止、终止调查。

(6) 销案、不予或免予行政处罚。

(7) 案件移送其他行政机关,涉嫌犯罪移送司法机关。

(8) 向其他机关发出行政执法建议。

(9) 首次延长办案期限。

(10) 行政处罚事先告知或听证告知。

(11) 延期或分期缴纳罚款。

(12) 中止、终止行政处罚决定的执行。

(13) 申请法院强制执行。

(14) 需要机关负责人审批,无专用审批文书的其他情形。

2. 填写说明

(1) 案件名称或事由。立案后的填写案件名称,未立案的填写当事人及事由。

(2) 审批事项。填写需要报请批准的事项。

(3) 提起审批的理由、依据及拟处理意见。写明报批理由、依据及拟处理意见。

(4) 执法机构负责人意见。由部门负责人写明报批部门意见,并签名。

(5) 行政机关负责人意见。由城市管理综合执法机关主要负责人签署最后意见。

3. 需要注意的相关问题

(1) 审批事项经法制机构审核的,由经办人在备注栏按照审核机构出具的案件审核表填写审核意见及审核日期。经集体讨论的，由经办人在备注栏填写集体讨论情况及意见。

（2）虽然终止调查、销案、不予或免予行政处罚、移送其他行政机关、涉嫌犯罪移送司法机关等情形也经过案件集体审理，但由于属于对当事人最终的处理决定，需要填写行政处罚案件有关事项审批表由城市管理综合执法机关负责人批准。

171 送达地址确认书有什么作用？怎样制作？

送达地址确认书，是城市管理综合执法机关为了及时准确有效送达执法文书，要求当事人确认送达地址和选择送达方式时使用的文书。在案件处理的各个阶段需送达执法文书给当事人时，可以以确认的送达地址和方式送达文书。《行政处罚法》第八十一条第二款明确，当事人同意并签订确认书的，行政机关可以采用传真、电子邮件等方式，将行政处罚决定书等送达当事人。

1. 文书正文

（1）告知事项。告知事项一般为城市管理综合执法机关事先打印的格式化表述内容，包括当事人填写要求以及拒绝、不实提供或不予确认可能产生的不利后果。

（2）确认内容。确认内容应当包括收件人的姓名、联系电话、邮政编码以及具体地址等。特殊情况可在备注栏中注明。

（3）当事人确认。明确当事人知悉告知事项、对确认内容进行确认。当事人签名盖章。

2. 注意事项

（1）在告知事项一栏中应当明确写明当事人拒绝提供、提供送达地址不准确或者未及时告知送达地址变更产生的不利后果。为有效办理执法案件，可以要求当事人提供相关证件复印件，作为本文书附件。

（2）当事人的送达地址应当由当事人本人或者当事人的委托代理人填写；当事人不能书写又没有代理人的，可以口述后由执法人员代为填写，并经执法人员向其宣读后，由当事人签名、盖章或以其他方式确认。

（3）当事人委托代理人签署本文书的，应当提供有相应权限的授权委托书及委托代理人的身份证明文件。

文书范例

××市××区城市管理综合行政执法局
执法文书送达地址确认书

案由	王××占用城市道路案	案号	×城管立〔2021〕10号
告知事项		1. 为便于当事人及时收到城管执法法律文书，依法对当事人现场检查或调查取证时，当事人应当如实提供准确的送达地址。确认的送达地址适用于城管执法案件的调查、决定、执行等阶段。 2. 当事人在确认法律文书送达地址后如需变更的，应当及时以书面方式告知本机关，否则，按上述确认地址送达法律文书视为有效送达。 3. 因当事人提供或者确认的送达地址不准确、送达地址变更未及时告知本机关、当事人本人或者其他有资格收件人拒绝签收的，导致法律文书未能被当事人实际接收的，文书退回之日视为送达之日。 4. 经受送达人同意，可以手机短信、传真、电子邮件、即时通信账号等能够确认其收悉的电子方式送达执法文书（行政处罚决定书除外）。手机短信、传真、电子邮件、即时通信信息等到达受送达人特定系统的日期为送达日期。

送达地址及送达方式	是否接受电子送达 ☑是 □否 （送达行政处罚决定书除外）	☑手机号码：××××××××××× □传真号码： ☑电子邮件地址：××××××××@××.com □即时通讯账号：
	送达地址	××市××路××号
	收件人	×××
	收件人联系电话	×××××××××××
	邮政编码	××××××

当事人确认	我已阅读（听明白）本确认书的告知事项，提供了上栏送达地址，并保证所提供的送达地址各项内容是正确的、有效的。如在案件查处过程中送达地址发生变化，将及时告知你机关。如因本人原因导致送达不能的，后果自负。 特此确认。 　　　　　　　　　　　　确认人：王××　　××××年×月×日
备注	

172 制作现场检查（勘验）笔录应遵循哪些原则要求？

现场检查（勘验）笔录，是执法人员在案件调查、现场监督检查或者采取行政强制措施过程中，对与案件有关的现场环境、场所、设施、物品、人员、生产经营过程等进行现场检查时所作的记录，是客观情况的书面反映，是保全原始证据的一种证据形式。《行政处罚法》第五十五条第二款的规定"询问或者检查应当制作笔录"，《行政强制法》第十八条规定"行政机关实施行政强制措施"时应"制作现场笔录"。

现场检查（勘验）笔录主要以文字的形式固定现场状况（情形），与现场拍照、录像以及现场提取的"书证、物证等"补充，互相印证，能全面、客观地反映与案件有关的地点和物证现场状况，是客观事物的书面反映，是保全原始证据的一种证据形式。目前，随着移动办公逐步实现自动化、信息化，往往在现场使用电脑录入检查发现的情况包括反映现场情况的相应照片和影像资料等，并使用便携打印机现场打印制作。

1. 书写现场检查（勘验）笔录内容的一般原则

现场检查（勘验）笔录是一种证据类文书，现场检查的过程，就是调查取证的过程。书写时一般应遵循如下几点原则：

（1）客观性、真实性原则。

现场检查（勘验）笔录是对现场状况的客观记录和描述（含现场照片、录像、提取的书证物证等），其他执法人员（行政复议人员、法官）能够通过此记录还原执法时的现场情形。因此制作笔录时必须如实记录，不能作任何分析推断。即记录执法人员在现场所观察到的违法事实和违法行为，才能起到"直接"证据作用，才符合"客观性原则"。因此，执法人员没有亲眼看到的不能记录；执法人员分析判断的不能记录；管理相对人（现场相关人员）所说的不能记录；群众投诉举报的不能记录。

（2）相关性原则。

所记录的内容（违法事实、违法行为等）应与执法内容（案件调查、现场监督检查或者采取行政强制措施过程）相关，与执法内容无关的不应记录。

（3）合法性原则。

合法性原则指执法的程序、措施、手段等必须符合有关法律规定。一是执法程序合法：现场检查时，应依法进行，如有两名或以上的执法人员（已经领取相应的行政执法证件）同时进行，出示执法证件并告知检查的法律依据和当事人享有的权利，在被检查的单位相关人员（法定代表、投资人、个体工商户经营者或者已经获得相应授权的人员）陪同下进行。现场检查（勘验）笔录制作完毕后应经被检查人（当事人）核对真实无误后在笔录上注明"以上笔录属实"并签名。当事人拒不签名的，应当注明情况。采取行政强制措施时，当事人不到场的，应当邀请见证人到场在现场检查（勘验）笔录上签名或者盖章。二是手段合法：检查（含拍照、录像）应在被检查人陪同下公开进行，并现场制作。

2. 制作现场检查（勘验）笔录应注意的事项

（1）一案多个现场或同一现场进行多次检查的，不能结合起来只制作一份现场检查笔录，而应分别制作。

（2）现场检查（勘验）笔录因内容较多而页不够书写时，应使用"续页"，注明"××现场检查（勘验）笔录"续页，而不能用其他纸张（其他种类文书）代替。同时应有当事人及执法人员的签名和日期，不能仅有当事人的签名和日期。

（3）陪同检查人员和签名人员应为同一人，且应为"有权"人员即具有相应职权或获得授权人员，如法定代表人或取得授权的委托代理人等。

（4）暗访情况（含拍照、录像）不应记录在现场检查（勘验）笔录上，但可以通过询问等方式转换成其他种类证据。

（5）当事人拒不签名的，应当注明情况。建议预判当事人有可能不签字（不配合）的，充分利用现代化取证工具（录像、录音）辅助取证，这也是"全程执法记录"的趋势。

（6）作为现场检查（勘验）笔录补充的图片，拍摄角度要清楚、合理，能反映现场情况。比如查处污染路面案件，在拍摄取证时不能简单地拍摄地面被污染的情况，而应该在镜头内涵盖周围的情况，做到从图片上看就能了解被污染路段的大体位置。

（7）查处在建违法建筑案件应下达责令停止违法行为通知书，制作现场检查（勘验）笔录时应体现出执法人员在调查责停后该建筑处于何种状态，即在建违法建筑的施工进度状况。

173 制作现场检查（勘验）笔录有哪些常见问题？

1. 记录的词语主观性较强

执法人员未能把握住现场检查笔录的即时性、现场性和真实性的要求，制作的现场检查笔录包含的主观性因素太多。表现在：

（1）对物品数量不能作出精确描述。

使用"大约、大概、估计"等模糊词语，或"多、余、左右"等不定词语，这是制作现场检查笔录的一大禁忌。

（2）现场进行主观认定。

先入为主，使用"违法、非法、擅自"等词语，或者像制作处罚文书一样，直接在现场检查笔录中叙述违法情形。

（3）以现场检查（勘验）笔录代替询问笔录。

有的现场检查笔录以据"当事人口述"的形式将当事人购进、售出物品的数量、价格等内容记录下来，这类笔录看起来更像询问笔录。

2. 记录的主体性内容不全面

执法人员不能全面记录检查的内容、方法、结果和相关人员的行为等情况。所记录的主体性内容不全面。表现在：

（1）只记录实施现场检查的结果而未记录检查活动的过程。如未记录检查过程中的拍照、录像，收集、提取其他证据，邀请其他人员到场等情况。应该对这些情况一并记录，以相互印证，形成证据链。

（2）只记录执法人员的检查行为而未记录当事人的活动状况。如未记录检查过程中现场工人是否正在作业，是否正在兜售商品，当事人是否按要求提供票据、账册以配合检查等。对这些情况，也应一并记录，从而体现现场检查笔录作为一种动态笔录的性质。

（3）只记录实施检查的内容而未记录采取相关措施的情况。如未记录在检查过程中，依据现场情况而作出的先行登记保存、封存等措施。按有关要求，采取相关措施也是现场检查笔录应记载的内容。

（4）只记录发现物品的数量而未记录其数据来源和获取途径。如未记录在检查过程中确定的物品数量依据、方法和过程。如此记录的数据是否真实、合理，值得怀疑。

（5）只记录当事人未签名的事实而未注明其不签名的原因。实践中，往往忽视对当事人未签名原因的记载，这样的笔录不符合《最高人民法院关于行政诉讼证据若干问题的规定》第十五条"当事人拒绝签名或不能签名的，应当注明原因"的规定，必须予以纠正。

3. 填写的辅佐性项目不完整

有的执法人员对现场检查笔录中辅佐性项目填写不完整，甚至漏填。表现在：

（1）检查时间填写不精确。有的只填写现场检查的日期，而不填写起止时间；有的虽然填写了时间，却未能精确到分钟。

（2）检查地点填写不清楚。只写到街道或村组，而未写清门牌号，或通过选择参照物的方式确定具体地点。

（3）当事人身份填写太简单。不少现场检查笔录只填写当事人的姓名，不填写其年龄、性别、身份证号码、住址等基本情况。

（4）执法证号码填写不齐。有的只填写记录人员的执法证号码，而漏填其他执法人员的执法证号码。

文书范例

××市××区城市管理综合行政执法局
现场检查笔录

案　　由：<u>擅自占用绿地</u>

检查地点：<u>××公司（××路××号）门前</u>

检查时间：<u>××××年××月××日××时××分至××时××分</u>

当事人：<u>××公司</u>　身份证号码或者机构代码：<u>××××</u>

电　　话：<u>×××××××</u>　地址：<u>××路××号</u>

在场人：<u>丁××</u>　地址：<u>××路××号</u>　电话：<u>×××××××</u>

调查人：<u>王×、赵×</u>　记录人：<u>赵×</u>

现场检查情况：

我局接区绿化管理局"××公司占绿"告知单，并会同该局工作人员张×，赴××公司进行行政检查。该公司主任丁××同时在场。执法人员已向当事人出示行政执法证件，并告知其有申请回避的权利和如实回答询问，提供有关资料，协助调查并不得阻挠的义务。现场检查情况如下：

1. ××路人行道和车行道间有长条形的绿化隔离带（道路绿地）。该绿化隔离带在××路××号门前被截断。截断左右两侧的绿化隔离带上种植有麦冬地被植物，每间隔6米左右种植香樟树。

2. 隔离带截断处，××绿化公司正在施工作业，用水泥铺设道路作为××公司车辆进出通道。铺设道路施工作业已近完工。

3. 用皮尺测量左右两侧绿化隔离带宽为2米；用5米卷尺测量铺设道路左右两侧绿化隔离带上种植的香樟树各1棵，胸径均为20厘米；用皮尺测量正在铺设的道路宽为2米、长为8米。

4. 丁××辩称，公司为车辆进出方便，取得了交警支队审批的设置道路进口坡申请，让××绿化公司铲除了绿化隔离带，迁移了1棵香樟树，铺设水泥道路。这一行为没有取得绿化管理部门的许可。

5. 区绿化局工作人员张×指认，铺设道路处原与左右两侧的绿化隔离带是相连接的，上面原种植1棵香樟树，香樟树胸径与现绿化隔离带上种植的香樟树胸径差不多大小。

执法人员现场进行拍照、摄像取证。

上述记录已阅，属实，无异议。

丁××（签名）

上述情况属实。

绿化局工作人员张×（签名）

附件：

  1. 现场情况示意图；

  2. 现场照片陆张；

  3. 现场摄像伍分钟。

当事人/在场人（签名）：_____　　　　　××××年×月×日

见证人（签名）：_____　　　　　××××年×月×日

调查人（签名）：_____　　　　　××××年×月×日

记录人（签名）：_____

174 如何制作询问笔录？应注意哪些问题？

城市管理综合执法机关为查清案件事实，调查询问当事人或证人等其他有关人员时，应制作询问笔录进行记录。询问笔录也可供城市管理综合执法人员日常检查时使用。

询问笔录对查清案件事实具有重要的作用。一是收集案件所需要的相关证据材料；二是核实（印证）已取得的证据材料的真实性；三是在案件调查中扩大或发现新的违法事实及相关线索。

1. 制作要求

（1）页码。记录完毕后，在"第__页"处按顺序逐页填写当前页页码，在"共__页"处中间逐页填写总页码数。

（2）询问时间和地点。写明询问的具体起止时间和地点（注意地点和地址的区别）。

（3）被询问人。填写被询问人的基本情况，包括姓名、性别、年龄、住址（联系地址）、证件名称（通常指身份证）、证件号码等。

（4）执法人员和记录人情况。写明询问的执法人员姓名（两人以上）和记录人姓名。记录人是询问的执法人员中的一员。

（5）询问记录。询问记录是本文书的主要内容，包括询问人向被询问人表明身份、告知有关法定义务和应负的法律责任、调查人员的提问内容和被调查人的陈述等。

询问记录起始部分应当注明执法人员身份、调查询问的法律依据、申请回避的权利、配合调查的义务。起始部分的内容是程式化的语言，一般已经印制在文书上。

在询问记录中应当记录与案件有关的全部情况，包括时间、地点、主体、事件、过程、情节等。在记录中，被询问人的陈述内容是记录的重点。记录采用对话的形式，询问人员的提问和被询问人的回答应分别列段，并在段首标明"问:"和"答:"，执法人员询问时应当围绕涉嫌的违法事实展开，注意逻辑清楚、提问明确。

询问人提出问题后，应当有被询问人的回答。如被询问人不回答或拒绝回答的，应当写明其态度，如注明"不回答"或者"沉默"等字样。

此外，执法人员应在询问记录中对现场检查情况进行确认，并进行记录。

（6）被询问人签名。调查完毕，应交被询问人核对，经核对无误后，由被询问人在本文书末尾签名或盖章（有多页的，每页都要签名或盖章），同意检查记录的应写明"以上情况属实"。如被询问人拒绝签名的，记录人应在笔录上注明。

（7）执法人员签名。询问人和记录人应当在末页签名。

2. **注意事项**

（1）本文书应由两名具有行政执法资格的执法人员进行询问，且在询问前应出示执法身份证件。

（2）询问时间应与现场检查时间错开。

（3）询问应单独进行，有多个被询问人的应分别制作本文书。

（4）对同一被询问人多次询问的，应注明是第几次询问。

（5）对被询问人的回答，记录中应使用第一人称。

（6）在询问过程中，对被询问人提供的资料，记录人应详细记录每份材料的名称，并妥善保存。

（7）应认真核对被询问人的身份信息，包括营业执照、居民身份证、法人身份证明、授权委托书等。如果被询问人未携带或遗漏了相关材料，应在事后及时补交。

（8）本文书中有修改或补充的地方，应由被询问人逐处签名或者捺手印，加以确认。

（9）首页页脚，被询问人、执法人员的签名处均应注明日期，续页仅需签名即可，被询问人最好同时捺手印。

（10）当事人拒不签名的，应当在笔录上注明情况。如果能预判当事人可能不签字（不配合）的，充分利用取证工具（录像、录音）辅助取证，记录询问调查全过程。

175 如何运用好调取证据材料通知书？

在城市管理综合执法机关执法办案过程中往往会遇到当事人不愿配合、拒不提供有关证据材料的情况，执法人员只能按照能够取得的证据定案处理。但当当事人不服行政处罚向法院提起行政诉讼时，当事人又向法院出示了证明有关案情的证据，造成执法机关查办的案件事实不清、证据不足的被动情形。

《最高人民法院关于适用〈中华人民共和国行政诉讼法〉的解释》第四十五条、《最高人民法院关于行政诉讼证据若干问题的规定》第五十九条均有规定，被告在行政程序中依照法定程序要求原告提供证据，原告依法应当提供而拒不提供，在诉讼程序中提供的证据，人民法院一般不予采纳。因此，在行政诉讼阶段，调取证据材料通知书及其送达回证可以作为行政执法机关的证据，用来证明执法人员曾经要求当事人依法履行提供证据的义务，使当事人新提交的证据失去了合法性。巧妙地运用调取证据材料通知书能起到自我保护的作用，防止案外证据的出现，固定办案成果。

城市管理执法人员运用调取证据材料通知书时应注意以下几点：

（1）除有法律、法规明确规定外，不按要求提供证据，不能必然推定当事人的行为违法，不免除执法机关依法查明违法事实的责任。目前，城市管理综合执法机关一般是依据《行政处罚法》第五十五条、《城市管理执法办法》第二十七条的规定要求当事人提供证据材料，这两条规定只是从执法机关权力的角度作为发出通知的依据，但没有从当事人法定的、提交证据的义务角度去要求。容易造成在当事人没有法定义务的情况下发出调取证据材料通知书，使得通知无效或者无法起到防止案外证据出现的作用。因此，在填写文书时，应写明法律依据。也就是告知当事人应当履行如实提供证据的法定义务；根据案件的不同，引用的法律规定不同。

（2）应当要求当事人提供有利于当事人自己的事实证据，不能要求提供不利于当事人自己的事实证据。

（3）对当事人提供证据的要求应当合理，给予合理的期限，应当考虑当事人的难易程度，不能故意刁难当事人。

（4）要有明确的要求提供的证据名称、目录。

（5）要直接送达当事人。不宜使用留置送达、邮寄送达的方式。

176 执法协助通知书怎么制作？

执法协助通知书是城市管理综合执法机关在查处违法行为过程中，需要向有关行政管理部门查询有关资料或者需要有关行政管理部门认定违法行为和非法物品时制作的法律文书。《行政处罚法》第二十六条明确规定："行政机关因实施行政处罚的需要，可以向有关机关提出协助请求。协助事项属于被请求机关职权范围内的，应当依法予以协助。"

1. 文书作用

城市管理综合执法机关和乡、镇人民政府查处违法行为时，需要住房城乡建设、交通、绿化市容、水务、环保、市场监管、规划自然资源等有关行政管理部门提供下列执法协助的，应当出具协助通知书，有关行政管理部门应当依照规定予以配合：

（1）查阅、调取、复制与违法行为有关的文件资料；

（2）对违法行为的协助认定以及非法物品的鉴定；

（3）需要协助的其他事项。

2. 文书内容

文书的正文包括以下内容：

（1）执法协助部门名称。要求写明协助部门的具体名称。针对案件查证需要来确定执法协助部门。

（2）违法时间。要求写明发现违法行为的具体时间。

（3）违法地点。要求写明违法行为发生的具体地点。

（4）违法行为。要求写明违法的具体行为。

（5）案件基本情况。要求写明违法事实和证据材料。表述具体翔实，便于执法协助部门准确认定违法行为和非法物品。要求提供所需资料并附照片或摄像资料。例如，在拆违案件中，可以请规划部门出具建筑规划设计图纸及审批许可文件。

（6）法律依据。要求写明请求执法协助的法律依据名称及具体条款。法律依据的名称必须写全称，不能写简称或文号。

（7）协助内容。要求写明与调查案件所需要的具体事项和要求，可以就同一违法行为向执法协助部门提出多个事项的协助请求。例如，在占用道路案件中，可以同时就占道行为发生的具体区域位置及是否需要审批许可提出执法协助请求。

（8）协助期限。要求对于需要认定违法行为和非法物品的事项表述具体并明确期限（一般为十日内）。

（9）联系人及联系方式。写明负责该案件执法人员的姓名及联系电话，以便执法协助部门与本机关联系。

3. 注意事项

（1）使用本文书须填报行政处罚案件有关事项审批表，经城市管理综合执法机关负责人审批。

（2）本文书要详细准确地介绍已经掌握的案情，并提供现场照片或者摄像，以便执法协助部门对违法行为或非法物品进行认定、鉴定。

（3）执法协助事项表述要具体明确，便于执法协助部门及时回复。

（4）本文书的送达要留有记录，以督促执法协助部门按照规定期限履行协助义务。

文书范例

××市××区城市管理综合行政执法局
执法协助通知书

×城管协通字〔××××〕第××××号

××市××区市政工程管理局：

我单位于××××年×月×日×时在××市××路××号门前发现当事人××装潢公司搭建脚手架涉嫌占用人行道的行为，基本情况如下：

××××年×月×日×时×分，我局×××中队执法人员接投诉后，前往××市××路××号门前道路进行检查。现场发现，该处门前人行道上放置壹个铁质脚手架。经测量，占用人行道区域长×米，宽×米，面积×平方米。附：现场检查笔录×份；取证照片×张。

为进一步查明案件事实，根据《××市城市管理行政执法条例》第×××条和《××市城市管理行政执法条例实施办法》第×条第×款的规定，请贵单位提供下列执法协助：

□进行现场检查和勘验；

□查阅、调取、复印与违法行为有关的文件资料；

☑对违法行为和非法物品进行认定、鉴定，在收到本通知书之日起十日内出具书面意见；

其他：当事人上述占道行为是否需要行政审批，如需审批，当事人是否办理过审批手续。

联系人：万××　　　　　　　联系电话：×××××××××

××市××区城市管理综合行政执法局（公章）

××××年×月×日

177 制作先行登记保存通知书应注意哪些问题？

先行登记保存通知书是城市管理综合执法机关在案件查处的过程中，为了查清案件事实，在证据可能灭失或者以后难以取得的情况下，对违法行为涉及的证据予以先行登记保存时发给当事人的书面通知性文书。

1. 文书正文

（1）当事人名称。当事人有主体资格证照的，按照当事人主体资格证照记载事项写明主体资格证照名称、统一社会信用代码（注册号）、住所（住址）、法定代表人（负责人、经营者）等信息。当事人是个体工商户且有字号的，以字号名称为当事人名称，同时写明经营者姓名、身份证（其他有效证件）名称及号码。当事人主体资格证照未加载统一社会信用代码的，写明注册号或者其他编号。当事人是个人的，按照身份证（其他有效证件）记载事项写明姓名、住址、号码等信息。

（2）涉嫌的违法行为。写明需要实施先行登记保存措施涉及的违法行为。

（3）违法行为的法律依据。写明涉嫌存在违法行为的法律规定，具体到条、款、项。

（4）登记保存的期限。先行登记保存的期限不超过七个工作日，文书中应写明起止时间。

（5）保存地点。写明证据先行登记保存的具体地点。先行登记保存的证据一般应当就地保存，由当事人妥为保管。对被登记保存物品状况应在所附的（场所、设施、财物）清单中详细记录，登记保存地点要明确、清楚。

（6）联系人和联系方式。写明城市管理综合执法人员和联系方式，便于当事人联系。

2. 注意事项

（1）本文书应当附（场所、设施、财物）清单和送达回证，并使用封条做先行登记保存标记。

（2）实施先行登记保存措施依法须经行政机关负责人批准，执法人员应填写行政处罚案件有关事项审批表，履行审批程序。

（3）要注意先行登记保存的期限为七日，逾期未作出处理决定的，先行登记保存措施将自动解除。提前解除的，应下达解除先行登记保存证据通知书。

（4）先行登记保存的物品必须是与涉嫌违法行为有关的证据。在执法过程中，对与涉嫌违法行为没有直接联系的物品不得实施先行登记保存。

文书范例

××市××区城市管理综合行政执法局
先行登记保存通知书

×城管先保通字〔××××〕第××××号

李××：

你（单位）因在××市××路近××路擅自收运餐厨废弃油脂的行为，涉嫌违反《××市餐厨废弃油脂处理管理办法》第×条第×款第×项的规定，依据《中华人民共和国行政处罚法》第三十七条第二款的规定，本机关决定自××××年×月×日起，对你（单位）的下列物品予以先行登记保存（涉及物品名称、数量详见《（场所、设施、财物）清单》×城管登存〔××××〕第××××号）。

在先行登记保存期间，任何人不得动用、调换、转移、损毁被登记保存证据。擅自动用、调换、转移、损毁被先行登记保存证据的，将依法追究有关责任人员的法律责任。

先行登记保存地点：＿＿××市××路××号＿＿

先行登记保存期限：七日。逾期未作出处理决定的，先行登记保存措施自动解除。

联系人：王××、张××　　　　　　联系电话：××××××××

××市××区城市管理综合行政执法局（公章）

××××年×月×日

当事人（签名）：　　　　　　　　执法人员（签名）：

178 执法机关实施查封（扣押）强制措施会应用到哪些执法文书？怎样制作？

城市管理执法过程中需要依法采取行政强制措施的，填写行政处罚案件有关事项审批表（或行政强制措施审批表），办案机构负责人签署意见，报局领导批准后，制作查封（扣押）决定书，按要求填写送达回证。对查封、扣押的财物，当场进行清点，按要求填写（场所、设施、财物）清单。采取行政强制措施时，应当制作查封（扣押）现场笔录，同时进行音像记录。

查封、封存的物品需要委托给当事人、第三人保管的，制作（场所、设施、财物）委托保管书，附（场所、设施、财物）清单，按要求填写送达回证。

对于已经采取行政强制措施的容易腐烂、变质的物品，需要先行处理的，填写行政处罚案件有关事项审批表，办案机构负责人签署意见，报局领导批准后，制作先行处理物品通知书，附（场所、设施、财物）清单，按要求填写送达回证。

处理物品，应当填写物品处理记录，详细记录所处理物品的（场所、设施、财物）清单编号、物品来源、处理依据、处理时间、处理地点、执行人、记录人、见证人、处理情况，由执行人和见证人逐页签名或者盖章并注明日期。处理物品应当同时进行音像记录。

需要延长查封（扣押）期限的，填写行政处罚案件有关事项审批表，办案机构负责人签署意见，报局领导批准后，制作延长查封（扣押）期限决定书，附（场所、设施、财物）清单，送达当事人，按要求填写送达回证。

对实行查封（扣押）的涉案物品进行检测、检验、检疫、技术鉴定，需要告知当事人检测、检验、检疫、技术鉴定期间的，制作（检测、检验、检疫、技术鉴定）期间告知书，附（场所、设施、财物）清单，送达当事人，按要求填写送达回证。

需要解除行政强制措施的，填写行政处罚案件有关事项审批表，办案机构负责人签署意见，报局领导批准后，制作解除行政强制措施决定书，送达当事人，按要求填写送达回证。

1. 行政强制措施审批表

行政强制措施审批表为表格式文书，正文包括以下内容：

（1）案由。写明案件涉及案由，包括"涉嫌违法行为＋案"，案由应明确、具体，应和立案审批表中的案由保持一致。

（2）当事人。写明涉案当事人的姓名（名称）、法定代表人、联系电话和住所，应核对营业执照及相关证件后填写。

（3）实施时间和地点。写明实施强制措施的具体时间和地点，该地点一般是违法行为现场，也可以是其他地点。

（4）审批事项。在对应拟采取措施的方框格内打钩，该文书审批的措施有三种，分别是"实施暂扣物品""解除暂扣物品"和"延长暂扣物品期限"。

（5）案情概要。如属于事前报批的，写明当事人可能存在的违法行为以及经初步调查后发现需采取或解除暂扣措施的理由和法律依据；如属于事后报批的，还需写明案件涉嫌的违法事实检查及调查的实际情况，采取措施所使用的执法文书名称和文号。

（6）采取强制措施的依据。拟采取强制措施的依据，应当是法律、行政法规或者地方性法规的明确规定，应写明法律、行政法规或地方性法规的名称和具体条款，包括条、款、项。

（7）执法人员建议。城管执法人员根据案情提出拟采取的措施，其内容应与审批事项中勾选的内容保持一致。

（8）承办机构负责人意见。承办机构负责人同意执法人员提出的建议的，应签署"拟同意"并签名或盖章。

（9）法制机构意见。行政强制措施涉及当事人的权益，当事人如有异议，可以提起行政复议或行政诉讼，因此，采取措施前应听取法制机构的意见，同意承办机构提出的建议的，应签署"拟同意"并签名或盖章；如不同意承办机构提出建议的，应说明理由并签名或盖章。

（10）机关负责人意见。执法机关负责人同意的，应签署"同意"并签名或盖章；如不同意的，应说明理由并签名或盖章。

2. 查封（扣押）决定书

查封（扣押）决定书是对案件涉及的自然人、法人或其他组织所有或占有的有关场所、设施或物品实施查封（扣押）行政强制措施时制作的文书。

查封（扣押）决定书的正文内容包括：

（1）准确填写当事人的姓名或名称，并与身份证、营业执照等证明当事人主体资格的材料上的保持一致。

（2）写明涉嫌违法行为当事人实施具体行为的时间、地点、具体事项。

（3）准确列明所依据的法律、法规的全称及具体条款。查封（扣押）的行政强制措施只能由法律或行政法规、地方性法规设定，执法机关不能以法律、法规以外的其他规范性文件的规定为依据实施强制措施。

（4）告知当事人申请行政复议的具体行政复议机关名称或者提起行政诉讼的具体人民法院名称以及申请行政复议或者提起行政诉讼期限。

3. （场所、设施、财物）清单

（场所、设施、财物）清单是城市管理综合执法部门在执法过程中对需要详细登记的场所、设施、财物进行登记造册的书面凭证。

制作查封（扣押）决定书、（场所、设施、财物）委托保管书、（检测、检验、检疫、技术鉴定）期间告知书、先行处理物品通知书、查封（扣押）物品移送告知书、延长查封（扣押）期限决定书、解除行政强制措施决定书等文书时，在需要列明文书所指相关场所、设施、财物的情况下，均应当附（场所、设施、财物）清单。

4. （场所、设施、财物）委托保管书

城市管理综合执法机关实施查封（扣押）的强制措施，要将被实施强制措施的场所、设施、财物委托给除当事人、执法机关以外的第三人保管时应使用本文书。本文书应当附（场所、设施、财物）清单和送达回证。

5. 查封（扣押）现场笔录

查封（扣押）现场笔录应当对实施查封（扣押）的物品名称、数量、包装形式、规格等作全面、客观、准确的记录，并记录查封（扣押）决定书及财物清单送达、当事人到场、实施查封（扣押）过程、当事人陈述申辩以及其他有关情况。即现场有什么记录什么，笔录记录的物品名称、数量等应当与清单一致。

6. 延长查封（扣押）期限决定书

延长查封（扣押）期限决定书是指城市管理综合执法机关在案件处理过程

中，决定对已查封（扣押）物品或者查封场所延长查封扣押期限所使用的文书。《行政强制法》第二十五条第一款、第二款规定："查封、扣押的期限不得超过三十日；情况复杂的，经行政机关负责人批准，可以延长，但是延长期限不得超过三十日。法律、行政法规另有规定的除外。延长查封、扣押的决定应当及时书面告知当事人，并说明理由。"

延长查封（扣押）期限决定书的正文应当包括以下内容：

(1) 查封（扣押）决定的时间和决定书的文号。

(2) 延长查封（扣押）的理由和法律依据。一般表述为"因情况复杂，依据《中华人民共和国行政强制法》第二十五条的规定"。

(3) 延长查封（扣押）的期限。写明延长查封（扣押）的具体结束日。对物品需要进行检测、检验、检疫或者鉴定的，查封（扣押）的期间不包括检测、检验、检疫或者鉴定的期间。具体期间另行书面告知。

(4) 救济途径和期限。写明当事人不服延长查封（扣押）期限的，可以申请行政复议的部门或提起行政诉讼的法院的名称，以及申请行政复议和提起行政诉讼的期限。

7. （检测、检验、检疫、技术鉴定）期间告知书

（检测、检验、检疫、技术鉴定）期间告知书是城市管理综合执法机关依法采取查封、扣押措施后，书面告知当事人检测、检验、检疫、技术鉴定的期间及该期间不计入查封、扣押期限的一种通知性执法文书。凡采取查封、扣押措施并予以抽样检验鉴定的，均应制作此文书并送达当事人。

期间应以检测机构确认的期限填写，注意不应违背检测规程的相关规定。

8. 先行处理物品通知书

城市管理综合执法机关对查封、扣押的容易腐烂、变质的物品先行处理时，应当制作本文书告知当事人。

一般情况下应经当事人同意先行处理，可以在询问调查笔录中体现或由当事人出具同意先行处理的书面意见。直接先行处理必须有可以直接先行处理的法定依据。

本文书应当附（场所、设施、财物）清单和送达回证。

9. 物品处理记录

物品处理记录，是城市管理综合执法部门对执法办案过程中依法先行登记保

存、查扣、没收物品的处理情况进行记录时制作的文书。

记录内容包括物品来源、处理时间、处理地点、原物主、执行人、记录人、现场见证人。处理情况应写明处理的标的物名称、数量以及处理的依据、简要经过、结果等情况。

处理记录应当交原物主签名确认并注明日期,还应当签署"以上记录已看过,情况属实"等字样。执行人、记录人也应当签名并注明日期。如果原物主拒绝签字或者处理物品为无主物的,应当注明情况并邀请见证人见证签名并注明日期。

10. 解除查封（扣押）决定书

实施查封（扣押）措施后,鉴于当事人没有违法行为、暂扣的物品与违法行为无关、执法机关已经作出处理决定不再需要查封（扣押）或者查封（扣押）期限已经届满等原因,应依法决定解除查封（扣押）。

解除查封、扣押措施后,将城市管理综合执法机关或者第三人保管的物品交予当事人时,应当使用物品处理记录对有关情况进行记录。

对于采取查封、扣押的财物,在查封、扣押期间作出处罚决定予以没收的,直接将财物转为没收,不需要再使用本文书。

11. 送达回证

将执法文书送达当事人或其他有关人员时,作为回执和凭证要求由受送达人签名或盖章,并注明收件时间。由其他人员代签的,要审核代签人员的签收资格,注明代收原因及与受送达人的关系。在受送达人拒收或其他原因无法直接送达的情况下,在备注栏注明采取其他送达方式的原因及证人情况,或者注明其他情况。采取邮寄送达或公告送达方式的,应当将邮寄凭证或者公告文书加贴在备注处或另附材料。

179 责令改正通知书的制作要点是什么？

《行政处罚法》第二十八条第一款规定:"行政机关实施行政处罚时,应当责令当事人改正或者限期改正违法行为。"责令改正的具体表现有以下两种形式:一是行政机关在实施行政处罚前,向当事人单独发出责令改正通知书;二是行政机关在制作行政处罚决定书中,同时写明责令当事人改正违法行为的内容。这里的责令改正通知书指的是前者，在城市管理综合执法机关单独作出责令改正要求时使用。

1. 主要内容

（1）当事人的姓名或者名称、地址等基本情况。当事人有主体资格证照的，按照当事人主体资格证照记载事项写明主体资格证照名称、统一社会信用代码（注册号）、住所（住址）、法定代表人（负责人、经营者）等信息。当事人是个体工商户且有字号的，以字号名称为当事人名称，同时写明经营者姓名、身份证（其他有效证件）名称及号码。当事人主体资格证照未加载统一社会信用代码的，写明注册号或者其他编号。当事人是个人的，按照身份证（其他有效证件）记载事项写明姓名、住址、号码等信息。

（2）违法时间。要求写明违法行为发生的具体时间；违法行为发生了一段时间的，要求写明违法行为发生的起止时间。有时由于当事人不配合调查或没有相应的证据来证明违法行为的具体发生时间，执法人员可以用案发时间来表述。

（3）违法地点。要求写明违法行为发生的具体地点。

（4）违法行为。要求写明违法行为的具体内容。

（5）违反的法律规定。要求写明违反的法律规范的名称。

（6）责令改正的法律依据。要求写明责令改正所依据的法律规定。实体法中有"责令改正"的具体条款的，应当写明实体法的名称和具体条款；实体法中无"责令改正"的条款的，则可以写"根据《行政处罚法》第二十八条第一款规定"。

（7）责令改正的情形。根据相关法律规定，当事人改正的情形主要有以下两种：一是立即改正的，如正在擅自搭建违建物，应当责令当事人立即停止施工；二是限期改正的，如擅自迁移树木的违法行为，要求在一定的时间内改正的，应当给予一定的期限，责令其在指定期限内予以整改。城管执法人员应根据不同的情形，在本文书对应的方框中打钩，必要时，上述两种情形可以同时选择。

（8）限期改正的具体时间。写明要求当事人改正违法行为的具体时间。责令改正的时间应根据案件的具体情况来定，法律有规定的，应当依据法律规定的期限；法律没有规定的，应把握及时、合理的原则，根据实际情况确定。

2. 注意事项

（1）本文书一般是在案件调查期间制作的，责令改正的前提条件一是要有可改正的具体内容，二是要有证据证明的违法事实，三是要有明确的当事人。

（2）在单独制作本文书时，应当根据实际情况，写明责令当事人改正的具体内容和相关要求。

（3）发出责令改正通知书后，城市管理综合执法机关事后要对是否改正进行复查，并制作责令改正情况复查记录。

文书范例

××市××区城市管理综合行政执法局

责令改正通知书

<u>ㄨ</u>城管改字〔<u>ㄨㄨㄨㄨ</u>〕第<u>ㄨㄨㄨㄨ</u>号

<u>ㄨㄨㄨ</u>：

经查，你（单位）于<u>ㄨㄨㄨㄨ</u>年<u>ㄨ</u>月<u>ㄨ</u>日<u>ㄨ</u>时<u>ㄨ</u>分在<u>××市××路××号</u>因<u>超出门窗经营水果</u>的行为，违反了《<u>××市市容环境卫生管理条例</u>》第<u>×××</u>条第<u>ㄨ</u>款第<u>ㄨ</u>项的规定，依据《<u>××市市容环境卫生管理条例</u>》第<u>×××</u>条第<u>ㄨ</u>款第<u>ㄨ</u>项的规定，本机关现责令你（单位）：

☐立即改正：_____／_____。

☑限期改正：在<u>ㄨㄨㄨㄨ</u>年<u>ㄨ</u>月<u>ㄨ</u>日<u>ㄨ</u>时<u>ㄨ</u>分前，作如下整改：

_____ <u>改正超出门窗经营水果的行为</u>_____

特此通知。

××市××区城市管理综合行政执法局（公章）

ㄨㄨㄨㄨ年ㄨ月ㄨ日

180 办案机构怎样制作案件调查终结报告？

执法办案人员通过整理审核案件的证据材料，进行证明分析，认为达到证明要求，完成行政处罚案件的证明任务，办案机构（或者办案人员）要写出案件调查终结报告，连同案卷交由审理部门核审。案件调查终结报告是指城市管理综合执法部门对立案调查的案件，认为已经查清违法事实，由办案部门（或者办案人员）写出全部案件情况和处理意见呈送有关机构、领导或上级机关的书面报告。案件调查终结报告属于城市管理综合执法机关内部使用的专用文书。案件调查终结报告应当包括当事人的基本情况、违法事实、相关证据及其证明事项、案件性质、自由裁量理由、处罚依据、处罚建议等。

1. 制作要求

（1）案由。填写实际调查认定的违法行为。应以说明的表达方式概括地交代由来，包括发案经过，立案时间和批准立案的机关；调查经过，包括承办人员的组成，调查时间、范围、方法、步骤和主要问题及结果等。无论是合法的还是非法的，都应如实全部写上。

（2）当事人基本情况。当事人是自然人的，应写明当事人姓名、性别、年龄、身份证号码、工作单位、住所等；当事人是法人或者非法人企业及其分支机构的，写明该法人或者非法人企业及其分支机构的名称、地址、法定代表人或负责人姓名、职务等。

（3）案件来源、调查经过及采取的行政强制措施等情况。应以说明的表达方式概括地交代案件的由来，包括：发案经过；立案时间和批准立案的机关；调查经过，包括承办人员的组成，调查时间、范围、方法、步骤以及采取的行政强制措施和主要问题及结果等。

（4）违法事实。这是调查终结报告最为重要的部分。应具体写明案发时间，地点，参与人员，违法物品名称、数量，违法金额，产生后果以及危害等有关证据。其书写形式，可按案件发生的时间顺序或者违法的问题类别书写。当事人如有多次违法行为，应逐次写明。陈述事实要首尾呼应，有始有终，有关证据可在"相关证据"部分具体列明。

如当事人确认检查事实，可写成"当事人对上述违法事实没有任何异议，并在调查笔录（现场检查笔录）上签字或盖章"。如当事人对认定的违法事实有异议或提请考虑因素，案件承办人可在报告中进行说明，并提出采纳与否的建议，以供领导审批案件时参考。

（5）证据材料。应列明已经查实的，对案件处理有关联的所有证据，列举证据时，应具体列举证据材料的名称，如这些证据的证明对象是什么，对证明对象能够证明到什么程度。对于一个证据可以证明多个对象（事实）或者多个证据证明一个对象（事实）的情况，也要分开说明、叙述。

（6）案件性质。通过对当事人实施的违法事实和证据的综合分析，指出当事人的违法行为违反了某个具体法律、法规、规章的规定，确定其违法性质。注意不能一律用"当事人的行为违反了……"，根据法律法规条款规定的方式不同，有时应用"当事人的行为属于……",如列举式规定。

（7）自由裁量。城市管理综合执法机关在法律适用裁量中,主要通过对当事人的动机、目的、手段、情节等方面进行分析,以判断当事人主观认识和态度、违法行为危害社会的轻重程度,由此来确定从轻或者减轻,甚至从重行政处罚的理由,并对这些理由以及法律、法规、规章的依据详细进行说明。

（8）处罚依据。主要包括以下两个方面:一是认定当事人违法行为性质,具体写明违反哪些法律法规规定条款;二是作出行政处罚决定依据的法律法规和规章的条款。若有从重、从轻、减轻、免除处罚情节的,应予说明。

（9）处理建议。案件承办人根据案件实际情况,应逐条写出具体处理建议,如建议销案、不予行政处罚、移交其他行政机关管辖、移送司法机关、终止调查等对于建议处罚的应包括明确的行政处罚的种类和幅度。如果办案机构人员内部存在意见分歧,对这些分歧意见也应叙述,以供执法机关负责人审批案件时参考。

（10）案件承办人签名以及该报告书写日期。案件承办人必须有二人以上,如是向上级主管部门报告的,还应填写承办机关名称（盖章）,《案件调查终结报告》的每页末均应盖章及签名。

（11）如有附件材料的,应注明附件材料名称。

2. 主要问题

案件调查终结报告必须规范、全面、准确,让案件承办人以外的人看了,便对该案一清二楚。但现在实际办案中,形成的案件调查终结报告往往没有做到这一点。

目前的案件调查终结报告存在的主要问题,主要表现在以下三个方面:

（1）正文缺项严重。最易缺的有:调查经过,调查的时间、范围、方法、步骤和主要问题及结果;当事人实施违法行为的具体过程,包括作案时间、地点、动机、目的、经过、手段、情节、违法行为造成的危害后果;对当事人实施的违法事实和证据的综合分析;通过调查取得的证据,拟作出的具体处罚意见的计算方法等。

（2）过于简化。主要表现在:一是对当事人的违法事实叙述过于简单,不能反映当事人实施违法行为的具体过程;二是不能反映查办个案的全貌。如在查办无照经营案件时,就只有"现查明,某某在××（地方）从事××经营,未登记领取营业执照，其行为违反了……"这么三言两语，承办机构负责人、核审人员、审批局长看了，不能对案情、调查经过、违法事实一目了然。

（3）正文结构过于拘泥。现在多数案件承办人员，在撰写案件调查终结报告时采用的是三段式写法，第一段落交代案件来源和立案情况，第二段落交代当事人基本情况，剩余的内容全部装入第三段落，千篇一律。事实上这并不符合为文要求和规范，我们完全可以根据需要分层次、分段落进行叙述，尤其是当事人的违法事实，实施违法行为的具体过程。

3. 注意事项

案件调查终结报告制作时需注意以下几个事项。

（1）案件调查终结报告不同于行政处罚决定书。行政处罚决定书是发给当事人的文书，案件调查终结报告是内部流转的文书，两者在行文、内容上不要求一致，也不应当完全一致。如在案件调查终结报告中可以写入有关案件的背景情况等，行政处罚决定书中就没有必要进行表述。

（2）要做到内容真实。案件调查终结报告是向机关负责人汇报案件调查结果的正式书面报告，是机关负责人作出决策最直接、最全面的材料，一旦失真，就可能造成机关负责人决策失误，影响执法的公正性。因此，报告内容一定要实事求是，案件承办人只能根据已有的证据客观地陈述，切不可将似有似无、道听途说、随意杜撰的东西写进去。

（3）内容要条理清晰。案件调查终结报告的格式较为固定，正文书写应依照当事人违法事实的内在逻辑，做到先后有序，主次分明，条理清楚，结构合理。

（4）要求使用语言精准。案件调查终结报告应力求简洁，首先对事实、数据及法律条文要准确无误，不能模棱两可；其次篇幅适宜，有话即长，无话即短。

（5）"责令改正"并非行政处罚种类，不要作为行政处罚内容进行表述，可写在处罚内容前，如"责令当事人……，并对当事人给予以下行政处罚：……"。

181 行政处罚事先告知书和行政处罚听证告知书能否合并作出？

《行政处罚法》第四十四条规定："行政机关在作出行政处罚决定之前，应当告知当事人拟作出的行政处罚内容及事实、理由、依据，并告知当事人依法享有的陈述、申辩、要求听证等权利。"

因此，城市管理综合行政执法机关在作出行政处罚决定之前，应当履行事先告知程序，制作行政处罚事先告知书。告知当事人作出行政处罚决定依据的事实、理由和法律依据以及当事人依法享有陈述、申辩的权利。

《行政处罚法》第六十三条第一款规定："行政机关拟作出下列行政处罚决定，应当告知当事人有要求听证的权利，当事人要求听证的，行政机关应当组织听证：（一）较大数额罚款；（二）没收较大数额违法所得、没收较大价值非法财物；（三）降低资质等级、吊销许可证件；（四）责令停产停业、责令关闭、限制从业；（五）其他较重的行政处罚；（六）法律、法规、规章规定的其他情形。"听证程序是行政处罚告知程序的特殊形式，适用于城市管理行政执法机关在作出较大数额罚款、责令停产停业、吊销许可证等行政处罚决定（执法实践中，拆除和没收违法建筑也应告知当事人有要求听证的权利）之前。行政处罚听证告知书即行政执法机关在作出行政处罚决定之前，对符合听证条件的案件，告知当事人作出行政处罚决定的事实、理由和法律依据以及当事人依法享有听证权利时制作的文书。

行政处罚事先告知书和行政处罚听证告知书都具有告知当事人依法享有的权利，保障当事人合法权益的目的，而且必须同时下达。因此，只要文书中告知当事人依法享有的《行政处罚法》赋予的权利，将两种文书合二为一并无不当。

两种文书在内容上有以下共同的表达：

（1）当事人的姓名或单位名称。要求写明个人姓名或单位全称。

（2）违法事实和证据。要求写明查证清楚的当事人违法行为发生的时间、违法行为发生的具体地点、违法行为的情节以及法律法规中对违法行为具体内容的表述。同时应当将查证违法事实的证据分类表述。

（3）当事人违反的法律规范。要求写明违反法律的名称及具体条款，一般是禁止性或义务性条款。法律规范名称要求写全称，不能使用文号代替法律规范名称。

（4）拟作出行政处罚决定的法律依据。应当写明行政处罚依据的法律规范名称及具体条款，处罚依据的具体条款指的是法律责任条款。

（5）拟作出行政处罚的具体内容。应当写明行政处罚的种类和具体数额。行政处罚的种类应当分项表述。处罚种类为罚款的，应当写明罚款数额。

（6）听证的权利和期限或陈述、申辩的权利和期限。

听证权与陈述权、申辩权是《行政处罚法》赋予当事人两种不同的法定权利，听证权只在作出特定行政处罚的情况下适用，陈述申辩权适用任何行政处罚程序。当事人如果放弃听证，还有权在三日内进行陈述申辩。因此，当事人对拟作出的行政处罚决定享有听证权的，行政执法机关可以仅作出行政处罚听证告知书，但是除了告知当事人享有要求听证权利和申请听证的期限，还应该告知当事人如果不要求听证，也可以在三日内提出陈述、申辩，逾期视为放弃陈述、申辩的权利。对不适用听证程序的处罚案件，则只需作出行政处罚事先告知书。

城市管理综合执法机关也可以在行政处罚事先告知书里告知当事人可以申请听证的权利和期限。总之，只要在作出行政处罚决定之前履行了告知的事项，无论是合并成行政处罚事先告知书还是行政处罚听证告知书，在程序上都是合法的。

182 如何制作重大案件集体讨论记录？

重大案件集体讨论记录是在记录由本机关负责人参加的，对情节复杂或者重大的行政处罚案件组织集体讨论时使用的文书。对于案件审理会议召开之后，当事人申辩提出新的重要的申辩事实及理由的，以及经过听证的案件，一般应当再次组织集体讨论，并制作本文书。

1. 制作要求

（1）讨论时间。写明由城市管理综合执法机关负责人组织召开案件审理会议的起止时间，具体到分，采用二十四小时制。

（2）讨论地点。写明案件审理会议的具体地点，注明门牌号或具体位置。

（3）参加人员的姓名和职务。写明参加案件审理会议主持人、记录人和其他参加讨论人员的姓名和职务。如有列席人员，则应写明列席人员的姓名和职务。

（4）案情简介。由案件承办人汇报案情，应表述案件发生情况：时间、地点、违法行为人的姓名及所属单位、违法工具或物品、违法金额、产生的后果及违法依据等内容。案件当事人涉及多种违法行为的，应将调查属实的违法行为分别列举违法事实和证据，以便案件展开讨论，合理定性。

（5）法制审核意见。法制机构工作人员应对案件审核的情况发表意见，审核重点围绕对案件的管辖权、证据的合法性、程序的合法性、裁量的合理性等，法制审核的意见一般与案件调查终结审批表中法制机构的意见基本一致，如有不同，应当予以说明。

（6）讨论记录。应当就违法行为发生的过程、危害后果、适用处罚依据、自由裁量标准、处罚额度及赔偿标准展开讨论；如实逐一记录具有表决权人员讨论发言意见，观点一致相同意见的发言，可以简述为"同意上述处理意见"。

（7）结论性意见。是具有表决权的行政执法人员各自发表意见后，形成的综合性处理意见，持不同意见的应当注明。

（8）参加讨论人员签名。出席案件审理会议讨论的所有人员和记录人都应在记录末尾签名。列席人员不用签名。

2. 注意事项

（1）集体讨论决定并非行政机关负责人的集体决定，集体讨论的运作过程体现的是民主集中制原则，其并不实行少数服从多数的会议表决制。在集体讨论的基础上，如何进行行政处罚最终还是要由行政首长作出决定。

（2）记录内容应翔实记录各种意见，不能以"经讨论达成一致"等说法草率记录。

（3）参加案件审理会议讨论的人员不得以任何理由放弃发表审理意见或表示弃权。

（4）对于案件审理会议召开之后，当事人申辩提出新的重要的申辩事实及理由的，以及经过听证的案件，处理意见有较大变化的，一般应当再次组织集体讨论，并制作本文书。

（5）参加讨论人员的意见应当如实记载，不得任意更改。

（6）本文书是内部使用的法律文书，不应向当事人及其委托代理人公开。

文书范例

××市××区城市管理综合行政执法局

行政处罚案件集体讨论记录

讨论时间：××××年×月×日×时×分至×时×分

讨论地点：××市××区城市管理综合行政执法局第×会议室

主持人、职务：吴××（局长）

记录人、职务：<u>黄××（法制科工作人员）</u>

参加人员、职务：<u>吴××（局长）、王××（副局长）、林××（副局长）</u>

列席人员、职务：<u>陈××（法制科科长）、朱××（监察科科长）、金××（机动中队中队长）</u>

讨论记录：吴××：今天召开案件集体讨论会，讨论××绿地建设有限公司涉嫌擅自迁移林木案。本次案件审理会议应出席×名，实到×名，符合案件集体审理的规定。下面先请承办机构汇报案情和拟处理意见。

金××：××××年×月×日，我执法人员赵××、刘××对当事人在本市××路××号××公园内施工现场进行检查，经检查发现，当事人在××××年×月至××××年×月期间，在浦西××公园内景观改造施工中，未经绿化和市容管理部门批准，共擅自迁移105棵树木，包括香樟、广玉兰、银杏等7个品种。在调查期间，本机关制发《责令改正通知书》，责令当事人立即停止并限期改正违法行为。2019年5月5日，当事人向本机关提交了《恳请从轻处罚的报告》，表示已对擅自迁移树木的行为进行了整改。2019年5月12日，本机关对当事人整改情况进行了复查，其已整改，原被迁移树木已迁回。上述违法事实主要证据有：(1)《现场检查笔录》（附现场检查照片）3份；(2)《询问笔录》7份；(3)现场取证摄像；(4)《协助调查函》及绿化市容部门回复；(5)当事人《关于恳求从轻处罚的报告》；(6)绿化市容部门关于绿化补偿函等。

当事人擅自迁移105棵树木的行为，违反了《××市绿化条例》第二十七条第一款的规定。依据《××市绿化条例》第×××条×款和《××市城市管理行政执法条例》第××条第×款第×项的规定，处绿化补偿标准三至五倍的罚款。经核查，绿化市容部门最终核定本案所迁移树木绿化补偿费金额为××××××元。鉴于当事人擅自迁移树木数量非常多，我们建议从重处罚，处绿化补偿标准五倍的罚款。

吴××：请法制科汇报审核意见。

陈××：经审核，我们认为此案办案程序合法，违法事实清楚，定性正确，裁量方面，考虑当事人积极整改的行为，建议处绿化补偿标准的四倍的罚款，理由是根据《××市城市管理行政处罚裁量基准（二）》的规定，迁移树木10棵以上的按绿化补偿标准的四至五倍罚款，既然当事人已整改，可从轻处罚。另外：该案调查取证充分，但文书材料中有一处不规范需完善：委托代理人无身份证附卷，建议补充。

吴××：请各位参加人员发表意见。

王××：该案违法事实清楚：证据充分，适用法律正确。处罚幅度上，考虑到案发后，当事人能积极配合调查取证、主动改正了违法行为，符合《中华人民共和国行政处罚法》第二十七条第一款第一项的情形，我认为该案具有从轻裁量的情节。

林××：该公司擅自迁移树木的行为非常清楚，取证工作扎实。同意执法人员的意见。

吴××：列席人员对该案有什么想法吗？

陈××：对该案违法事实认定无异议，处罚幅度方面当事人既有从重情节，也有从轻裁量的情节，建议综合考虑给予处罚。

朱××：对违法事实无异议，处罚幅度方面建议考虑从轻。

吴××：此案违法事实清楚，证据确凿充分，程序合法，适用法律正确。裁量方面，当事人擅自迁移树木的数量较大，违法情节较重，但当事人在违法行为发生后及时整改，积极消除了违法行为的危害后果，具有从轻裁量的情节。因此，从教育与处罚相结合的原则出发，综合大家的意见，××绿地建设有限公司擅自迁移林木的行为，违反了《××市绿化条例》第×××条第×款的规定。依据《××市绿化条例》第×××条第×款和《××市城市管理行政执法条例》第××条第×款第×项的规定，处绿化补偿标准四倍的罚款，计×××万元。请各位表态，是否同意。

林××：同意。

王××：同意。

讨论决定：参加集体讨论会议的人员一致同意，对当事人的违法行为处以×××万元罚款。

（以下空白）

参加讨论人员签名：_____

记录人签名：_____

183 怎样制作说理性行政处罚决定书？

行政处罚决定书是城市管理综合执法机关实施行政处罚行为的重要载体，不仅能反映出执法机关的行政执法能力和水平，也是行政相对人和社会公众了解执法机关执法状况的窗口。目前行政处罚决定书仍然存在事实叙述公式化、证据列举形式化、引用法律依据机械化、裁量理由含糊、处理结论简单、条理逻辑不清晰，甚至前后矛盾等问题，这些都在一定程度上给行政执法的公信力带来了不良影响。制作说理性行政处罚决定书，运用充分的说理来论证处理违法行为的理由、依据和处罚的裁量，做到晓之以法、明之以理，使当事人认识到行政处罚主体作出的行政处罚行为事实清楚、证据确凿充分、程序合法、处理适当、合情合理。对进一步规范和监督城市管理综合执法机关的行政处罚行为，促进执法机关严格执法、公正执法和文明执法，推进法治政府建设有着重要的意义。

说理性行政处罚文书一般由九个部分组成，说理部分主要集中在对案件事实的表述、证据的列举及对案件的认定和处理等方面。

1. 首部

首部主要包括标题、文号、当事人的基本情况、案件的来源等。

2. 违法事实

案件事实的表述应当完整准确，叙述要全面，一般按照事件发生的时间顺序客观、全面、真实地反映案情，陈述当事人何时、何地从事何种违法活动，涉案标的物的数量、金额、违法所得，从事违法活动的主观意图、采取的手段、造成的社会后果等，应抓住重点，评述主要情节和因果关系。叙述的违法事实要紧紧围绕违法行为的构成要件（即主体、客体、主观方面、客观方面）来展开。对从轻、减轻或从重情节也应当写明情况。叙述时要注意不应有反问、设问、疑问等任何主观的评论性语言。

3. 办案过程中采取的措施

此部分要反映案件查办过程中采取的措施，包括责令停止违法行为、责令限期改正、证据先行登记保存、扣押和封存等情况。

4. 证据

要运用逻辑推理的方法，围绕行为构成要件逐一列举证据，简要说明每一份证据的来源及证明用途，并对证据的合法性、关联性、客观性分析论证，形成完整的证据链，从而推导出违法事实，使阐明的事实确凿无疑、无可辩驳，达到相应案件类型必须具备的证明标准。不能笼统地写成"上述事实，有当事人询问笔录、书证、物证及证人证言证明"。证据列举方式可以在违法事实叙述后单独列举分析。

5. 陈述、申辩及听证的情况

要说明行政执法机关履行处罚告知、听证告知等程序以及当事人行使陈述权、申辩权等情况。如果当事人放弃上述权利，则应写明行政执法机关告知当事人陈述、申辩及听证有关情况。如果当事人行使了上述权利，对当事人进行陈述、申辩或者听证中提出的观点和理由要进行归纳梳理、认真分析、详尽说明。对持之有据的观点和理由予以采纳，即使不采纳，也不能笼统地表述为"理由不能成立"，而是要援引法律法规，进行必要的法律分析，把道理说清、说透，从而化解矛盾，减少行政复议、行政诉讼的发生。

6. 理由说明

运用法律对案件的定性、情节、处罚等问题进行分析，说明违法事实认定后实施处罚的理由和法律依据。

（1）是否采纳当事人陈述、申辩意见的理由。对当事人陈述、申辩或者听证中提出的质疑意见及其证据是否予以采纳应当进行明确，并阐明采纳或者不采纳的理由。

（2）法律适用的理由要充分表述，应当结合具体个案案情事实，对具体适用某一法律条款作为处罚依据进行解释，做到认定的案件事实与法律条文规定的构成要件事实之间的吻合，为案情事实准确"定性"。

（3）法律引用的条款要准确，符合法律适用原则，适用的法律、法规、规章依据名称要用全称，并准确引用到条、款、项、目及具体条款内容。

（4）法条引用的内容要全面，根据需要，既要引用"定性"的法律条文，又要引用"量罚"的法律条文，不能因为法条较为冗长而仅仅引用一部分，断章取义。

（5）应结合个案的案情，在处罚额度上，有合乎情理的文字说明。引用相关法律规范对当事人违法行为的具体情节，主观态度，悔过表现，侵害结果，从轻或减轻、从重处罚的原因等方面，进行具体分析，综合案件所有情节，作出既合乎法律又合乎情理的公正"量罚"，使作出的自由裁量有充分的理由，通过情理论述，体现人性化执法的理念。

7. 处罚决定

行政执法机关作出处罚决定应当具体、明确，具有针对性、客观性和可执行性。

8. 履行（行使）方式、期限及救济途径

行政处罚决定书应告知当事人缴纳罚（没）款的方式以及不服行政处罚决定申请行政复议或者提起行政诉讼救济途径和期限，当事人逾期不履行行政处罚决定的，行政执法机关可以采取的措施。

9. 尾部

行政处罚决定书应当标注行政执法机关的名称和作出决定的日期。行政执法机关名称应当为全称，作出处罚决定的日期应当以行政执法机关主要负责人签发行政处罚事先告知书或处罚决定书的日期为准，必须加盖该机关的印章，印章应端正、清晰。

每一份行政处罚决定书都是论证违法行为的论说文。要求必须做到观点准确、论据充分、论证严谨、逻辑严密、说理透彻。在文字表述上，必须熟练、准确地运用"法言法语"，做到用词精到、文理通顺、重点突出、详略得当。通过说理把整个案件的处罚程序交代清楚，使当事人知法、知情、知理，消除阻力，提高处罚的可接受度。

文书范例

××市××区城市管理综合行政执法局
行政处罚决定书

×城管罚字〔××××〕第××××号

当事人：××××置业有限公司

统一社会信用代码：××××××××××××

法定代表人：王×× 身份证件号码：××××××××××××××××

地址：××市××路××号

经本机关调查，现查明你单位违法事实如下：你单位于 2019 年 1 月 9 日至 11 日，以提高小区楼盘品质，优化小区绿化为由，组织施工人员擅自砍伐本市××路××号门前绿地及人行道上的城市树木。被砍伐的树木总数达 1465 株，其中高度为 1.8 米以上的法青共 1173 株,地径 7~8 厘米的紫叶李 146 株,蓬径 1.2 厘米的红花继木球 146 株。被砍伐的城市树木堆放在××路××号你单位建设工地院内。该行为未办理相关行政许可手续。

证明上述违法事实的主要证据有:

1.2019 年 1 月 11 日执法人员对×××置业有限公司发放的责令改正通知书和违法处理通知书各 1 份。告知其擅自砍伐城市树木属于违法行为。

2.×××置业有限公司营业执照复印件 1 份。

3.×××置业有限公司授权委托书 1 份。

4.×××置业有限公司法定代表人身份证复印件 1 份。

5.×××置业有限公司被委托人身份证复印件 1 份。

6.2019 年 1 月 14 日对案发现场核查笔录 1 份以及 2019 年 1 月 11 日执法人员在××路××号拍摄的现场视频 5 份以及执法人员 2019 年 1 月 11 日拍摄的现场照片 15 张。以证明×××置业有限公司在××路××号门前绿地现场砍伐城市树木的情况。

7.2019 年 1 月 20 日对×××置业有限公司委托代理人胡×调查询问笔录 1 份。

8.2019 年 1 月 11 日对××园林建设工程有限公司杨××(系××路××号门前绿化管护企业负责人)现场见证笔录 1 份。以证明×××置业有限公司实施了××路××号门前绿地砍伐城市树木的行为。

9.2019 年 1 月 11 日××园林建设工程有限公司杨××调查询问笔录 1 份(附杨××身份证复印件 1 份)。以证明×××置业有限公司将××路××号门前绿地的城市树木砍伐的主要经过和××园林建设工程有限公司员工现场进行制止无效等情况。

10.2019 年 1 月 11 日执法人员在××路××号×××置业有限公司建设工地院内拍摄的被砍伐的城市树木照片 2 张。以证明被砍伐的城市树木堆放在其公司建设工地围墙院内。

11.2019 年 1 月 13 日××市××区园林绿化管理所所长张××调查询问笔录 1 份(附张××身份证复印件 1 份)。以证明×××置业有限公司曾经向××区园林绿化管理所提出申请,虽表达同意的意见,同时告知当事人还需取得市园林绿化行政主管部门许可。

12. 2019年1月26日证人凌××（系××路××号附近居民）调查询问笔录1份（附凌××身份证复印件1份）。以证明对××路××号门前绿地树木被砍伐系×××置业有限公司的人员现场组织实施的。

13. 2019年2月5日本机关致函××市园林管理局商请认定（×城管函字〔××××〕第×××号）以及2019年2月6日市园林管理局复函（×园绿函字〔××××〕第×××号）各1份。以认定×××置业有限公司砍伐××路××号门前绿地和人行道上的树木未经许可，属于违法行为。

根据以上查明的事实，本机关于2019年2月27日向你单位直接送达《行政处罚告知书》（×城管告字〔××××〕第×××号）。你单位在规定期限内提出听证会要求，本机关予以受理，并于2019年3月7日举行了该案行政处罚听证会。你单位辩称："该绿地在公司用地范围内，已不属于城市绿地；当事人对属于该公司用地范围内绿地上的树木组织清理，不应当是违法行为；砍伐绿地上的树木的行为人既不是本公司的员工，也非本公司建设工地施工单位的人员，应当追究行为人的法律责任。我公司从未实施擅自砍伐行为，不能认定×××置业有限公司是违法行为实施主体。"上述理由与事实不符，法律责任规避于法无据，本机关不予采纳。你单位另称："对该处树木的移植，事先已获××区政府××部门批准，应当不属于违法行为，应当减免处罚。"经质证，确系××区政府有关部门口头同意，且在砍伐行为发生后出具了同意移植的书面审批意见（属于越权审批，已被××市园林管理局予以撤销），虽然有证据证明，××区政府××部门已告知当事人，还需要到市园林绿化行政主管部门审批，但××区政府××部门的答复，客观上对当事人申办行政许可产生理解偏差，其减免处罚的理由，本机关予以部分采纳。

本机关认为，你单位擅自砍伐城市树木的行为，违反了国务院《城市绿化条例》第××条第×款的规定，属于擅自砍伐城市树木的行为。

依据国务院《城市绿化条例》第二十六条第二项"擅自砍伐城市树木的，由城市人民政府城市绿化行政主管部门或者其授权的单位责令停止侵害，可以并处罚款；造成损失的，应当负赔偿责任；……"的规定和《××省城市绿化管理条例》第×××条第×项的规定，对照《××城市管理行政执法局行政处罚自由裁量基准》，本机关责令你单位立即停止侵害，依法赔偿，并决定对你单位作出以下行政处罚：处罚款人民币××××元整（赔偿的1.5倍）。

履行期限与方式：你单位自收到本处罚决定书之日起十五日内，携带本处罚决定书到×××银行××市分行××路支行缴纳罚款（账号：×××××××××××）。到期不缴纳罚款，本机关将根据《行政处罚法》第五十一条第一项的规定，每日按罚款数额的3%加处罚款。

如不服本处罚决定，可在接到本决定书之日起六十日内向××人民政府申请复议，也可在收到本决定书之日起六个月内直接向××人民法院起诉。逾期不申请行政复议，不向法院提起行政诉讼，又不履行本决定的，本机关将依法申请人民法院强制执行。

××市××区城市管理综合行政执法局
××××年×月×日

184 怎样制作不予行政处罚决定书？

不予行政处罚决定书是城市管理综合执法机关在对违法行为进行充分调查取证后，根据《行政处罚法》第三十三条和当地《轻微违法行为免予处罚清单》的规定，记载对当事人作出不予行政处罚决定的事实、理由、依据等事项时使用的文书。

使用本文书前应首先使用行政处罚案件有关事项审批表进行审批。不予行政处罚的同时还需责令改正的，应当另外下达责令改正通知书。

不予行政处罚决定书的主要内容包括：

（1）当事人的姓名或者名称、地址等基本情况。当事人有主体资格证照的，按照当事人主体资格证照记载事项写明主体资格证照名称、统一社会信用代码（注册号）、住所（住址）、法定代表人（负责人、经营者）等信息。当事人是个体工商户且有字号的，以字号名称为当事人名称，同时写明经营者姓名、身份证（其他有效证件）名称及号码。当事人主体资格证照未记载统一社会信用代码的，写明注册号或者其他编号。当事人是个人的，按照身份证（其他有效证件）记载事项写明姓名、住址、号码等信息。

（2）案件来源、调查经过及采取行政强制措施的情况。可写明案件线索来源、核查及立案时间，以及采取的先行登记保存、行政强制措施、现场检查、抽样取证等案件调查情况。

（3）违反法律、法规或者规章的事实。案件事实应表述清楚，包括从事违法行为的时间、地点、目的、手段、情节、违法所得、危害结果等。要客观真实，所描述的事实必须得到相关证据的支持，内容全面、重点突出。

（4）相关证据及证明事项。要将认定案件事实所依据的证据列举清楚，所列举的证据要符合证据的基本要素，根据证据规则应当能够认定案件事实。必要时可以将证据与所证明的事实分类列明。

（5）如当事人进行陈述、申辩，或者举行听证，应记载当事人陈述、申辩的采纳情况及理由；行政处罚告知、行政处罚听证告知情况，以及复核、听证过程及意见。

（6）案件性质、不予行政处罚的决定和理由。写明对当事人违法行为的定性及依据，以及不予行政处罚的理由及依据。

（7）救济途径和期限。写明当事人不服不予行政处罚决定申请行政复议或者提起行政诉讼的途径和期限，应当写明具体的复议机关和受理法院。法律、法规规定应当先向行政机关申请复议，对复议决定不服再向人民法院提起诉讼的，依照法律、法规的规定执行。对行政处罚决定不服的，依法申请行政复议的期限为六十日，法律规定的申请期限超过六十日的从其规定；依法提起行政诉讼的期限为六个月，法律另有规定的从其规定。

185 怎样制作代履行决定书？

代履行决定书，是指城市管理综合执法机关依法要求当事人履行排除妨碍、恢复原状等义务的行政决定后，当事人逾期不履行，经催告仍不履行，其后果已经或者即将危害交通安全、造成环境污染或者破坏自然资源的，执法机关决定予以实施代履行时制作的执法文书。

城市管理综合执法机关代履行只能针对当事人的可以实施代履行的义务，如要求当事人排除妨碍、恢复原状等。而且，代履行仅适用于保障交通安全、防止环境污染、保护自然资源领域。

1. 文书正文

（1）当事人的姓名或者名称、地址等基本情况。

（2）行政决定书的名称、文号及作出、送达的时间。要求写明行政决定书的名称、文号，以及该文书作出、送达的时间。

（3）履行义务的内容及情况。要求写明履行义务的内容，以及当事人履行义务的情况。

（4）代履行的法律依据。要求写明"依据《中华人民共和国行政强制法》第五十条的规定，本机关现决定实施代为履行"。

（5）代履行方式。要求写明代履行方式。代履行不得采取暴力、胁迫以及其他非法方式。

（6）代履行时间。要求写明代履行的具体时间。代履行不得在夜间或者法定节假日实施。代履行时间应当在代履行催告书送达三日后。

（7）代履行标的。要求写明代履行的标的。例如，"××市××路××号门前道路污染物"。

（8）代履行人。要求写明具体代履行人。代履行人可以是行政机关自身或者委托没有利害关系的第三人代履行。

（9）代履行费用预算和费用承担人。要求写明代履行的预算费用的具体数额和费用承担人。预算费用数额用大写数字表述。例如"人民币伍仟元整"。

（10）救济途径和期限。写明如当事人不服本决定的，可以申请行政复议的部门或提起行政诉讼的法院名称，以及申请行政复议和行政诉讼的期限。

2. 注意事项

（1）根据《行政强制法》第五十一条，代履行决定书送达后，代履行三日前，应当制作代履行催告书，催告当事人履行，当事人履行的，停止代履行。

（2）本文书的制作必须以当事人未按照行政决定书要求履行排除妨碍等义务为前提。

（3）代履行不得采取暴力、胁迫以及其他非法方式。

（4）根据《行政强制法》第四十三条规定，代履行不得在夜间或者法定节假日实施，但是，情况紧急除外。不得对居民生活采取停止供水、供电、供热、供燃气等方式迫使当事人履行相关行政决定。

（5）代履行完毕后，应当制作代履行完毕确认书记录代履行简要过程及结果，代履行完毕确认书应当附有代履行实施完毕后现场照片，必要时可以对代履行实施过程进行拍摄。制作代履行费用追缴决定书，写明代履行产生的实际费用，注明代履行费用的缴纳，依法向被代履行人追缴代履行费用期限及方式。

文书范例

××市××区城市管理综合行政执法局
代履行决定书

×城管代决字〔××××〕第××××号

  当事人：<u>王××</u>

  法定代表人：<u>　　/　　</u>　职务：<u>　　/　　</u>

  地址：<u>××市××路××号</u>

  本机关于<u>××××年×月××</u>日作出了《责令清除决定书》（<u>×城管责清决字〔××××〕第××××号</u>）的决定要求履行相应义务，并于<u>××××年×月×日</u>送达了该文书，限你（单位）于<u>××××年×月×日</u>前<u>自行清除××市××路××号门前绿地内的建筑材料</u>。

  你（单位）在规定期限内未履行该义务。鉴于你（单位）拒不履行该义务的后果已经或者即将危害交通安全、造成环境污染或者破坏自然资源，依据《中华人民共和国行政强制法》第五十条的规定，本机关现决定实施代履行。

  代履行方式：<u>委托第三方代履行</u>；

  代履行时间：<u>××××年×月×日</u>；

  代履行标的：<u>××市××路××号门前绿地内的建筑材料</u>；

  代履行人：<u>××市政环卫公司</u>；

  代履行费用预算：<u>人民币××元</u>。依据《中华人民共和国行政强制法》第五十一条第二款的规定，代履行费用由你（单位）承担。

  如你（单位）不服本决定，可以在收到本决定书之日起六十日内，依法向<u>××市××区人民政府</u>或者<u>××市城市管理综合行政执法局</u>申请行政复议，也可以在六个月内直接向<u>××市××区人民法院</u>提起行政诉讼。

××市××区城市管理综合行政执法局（公章）

××××年×月×日

186 申请人民法院强制执行的强制执行申请书怎么制作？

强制执行申请书，是在城市管理综合执法机关向人民法院申请强制执行已生效的行政处罚决定、行政复议决定或行政诉讼判决、裁定时使用的文书。

城市管理综合执法机关申请人民法院强制执行一般向执法机关所在地的区人民法院申请。但执行对象为不动产的，向不动产所在地的区人民法院申请。

文书制发时间。应当保证在法定的申请强制执行的期限内提出申请。具体操作是：被申请人在法定期限内既不申请行政复议或者提起行政诉讼，又不履行行政决定的，没有行政强制执行权的行政机关可以自期限届满之日起三个月内，且满足催告书送达十个工作日后，再申请人民法院强制执行；被申请人提起行政复议、行政诉讼的，申请强制执行的期限依据《行政复议法》和《行政诉讼法》等的规定执行。

强制执行申请书为填空式文书。制作内容由首部、正文和尾部三部分组成。

1. 首部

（1）文书标题。由城市管理综合执法机关名称＋文书名称组成，分两行写在文书首部中间位置。

（2）文书编号。由执法机关简称＋文书简称＋年份号＋文书顺序号组成，填写时，不得重复或者缺号。

2. 正文

（1）申请人的单位名称、法定代表人、委托代理人、地址等基本情况。

（2）被申请人的名称、地址等基本情况。

（3）行政决定的情况。写明申请执行的行政决定，如行政处罚决定书、加处罚款决定书等，包括作出的日期和文书文号。

（4）复议诉讼情况。被申请人未提起行政复议或行政诉讼的，写明"被申请执行人在法定期限内对该行政决定未申请行政复议或者提起行政诉讼，也未履行该行政决定"；被申请人提起行政复议或行政诉讼的，写明提请行政复议或行政诉讼的情况，复议机关或诉讼机关名称和作出决定（判决）的日期。

（5）执行依据和内容。写明申请法院强制执行的法律依据和申请执行的内容，其中申请执行的罚没款金额必须以大写表述，如"壹万贰仟叁佰肆拾伍元陆角柒分"。

（6）所附材料。应将相关的行政处罚决定书、复议决定书、诉讼判决、裁定、行政决定催告书及送达回证随本文书一并提交，但经诉讼的案件，提交法院的证据材料可不附。

（7）致送法院。写明申请执行的人民法院的名称。根据《行政强制法》第五十四条规定，执法机关应当向本机关所在地有管辖权的人民法院申请强制执行；但执行对象是不动产的，向不动产所在地有管辖权的人民法院申请强制执行。

3. 尾部

（1）盖章。要求加盖城市管理综合执法机关的公章，不能加盖机关内设机构的公章。

（2）机关负责人签名。要求城市管理综合执法机关负责人签名。

（3）制作日期。写明制作本文书的具体日期。

文书范例

××市××区城市管理综合行政执法局

强制执行申请书

×城管强执申字〔××××〕第××××号

申请人：××市××区城市管理综合行政执法局

地址：××市××路××号

法定代表人：王××　　职务：局长　　　电话：××××××××

委托代理人：李××　　单位：××市××区城市管理综合行政执法局

被申请人：××××置业有限公司　　性别：／

民族：／　　职业：／

法定代表人或负责人：张××　　职务：／

身份证或其他有效证件号码：××××××××××××××

住址或地址：××市××路××号　　电话：××××××××

本机关于××××年×月×日依法对被申请人××××置业有限公司送达的《行政处罚决定书》（×城管罚字〔××××〕第××××号），已经发生法律效力。

☑被申请人在法定期限内既不申请行政复议，也不提起行政诉讼，又不履行该行政处罚决定书确定的法定义务。

□被申请执行人于××××年×月×日提出(复议申请或者诉讼)，(复议机关或者人民法院名称)于××××年×月×日作出(维持具体行政行为的行政复议决定或者驳回被申请人诉讼请求的行政判决)。

本机关于××××年×月×日向被申请人送达了《催告书》(×城管催字〔××××〕第××××号)，因被申请人在规定期限内仍未履行该行政决定，依据《中华人民共和国行政强制法》第五十三条、第五十四条的规定，特申请你院给予强制执行下列项目：

　罚款人民币××××元整。

附：1.《行政处罚决定书》(×城管罚字〔××××〕第××××号)及送达回证；

2.《催告书》(×城管催字〔××××〕第××××号)及送达回证；

3. 法定代表人身份证明、授权委托书；

4. 案卷材料。

此致

　　××　　人民法院

××市××区城市管理综合行政执法局（盖章）

负责人（签名或者盖章）：王××

××××年×月×日

187 查处违法建筑一般要用到哪些执法文书，怎么制作？

1. 责令停工通知书

《城乡规划法》第六十四条规定："未取得建设工程规划许可证或者未按照建设工程规划许可证的规定进行建设的，由县级以上地方人民政府城乡规划主管部门责令停止建设……"执法机关经过执法检查后认为行为人涉嫌违建，需要立即停工并要求行为人接受调查处理的，制作责令停工通知书。

制作本文书要注意以下几点：一是准确填写当事人的姓名或名称，并与身份证、营业执照等证明当事人主体资格的材料保持一致。二是写明涉嫌违法行为当事人实施具体行为的时间、地点、事项。三是准确列明所依据的法律、法规或规章的全称及具体条款。四是明确接受调查处理的期限。五是列明当事人接受调查处理时需要携带的相关材料。

2. 解除停工通知书

执法机关经过调查核实后，确定当事人手续齐全，合乎法律规范要求的，应当依法向当事人发出解除停工通知书，通知书应列明解除停工的依据和理由。

3. 责令限期拆除违法建筑事先告知书

作出责令限期拆除违法建筑决定之前，依法履行事先告知程序时使用，告知当事人作出限期拆除违法建筑决定的事实、理由、法律依据和当事人依法享有的陈述、申辩权利。

《行政处罚法》第六十二条规定："行政机关及其执法人员在作出行政处罚决定之前，未依照本法第四十四条、第四十五条的规定向当事人告知拟作出的行政处罚内容及事实、理由、依据，或者拒绝听取当事人的陈述、申辩，不得作出行政处罚决定；当事人明确放弃陈述或者申辩权利的除外。"因此，城市管理综合执法机关在依法作出责令限期拆除违法建筑决定之前，应当履行事先告知程序，制作责令限期拆除违法建筑事先告知书。

文书应写明违法建筑所在的具体地点，再写明违法行为，如擅自搭建违法建筑。违法建筑搭建行为人不能确定的，写明存有违法建筑。

4. 责令限期拆除违法建筑决定书

城市管理综合执法机关对立案查处的违建案件，认为当事人的违法事实已经查清，违法证据已经确凿，在报经本机关负责人批准后，制作责令限期拆除违法建筑决定书，并送达当事人，责令违建当事人在一定期限内自行拆除违法建筑。

本文书应当载明以下内容：

（1）当事人的姓名或单位名称。当事人为个人的，写明个人姓名；当事人为单位的，写明单位全称。

（2）违法地点。要求写明违法建筑所在的具体地点。

（3）违反的法律规范。要求写明违反法律规范的名称及其具体条款，一般是禁止性或义务性条款。法律规范名称要写全称，不能使用文号代替法律规范名称。具体条款要写到条、款、项、目。

（4）作出责令限期拆除违法建筑决定的依据。要求写明依据的法律规范名称（全称）及其具体条款（条、款、项、目），一般是指法律责任条款。

（5）限期拆除的期限。要求写明责令当事人限期拆除违法建筑的期限。由于《城乡规划法》等法律、法规对责令当事人限期拆除的期限未作规定，在具体操作中，应当根据违法建筑的规模大小和实际情况确定一个合理期限。

（6）逾期不拆除的法律后果。要求写明当事人逾期不拆除的，本机关将依法强制拆除。此处有两个选项，强制拆除和报请人民政府强制拆除。由城市管理综合执法机关根据案件在相应的方框上打钩，并填上人民政府的具体名称。

（7）救济途径和期限。写明如当事人不服责令限期拆除违法建筑决定的，可以申请行政复议的部门名称或提起行政诉讼的法院名称，以及申请行政复议和提起行政诉讼的期限。

5. 限期拆除违法建筑催告书

《行政强制法》第三十五条规定："行政机关作出强制执行决定前，应当事先催告当事人履行义务。催告应当以书面形式作出，并载明下列事项：（一）履行义务的期限；（二）履行义务的方式；（三）涉及金钱给付的，应当有明确的金额和给付方式；（四）当事人依法享有的陈述权和申辩权。"因此，执法机关在由人民政府责成作出强制拆除违法建筑决定前，应当依法履行催告程序，制作限期拆除违法建筑催告书。

限期拆除违法建筑催告书包括以下内容：

（1）当事人的姓名或单位名称。当事人为个人的，写明个人姓名；当事人为单位的，写明单位全称。

（2）违法地点。要求写明违法建筑所在的具体地点。

（3）违反的法律规范。要求写明违反法律规范的名称及其具体条款，一般是禁止性或义务性条款。法律规范名称要写全称，不能使用文号代替法律规范名称。具体条款要写到条、款、项、目。

（4）作出责令限期拆除违法建筑决定的机关名称、时间及文号。要求写明市、区城管执法局或者乡镇人民政府名称，作出时间和文书编号。

（5）催告拆除期限。要求写明催告当事人自行拆除违法建筑的合理期限。《行政强制法》对行政机关强制执行前的催告履行义务的期限未作规定，实践中催告拆除期限不得少于陈述申辩的期限。

（6）逾期不拆除的法律后果。要求写明当事人逾期不拆除的，将依法强制拆除。

（7）告知陈述、申辩的权利及期限。《行政强制法》对这一期限没有明确规定，在具体操作中，应确定一个合理的期限（一般为一至三日），以保证当事人能真正行使陈述权、申辩权。

（8）陈述、申辩的地点。该地点一般为执法机关的办公所在地。

6. 限期拆除违法建筑公告

《行政强制法》第四十四条规定："对违法的建筑物、构筑物、设施等需要强制拆除的，应当由行政机关予以公告，限期当事人自行拆除。当事人在法定期限内不申请行政复议或者提起行政诉讼，又不拆除的，行政机关可以依法强制拆除。"因此，执法机关在作出强制拆除违法建筑决定前，应当在作出限期拆除违法建筑催告书的同时，依法履行公告程序，制作限期拆除违法建筑公告，在违建现场向社会公众张贴，张贴公告的过程应当拍照或者摄像取证。

限期拆除违法建筑公告应写明告知当事人自行拆除违法建筑的期限。公告拆除期限应当与催告的拆除期限相一致。

7. 强制拆除违法建筑决定书

《行政强制法》第四十四条规定："对违法的建筑物、构筑物、设施等需要强制拆除的，应当由行政机关予以公告，限期当事人自行拆除。当事人在法定期限内不申请行政复议或者提起行政诉讼，又不拆除的，行政机关可以依法强制拆除。"执法机关在经过限期拆除违法建筑催告并予以公告后，当事人未予以自行拆除违法建筑时，以本机关的名义制作强制拆除违法建筑决定书，开始正式实施强制拆除工作。

当事人收到责令限期拆除决定书后，在法定期限内不申请行政复议或者提起行政诉讼，又不拆除的，执法机关才能制作本文书。若当事人在法定期限内申请行政复议或者提起行政诉讼的，执法机关应当视行政复议或者行政诉讼的结果，作出相应的处理。

8. 强制拆除违法建筑通告

在经过限期拆除违法建筑催告并予以公告后，当事人仍未予以自行拆除违法建筑的，在依法作出强制拆除违法建筑决定的同时，以本机关名义制作强制拆除违法建筑通告，在违建现场依法张贴通告，张贴通告的过程应当拍照或者摄像取证。

9. 限期主张权利公告

限期主张权利公告是针对无法确定违法建筑建设单位或者所有人、实际管理人而制作的文书，用于在公共媒体或者该建设工程所在地发布，以督促违建当事人依法接受处理，责令其限期拆除违法建筑，告知其逾期不拆除的，执法机关将依法实施强制拆除。

公告的内容包括：

（1）违法建筑的详细地点、规模、结构、面积等；经过向规划自然资源部门查询，无建设工程规划审批手续；

（2）根据《城乡规划法》第四十条规定，请上述违法建筑的建设单位或所有人、管理人在公告发布之日起×日内，到本行政机关主张权利，接受调查，或自行拆除违法建筑；建设人或所有人、管理人是个人的，携带本人身份证、授权委托书、房屋建设相关审批文件等材料；建设单位是法人或者其他组织的，携带营业执照复印件、法定代表人身份证明、授权委托书、被委托人身份证、房屋建设审批文件等材料。

（3）逾期不拆除的法律后果。逾期无人主张权利或者拒不接受处理的，将依据《城乡规划法》第六十四条、第六十八条的规定，对上述建筑予以强制拆除。相关权利人在公告期限届满前应自行清理存放于上述违法建筑内的财物；逾期不清理的，造成的损失由相关权利人本人承担。

10. 物品清单

执法机关采取强制拆除违法建筑，应当事先通知当事人清理违法建筑内的有关物品。当事人拒不清理的，执法机关应当制作物品清单，由违建当事人签字确认；当事人不签字的，行政执法机关可以邀请违法建筑所在地居民委员会、村民委员会代表或者公证机构作为见证人见证。

11. 保管物品领取通知书

违建当事人拒不清理违法建筑内的有关物品的，执法机关应当将有关物品运送到指定场所保管，制作保管物品领取通知书，通知违建当事人限期领取。

12. 强制拆除现场笔录

执法机关对违法建筑实施强制拆除或者回填应当制作笔录并全程录像。

强制拆除现场笔录内容包括实施强制拆除的事由、时间、地点、当事人、执法人员、见证人的到场情况；当事人的陈述、申辩或者见证人的意见、看法；实施强制拆除的过程和结果。

强制拆除现场笔录应当由当事人和执法人员签名或盖章；当事人拒绝签章的，应当在笔录中予以注明；当事人不到场的，由见证人和执法人员在笔录中予以注明并签名或盖章。

13. 缴纳强制拆除违法建筑费用告知书

为更有力地制止和查处违法建筑，实现违法建筑"零增长"，确保在对违建当事人起到极大震慑作用的同时，也能够提高自拆违建比例，有效降低执法成本和执法风险，已有地方实行违法建筑拆除费用追缴制度，如《北京市城乡规划条例》第八十条第一款规定："强制拆除或者回填违法建设及其安全鉴定的费用、建筑垃圾清运处置费用，以及相关物品保管费用由违法建设当事人承担。当事人逾期不缴纳的，执法机关可以依法加处滞纳金。"

依法向违建当事人追缴强制拆除或者回填违法建筑费用、安全鉴定费用、建筑垃圾清运处置费用、相关物品保管费用时，应使用缴纳强制拆除违法建筑费用告知书告知当事人各种费用明细、缴纳方式、缴纳期限，未按期缴纳将加处滞纳金并依法申请人民法院强制执行等后果。

文书范例

××市××区城市管理综合行政执法局

责令停工通知书

<u>×</u>城管责停字〔××××〕第××××号

<u>××市××房屋开发公司</u>：

本机关于<u>××××</u>年<u>×</u>月<u>×</u>日对你（单位）进行了执法检查，发现你（单位）在本市××区××街×××号实施临街门面房改造的行为，你（单位）未能提供相关审批手续。

本机关认为你（单位）上述行为已涉嫌违反《中华人民共和国城乡规划法》第四十条的规定，依据《中华人民共和国城乡规划法》第六十四条的规定，现责令你（单位）立即停止上述行为，并在接到本通知之日起 3 日内携带下列材料到

××市××区城市管理综合行政执法局接受调查：

1. 上述行为的书面情况说明；

2. 身份证明材料［当事人是自然人的，携带身份证原件及复印件；当事人是法人或者其他组织（包括个体工商户）的，携带单位营业执照（或组织机构代码证）、法定代表人的身份证原件及复印件和身份证明，委托他人接受询问的，还应当携带受托人身份证原件及复印件和授权委托书］；

3. 该处建筑物（临时工棚）的原审批手续；

4. 该处的规划设计图纸；

5. 该处经营性用房数量、总面积和使用情况。

××市××区城市管理综合行政执法局
××××年×月×日

联系人：　王××　　　　联系电话：××××××××

联系地址：　××路××号

××市××区城市管理综合行政执法局
责令限期拆除违法建筑决定书

×城管责限拆决字〔××××〕第××××号

当事人：王××

地　　址：××市××路××号××室

经查，你（单位）在××市××路××号××室东侧绿地上擅自搭建建筑物，该行为违反了《中华人民共和国城乡规划法》第四十条第一款的规定，依据《××市城市管理行政执法条例》第××条第×款第×项和《××市拆除违法建筑若干规定》第×条以及《中华人民共和国城乡规划法》第六十四条的规定，本机关责令你（单位）于××××年×月×日×时前自行拆除上述违法建筑。

逾期不拆除的，本机关将依法□强制拆除☑报请××市××区人民政府强制拆除。

如你（单位）不服本决定，可以在收到本决定书之日起六十日内，依法向××市××区人民政府或××市城市管理行政执法局申请行政复议，也可以在六个月内直接向××市××区人民法院提起行政诉讼。

××市××区城市管理综合行政执法局（公章）

××××年×月×日

××市××区城市管理综合行政执法局

关于限期主张权利公告

×城管限期主张公告字〔××××〕××××号

经查，位于××市××处建设的砖混钢架结构、彩钢瓦顶、建筑面积为××××平方米的两层建筑物，经向规划自然资源部门协查，未依法取得规划许可手续，违反《××市城乡规划条例》第××条第×款规定，属于违法建筑。

请上述建筑物（构筑物、设施）的搭建人、建设单位或者所有人、管理人在本公告发布之日起 10 日内，携带本人身份证明文件、授权委托书、相关审批文件等材料到本行政机关主张权利，接受调查。相对人是法人或者其他组织的，请携带营业执照复印件或组织机构代码复印件、法定代表人或负责人身份证明、授权委托书（均加盖单位公章）、被委托人身份证明（身份证）等证明材料接受调查。

逾期无人主张权利的，本行政机关将依据《××市城乡规划条例》第××条第×款规定依法责令限期拆除；逾期不拆除的，将依法予以强制拆除。

地　　址：××市××区城市管理综合行政执法局××执法队

联系人：××

电　　话：×××××××

××市××区城市管理综合行政执法局（盖章）

××××年×月×日

第四部分
城市管理行政诉讼案例[1]

001 无法确定"所有人"的违法建筑如何查处[2]

[裁判要旨]

根据《北京市城乡规划条例》第七十八条第二款的规定，执法机关对无法确定违法建设当事人的，可以在公共媒体或者该建设工程所在地发布公告，督促违法建设当事人依法接受处理，责令其限期拆除违法建设，告知其逾期不拆除的，执法机关将依法实施强制拆除。公告期间届满后六个月内无人提起行政复议或者行政诉讼的，依法强制拆除或者没收。

[基本案情]

北京市某地建有钢架二层结构阳光棚。2016年11月4日，北京市某区城市管理综合行政执法监察局（以下简称执法监察局）工作人员与北京市某区某镇人民政府工作人员就此处阳光棚向该地块承租使用人宋某苹了解情况，宋某苹表示不是其建设的阳光棚，而是由刘某庆建设。后执法监察局多次电话联系刘某庆，但刘某庆均未配合调查。2016年11月17日，执法监察局对位于北京市某地的钢架二层结构阳光棚进行了现场检查和现场勘验，并通过向北京市规划和国土资源管理委员会发函核实，证明该建设未取得建设工程规划许可。

2016年11月25日，执法监察局在《法制晚报》发布限期主张权利公告，同时将公告张贴于北京市某地二层钢架结构阳光棚处。公告期间无人向执法监察局主张权利。2016年12月17日，执法监察局向北京市某地二层钢架结构阳光棚的建设者或所有权人作出催告通知书，并于同日张贴于上述阳光棚处。2017年1月

---

[1] 本部分所收案例均来自中国裁判文书网。
[2] 本案改编自北京市第三中级人民法院行政判决书（2017）京03行终459号。

19日，执法监察局作出强制拆除公告和被诉《强制拆除决定书》，并于同日张贴于上述阳光棚处。2017年2月5日，刘某江从涉诉钢架结构阳光棚处看到上述张贴的《强制拆除决定书》，其对此不服，遂在法定期限内直接向一审法院提起涉案之诉。

一审法院认为：执法监察局作出的《强制拆除决定书》认定事实清楚，适用法律法规正确，履行程序并无不当。刘某江不服一审判决，向北京市第三中级人民法院提起上诉。

二审法院认为：根据《中华人民共和国城乡规划法》第六十四条、《国务院关于进一步推进相对集中行政处罚权工作的决定》和《北京市禁止违法建设若干规定》第四条第二款、第九条第二款之规定，城市管理综合行政执法机关负责查处未取得建设工程规划许可证的城镇建设工程。被上诉人作为北京市某区的城市管理综合执法组织，负有依法查处辖区内未取得建设工程规划许可证违法建设的法定职责。

关于涉案建设是否属于违法建设问题，本院认为，本市各项建设用地和建设工程应当符合城乡规划，依法取得规划许可。本案中，根据北京市规划和国土资源管理委员会向被上诉人作出《关于北京市某地建设钢架结构阳光棚规划审批情况的函》，刘某江和刘某庆所建钢架结构二层阳光棚未经规划行政许可部门审批，未依法取得建设工程规划许可证，故被上诉人认定涉诉钢架结构二层阳光棚属于违法建设并无不当。

被上诉人对涉诉建设进行了现场检查和勘验，并向北京市规划和国土资源管理委员会核实了该建设是否取得建设工程规划许可，由于无法确定该建筑物的建设单位或者所有人、管理人，被上诉人进行公告，公告期满仍无法确定该建筑物的建设单位或者所有人、管理人。被上诉人报经某区政府批准，决定对该建筑物实施强制拆除，据此作出《强制拆除决定书》，并在该建筑物所在地予以公告并无不当。

因此，驳回上诉，维持原判。

[案例评析]

本案中，被上诉人对涉诉钢架结构二层阳光棚进行了现场检查和勘验，获得了北京市规划和国土资源管理委员会出具的涉诉钢架结构二层阳光棚未依法取得建设工程规划许可证的函件等材料，由于无法确定该建筑物的建设单位或者所有人、管理人，被上诉人在该建筑物所在地和公共媒体上发布了公告。公告期满仍无法确定该建筑物的建设单位或者所有人、管理人。被上诉人报经某区政府批准，决定对该建筑物实施强制拆除，据此作出《强制拆除决定书》，并在该建筑物所在地予以公告，并无不当。

002 违法建设的查处是否受两年的时效限制[①]

[裁判要旨]

对于违反城乡规划管理的违法建筑，并非超过 2 年就不能进行行政处罚，追究法律责任，而是只要违法建筑依然存在，没有采取改正措施或者拆除，有关部门何时发现均可以给予当事人行政处罚，追究其违法建设行为。

[基本案情]

自 2013 年 3 月 10 日开始，南通某集团有限公司（以下简称南通某公司）在南通市某处建设了钢结构建筑物（外部铝塑板包围），建筑面积合计 4 平方米。2017 年 5 月 18 日，南通市某区城市管理行政执法局（以下简称某城管局）对该建筑进行立案调查，认定南通某公司的行为违反了《城乡规划法》第四十条第一款、《江苏省城乡规划条例》第三十八条第一款的规定，该建筑属于违法建筑，且符合住建部《关于规范城乡规划行政处罚裁量权的指导意见》第七条规定的无法采取改正措施消除影响应当限期拆除的情形。根据《城乡规划法》第六十四条、《江苏省城乡规划条例》第六十二条及住建部《关于规范城乡规划行政处罚裁量权的指导意见》第七条之规定，责令南通某公司自收到处罚决定书之日起十日内自行拆除该违法建筑。南通某公司不服，认为已经超过法定的 2 年追诉时效，不应处罚，遂向南通市港闸区人民法院提起诉讼，请求撤销某城管局作出的《行政处罚决定书》。

南通市港闸区人民法院经审理认为，某城管局作出的被诉行政处罚决定事实清楚、证据充分、程序合法、适用法律正确。南通某公司的主张无法律依据，不予支持。一审法院遂根据《中华人民共和国行政诉讼法》第六十九条之规定，判决驳回南通某公司的诉讼请求。南通某公司不服，上诉至南通市中级人民法院。

---

① 本案例改编自江苏省南通市中级人民法院行政判决书（2018）苏 06 行终 266 号。

南通市中级人民法院经审理认为，南通某公司的违法建设行为虽然已经实施完毕，但该行为对规划实施的影响仍然处于继续状态，只要该建筑未被拆除或依法采取改正措施，该影响就始终存在，故应认定为未超过行政处罚的追究时效。否则，如果对此类情形适用 2 年的追究时效，那么，本没有取得建设工程规划许可证的违法建筑，就可能因其在建设完毕 2 年内未被查处，而成为合法建筑，这显然违背《行政处罚法》关于追究时效规定的本意，也必将导致城乡规划管理的混乱或虚无。因此，驳回上诉，维持原判。

[案例评析]

2021 年修订前，《行政处罚法》第二十九条的规定："违法行为在二年内未被发现的，不再给予行政处罚。法律另有规定的除外。前款规定的期限，从违法行为发生之日起计算；违法行为有连续或者继续状态的，从行为终了之日起计算。"2021 年该条调整为第三十六条："违法行为在二年内未被发现的，不再给予行政处罚；涉及公民生命健康安全、金融安全且有危害后果的，上述期限延长至五年。法律另有规定的除外。前款规定的期限，从违法行为发生之日起计算；违法行为有连续或者继续状态的，从行为终了之日起计算。"本案中，虽然南通某公司在南通市某处的房屋建设行为发生在 2013 年 3 月 10 日，但该违章建筑对规划的影响始终存在，在未恢复原状之前，应视为行为处于继续状态。为此，某城管局于 2017 年 8 月 1 日对南通某公司作出被诉行政处罚决定，并未超过法定的追诉时效。

003 行政处罚决定书不符合法定送达方式不能视为送达[①]

[裁判要旨]

行政机关未按照法律的规定送达行政处罚事先告知书与行政处罚决定书，行政相对人陈述、申辩的权利被剥夺，行政处罚决定也未生效，属于重大且明显违法的行政行为，应适用确认无效判决。

[基本案情]

位于某路 365 号的建筑物系原告俞某于 2000 年前建造。2009 年 4 月，某市

---

① 本案例改编自江苏省高级人民法院行政裁定书（2015）苏行申字第 00566 号。

城市管理行政执法局（以下简称市城管局）在对原告的上述建筑物巡查后，证实原告建筑物现状与某市房屋权属证明登记事实不一致，且无建设工程规划许可证，依据《城乡规划法》第四十条第一款、第六十四条规定，于2009年6月25日以张贴的方式将行政处罚事先告知书送达原告，并载明了相关权利，有邹某（太湖街道工作人员）证明，但原告不在现场；市城管局于2009年7月3日又以张贴的方式将行政处罚决定书送达原告，并载明了相关权利，要求原告在15日内自行拆除，也有邹某证明，但原告不在现场。行政处罚决定书载明：2000年原告在未办理建设工程规划许可证的情况下，在某路365号建造二幢三层建筑物，总面积为275.58平方米。原告的上述行为违反了《城乡规划法》第六十四条的规定，责令原告自收到行政处罚决定书之日起15日内自行拆除该违法建筑，逾期不拆除的，有关部门将组织强制拆除，所需费用由原告承担。

原告俞某认为市城管局行政程序违法。根据《行政处罚法》第四十二条的规定，市城管局在作出行政处罚决定前未告知其有听证的权利；作出的行政处罚事先告知书张贴在他人门上，原告本人未收到，不能视为送达，且在场证明人邹某系负责太湖街道拆迁的工作人员，不具有证明力。而且行政处罚决定书市城管局确定原告建筑的面积、时间均与实际不符，送达方式不符法律规定，是滥用行政权力的行为，所有上诉至江苏省无锡市南长区人民法院，要求确认行政处罚决定书违法并予以撤销。

江苏省无锡市南长区人民法院经审理认为：《行政处罚法》第四十条规定，行政处罚决定书应当在宣告后当场交付当事人；当事人不在场的，行政机关应当在7日内依照《民事诉讼法》的有关规定，将行政处罚决定书送达当事人。《行政处罚法》第四十一条规定，行政机关及其执法人员在作出行政处罚决定之前，不依照本法第三十一条、第三十二条的规定向当事人告知给予行政处罚的事实、理由和依据，或者拒绝听取当事人的陈述、申辩，行政处罚决定不能成立；当事人放弃陈述或者申辩权利的除外。本案中市城管局通过查询证实原审原告在某路365号建筑物的建筑面积与产权部门登记的面积不一致，即以张贴的方式将行政处罚事先告知书、行政处罚决定书送达原告。虽有在场人证明已张贴送达，但原告表示未收到，上述送达方式不合法，不能视为送达。故上述送达方式不能证明被告已向原告告知给予行政处罚的事实、理由和依据及告知原告有权要求陈述和申辩，行政处罚事先告知书不能视为送达；行政处罚决定书送达方式不符合留置送达和公告送达的规定，也不能视为送达。根据行政处罚法的有关规定，被告所作的行政处罚决定不能成立。因此，判决确认被告作出的行政处罚决定无效。

市城管局提起上诉，认为其以张贴的方式送达行政文书符合留置送达与公告送达的规定，先后向原告送达了行政处罚事先告知书、行政处罚决定书，并告知了相关权利，有相关见证人员证明送达行为，行政程序合法。一审判决认定事实不清，适用法律错误，请求撤销一审判决，维持被上诉人作出的行政处罚决定。

江苏省无锡市中级人民法院经审理认为，为保障行政处罚的公正合法，市城管局在作出行政处罚决定之前，应当将行政处罚的事实、理由和依据事先告知俞某，以保障俞某及时了解行政处罚的内容，可以充分行使陈述和申辩权。2009年6月25日，在当事人俞某不在现场的情况下，市城管局将行政处罚事先告知书采用张贴的方式进行告知，但俞某提出并未收到该告知书，市城管局未进行合法送达。市城管局提交的现场拍摄照片也不能证明其张贴地址是在何处。根据本案现有证据和法院的调查进行综合评判，不能认定在作出行政处罚决定之前，市城管局已经向被处罚人履行了法定的告知义务，行政处罚决定书亦未以合法方式进行有效送达。因此，市城管局作出的行政处罚决定未能生效。依照《行政诉讼法》第六十一条第一项之规定，判决驳回上诉，维持原判。

[案例评析]

本案需要明晰的问题是：市城管局对行政处罚事先告知书与行政处罚决定书采用张贴的送达方式是否符合法律规定的送达方式。根据《行政处罚法》第六十一条的规定，行政处罚决定书应当在宣告后当场交付当事人；当事人不在场的，行政机关应当在7日内依照民事诉讼法的有关规定，将行政处罚决定书送达当事人。从法条的角度进行分析：

（1）从留置送达的规定来看，根据《民事诉讼法》第八十九条的规定，受送达人或者他的同住成年家属拒绝接收诉讼文书的，送达人应当邀请有关基层组织或者所在单位的代表到场，说明情况，在送达回证上记明拒收事由和日期，由送达人、见证人签名或者盖章，把诉讼文书留在受送达人的住所，即视为送达。留置送达需要存在拒绝签收的情况，本案中是否存在行政相对人拒绝接受的情况，从相关证据材料来看无法查明，虽有当地街道工作人员予以见证，但以张贴的方式仍不符合留置送达的形式要求。

（2）从公告送达的规定来看，根据《民事诉讼法》第九十五条的规定，受送达人下落不明，或者用本节规定的其他方式无法送达的，可公告送达。从公告送达的前提来看，必须是受送达人下落不明或是其他方式无法送达。从本案查明的事实来看，上述情况也不存在，因此将行政法律文书张贴在行政相对人的门上也不符合公告送达的要求。

004 查处不同类型违法建筑应适用不同的法律依据[①]

[裁判要旨]

对非法占用土地上的建筑或设施的强制拆除由行政机关申请人民法院执行，对乡、村庄规划区内违反规划所建的建筑或设施由行政机关自行查处。原告使用涉案养殖设施用地属于非法占地行为，故对在该地上所建的涉案养殖设施的拆除，应根据《土地管理法》第八十三条的规定，由某管委会申请人民法院强制执行，而不能适用《城乡规划法》第六十五条的规定由洋浦管委会自行决定强制拆除。

[基本案情]

陈某某在某村擅自建设猪舍。2018年10月8日，某经济开发区管理委员会（以下简称某管委会）作出《限期拆除告知书》，认定陈某某未经某规划建设行政主管部门批准，在没有取得乡村建设规划许可证的情况下，在某村擅自建设440.56平方米构筑物，拟作出限期拆除该构筑物决定，并告知陈某某享有陈述及申辩、申请举行听证的权利，于当天向陈某某留置送达。其后，某管委会相继作出《限期拆除决定书》《履行行政决定催告书》《强制执行决定书》《强制拆除公告》《限期搬离通知书》，并于2019年1月31日组织拆除陈某某的猪舍。陈某某不服《强制执行决定书》，遂成本诉。

海南省第二中级人民法院一审认为，陈某某在村里建猪舍未办理相关手续，亦未取得乡村建设规划许可证，某管委会将该猪舍认定为违法构筑物并无不当；陈某某未拆除违建猪舍，某管委会根据《行政强制法》第三十七条的规定作出《强制执行决定书》，认定事实清楚，适用法律正确，程序合法，判决驳回陈某某的诉讼请求。

[①] 本案例改编自海南省高级人民法院行政判决书（2019）琼行终697号。

海南省高级人民法院二审认为，根据《土地管理法》第八十三条、《城乡规划法》第六十五条的规定，对非法占用土地上的建筑或设施的强制拆除由行政机关申请人民法院执行，对乡、村庄规划区内违反规划所建的建筑或设施由行政机关自行查处。本案中，涉案养殖设施用地为设施农业用地，陈某某未履行用地审批手续使用涉案养殖设施用地属于非法占地行为，故对在该地上所建的涉案养殖设施的拆除，应根据《土地管理法》第八十三条的规定，由某管委会申请人民法院强制执行，而不能适用《城乡规划法》第六十五条的规定由某管委会自行决定强制拆除。而且，某管委会亦未提供证据证明涉案养殖设施用地属于乡、村庄规划区范围内的建设用地，即不存在可以适用《城乡规划法》进行查处的情形。综上，某管委会适用《城乡规划法》第六十五条作出《强制执行决定书》，适用法律和处理结果均为错误，依法应予撤销，但由于涉案养殖设施已被强制拆除，该决定书实质上已无可撤销的内容，故依法应确认违法。遂据此判决撤销一审判决，确认某管委会作出《强制执行决定书》的行政行为违法。

[案例评析]

根据相关法律规定，乡、村庄规划区内的建筑物违反《城乡规划法》的，可由乡、镇人民政府依法强制拆除，规划区外的建筑物违反《土地管理法》规定的，应当由行政机关申请人民法院强制拆除。所以，在查处违法建筑的过程中，行政机关需要对违法建筑物的性质进行调查，而不能笼统地适用《城乡规划法》予以简单处理。本案中，通过对违法建筑的性质认定，明确了查处不同类型非法建筑所应适用的法律依据，为行政机关依法行政提供了较好的借鉴。

005 强制拆除违法建筑程序违法，行政机关应赔偿损失[①]

[裁判要旨]

涉案建（构）筑物虽然属于违法建筑，但是行政机关从作出行政处罚决定书到违反法定程序实施强拆行为，没有给予当事人自行拆除的合理时间，拆除过程中对涉案建（构）筑物内的财产没有依法进行证据保全工作，法院综合全案证据，酌定判决赔偿当事人在被强拆过程中受到的各项损失，并无不当。

---

① 本案例改编自广西壮族自治区高级人民法院行政判决书（2018）桂行终1089号。

[基本案情]

某木业公司分别于 2004 年 6 月 9 日、2006 年 4 月 16 日、2006 年 6 月 15 日、2007 年 9 月 15 日与南宁市某村二组签订《场地租赁合同》，租赁该村集体土地用作木材加工场地。合同签订后，某木业公司未经城乡规划主管部门审批同意，在该场地内建设钢架结构及砖混结构房屋等。

2014 年 7 月 2 日，南宁某区管委会以需要对涉案房屋进行规划检查为由，对某木业公司发出《综合行政执法检查通知书》，要求该公司持建设用地规划许可证、建设工程规划许可证及施工红线图等有关手续，到某规划监察大队接受检查。同日南宁某区管委会对某木业公司建设的上述房屋进行现场勘查，并制作了《现场勘验笔录》，认定某木业公司在南宁市某公路旁建设两栋一层钢架结构和一栋两层砖混结构房屋。2014 年 7 月 17 日，南宁某区管委会以某木业公司未能提供上述房屋的规划审批手续，涉嫌违法建设为由予以立案。同日，南宁某区管委会作出《行政处罚告知书》，告知某木业公司其未经城乡规划部门批准，擅自建设房屋，违反了《城乡规划法》第四十条的规定，拟对涉案房屋作出限期拆除的处罚。并告知该公司如有异议，收到该告知书后 3 日内有权提出陈述、申辩和申请复核的权利。2014 年 7 月 24 日，南宁某区管委会作出《行政处罚决定书》，认定涉案房屋属于违法建筑，要求某木业公司在收到该决定书之日起 1 日内自行拆除，并告知其依法享有申请行政复议和提起行政诉讼的权利。2014 年 8 月 4 日，南宁某区管委会对涉案房屋实施强制拆除。

某木业公司对该强制拆除行为不服提起行政诉讼，请求确认南宁某区管委会强制拆除的行政行为违法并由南宁某区管委员赔偿某木业公司的经济损失。

一审法院认为，南宁某区管委会作出《行政处罚决定书》认定涉案建（构）筑物属于违法建筑正确，但在对涉案建（构）筑物实施强制拆除行为之前未向某木业公司作出书面的行政强制执行决定，未履行催告、公告等程序，违反了《行政强制法》第三十七条及第四十四条的规定，确认南宁某区管委会于 2014 年 8 月 4 日对某木业公司涉案的建（构）筑物实施强制拆除行为违法；根据涉案建（构）筑物的情况及强制拆除行为对机器设备、木材加工成品半成品可能产生的损害程度等因素及一般生活经验，酌定南宁某区管委会赔偿某木业公司的各项损失共计人民币 266800 元及相应孳息。某木业公司不服判决，提起上诉。

二审法院认为，南宁某区管委会作出本案被诉的强制拆除行为违法，一审判决确认南宁某区管委会对某木业公司强制拆除行为违法正确,予以维持。但一审判决对上诉人因强拆造成的部分机器设备、木材加工成品半成品、生活用品损失的计算偏低,应予以纠正。判决由南宁某区管理委员会赔偿南宁市某木业有限公司被拆除建筑物内的部分机器设备、木材加工成品半成品、生活用品损失及涉案建筑物的建筑材料残值损失共计58万元,驳回南宁市某木业有限公司的其他赔偿请求。

[案例评析]

根据《国家赔偿法》第二条:"国家机关和国家机关工作人员行使职权,有本法规定的侵犯公民、法人和其他组织合法权益的情形,造成损害的,受害人有依照本法取得国家赔偿的权利"的规定,国家赔偿的范围为公民、法人和其他组织的合法权益受到侵害的情形。

(1) 关于上诉人请求赔偿厂房及宿舍损失的问题

因涉案建筑物已被作为执行依据的《行政处罚决定书》认定为违法建筑并限期拆除,上诉人不能提供证据证明涉案建筑物属于合法财产,故上诉人请求对涉案违法建筑物给予国家赔偿没有事实和法律依据。但是,由于南宁某区管委会从作出《行政处罚决定书》到违反法定程序实施强拆行为,均没有给予上诉人自行拆除的合理时间,导致本可再利用的钢结构等建筑材料被直接强制拆除,上述可再利用的建筑材料残值属于上诉人合法财产,故上诉人对可再利用的建筑材料残值损失,有获得国家赔偿的权利。

(2) 关于上诉人请求赔偿厂房内机器设备及物品损失的问题

上诉人在涉案建筑物内的机器设备及其他动产属于其合法财产,应受法律保护。至于生产设备及物品等财产损失的证明责任,应根据《行政诉讼法》第三十八条第二款"在行政赔偿、补偿的案件中,原告应当对行政行为造成的损害提供证据。因被告的原因导致原告无法举证的,由被告承担举证责任"的规定进行分配。本案中,南宁某区管委会实施强制拆除涉案建筑物时,没有依法进行证据保全工作,导致建筑物内是否仍有或有多少机器设备及其他动产无法查清。根据上述法律规定,南宁某区管委会应当承担举证不能的后果。同时,上诉人也有对强拆行为造成的损害提供证据的责任。本案中,上诉人虽然提供了物品损失清单及强制拆除现场前后的照片,但由于没有购置机器设备及物品付款的有效凭证或其他相关有效票据予以印证,也无法证实上诉人确实拥有其损失清单中的机器设备及物品或强拆时上述机器设备及物品仍在其厂房内,故对上诉人提出按其提供的物品损失清单及资产评估报告给予赔偿的主张,法院不予支持。但从上诉人提供的强拆现场照片来看,涉案建筑物被拆除后现场确实留有部分机械设备以及木材半成品、生活用品等物品,故可以确认上诉人的部分机器设备、木材半成品、生活用品在强制拆除时有损失的事实。

(3) 如何确定上诉人在本案中的财产损失

由于涉案建筑物可再利用的建筑材料在被拆除前没有进行登记,上诉人提供的现场照片亦无法证明实际受到损失的机器设备、木材半成品、生活用品的数量、质量及价值,本案上诉人因被诉强制拆除行为造成的财产损失不具备委托法定评估机构进行评估的条件,为此,根据《最高人民法院关于行政诉讼证据若干问题的规定》第五十四条的规定,经过对本案证据进行分析,根据涉案建筑物的情况、强拆涉案建筑物行为对机器设备、木材半成品、生活用品可能产生的损害程度等因素及一般生活经验,结合上诉人的诉讼请求,酌定上诉人在被强拆过程中受到的各项损失共计人民币58万元,由南宁某区管委会予以赔偿。

006 对不可化解的法律冲突,应报请裁决再作出行政处罚[①]

[裁判要旨]

设区的市地方性法规与省政府规章之间发生的规范冲突,无法适用《立法法》规定的法律规范冲突选择进行化解,执法机关在作出行政处罚之前应当首先报请有权机关予以裁决,未经此裁决程序而自行选择其一作出行政处罚的,属于法律适用错误,所作出的行政处罚应予撤销。

[基本案情]

2016年9月26日,济南市某区城市管理行政执法局(以下简称某执法局),接到济南市某区园林绿化管理局毁坏绿地的移送单,对当事人某公司破坏占用绿地的行为立案查处。经过现场多次勘验,某执法局对某公司作出《行政处罚决定书》,决定对某公司罚款1628622.6元。后经行政复议,该处罚决定被以程序违法为由予以撤销。2017年8月24日、10月25日,某执法局再次进行现场勘验,

---

① 本案例改编自山东省济南市中级人民法院行政判决书(2019)鲁01行终12号。

并于 2017 年 12 月 6 日作出《行政处罚决定书》，决定依照《济南市城市绿化条例》第五十四条规定对某公司罚款 1248015 元。某公司不服提起诉讼，认为某执法局作出的《行政处罚决定书》认定事实不清，证据不足，适用法律不当，程序违法。请求撤销该处罚决定。

山东省济南市某区人民法院于 2018 年 11 月作出判决：撤销被告济南市某区城市管理行政执法局作出的《行政处罚决定书》。宣判后，某执法局提起上诉。山东省济南市中级人民法院于 2019 年 3 月 11 日作出行政判决：驳回上诉，维持原判。

[案例评析]

人民法院审理行政案件，以法律、行政法规、地方性法规、自治条例和单行条例为依据；对于合法有效的规章，应当予以参照。2017 年 12 月 6 日，上诉人作出行政处罚时，济南市人民代表大会常务委员会颁布的《济南市城市绿化条例》（2012 年）与山东省人民政府颁布的《山东省城市绿化管理办法》（1999 年）均有效。因两法关于"擅自占用城市绿地"行为罚款的计算方式不同，导致适用不同的法律规范产生不同的法律后果，出现法律规范冲突。通常情况下，对于法律规范冲突，可以运用上位法优于下位法、后法优于前法以及特别法优于一般法等规则进行法律规范选择。《济南市城市绿化条例》为设区的市的地方性法规，《山东省城市绿化管理办法》为省政府规章，两种无法通过上述规则进行法律规范选择。《最高人民法院关于审理行政案件适用法律规范问题的座谈会纪要》第二部分第三项规定，不能确定如何适用法律规范的，应当中止行政案件的审理，逐级上报最高人民法院按照规定报请有权机关处理。从该规定可知，在无法确定相互冲突的法律规范如何选择适用时，人民法院无权自行判断并作出选择。司法机关无权处理规范冲突，执法机关当然无权自行选择适用。某执法局在未解决法律规范冲突的情况下，径行择其一作出行政处罚，属于法律适用错误。

2018 年 1 月 24 日、2018 年 7 月 27 日，《山东省城市绿化管理办法》和《济南市城市绿化条例》已经分别作出了修订，两部法律规范之前的冲突通过条文的修改已经达成一致。

007 违法建筑实际居住使用人的正当权利应予保护[①]

[裁判要旨]

行政机关在处理与违法建设有关的法律关系中，应当针对不同情况进行相应的处置，主要分为两种情况：一是对于正在进行建设的违法建筑，可对违法建设者予以处罚；二是对于违法建筑已经建成多年并已出售的情况，由于行政机关实施强制拆除时已经产生了新的权利人，即除了违法建设者外还有实际居住、使用人。因此，行政机关对于违法建筑采取强制拆除的处理方式实际上直接影响的是购买该违法建筑并居住使用的利害关系人，对原违法建设者的影响可能已经微乎其微。在此情况下，行政机关在作出对违法建筑的处理时，必须考虑直接受到该行政处理行为实际影响的利害关系人的正当利益。在涉及对违法建筑的处理时，即使当事人没有实际取得案涉房屋的房屋所有权证，但其作为房屋的实际居住、使用人，应当享有对涉及该房屋相关处理决定的知情权、陈述权和申辩权，这是行政法赋予利害关系人的正当程序权利。行政机关不能仅以对违法建设者的处罚及强制执行程序义务的履行来代替对强制拆除行为涉及的利害关系人的相应程序义务的履行。

[基本案情]

2006 年年底，第三人罗某某在某区建房 3 栋。2008 年，刘某出资购买了涉案房屋并居住。2016 年 6 月 21 日，某区某街道办申请某区城建指挥部对罗某某违法建房进行查处。某区城管局经过立案询问、现场勘验检查，并请阜阳市某区住房和城乡建设局、阜阳市城乡规划局协助调查，认定罗某某于 2006 年建设的房屋没有办理建设工程规划许可证，属于违法建筑。在履行告知听证、处罚前告知后，某区城管局于 2016 年 7 月 20 日向罗某某下达《行政处罚决定书》，限期 5 日内自行拆除完毕，罗某某逾期没有履行。在履行了公告、催告程序后，某区城管局于 8 月 5 日下达强制拆除决定书。2016 年 9 月 12 日，某区城管局对涉案房屋实施了拆除。刘某认为其购买了涉案房屋，系该房屋的所有权人，强拆行为侵犯了其合法权益，遂诉至法院。

一审法院于 2017 年 3 月 6 日作出行政判决，驳回刘某的诉讼请求。二审法院

---

① 本案例改编自中华人民共和国最高人民法院行政裁定书（2018）最高法行申 2376 号。

于 2017 年 12 月 19 日作出行政判决，驳回上诉，维持一审判决。判决生效后，刘某向最高人民法院申请再审，请求撤销一审、二审行政判决，改判支持其一审诉讼请求。

最高人民法院经审查认为，被诉强拆行为针对的是刘某实际居住使用的房屋，强拆房屋的后果导致刘某丧失了居住和使用利益，因此，刘某与被诉强拆行为之间具有法律上的利害关系。行政机关在对已经建成多年并已出售的违法建筑进行处理时，必须考虑直接受到该行政处理行为实际影响的利害关系人的正当利益。刘某作为房屋的实际居住使用人，应当享有对涉及该房屋相关处理决定的知情权、陈述权和申辩权，这是行政法赋予利害关系人的正当程序权利。某区城管局等在没有履行对刘某的告知、催告等程序义务的情况下，强制拆除刘某实际居住使用的房屋，侵犯了刘某的知情权和陈述申辩权，构成程序违法。一审、二审法院以行政机关已经按照《行政强制法》的相关规定对违法建设人罗某某进行了告知、催告等，即认为行政机关实施强制拆除行为符合法律规定，属于适用法律错误。

因此，最高人民法院裁定指令安徽省高级人民法院再审本案。

[案例评析]

《城乡规划法》《行政处罚法》《行政强制法》等法律虽然对违法建设的处理进行了规定，但不可能覆盖所有方面、全部环节，实践中存在各种复杂情形。

（1）刘某作为房屋的实际居住、使用人，对被诉行政强制行为是否具有原告资格的问题。案涉房屋没有办理建设工程规划许可证，经城乡规划部门认定为违法建筑。房屋建于 2006 年，根据当时有效的《城市规划法》第四十条的规定，有观点认为刘某并非违法建筑的建设者，不是处罚对象。同时，因房屋系违法建筑，故刘某亦没有取得房屋所有权证。所以，认为刘某并非强制拆除房屋行政行为的相对人。根据《行政诉讼法》第二十五条第一款的规定，行政行为的相对人以及其他与行政行为有利害关系的公民、法人或者其他组织，有权提起诉讼。是否具有利害关系决定当事人能否作为原告提起行政诉讼。行政诉讼法上的利害关系最直接的表现为，当事人的权利义务因被诉行政行为的实施发生了改变，受到了实际的影响。本案中，刘某提交的证据材料能够证明其出资购买了涉案被强拆房屋，强拆房屋的后果导致刘某丧失了对该房屋的居住和使用利益，应当认定刘某与被诉强拆行为之间具有利害关系。

（2）被诉强拆房屋行为是否存在违法之处。从形式上看，某区城管局根据《城乡规划法》《行政强制法》等相关规定，履行了听证告知、行政处罚事先告知、作出行政处罚决定、催告、公告、作出强制执行决定等程序，但这一系列的程序都是针对违法建设者罗某某作出。案涉房屋已经建成多年，行政机关在前期调查程序中已经了解房屋实际居住使用人的情况下，所作出的针对涉案房屋的告知、催告及强制拆除决定和强制拆除行为的相对人就不能再仅仅局限于涉案房屋的原建设者，而忽略了利益明显受到影响的实际居住、使用人。某区城管局未将案涉房屋的相关决定书告知房屋的实际居住、使用人，侵犯了刘某的知情权和陈述申辩权，导致其丧失主张自身合法权益的机会，不仅有悖正当程序原则，也不符合实质法治精神。在处理违法建设的法律关系中，行政机关应当区分不同情况妥善处置，不能机械执法，要在维护社会公共利益的同时，确保行政相对人及利害关系人的合法权益不受到损害。

008 限期拆除决定应符合比例原则[①]

[裁判要旨]

行政行为是否明显不当在于行政行为是否具有合理性。首先，应当考虑限期拆除行为是否将导致相对人的生活处于危险境地。其次，行政裁量权的行使应当符合比例原则。如果行政目标的实现可能对相对人的权益造成不利影响，则这种影响应被限制在尽可能小的范围和限度内。行政裁量行为应充分考虑手段与后果的关系，如果行政裁量行为未充分考虑行为后果以及该后果背后的法益，则不符合比例原则的要求。最后，行政行为的作出应当符合法律规范的目的。

[基本案情]

2016年12月23日，某区城管局某区执法监察队在检查中发现，刘某艳于2016年3月对涉案房屋进行了翻建。当日某区城管局进行了现场检查及勘验，对刘某艳进行询问，告知了刘某艳其享有的相应权利，听取了刘某艳的陈述和申辩，并对刘红艳建设涉案房屋的行为予以立案。2017年1月5日，北京市规划和

[①] 本案例改编自北京市第一中级人民法院行政判决书（2018）京01行终367号。

国土资源管理委员会向某区城管局出具了《规划认定函》，称涉案建筑物未依法取得建设工程规划许可证。2017年4月8日，某区城管局作出被诉限期拆除决定，并于当日通过留置、现场张贴及网站公告送达上述限期拆除决定。刘某艳不服，于2017年5月4日向某区人民政府提出行政复议申请，要求撤销被诉限期拆除决定，同年7月31日，某区人民政府作出被诉复议决定，决定维持被诉限期拆除决定。刘某艳不服，遂向一审法院提起行政诉讼。

一审法院另查明，刘某艳系麻某琴之女，麻某琴于1990年4月24日经原北京市某区街道市容监察所批准，在北京市某区某地新建房屋两间，原有房屋五间，建筑用地东西长16.45米，南北宽16.45米。刘某艳及其子刘某泽一直生活在上述七间房屋中的三间房屋内。后因其所住房屋墙体开裂，刘某艳对上述房屋进行了翻建。刘某艳及其子刘某泽名下均无房屋登记信息。

一审法院认为，某区城管局对涉案房屋进行了检查和现场勘验，取得了北京市规划和国土资源管理委员会出具的涉案房屋未依法取得建设工程规划许可证的函件等材料，其在上述调查的基础上，作出被诉限期拆除决定，认定事实清楚，程序并无不当。某区人民政府审理行政案件，不仅要对被诉行政行为是否合法进行审查，还要对行政行为裁量是否明显不当进行审查。

法院结合《城乡规划法》和《北京市城乡规划条例》认为，针对本市范围内未取得建设工程规划许可证的城镇违建，尚可采取改正措施消除对规划实施的影响的，应限期改正；无法采取改正措施消除影响的，方可限期拆除或没收。刘某艳所建房屋虽确属未批先建，但刘某艳系在原有宅基地上翻建，房屋用途系刘某艳及其子刘某泽的唯一居所，如有权机关在确认该房屋为违建后直接作出限期拆除决定并最终履行，则刘某艳及其家人必将面临流离失所的可预见结局。法律并非仅是条文中罗列的惩处性规定，其最终目的是维护人民的权益，保障社会的正常运行。针对刘某艳所面临的困境，某区城管局应先选择采取责令限期补办规划手续等改正措施后，再针对相应改正的情况酌情作出决定。现直接作出限期拆除决定必然将对刘某艳的权益造成过度损害，应属明显不当，故对某区城管局作出的被诉限期拆除决定依法应予撤销。因某区人民政府作出了维持的被诉复议决定，故应一并撤销。

上诉人某区城管局、某区人民政府不服，提起上诉，认为法律、法规及规章并未赋予城市管理综合执法机关作出限期改正或限期拆除决定方面的行政裁量权。如果当事人履行行政决定确有困难或者暂无履行能力或者行政机关认为需要中止执行的，行政机关可以根据当事人的实际情况综合考虑，在执行环节依法作出相应的裁量决定。

北京市第一中级人民法院经过二审，对一审法院查明的事实予以确认，认为一审法院判决结论正确，依法应予支持。

北京市第一中级人民法院认为，被诉限期拆除决定直接对相对人设定了自行拆除涉案房屋的义务，并告知逾期不拆除的后果即强制拆除。被诉限期拆除决定属于明显的侵益行为，会直接影响相对人的生活，导致相对人的生活处于危险境地。尽管行政机关主张涉案房屋是否最终强制拆除可以在执行过程中予以裁量，但显然该主张将导致刘某艳在行使救济权时处于极度被动地位，甚至丧失提起救济的事实基础。

[案例评析]

比例原则要求行政行为的作出应兼顾行政目的的实现与相对人权益的保护。如果行政目标的实现可能对相对人的权益造成不利影响，则这种不利影响应被限制在尽可能小的范围和限度内。行政裁量行为应充分考虑手段与后果的关系，如行政裁量行为未充分考虑行为后果以及后果背后的法益，则不符合比例原则的要求。

无论是《城乡规划法》还是《北京市城乡规划条例》，均对规划行政主管部门查处未取得建设工程规划许可证即开工建设的情形作出了明确规定。而对于何为"尚可采取改正措施消除对规划实施影响的"，上述法律法规并无具体规定。对此，《住房和城乡建设部关于印发〈关于规范城乡规划行政处罚裁量权的指导意见〉的通知》和《北京市禁止违法建设若干规定》作出了进一步细化规定。应当认为，本案中某区城管局作出被诉限期拆除决定符合上述规定。但上述指导意见及若干规定中的有关规定并非绝对条款，而"尚可采取改正措施消除对规划实施的影响的"从法律法规层面仍有进一步解释的空间。尤其是相对人在原房屋严重影响居住安全与生活质量进行翻建的情况下，违法建设的查处机关应当充分考虑其所作行政行为是否会对违法建设人的居住安全与正常生活产生过度侵害，即应在充分平衡规划秩序利益与安居利益的前提下，采取适当的处理。

鉴于此，法院认为，某区城管局作出的被诉限期拆除决定，未充分考虑违法建设人的居住利益，不符合比例原则的要求。行政执法机关相应的执法行为应贯彻"以人为本"的理念，保障人民群众有所居。安于所居彰显的是人的基本权利和尊严，亦是依法行政的应有之义。城市管理综合执法机关的执法活动均须以此为依归，方能体现其正当性。

附 录

001 城市管理综合执法存在于行政处罚案卷中的各种违法情形一览表

序号	违法类型	具体表现
1	主体资格问题	1. 以非法定行政主体的名义实施行政处罚的； 2. 以行政机关内设机构的名义实施行政处罚的； 3. 以非法定授权机构或者组织的名义实施行政处罚的； 4. 行使应当由上级行政机关行使的职权的； 5. 行使应当由其他行政机关行使的职权的； 6. 行政处罚决定书没有加盖行政机关印章或者印章模糊不清、无法辨认的； 7. 行政处罚决定书加盖非法定主体印章的； 8. 行政处罚决定书加盖两个以上行政机关印章的； 9. 行政处罚决定书中的被处罚主体与实际履行处罚的主体不一致，且无合法理由的； 10. 被处罚主体模糊不清且案卷中没有其身份证明，不能确认其身份的； 11. 行政处罚决定书、案件调查终结报告（案件处理呈批表）、集体讨论记录以及强制措施、告知权利、送达执行和身份证明等文书中的被处罚主体不一致，且无合法理由的； 12. 对不满14周岁的人实施行政处罚的； 13. 对精神病人在不能辨认或者控制自己行为时作出的违法行为实施行政处罚的； 14. 对不能独立承担法律责任的分公司、分支或者内设机构等实施行政处罚的； 15. 被处罚主体不是违法行为当事人的。

续表

序号	违法类型	具体表现
2	事实和证据问题	1. 对超过法定追溯期限的违法行为给予行政处罚的； 2. 认定的违法事实与适用法律依据的表述不一致，且无有权机关正式解释的； 3. 法律文书没有记载或者没有能准确记载违法的时间、地点、情节、程度和危害后果，导致违法事实不清的； 4. 询问笔录中被询问人没有签署意见或者姓名，且执法人员没有说明情况，导致唯一或者主要证据失效，无法认定违法事实的； 5. 文书记载同一执法人员于同一时间在两个不同地点进行调查询问，导致唯一或者主要证据失效，无法认定违法事实的； 6. 询问笔录涂改或者增删涉及违法事实的内容没有做技术处理，导致唯一或主要证据失效，无法认定违法事实的； 7. 调查笔录之间，或者调查笔录与行政处罚决定书、案件处理呈批表、案件集体讨论记录等文书之间事实描述相互矛盾，且无相关确认说明记载的； 8. 卷内证据不符合法定形式，不能作为证据使用，导致唯一或主要证据失效，无法认定违法事实的； 9. 证据取得方式、手段、途径不符合法定要求，导致唯一或主要证据失效，无法认定违法事实的； 10. 缺乏相关证据，不能准确判定违法事实和情节的。
3	适用法律问题	1. 以尚未生效的法律、法规、规章作为认定违法事实或者处罚依据的； 2. 以废止并失效的法律、法规、规章或者法条作为认定违法事实或者处罚依据的； 3. 仅以规范性文件作为认定违法事实或者处罚依据的； 4. 认定违法事实或者作出行政处罚没有引用法律、法规、规章依据的； 5. 认定违法事实或者作出行政处罚引用法律、法规、规章名称错误的； 6. 认定违法事实或者作出行政处罚引用法律、法规、规章，没有准确到条、款、项、目，并且可能引起歧义的； 7. 认定违法事实或者作出行政处罚引用法律、法规、规章条、款、项、目错误的； 8. 作出行政处罚决定超出法定处罚种类范围的； 9. 作出行政处罚决定超出法定幅度范围的； 10. 作出行政处罚决定违反自由裁量权规范标准的。

续表

序号	违法类型	具体表现
4	履行程序问题	1. 作出处罚决定时间在前，调查取证时间在后的； 2. 作出处罚决定时间在前，审查批准时间在后的； 3. 作出处罚决定时间在前，履行法定事前告知时间在后的； 4. 履行法定程序无相应文书记载，或者不符合法定形式要件的； 5. 卷中没有两名以上执法人员共同进行调查取证记载的； 6. 卷中没有告知当事人作出行政处罚的事实、理由、依据记载的； 7. 卷中没有告知当事人陈述、申辩权利记载的； 8. 符合法定听证条件，卷中没有告知当事人依法享有要求听证权利记载的； 9. 当事人要求听证，卷中没有听证程序履行情况记载的； 10. 卷中没有履行行政处罚决定审批程序记载的； 11. 依法应当进行集体讨论，卷中无集体讨论记载的； 12. 案件处理呈批表或者集体讨论记载中记载的违法事实与行政处罚决定书不一致的； 13. 案件处理呈批表或者集体讨论记载中记载的决定内容与行政处罚决定书不一致的； 14. 依法应当送达的法律文书，卷中无送达情况记载的； 15. 依法应当报上级机关审批，卷中无上报审批记载的； 16. 卷中没有相关物品外甩记载的。

002　城市管理综合执法具体环节用语规范

执法类别	执法环节	用语规范
行政检查	实施检查前出示执法证件并表明身份时	告知对方行政执法主体的名称。例如"你好！我们是××××××（行政执法主体名称）的执法人员×××和×××，这是我们的执法证件（亮证），请过目。"
	进行现场检查（勘查），告知当事人检查事项和检查依据时	应清楚明了地告知检查事项和检查依据。例如"我们根据××××（检查依据）依法对你（单位）进行××（具体事项）检查（专项检查、日常巡查、监督抽检等有关执法工作），并根据工作需要进行音像记录。请你（单位）予以协助和配合！"
	现场查找被检查单位负责人时	应言语文明，切忌急躁。例如"你好，请问负责人是哪一位（在哪里）？我们需要了解一下××方面情况，请（通知他）过来配合检查工作。"
	在"双随机"检查、现场检查以及监督抽检、留置送达等易引发争议需要进行音像记录时	应向相对人单位负责人说明开展音像记录的工作。例如"根据工作要求，我局执法人员将通过执法记录仪对执法工作进行全程记录，记录所产生的音像资料将作为视听资料证据。" 开启音像记录后，应当首先说明执法日期、执法事由、执法人员、检查对象。例如"今天是×××年××月××日，××××××（行政执法主体名称）的执法人员×××和×××，依法到××单位（公司）进行××检查。为保证执法的公正性，本次执法全程录音录像。"
	向被检查单位现场负责人或有关人员了解情况时	应当说明工作目的与需要了解的具体信息，要求当事人出示有关证件/材料时，应清楚简洁地告知所要检查的证件名称/材料内容名称等。例如"你好，请你如实介绍一下你单位××方面情况，并请出示/提交××（证件完整名称/具体资料内容等）。"
	调取原始凭证有困难的，需提取复印件、影印件、抄录件，或拍摄制作足以反映原件、原物外形或内容的照片、录像的	应当要求证据提供方注明出证日期、证据出处，同时签名或者盖章。例如"你好，这是××复印件，请你核对无误后注明'此件与原件核对一致'，并在此处签名（或盖章），注明日期和出处。"

续表

执法类别	执法环节	用语规范
行政检查	对方陈述不清、偏离主题或执法人员未听明白时	及时回到正题，并请对方再次阐述。例如"你好，我们想具体了解的是××（具体事项），请主要阐述该方面事宜。"或"对不起，我没有听明白，请你再说一遍。"
	告知被检查对象享有陈述、申辩、申请回避的权利与配合检查的义务时	例如"我们需要检查你单位××现场，请你带我们到现场检查。你有权进行陈述和申辩，你认为执法人员与你（单位）有直接利害关系的，有权依法申请回避，同时你应当如实回答、协助检查、不得阻挠，否则将承担相应的法律责任。你听清楚了吗？你是否申请回避？"
	认为需要对被检查人（单位）进行询问调查的	应当送达《询问通知书》，并说明接受询问的时间地点。例如"请你带齐××材料并按时前往××单位××部门接受询问调查，如有疑问，请拨打××电话联系××同志。"
	需要进行抽样、勘验、鉴定的	应当向被检查对象说明情况。例如"我们需要对××进行抽样检查/勘验/鉴定，检查/勘验/鉴定结果将在××天内告知，请你配合。"
	检查过程中发现存在违法违规行为的	应告知违法事实、理由、依据，当场予以纠正或者责令限期改正。例如"通过检查，我们发现××问题，涉嫌违反《××××法》第××条（第××款）（第××项）的规定，属于××违法行为，请你（单位）立即/在××日内予以整改，我们将根据调查情况作进一步处理。你是否存在异议？"
	检查过程中发现依法应当给予行政处罚，并可适用简易程序作出处罚决定的	应当告知违法事实、理由、依据、处罚内容以及法定权利。例如"通过检查，我们发现××问题，涉嫌违反《×××××》（具体法律法规规章）第××条（第××款）（第××项）的规定，属于××违法行为，依法拟对你（单位）处以××处罚，你（单位）依法享有陈述、申辩的权利。现在你（单位）可以进行陈述和申辩。" 当场送达行政处罚决定的，还应当告知当事人救济途径。例如"你（单位）如不服本行政处罚决定，可以在收到本《当场行政处罚决定书》之日起六十日内依法向××人民政府或××城市管理局申请行政复议，也可以在六个月内向××人民法院提起行政诉讼。"

续表

执法类别	执法环节	用语规范
行政检查	检查过程中如有证据认为被检查对象存在违法情形并有必要采取强制措施的	应当告知违法事实、理由、依据、拟采取的强制措施、实施依据以及当事人依法享有的权利等。例如"你（单位）正在进行的××行为涉嫌违反《×××××》（具体法律法规规章）第××条（第××款）（第××项）的规定，依据《×××××》（设定行政强制措施的具体法律法规）第××条（第××款）（第××项）的规定，我局执法人员需要对××场所（××物品或××工具）实施××强制措施，实施期限为××日，请你（单位）配合。你（单位）依法享有陈述、申辩的权利。" 当场实施行政强制措施，还应当告知救济途径。例如"如果你（单位）对我局实施的行政强制措施不服，可以在收到《实施行政强制措施决定书》之日起六十日内依法向××人民政府申请行政复议，也可以在六个月内向××人民法院提起行政诉讼。"
	要求当事人在核对无误的检查笔录上签名，当事人存在阅读障碍的	需向其如实宣读。例如"以上是本次现场检查的情况记录，请核对/已向你宣读。如有遗漏或错误，请你指出并由我们进行补充或更正；如核对无误，请你逐页签名/盖章。"（无书写能力的，由当事人按手印）
	执法过程邀请见证人进行见证时	应当说明缘由。例如"××同志你好，请你见证我们依法开展的××执法工作，谢谢！" 检查结束后请见证人在核对无误的检查笔录上签字。例如"这是我局执法人员在你全程见证下制作的检查笔录，请你在核实记录内容无误的情况下签字见证，谢谢！"
行政处罚普通程序	接到对涉嫌违法案件的举报时	应当按要求填写《案件来源登记表》，并及时告知处理结果。例如"你好，你举报的情况我局已知悉，我们会于十五个工作日内予以核查，并在核实后告知你是否立案。"对于核实后不予立案的，应当及时告知举报人。例如"你好，经核实，我局对你举报的事项不予立案。"
	调查取证前，出示执法证件并标明身份时	使用问候语，并清楚地告知对方行政执法主体的名称。例如"你好！我们是××××××（行政执法主体名称）的执法人员×××和×××，这是我们的执法证件（亮证），请过目。"（如遇被调查对象存在阅读障碍等特殊情形，应当向其宣读执法工作证号）

续表

执法类别	执法环节	用语规范
行政处罚普通程序	现场执法、抽样取证、询问、先行登记保存、听证、留置送达等易引发争议需要进行音像记录时	应向相对人单位负责人说明开展音像记录的工作。例如"根据工作要求，我局执法人员将通过执法记录仪对执法工作进行全程记录，记录所产生的音像资料将作为视听资料证据。" 开启音像记录后，应当首先说明执法日期、执法事由、执法人员、执法对象。例如"今天是×××年××月××日，××××××（行政执法主体名称）的执法人员×××和×××，依法到××单位（公司）进行××调查。为保证执法的公正性，本次执法全程录音录像。"
	向被检查单位现场负责人或有关人员了解情况时	应当说明工作目的与需要了解的具体信息，要求当事人出示有关证件/材料时，应清楚简洁地告知所要检查的证件名称/材料内容名称等。例如"你好，请你如实介绍一下你单位××方面情况，并请出示/提交××（证件完整名称/具体资料内容等）。"
	调取原始凭证有困难的，需提取复印件、影印件、抄录件，或拍摄制作足以反映原件、原物外形或内容的照片、录像的	应当要求证据提供方注明出证日期、证据出处，同时签名或者盖章。例如"你好，这是××复印件，请你核对无误后注明'此件与原件核对一致'，并在此处签名（或盖章），注明日期和出处。"
	对方陈述不清，偏离主题或执法人员未听明白时	及时回到正题，并请对方再次阐述。例如"你好，我们想具体了解的是×××（具体事项），请主要阐述该方面事宜。"或"对不起，我没有听明白，请你再说一遍。"
	告知被检查对象享有陈述、申辩、申请回避的权利与配合检查的义务时	例如"我们需要检查你单位××现场，请你带我们到现场检查。你有权进行陈述和申辩，你认为执法人员与你（单位）有直接利害关系的，有权依法申请回避，同时你应当如实回答、协助检查、不得阻挠，否则将承担相应的法律责任。你听清楚了吗？你是否申请回避？"
	认为需要对被检查人（单位）进行询问调查的	应当送达《询问通知书》，并说明接受询问的时间地点。例如"请你带齐××材料并按时前往××单位××部门接受询问调查，如有疑问，请拨打××电话联系××同志。"

续表

执法类别	执法环节	用语规范
行政处罚普通程序	需要进行抽样、勘验、鉴定的	应当向被检查对象说明情况。例如"我们需要对××进行抽样检查/勘验/鉴定，检查/勘验/鉴定结果将在××天内告知，请你配合。"
	检查过程中发现存在违法违规行为的	应告知违法事实、理由、依据，当场予以纠正或者责令限期改正。例如"通过检查，我们发现××问题，涉嫌违反《×××法》第××条（第××款）（第××项）的规定，属于××违法行为，请你（单位）立即/在××日内予以整改，我们将根据调查情况作进一步处理。你是否存在异议？"
	检查过程中发现依法应当给予行政处罚，并可适用简易程序作出处罚决定的	应当告知违法事实、理由、依据、处罚内容以及法定权利。例如"通过检查，我们发现××问题，涉嫌违反《××××》（具体法律法规规章）第××条（第××款）（第××项）的规定，属于××违法行为，依法拟对你（单位）处以××处罚，你（单位）依法享有陈述、申辩的权利。现在你（单位）可以进行陈述和申辩。" 当场送达行政处罚决定的，还应当告知当事人救济途径。例如"你（单位）如不服本行政处罚决定，可以在收到本《当场行政处罚决定书》之日起六十日内依法向××人民政府申请行政复议，也可以在六个月内向××人民法院提起行政诉讼。"
	检查过程中如有证据认为被检查对象存在违法情形并有必要采取强制措施的	应当告知违法事实、理由、依据、拟采取的强制措施、实施依据以及当事人依法享有的权利等。例如"你（单位）正在进行的××行为涉嫌违反《××××》（具体法律法规规章）第××条（第××款）（第××项）的规定，依据《××××》（设定行政强制措施的具体法律法规）第××条（第××款）（第××项）的规定，我局执法人员需要对××场所（××物品或××工具）实施××强制措施，实施期限为××日，请你（单位）配合。你（单位）依法享有陈述、申辩的权利。" 当场实施行政强制措施，还应当告知救济途径。例如"如果你（单位）对我局实施的行政强制措施不服，可以在收到《实施行政强制措施决定书》之日起六十日内依法向××人民政府申请行政复议，也可以在六个月内向××人民法院提起行政诉讼。"

续表

执法类别	执法环节	用语规范
行政处罚普通程序	要求当事人在核对无误的检查笔录上签名，当事人存在阅读障碍的	需向其如实宣读。例如"以上是本次现场检查的情况记录，请核对/已向你宣读。如有遗漏或错误，请你指出并由我们进行补充或更正；如核对无误，请你逐页签名/盖章。"（无书写能力的，由当事人按手印）
	执法过程邀请见证人进行见证时	应当说明缘由。例如"××同志你好，请你见证我们依法开展的××执法工作，谢谢！" 检查结束后请见证人在核对无误的检查笔录上签字。例如"这是我局执法人员在你全程见证下制作的检查笔录，请你在核实记录内容无误的情况下签字见证，谢谢！"
	当事人提出要自证的	应当告知途径及期限。例如"就我执法人员开展调查的××事项（方面），你如果有情况需要反映或说明的，可以在××天之内（××××年××月××日前），向我们提供有关的证据或书面材料。"
	询问当事人及其他有关单位和个人时	应当在表明身份后个别进行并告知被询问人享有的法定权利与义务。例如"我们依法就××有关问题进行询问调查，请予以配合，你有权进行陈述和申辩。你认为执法人员与你（单位）有直接利害关系的，有权依法申请回避，同时你应当如实回答询问，协助调查，不得阻挠，否则将承担相应的法律责任。你听清楚了吗？你是否申请回避？" 询问结束后，应当请被询问人在核对无误的询问笔录上签字，若当事人存在阅读障碍，需向其如实宣读。例如"以上是本次询问情况的记录，请核对/已向你宣读。如有遗漏或错误，请你指出并由我们进行补充或更正；如核对无误，请你逐页签名/盖章。"（无书写能力的，由当事人按手印）
	要求当事人及其他有关单位和个人提供相关证据材料时	应当告知依据、所要提供的材料与提交期限。例如"依据《行政处罚法》第五十五条第二款的规定，请你（单位）在收到本通知书后××日内向本局提供以下材料，并在材料上签名或者盖章。逾期不提供或者拒绝提供相关材料的，将依法承担法律责任。"

续表

执法类别	执法环节	用语规范
行政处罚普通程序	进行抽样取证时	应当告知当事人抽样内容、依据、方式以及数量等。例如"你好，根据××法律规定，现对××××××进行××（方式）抽样取证，抽取样品数量为××，请你（单位）配合。" 抽样取证应当制作抽样记录，开具清单，抽样结束后请当事人签名或者盖章。例如"这是本次抽样的《抽样记录》，请你（单位）在核对无误的情况下签字/盖章确认。" 抽样过程邀请见证人进行见证时，应当说明缘由。例如"××同志你好，请你见证我们依法开展的××抽样取证工作，谢谢！" 执法人员应当在抽样结束后请见证人在核对无误的抽样记录上签字。例如"这是我局执法人员在你全程见证下制作的抽样记录，请你在核实文书内容无误的情况下签字见证，谢谢！"
	采取证据先行登记保存措施时	应当告知证据内容、依据、存放地点，开具清单，由当事人签名或者盖章，并当场交付先行登记保存证据通知书。例如"由于××××××（证据名称）可能灭失（以后难以取得），依据《行政处罚法》第五十六条的规定，我们现在需要对你（单位）××××××采取证据先行登记保存措施。先行登记保存的证据，存放在×××。在此期间，你（单位）或者有关人员不得损毁、销毁或者转移证据。我们将在七日内依法作出处理决定。这是《先行登记保存证据通知书》和《场所/设施/财物清单》，请你核对。如果没有异议，请你（单位）在上面签字/盖章。"（无书写能力的，由当事人按手印）
	采取查封、扣押等行政强制措施时	应当场告知当事人违法事实、采取行政强制措施的内容、期限、理由、依据以及当事人依法享有的权利、救济途径，听取当事人的陈述和申辩。例如"你（单位）涉嫌×××××（违法事项），我们依据《××××××》（设定行政强制措施的具体法律法规）第××条（第××款）（第×项）的规定，依法对你（单位）××××××（场所/设施/财物）实施查封/扣押，期限为××日。你（单位）依法享有陈述和申辩的权利。如果对查封/扣押不服，可以在收到《实施行政强制措施决定书》之日起六十日内向××人民政府申请行政复议；也可以在六个月内依法向××人民法院提起行政诉讼。"

续表

执法类别	执法环节	用语规范
行政处罚普通程序	采取查封、扣押等行政强制措施时	执法人员应当场交付《实施行政强制措施决定书》和《场所/设施/财物清单》，制作现场笔录，并请当事人签名或者盖章。"这是《实施行政强制措施决定书》和《场所/设施/财物清单》，请你核对。如果没有异议，请你在现场笔录和清单上签名或盖章。"（无书写能力的，由当事人按手印） 执法过程邀请见证人进行见证时，应当说明缘由。例如"××同志你好，请你见证我们依法开展的××（具体行政强制措施）工作，谢谢！" 执法人员应当在查封/扣押结束后请见证人在核对无误的现场记录上签字。例如"这是我局执法人员在你全程见证下制作的现场记录，请你在核实文书内容无误的情况下签字见证，谢谢！"
	对实施强制措施查封/扣押的××场所/设施/财物，需要对有关物品进行检测/检验/检疫/鉴定的	应当告知当事人检测/检验/检疫/鉴定期间。例如"我们依法委托相关机构对有关物品进行检测/检验/检疫/鉴定。检测/检验/检疫/鉴定期间自××××年××月××日至××××年××月××日。依据《行政强制法》第二十五条第三款的规定，查封、扣押的期间不包括检测、检验、检疫、鉴定的期间。" 执法人员对案件中专门事项进行检测、检验、检疫、鉴定后，应当将检测、检验、检疫、鉴定结果以及救济途径告知当事人。例如"我们依法对你（单位）的××物品进行检测/检验/检疫/鉴定，结果为××。你（单位）如对该检测/检验/检疫/鉴定结果有异议，可于接到本告知书之日起××日内，向××机构提出。"
	当事人拒绝在有关行政执法文书上签字时	应当简单明了地告知拒绝签字的后果。例如"请你再次考虑是否签字。如果你拒绝签字，我们将记录在案，依法处理。"
	案件由于特殊原因中止调查的	应当及时告知当事人或相关人员理由与依据。例如"由于××原因，我局依法中止对你（单位）××情况的调查。中止调查的原因消除后，将立即恢复案件调查。"

续表

执法类别	执法环节	用语规范
行政处罚普通程序	向当事人送达《行政处罚事先（听证）告知书》时	应告知当事人拟作出行政处罚的事实、理由和依据及处罚内容，并告知当事人依法享有的权利。例如"经调查，你（单位）××××××（列举具体违法行为）的行为违反了《××××××》（具体法律法规规章）第××条（第××款）（第××项），依据《××××××》（具体法律法规规章）第××条（第××款）（第××项）的规定，拟对你处以××××××（具体处罚内容）的行政处罚。你有权进行陈述和申辩（或要求听证）。你（单位）在收到《行政处罚（听证）告知书》起三个工作日内，不行使陈述权、申辩权，未要求听证的，视为放弃此权利。"
	对当事人的陈述、申辩意见进行复核后	要告知当事人是否采纳及其理由和依据。例如"经过复核，我们认为由于××原因，依据××规定，你在陈述、申辩时提出的××事实、××理由或××证据成立/不成立，决定予以采纳/不予采纳。"
	送达《行政处罚听证通知书》时	告知当事人听证时间、听证地点及听证主持人、听证员、记录员、翻译人员的姓名，并告知当事人有申请回避的权利。例如"根据你（单位）的要求，本局决定在××××年××月××日在××地点对你（单位）涉嫌××一案公开/不公开举行听证。由×××担任听证主持人，×××担任听证员，×××担任记录员，×××担任翻译人员，你如认为上述人员与你（单位）存在直接利害关系，有权申请回避。你是否申请回避？"
	举行听证时	听证主持人应当宣布听证主持人、听证员、记录员、翻译人员名单，告知听证参加人在听证中的权利义务，询问当事人是否提出回避申请。例如"本次听证由我担任××一案的听证主持人，我是××（职务）×××（姓名），听证员为××（职务）×××（姓名），记录员为××（职务）×××（姓名），翻译人员为××（职务）×××（姓名）。根据《行政处罚法》第四十三条的规定，当事人认为上述人员与本案有利害关系的，有权申请回避，请问你（单位）是否申请回避？ 你（单位）对拟作出的行政处罚的事实、理由和依据，有权进行陈述、申辩和质证，并提供相应证据。若作伪证，是要负法律责任的。"

续表

执法类别	执法环节	用语规范
行政处罚普通程序	举行听证时	在听证过程中，应当善听慎言、语言规范、语气庄重，语速适当，中立、公正地对待双方当事人，不得使用具有倾向性的语言进行提问或者表现出对双方当事人态度上的差异。 当事人偏离主题、滔滔不绝或不正面回答提问时，应当及时提醒。例如"请你围绕听证请求陈述案件事实和相关理由，正面回答提出的问题"或"这些事情刚才你陈述过了，由于时间关系，请不要再重复。" 当事人未遵循听证程序或抢话时，也应当文明提示。例如"请注意听证秩序，遵守听证纪律，让对方把话说完。未经听证主持人许可，请不要向对方发问。" 当事人在听证过程中情绪激动时，应保持冷静、使用安抚性语言。例如"请你保持冷静。听证过程中我们已充分注意到你反映的情况，行政执法决定一定是根据事实、依照法律慎重作出的。" 旁听人员影响听证秩序时，也应当及时提醒。例如"旁听人员请遵守听证纪律，保持肃静。" 听证结束时，应请当事人在听证笔录上签字。例如"本次听证会就此结束。请你在核实听证笔录后逐页签名/盖章。如果你认为存在遗漏或错误的，可以申请补正。"
	纠正违法行为，进行教育劝导时	应当告知违法事实、依据、改正方向。例如"你××××（列举具体违法行为）的行为违反了×××××（具体法律法规或规章名称）的规定，请遵守××××的规定进行××××（具体纠正措施）。"
	送达《行政处罚决定书》时	告知违法行为事实、理由、处罚依据，并且准确地告知当事人行使救济权的具体方式、期限和途径，以及处罚信息公示情况。例如"经查实，你（单位）××行为，违反了《××××》（具体法律法规规章）第××条（第××款）（第××项）的规定，根据《×××××》（具体法律法规规章）第××条（第××款）（第××项）的规定，我局现作出××××（行政处罚决定书编号）《行政处罚决定书》，决定对你（单位）处以××（具体行政处罚内容）。请在××日内×××（履行方式和途径）履行。如果你（单位）不服《行政处罚决定书》中的行政处罚决定，可以在收到本《行政处罚决定书》之日起六十日内向××人民政府或者××城市管理局申请行政复议；也可以在六个月内依法向××人民法院提起行政诉讼。申请行政复议或者提起行政诉讼期间，行政处罚不停止执行。行政处罚信息将在20个工作日内通过×××门户网站向社会公示。"

续表

执法类别	执法环节	用语规范
行政处罚普通程序	适用简易程序进行行政处罚时	应当向当事人准确告知违法事实、处罚理由、依据、处罚内容以及依法享有的权利。例如"你（单位）××行为，违反了《××××》（具体法律法规规章）第××条（第××款）（第××项）的规定，根据《××××》（具体法律法规规章）第××条（第××款）（第××项）的规定，现拟决定对你（单位）处以××（具体行政处罚内容）。你（单位）对以上处罚意见有陈述、申辩的权利。如果你（单位）对以上事实、依据和处罚意见有不同看法，现在可以进行陈述、申辩。"当场送达行政处罚决定书的，还应当告知当事人救济途径。例如"如果你（单位）不服本行政处罚决定，可以在收到本《当场行政处罚决定书》之日起六十日内向××人民政府或者××城市管理局申请行政复议；也可以在六个月内依法向××人民法院提起行政诉讼。申请行政复议或者提起行政诉讼期间，行政处罚不停止执行。"
	要求当事人签收《行政处罚决定书》/《当场行政处罚决定书》时	应当告知当事人在《送达回证》上签字。例如"这是《行政处罚决定书》/《当场行政处罚决定书》，请你认真阅读、确认后，在送达回证上（或此处）签字签收。"当事人拒绝签收《行政处罚决定书》/《当场行政处罚决定书》（或者其他执法文书）时，要明确告知拒绝签收的后果。例如"如果你拒绝签收《行政处罚决定书》/《当场行政处罚决定书》（或者其他执法文书），我们将按照有关规定留置送达，并将有关情况记录在案。"（采用其他送达方式的，类同）
	依法当场收缴罚款时	应当准确无误地告知缴纳罚款的依据和具体数额。例如"根据××××××（当场行政处罚决定书编号）《当场行政处罚决定书》作出的行政处罚决定，请你现在缴纳罚款××元，请予以配合。"当事人缴纳后，应开立罚款收据，请当事人核对。例如"这是罚款收据，请核实后收好。"
	当事人提出当场缴纳罚款但不符合《行政处罚法》有关规定时	要告知其不能当场收缴罚款的理由和正确缴纳地点。例如"你好，根据《行政处罚法》第六十八条的规定，我们不能当场收缴罚款，请到××银行缴纳罚款。"依法应向银行缴纳罚款的，应明确告知当事人缴纳罚款的地点和期限，例如"根据××××××（行政处罚决定书/当场行政处罚决定书编号）《行政处罚决定书》/《当场行政处罚决定书》作出的行政处罚决定，请你在××日内到×××××银行（银行名称和具体地点）缴纳××元。"

续表

执法类别	执法环节	用语规范
行政处罚普通程序	当事人拒绝缴纳罚款的	应当告知法律后果。例如"如果你拒绝按期缴纳罚款，根据《行政处罚法》第七十二条的规定，逾期每日将按罚款数额的百分之三加处罚款，并将采取必要的方式强制执行。所以，请依法缴纳罚款。"
	面对现场不能处理的情况和问题时	应当记录在案并给予非结果性反馈。例如"我们将对××进一步开展调查（或我们会将有关情况和问题及时向××部门反映）。"
	遭遇当事人谩骂或不配合工作时	保持冷静，使用安抚性用语。例如"我们在依法执行公务，对事不对人，请你（们）保持冷静。如果你（们）有何不满，可以向××部门反映，现在请配合我们的工作。谢谢！"
	遇到不明真相的群众阻挠正常执法时	保持冷静，出示证件，简要说明情况。例如"请大家冷静一下，我们是×××的执法人员（出示证件），现在正在依法执行公务，请大家配合我们的工作！如果你们对我们的执法过程有异议或其他问题的，可以直接向××城市管理局或有关纪检部门反映，现在请不要妨碍执法，谢谢！"
行政强制	采取行政强制措施前，表明身份并亮证	使用问候语，清楚地告知对方行政执法主体的名称。例如"你好！我们是××××××（行政执法主体名称）的执法人员×××和×××，这是我们的执法证件（亮证），请过目。"（如遇被采取措施对象存在阅读障碍等特殊情形，应当向其宣读执法工作证号）
	实行/解除强制措施、留置送达等易引发争议需要进行音像记录时	应向相对人单位负责人说明开展音像记录的工作。例如"根据工作要求，我局执法人员将通过执法记录仪对执法工作进行全程记录，记录所产生的音像资料将作为视听资料证据。" 开启音像记录后，应当首先说明执法日期、执法事由、执法人员、执法对象。例如"今天是×××年××月××日，××××××（行政执法主体名称）的执法人员×××和×××，依法对××单位（公司）采取××强制措施。为保证执法的公正性，本次执法全程录音录像。"

续表

执法类别	执法环节	用语规范
行政强制	依法采取查封、扣押等行政强制措施时	应当场告知当事人违法事实、采取行政强制措施的内容、期限、理由、依据以及当事人依法享有的权利、救济途径，听取当事人的陈述和申辩。例如"你（单位）涉嫌×××（违法事项），我们依据《×××××》（设定行政强制措施的具体法律法规）第××条（第××款）（第××项）的规定，依法对你（单位）××××××（场所/设施/财物）实施查封/扣押，期限为××日。你（单位）依法享有陈述和申辩的权利。如果对查封/扣押不服，可以在收到《实施行政强制措施决定书》之日起六十日内向××人民政府或者××城市管理局申请行政复议；也可以在六个月内依法向××人民法院提起行政诉讼。" 执法人员应当当场交付《实施行政强制措施决定书》和《场所/设施/财物清单》，制作现场笔录，并请当事人签名或者盖章。"这是《实施行政强制措施决定书》和《场所/设施/财物清单》，请你核对。如果没有异议，请你在现场笔录和清单上签名或盖章。"（无书写能力的，由当事人按手印） 执法过程邀请见证人进行见证时，应当说明缘由。例如"××同志你好，请你见证我们依法开展的××（具体行政强制措施）工作，谢谢！" 执法人员应当在查封/扣押结束后请见证人在核对无误的现场记录上签字。例如"这是我局执法人员在你全程见证下制作的现场记录，请你在核实记录内容无误的情况下签字见证，谢谢！"
	需要对有关物品进行检测/检验/检疫/鉴定时	应当告知当事人检测/检验/检疫/鉴定期间。例如"我们依法委托相关机构对有关物品进行检测/检验/检疫/鉴定。检测/检验/检疫/鉴定期间自×××年××月××日至×××年××月××日。依据《行政强制法》第二十五条第三款的规定，查封、扣押的期间不包括检测、检验、检疫、鉴定的期间。" 执法人员对案件中专门事项进行检测、检验、检疫、鉴定后，应当将检测、检验、检疫、鉴定结果以及救济途径告知当事人。例如"我们依法对你（单位）的××物品进行检测/检验/检疫/鉴定，结果为××。你（单位）如对该检测/检验/检疫/鉴定结果有异议，可于接到本告知书之日起××日内，向××机构提出。"

续表

执法类别	执法环节	用语规范
行政强制	延长行政强制措施期限的	应当告知当事人延长的具体期限以及享有的权利与救济途径。例如"因情况复杂,依据《行政强制法》第二十五条第一款、第二款的规定,经批准,我局决定将对你(单位)实施的××行政强制措施的期限延长至×××年××月××日。 你(单位)可以对本决定进行陈述和申辩。如不服,可以在收到本决定书之日起六十日内向××人民政府或者××城市管理局申请行政复议;也可以在六个月内依法向××人民法院提起行政诉讼。你(单位)现在可以进行陈述和申辩。"
	解除强制措施时	应当场交付《解除行政强制措施决定书》和《场所/设施/财物清单》,请当事人核对清点后签名或者盖章。例如"依据《×××××》(具体法律法规)第××条(第××款)(第××项)的规定,我们自×××年××月××日起依法对×××解除强制措施。这是《解除行政强制措施决定书》和《场所/设施/财物清单》,请你核对/清点。如果没有异议,请你在现场笔录和清单上签名或盖章。"(无书写能力的,由当事人按手印)
	申请人民法院强制执行前,向当事人送达《行政处罚决定履行催告书》时	告知逾期不履行的后果。例如"依据《行政强制法》第五十四条的规定,我们现催告你(单位)自收到本催告书之日起十日内按照本局作出的××××××(行政处罚决定书编号)《行政处罚决定书》确定的方式依法履行义务。收到本催告书后,你(单位)有权进行陈述、申辩。无正当理由在××日内仍不履行相关义务的,我们将依法申请人民法院强制执行。"
	当事人妨碍行政执法时	警告对方不得妨碍公务,并告知法律后果。例如"请你保持冷静!我们正在依法执行公务,妨碍执行公务是违法行为,将会受到法律制裁,请你配合!"

003 城市管理综合执法相关时效、期限汇总表

序号	具体行为	时效或期限
1	对行政违法行为的处罚时效	违法行为在二年内未被有权机关发现的,不再给予行政处罚。对涉及公民生命健康安全的违法行为,在五年内未被有权机关发现的,不再给予行政处罚。法律另有规定的除外。上述期限从违法行为发生之日起计算;违法行为有连续或者继续状态的,从行为终了之日起计算。
2	作出行政处罚决定	应当自行政处罚案件立案之日起九十日内作出行政处罚决定。法律、法规、规章另有规定的,从其规定。
3	撤回行政处罚决定相关信息	公开的行政处罚决定被依法变更、撤销、确认违法或者确认无效的,行政机关应当在三日内撤回行政处罚决定相关信息并说明理由。
4	证据先行登记保存	应当在七日内及时作出处理决定。逾期未作出处理决定的,先行登记保存措施自动解除。
5	当事人缴纳罚款	当事人应当自收到行政处罚决定书之日起十五日内,到指定的银行缴纳罚款。
6	当场收缴罚款	应当自收缴罚款之日起二日内,交至行政机关;在水上当场收缴的罚款,应当自抵岸之日起二日内交至行政机关;行政机关应当在二日内将罚款缴付指定的银行。
7	情况紧急,需要当场实施行政强制措施的	应当在二十四小时内向行政机关负责人报告,并补办批准手续。
8	查封、扣押	1. 查封、扣押的期限不得超过三十日;情况复杂的,经行政机关负责人批准,可以延长,但是延长期限不得超过三十日。法律、行政法规另有规定的除外。 2. 对物品需要进行检测、检验、检疫或者技术鉴定的,查封、扣押的期间不包括检测、检验、检疫或者技术鉴定的期间。检测、检验、检疫或者技术鉴定的期间应当明确,并书面告知当事人。
9	听证申请	当事人要求听证的,应当在行政机关告知后五日内提出。

续表

序号	具体行为	时效或期限
10	通知听证	行政机关应当在听证的七日前，通知当事人举行听证的时间、地点。
11	送达执法文书	1. 行政处罚决定书应当在宣告后当场交付当事人；当事人不在场的，行政机关应当在七日内依照民事诉讼法的有关规定，将行政处罚决定书送达当事人。 2. 直接送达的，受送达人在送达回证上注明的签收日期为送达日期；受送达人的同住成年家属，法人或者其他组织负责收件的人，代理人或者代收人在送达回证上签收的日期为送达日期。 3. 留置送达的，在送达回证上载明拒收事由和日期，由送达人、见证人签名或者以其他方式确认，将执法文书留在受送达人的住所；也可以将执法文书留在受送达人的住所，并采取拍照、录像等方式记录送达过程，即视为送达。 4. 邮寄送达的，以回执上注明的收件日期为送达日期。 5. 采用手机短信、传真、电子邮件、即时通讯账号等能够确认其收悉的电子方式送达的，手机短信、传真、电子邮件、即时通讯信息等到达受送达人特定系统的日期为送达日期。 6. 公告送达的。自公告发布之日起经过三十日，即视为送达。 7. 有当事人签署的送达地址确认书的，送至受送达人确认的地址，即视为送达。受送达人送达地址发生变更，未及时告知的，执法机关按原地址送达，视为依法送达。因受送达人提供的送达地址不准确，执法文书留在该地址之日为送达之日；邮寄送达的，执法文书被退回之日为送达之日。
12	行政机关强制执行	1. 实施加处罚款或者滞纳金超过三十日，经催告当事人仍不履行的，具有行政强制执行权的行政机关可以强制执行。 2. 代履行三日前，催告当事人履行，当事人履行的，停止代履行。 3. 需要立即清除道路、河道、航道或者公共场所的遗洒物、障碍物或者污染物，当事人不能清除的，行政机关可以决定立即实施代履行。

续表

序号	具体行为	时效或期限
13	申请人民法院强制执行	1. 当事人不履行行政决定的，没有行政强制执行权的行政机关可以自申请行政复议或者提起行政诉讼期限届满之日起三个月内，依照规定申请人民法院强制执行。 2. 行政机关申请人民法院强制执行前，应当催告当事人履行义务。催告书送达十日后当事人仍未履行义务的，行政机关可以向所在地有管辖权的人民法院申请强制执行。 3. 人民法院接到行政机关强制执行的申请，应当在五日内受理，行政决定具备法定执行效力的，自受理之日起七日内作出执行裁定。 4. 行政机关对人民法院不予受理的裁定有异议的，可以在十五日内向上一级人民法院申请复议，上一级人民法院应当自收到复议申请之日起十五日内作出是否受理的裁定。 5. 人民法院发现有下列情形之一的，应当自受理之日起三十日内作出是否执行的裁定。裁定不予执行的，应当说明理由，并在五日内将不予执行的裁定送达行政机关：（一）明显缺乏事实根据的；（二）明显缺乏法律、法规依据的；（三）其他明显违法并损害被执行人合法权益的。行政机关对人民法院不予执行的裁定有异议的，可以自收到裁定之日起十五日内向上一级人民法院申请复议，上一级人民法院应当自收到复议申请之日起三十日内作出是否执行的裁定。 6. 因情况紧急，为保障公共安全，行政机关可以申请人民法院立即执行。经人民法院院长批准，人民法院应当自作出执行裁定之日起五日内执行。
14	当事人申请行政复议	1. 自知道该具体行政行为之日起六十日内提出行政复议申请；但是法律规定的申请期限超过六十日的除外；因不可抗力或者其他正当理由耽误法定申请期限的，申请期限自障碍消除之日起继续计算。 2. 行政复议机关决定不予受理或者受理后超过行政复议期限不作答复的，公民、法人或者其他组织可以自收到不予受理决定书之日起或者行政复议期满之日起十五日内，依法向人民法院提起行政诉讼。

续表

序号	具体行为	时效或期限
15	行政复议受理	1. 行政复议机关收到行政复议申请后，应当在五日内进行审查。 2. 属于其他行政复议机关受理的行政复议申请，应当自接到该行政复议申请之日起七日内，转送有关行政复议机关，并告知申请人。 3. 行政复议机关负责法制工作的机构应当自行政复议申请受理之日起七日内，将行政复议申请书副本或者行政复议申请笔录复印件发送被申请人。 4. 行政复议机关应当自受理申请之日起六十日内作出行政复议决定；但是法律规定的行政复议期限少于六十日的除外。情况复杂，不能在规定期限内作出行政复议决定的，经行政复议机关的负责人批准，可以适当延长，并告知申请人和被申请人；但是延长期限最多不得超过三十日。
16	复议被申请人答复	被申请人应当自收到申请书副本或者申请笔录复印件之日起十日内，提出书面答复，并提交当初作出具体行政行为的证据、依据和其他有关材料。
17	复议机关责令被申请人重新作出具体行政行为	被申请人应当在法律、法规、规章规定的期限内重新作出具体行政行为；法律、法规、规章未规定期限的，重新作出具体行政行为的期限为六十日。
18	直接提起行政诉讼	1. 当事人应当自知道或者应当知道作出行政行为之日起六个月内提出。法律另有规定的除外。 2. 因不动产提起诉讼的案件自行政行为作出之日起超过二十年，其他案件自行政行为作出之日起超过五年提起诉讼的，人民法院不予受理。 3. 因不可抗力或者其他不属于自身的原因耽误起诉期限的，被耽误的时间不计算在起诉期限内。 4. 作出行政行为的行政机关未告知公民、法人或者其他组织起诉期限的，起诉期限从公民、法人或者其他组织知道或者应当知道起诉期限之日起计算，但从知道或者应当知道行政行为内容之日起最长不得超过一年。 5. 公民、法人或者其他组织不知道行政机关作出的行政行为内容的，其起诉期限从知道或者应当知道该行政行为内容之日起计算。

续表

序号	具体行为	时效或期限
19	行政诉讼被告举证、提出答辩状	被告应当在收到起诉状副本之日起十五日内向人民法院提交作出行政行为的证据和所依据的规范性文件，并提出答辩状。
20	对人民法院不予调取证据决定的复议申请	当事人及其诉讼代理人可以在收到通知书之日起三日内向受理申请的人民法院书面申请复议一次。

注：根据《民法典》，按照年、月、日计算期间的，开始的当日不计入，自下一日开始计算；按照小时计算期间的，自法律规定或者当事人约定的时间开始计算。按照年、月计算期间的，到期月的对应日为期间的最后一日；没有对应日的，月末日为期间的最后一日。期间的最后一日是法定休假日的，以法定休假日结束的次日为期间的最后一日。期间的最后一日的截止时间为二十四时。《行政处罚法》中"二日""三日""五日""七日"的规定是指工作日，不含法定节假日。

004　法律常用词语规范表

常用词语	使用表达规范
和，以及，或者	1. "和"连接的并列句子成分，其前后成分无主次之分，互换位置后在语法意义上不会发生意思变化，但是在法律表述中应当根据句子成分的重要性、逻辑关系或者用语习惯排序。 2. "以及"连接的并列句子成分，其前后成分有主次之分，前者为主，后者为次，前后位置不宜互换。 3. "或者"表示一种选择关系，一般只指其连接的成分中的某一部分。
应当，必须	"应当"与"必须"的含义没有实质区别。法律在表述义务性规范时，一般用"应当"，不用"必须"。
不得，禁止	"不得""禁止"都用于禁止性规范的情形。"不得"一般用于有主语或者有明确的被规范对象的句子中，"禁止"一般用于无主语的祈使句中。
但是，但	"但是""但"二者的含义相同，只是运用习惯的不同。法律中的但书，一般用"但是"，不用单音节词"但"。"但是"后一般加逗号，在简单句中也可以不加。
除……外，除……以外	"除……外"和"除……以外"搭配的句式用于对条文内容作排除、例外或者扩充规定的表述。对条文内容作排除、例外表达的，置于句首或者条文中间，表述为"除……外，……"或者"……除……以外，……"；对条文内容作扩充表达的，置于条文中间，表述为"……除……以外，还……"。
依照，按照，参照	1. 规定以法律法规作为依据的，一般用"依照"。 2. "按照"一般用于对约定、章程、规定、份额、比例等的表述。 3. "参照"一般用于没有直接纳入法律调整范围，但是又属于该范围逻辑内涵自然延伸的事项。
制定，规定	1. 表述创设法律、法规等规范性文件时，用"制定"；表述就具体事项作出决定时，用"规定"。 2. 在表述制定或者规定的语境下，与"规定""制定"相近似的用语"确定""核定""另订"等，立法中一般不再使用，统一代之以"规定"。"制定"或者"另行制定""另行规定"。

续表

常用词语	使用表达规范
会同，商	1. "会同"用于法律主体之间共同作出某种行为的情况。"会同"前面的主体是牵头者，"会同"后面的主体是参与者，双方需协商一致，共同制定、发布规范性文件或者作出其他行为。 2. "商"用于前面的主体是事情的主办者，后面的主体是提供意见的一方，在协商的前提下，由前面的主体单独制定并发布规范性文件。
缴纳，交纳	"交纳"较"缴纳"的含义更广，涵盖面更宽。法律中规定当事人自己向法定机关交付款项时，一般使用"交纳"。但是在规定包含有强制性意思时，可以用"缴纳"。
抵销，抵消	"抵消"用于表述两种事物的作用因相反而互相消除，"抵销"用于表述账的冲抵。法律中表述债权债务的相互冲销抵免情形时，用"抵销"，不用"抵消"。
账，帐	表述货币、货物出入的记载、账簿以及债等意思时，用"账"，不用"帐"。
以上，以下，以内，不满，超过	规范年龄、期限、尺度、重量等数量关系，涉及以上、以下、以内、不满、超过的规定时，"以上、以下、以内"均含本数，"不满、超过"均不含本数。
日，工作日	"日"和"工作日"在法律时限中的区别是："日"包含节假日，"工作日"不包含节假日。对于限制公民人身自由或者行使权力可能严重影响公民、法人和其他组织的其他权利的，应当用"日"，不用"工作日"。
作出，做出	1. "作出"多与决定、解释等词语搭配使用。 2. "做出"多与成绩等名词词语搭配使用。
公布，发布，公告	1. "公布"用于公布法律、行政法规、结果、标准等。 2. "发布"用于公开发出新闻、信息、命令、指示等。 3. "公告"用于向公众发出告知事项。
违法，非法	1. "违法"一般用于违反法律强制性规范的行为。 2. "非法"通常情况下也是违法，但主要强调缺乏法律依据的行为。
设定，设立	"设定"和"设立"都可以用于权利、义务、条件等的设置。"设立"还可以用于成立或者开办组织、机构、项目等。

续表

常用词语	使用表达规范
执业人员，从业人员	1. "执业人员"用于表述符合法律规定的条件，依法取得相应执业证书，并从事为社会公众提供服务的人员。 2. "从业人员"用于表述在一般性行业就业的人员。
批准，核准	1. "批准"用于有权机关依据法定权限和法定条件，对当事人提出的申请、呈报的事项等进行审查，并决定是否予以准许。 2. "核准"用于有权机关依据法定权限和法定条件进行审核，对符合法定条件的予以准许。
注销，吊销，撤销	1. "注销"用于因一些法定事实出现而导致的取消登记在册的事项或者已经批准的行政许可等。 2. "吊销"作为一种行政处罚，用于有权机关针对违法行为，通过注销证件或者公开废止证件效力的方式，取消违法者先前已经取得的许可证件。 3. "撤销"用于有权机关取消依法不应颁发的行政许可或者发出的文件、设立的组织机构，也可以用于取消资质、资格等。
根据，依据	1. 引用宪法、法律作为立法依据时，用"根据"。 2. 适用其他法律或者本法的其他条款时，用"依据"。
谋取，牟取	"谋取"是中性词，可以谋取合法利益，也可以谋取非法利益。"牟取"是贬义词，表示通过违法行为追求利益。

005 城市管理综合执法基础概念备查表

一、行政处罚

行政处罚

行政处罚是指行政机关依法对违反行政管理秩序的公民、法人或者其他组织,以减损权益或者增加义务的方式予以惩戒的行为。

处罚法定原则

处罚法定原则,指的是处罚主体及职权、处罚程序、处罚对象、违法行为、主观过错、应否处罚、处罚种类、处罚幅度及如何设定或规定处罚等内容均由法律规范明文规定。《行政处罚法》第四条:"公民、法人或者其他组织违反行政管理秩序的行为,应当给予行政处罚的,依照本法由法律、法规、规章规定,并由行政机关依照本法规定的程序实施。"

从旧兼从轻

"从旧兼从轻"是处理各种新旧法律适用问题的一项基本原则,该原则简单理解就是"有利于当事人的原则"。《行政处罚法》第三十七条规定:"实施行政处罚,适用违法行为发生时的法律、法规、规章的规定。但是,作出行政处罚决定时,法律、法规、规章已被修改或者废止,且新的规定处罚较轻或者不认为是违法的,适用新的规定。"

一事不再罚

一事不再罚是指对违法行为人的同一个违法行为,不得以同一事实和同一依据,给予两次或者两次以上罚款的行政处罚。一事不再罚作为行政处罚的原则,目的在于防止重复处罚,体现过罚相当的法律原则,以保护行政相对人的合法权益,是行政机关实施行政处罚和人民法院审查具体行政行为时必须遵循的重要原则。

比例原则

比例原则,又称禁止过度原则,是指设定处罚时及在处罚过程中所采取的调查手段、决定处予的处罚种类及幅度的履行方式、采取的执行措施,都必须要有法律依据,在能达到同样目的的前提下应选择侵害当事人权益较小的方式。即调查手段、处罚手段或执行手段与目的之间,应该存在一定的比例关系,不能为达到目的而不择手段。比例原则包含三个次要原则:妥当性原则、必要性原则及均衡原则。

刑事优先原则

指行政执法机关在依法查处违法行为过程中，发现违法事实涉及的金额、违法事实造成的情节、违法事实造成的后果等，涉嫌构成犯罪，依法需要追究刑事责任的，必须依照规定向公安机关移送。

刑事优先主要体现为刑罚的制裁方式优先，即当事人可能同时受到相同种类的刑罚和行政处罚的制裁时，只应给予刑罚的制裁而不能再作出行政处罚的制裁。如违法行为构成犯罪，人民法院判处罚金时，行政机关已经给予当事人罚款的，应当折抵相应罚金；行政机关尚未给予当事人罚款的，不再给予罚款。

违法所得

违法所得是指实施违法行为所取得的款项。也就是说，在计算违法所得时，以违法行为人取得的所有款项计算，而无须考虑行为人在实施违法行为付出的合理成本等因素。法律、行政法规、部门规章对违法所得的计算另有规定的，从其规定。

法条竞合

法条竞合是指一个行为同时触犯规定了不同违法行为的数个法律条文，而构成数个具有可罚性的违法行为。其特征是行为人实施的违法行为只是一个行为，但手段、后果、对象等触犯其他分别规定不同违法行为的数个法条的规定，从而构成了两个或两个以上的行政违法行为。如果触犯的是同一法条，即使该法条规定了数个违法行为，也不属于法条竞合；如果触犯数个法条规定的是同一违法行为，仍不成立法条竞合。

对法条竞合的行政处罚应遵循《行政处罚法》"同一个违法行为违反多个法律规范应当给予罚款处罚的，按照罚款数额高的规定处罚"的规定。

证据的案卷排他性规则

案卷排他性规则是指行政执法机关作出行政处罚决定所根据的证据，原则上必须是该行为作出前，行政案卷中已经记载的，并经过当事人申辩和质证的材料。案卷材料应当包括行政执法机关和当事人取得、提交的全部证据，应当记录质证过程中双方争议的焦点、辩论意见、听证笔录、对证据能力和证明力的认定理由及结论、作出行政处罚的法律依据、法律文书等，案卷材料形成后即成为行政执法机关作出行政处罚的唯一依据，也是行政复议、行政诉讼程序的唯一合法参照。

证明标准

行政处罚的证明标准是指行政执法机关在行政处罚程序中利用证据证明违法案件实体性事实和程序性事实所要达到的程度，达到了该程度就可以证明法律事实的存在。城市管理综合执法机关在适用普通程序调查处理行政处罚案件时，应当采用以"高度盖然性"为基础，以"合理判断和有效推定"为补充的证明标准。

执行回转

执行回转是指在执行中或者执行完毕后，据以执行的行政处罚决定被撤销、变更，或者执行错误的，应当恢复原状或者退还财物；不能恢复原状或者退还财物的，依法给予赔偿。

期间

期间，指某个时期里面。在我国法律上，期间分为法定期间和指定期间。法定时间如先行证据登记保存不能超过七天，指定时间如限期整改或限期拆除指定的时间。

根据《民法典》，按照年、月、日计算期间的，开始的当日不计入，自下一日开始计算；按照小时计算期间的，自法律规定或者当事人约定的时间开始计算。按照年、月计算期间的，到期月的对应日为期间的最后一日；没有对应日的，月末日为期间的最后一日。期间的最后一日是法定休假日的，以法定休假日结束的次日为期间的最后一日。期间的最后一日的截止时间为二十四时。《行政处罚法》中的"二日""三日""五日""七日"的规定是指工作日，不含法定节假日。

二、城乡规划

城市总体规划

城市总体规划是指城市人民政府依据国民经济和社会发展规划以及当地的自然环境、资源条件、历史情况、现状特点，统筹兼顾、综合部署，为确定城市的规模和发展方向，实现城市的经济和社会发展目标，合理利用城市土地，协调城市空间布局等所作的一定期限内的综合部署和具体安排。

城市详细规划

城市详细规划是以城市总体规划或分区规划为依据，对一定时期内城市局部地区的土地利用、空间环境和各项建设用地所作的具体安排，是按城市总体规划要求，对城市局部地区近期需要建设的房屋建筑、市政工程、公用事业设施、园林绿化、城市人防工程和其他公共设施作出具体布置的规划。

控制性详细规划

以城市总体规划或分区规划为依据，确定建设地区的土地使用性质和使用强度的控制指标、道路和工程管线控制性位置以及空间环境控制的规划要求。

修建性详细规划

以城市总体规划、分区规划或控制性详细规划为依据，制定用以指导各项建筑和工程设施的设计和施工的规划设计。

城市规划区

城市规划区是指城市市区、近郊区以及城市行政区域内其他因城市建设和发展需要实行规划控制的区域。

城市建成区

城市建成区指城市行政区内实际成片开发建设、市政公用设施和公共设施基本具备的区域。

城市规划的"六线"

"六线"即道路红线、城市黄线、城市绿线、城市蓝线、城市紫线和廊道橙线。

道路红线：确定各级城市道路的红线宽度、位置、断面形式、控制点坐标、交叉口形式与渠化措施、公交港湾停靠站、道路缘石半径、出入口方位及行人过街设施（包括地下过街通道）位置和控制要求。

城市黄线：重点明确城市公共交通设施、公共停车场、城市轨道交通线和高压线走廊等城市基础设施的用地面积和线位，确定其用地界线和线位的地理坐标，规定其控制指标和具体要求。

城市绿线：确定公共绿地、生产防护绿地的边界和规模，确定各类绿地控制指标和建设要求。

城市蓝线：划定城市地表水体保护和控制的地域界线，明确河道断面形式和水位（内河）控制标高，提出护坡（驳岸）建设控制要求，并附有明确的蓝线坐标和相应的界址地形图。

城市紫线：明确标出各级文物保护单位的保护范围及建设控制地带的边界线、历史街区和确定保护的其他历史文化遗迹的范围和边界线，明确相关控制要求。

廊道橙线：包括各种景观视廊、微波通道、机场净空保护范围等，明确线位及控制要求。

一书两证

"一书两证"是对中国城市规划实施管理的基本制度的通称，即城市规划行政主管部门核准发放的建设项目用地预审与选址意见书、建设用地规划许可证和建设工程规划许可证，根据依法审批的城市规划和相关法律规范，对各项建设用地和各类建设工程进行组织、控制、引导、协调，使其纳入城市规划的轨道。根据《城乡规划法》，城镇规划管理实行由县规划建设行政主管部门核发选址意见书、建设用地规划许可证、建设工程规划许可证的制度，简称"一书两证"。

三、市容市貌

城市容貌

城市外观的综合反映，是与城市环境和秩序密切相关的建（构）筑物、道路、园林绿化、公共设施、广告招牌与标识、城市照明、公共场所、水域、居住区、施工工地等构成的城市局部或整体景观。

市容管理

市容管理包括动态市容管理和静态市容管理。

动态市容管理：指对交通容貌管理、交通秩序管理、公共场所管理、环境卫生管理、建筑工地管理等方面的管理。

静态市容管理：指对城市的建筑物、道路、公共设施、园林绿化、街景景观、环境保护、水域面貌、户外广告、标志标牌等方面的管理。

公共设施

公共设施是指设置在道路和公共场所的交通、电力、通信、邮政、消防、环卫、生活服务、文体休闲等设施。

道路交通设施：主要包括指示灯、信号灯控制箱、交通岗亭、护栏、隔离墩等；

公共交通设施：主要包括候车亭、公交站点指示牌、出租车扬招点、道路停车咪表、自行车棚、自行车架等；

电力设施：主要包括电杆、电线、电力控制箱、调压器等；

通信设施：主要包括通信线路、通信控制箱、电话亭、邮筒、通信信息亭等；

绿化设施：主要包括行道树树底隔栅、花坛、花池等；

消防设施：主要包括消防栓；

环卫设施：主要包括垃圾收集容器、垃圾收集站、垃圾转运站、公共厕所等；

道路照明设施：主要包括路灯、景观灯；

生活服务设施：主要包括书报亭、阅报栏、画廊、自动贩卖机、售卖亭、售票亭等；

文体休闲设施：主要包括座椅、健身器材、雕塑等；

广告标志设施：主要包括各类广告设施、招牌、招贴栏以及路铭牌、门牌、道路标志、指示牌等标志。

城市照明

城市照明是指在城市规划区内城市道路、隧道、广场、公园、公共绿地、名胜古迹以及其他建（构）筑物的功能照明（通过人工光以保障人们出行和户外活动安全为目的的照明）或者景观照明（在户外通过人工光以装饰和造景为目的的照明）。

夜间景观

夜间景观是指在夜间，通过自然光和灯光塑造的景观，简称夜景。

夜景照明

夜景照明泛指除体育场场地、建筑工地和道路照明等功能性照明以外，所有室外公共活动空间或景物的夜间景观的照明，亦称景观照明。

光污染

光污染是指干扰光或过量的光辐射（含可见光、紫外和红外光辐射）对人、生态环境和天文观测等造成的负面影响的总称。在保证照明效果的同时，应防止夜景照明产生的光污染。

干扰光

干扰光是由于光的数量、方向或光谱特性，在特定场合中引起人的不舒适、分散注意力或视觉能力下降的溢散光。

溢散光

溢散光是指照明装置发出的光线中照射到被照目标范围外的部分光线。

公共场所

公共场所一般指供公众从事社会活动的各种场所，是提供公众进行工作、学习、经济、文化、社交、娱乐、体育、参观、医疗、卫生、休息、旅游和满足部分生活需求所使用的一切公用建筑物、场所及其设施的总称。这里所指的公共场所主要指影响城市容貌、位于室外的公共场所，主要包括以下几类：机场、车站、港口、码头等交通设施的室外公共场所；体育馆、学校、医院、电影院、博物馆、展览馆等公共设施的室外公共场所；公园、广场、旅游景区（点）、城市居民户外休憩场所。

建（构）筑物

建筑物是指人工建造的供人们进行各种生产或者生活等活动的场所。广义的建筑物既包括建筑物，也包括构筑物。狭义的建筑物是指房屋，不包括构筑物。

构筑物是指不具备、不包含或不提供人类居住功能的人工建筑物，主要是指除了一般有明确定义的工业建筑、民用建筑和农业建筑等之外的，对主体建筑有辅助作用的、有一定功能性的结构建筑的统称。

建（构）筑物附加设施

建（构）筑物附加设施是指附加在建（构）筑物上的设施，如封闭阳台、防护窗（门）、遮阳篷、雨篷、空调外机、晾衣架、窗台花架等。

户外广告

户外广告是指利用建（构）筑物、场地、设施、交通工具等设置的灯箱、霓虹灯、电子显示装置、展示牌、实物造型广告以及其他形式向户外空间发布的广告。

户外广告设施

户外广告设施是指利用下列载体，以灯箱、喷绘、展示牌、橱窗、实物实体造型、电子显示装置、投影等形式在户外场所、空间、设施发布广告的行为：建（构）筑物及其附属设施；工地围墙、在建工地楼体；城市道路及其配套设施；公共绿地、广场、水域、站场、站台、码头等场所；候车亭、报刊亭、电话亭等公共设施；公共汽车电车、船舶、城市轨道交通等交通工具外表；气球等升空器具等。

城市户外广告设施的设置应该符合《城市户外广告设施技术规范》（CJJ 149-2010），以及各地发布的户外广告设置技术规范。

招牌

招牌是指企事业单位、社会团体和个体工商户，在自有建（构）筑物外墙或建筑用地红线范围内设置的，用于表明其名称、字号、标识或者建筑物名称的牌、匾等相关设施。

招牌中不包括机关单位名称的牌、匾，其设置位置、大小、文字等按照国家、地方有关文件规定执行。

建筑立面

建筑立面是指建筑和建筑的外部空间直接接触的界面，以及其展现出来的形象和构成的方式。建筑主立面是指建筑物从主要观赏角度可见的立面。点式建筑的主体墙面均为主立面。

建筑物楼顶（屋顶）

建筑物楼顶（屋顶）是指超出建筑物外轮廓线及顶部凌空部分（含屋顶水箱、机房及其他构筑物等）。

水平投影

水平投影是指物体在水平面上的投影。

安全视距

安全视距是指行车司机发觉对方来时立即刹车而恰好能停车的距离。

视距三角形

为保证行车安全，道路交叉口、转弯处必须空出一定的距离，以便司机在这段距离内能看到对面或侧方来往的车辆，并有一定的刹车和停车时间，而不致发生撞车事故。根据两条相交道路的两个最短视距，在交叉口平面图上绘出的三角形，叫"视距三角形"。

天际轮廓线

天际轮廓线是指在视觉范围内的房屋、楼宇等建筑物的边缘处或与天空交界处。

标识

标识是指由符号、文字、图形等组合形成的提供导向与识别功能的路铭牌、指路牌及交通标志牌等信息载体。

四、园林绿化

城市园林绿化

城市园林绿化包括植物养护和绿地管理两个方面。植物养护是指通过合理安排整形修剪、灌溉排水、施肥、病虫害防治、松土除草、改植补植以及绿地防护等技术措施，使植物生长茂盛，发挥良好景观和生态功能。绿地管理包括绿地清理与保洁、绿地附属设施管理、景观水体及绿地安全保护等。

城市绿地

城市绿地是指在城市行政区域内以自然植被和人工植被为主要存在形态的用地。它包含两个层次的内容：一是城市建设用地范围内用于绿化的土地；二是城市建设用地之外，对生态、景观和居民休闲生活具有积极作用、绿化环境较好的区域。

公园绿地

公园绿地是城市中向公众开放的，以游憩为主要功能，有一定的游憩设施和服务设施，同时兼有健全生态、美化景观、科普教育、应急避险等综合作用的绿化用地。根据不同的规划、设计、建设及管理要求，公园绿地可分为综合公园、社区公园、专类公园（如动物园、植物园、历史名园、遗址公园、游乐公园、其他专类公园）、游园等。

防护绿地

防护绿地是指为了满足城市对卫生、隔离、安全的要求而设置的城市绿地，其功能是对自然灾害或城市公害起到一定的防护或减弱作用，因受安全性、健康性等因素的影响，防护绿地不宜兼作公园绿地使用。因所在位置和防护对象的不同，对防护绿地的宽度和种植方式的要求也不同。

广场用地

广场用地是指以游憩、纪念、集会和避险等功能为主的城市公共活动场地。因满足市民日常公共活动需求的广场与公园绿地的功能相近，《城市绿地分类标准》（CJJ/T 85-2017）将其增设为公园绿地。

附属绿地

附属绿地是指附属于各类城市建设用地（除"绿地与广场用地"）的绿化用地，"附属绿地"因所附属的用地性质不同，在功能用途、规划设计与建设管理上有较大差异，应同时符合城市规划和相关规范规定的要求。

区域绿地

区域绿地是指市（县）域范围以内、城市建设用地之外，对保障城乡生态和景观格局完整、居民休闲游憩、设施安全与防护隔离等具有重要作用的各类绿地，不包括耕地。具有对城乡整体区域生态、景观、游憩各个方面的综合效益。

区域绿地依据绿地主要功能分为：风景游憩绿地（风景名胜区、森林公园、湿地公园、郊野公园）、生态保育绿地、区域设施防护绿地、生产绿地。该分类突出了各类区域绿地在游憩、生态、防护、园林生产等不同方面的主要功能。

古树名木

古树，是指树龄在百年以上的树木。凡树龄在三百年以上的树木为一级古树；其余的为二级古树。

名木，是指珍贵、稀有的树木和具有历史价值、科学价值、纪念意义的树木。

古树名木责任单位（人）

古树名木保护管理工作实行专业养护部门保护管理和单位、个人保护管理相结合的原则。生长在城市园林绿化专业养护管理部门管理的绿地、公园等的古树名木，由城市园林绿化专业养护管理部门保护管理；生长在铁路、公路、河道用地范围内的古树名木，由铁路、公路、河道管理部门保护管理；生长在风景名胜区内的古树名木，由风景名胜区管理部门保护管理。散生在各单位管界内及个人庭院中的古树名木，由所在单位和个人保护管理。

变更古树名木养护单位或者个人，应当到城市园林绿化行政主管部门办理养护责任转移手续。

五、市政管理

城市道路

城市道路是指城市供车辆、行人通行的，具备一定技术条件的道路、桥梁（含立交桥、跨河桥、高架桥、人行天桥）、涵洞及其附属设施。

城市下穿隧道

城市道路中供车辆、行人通行的市政下穿隧道（含下沉式道路）及其排水、通风、消防、电力、照明、监控、专用通信设施设备等附属设施。

城市照明设施

城市照明设施是指用于城市照明的照明器具以及配电、监控、节能等系统的设备和附属设施等。

城市管线
城市管线是指城市供水、排水、燃气、电力、通信、广播电视、工业等管线及其附属设施。

城市综合管廊
城市综合管廊是指城市内用于集中敷设供水、排水、燃气、电力、通信、广播电视等市政公用管线的构筑物及其附属设施。

城市污水
城市污水是排入城市排水系统中的生活污水、生产废水、生产污水和径流污水的统称。

生活污水是指居民在工作和生活中排出的受到一定污染的水。

生产废水是指生产过程中排出的未受污染或受轻微污染以及水温稍有升高的水。

生产污水是指生产过程中排出的被污染的水，以及排放后造成热污染的水。

城市排水设施
城市排水设施是指城市排水管网（站）、雨水管道、污水管道、雨水污水合流管道、沟渠、涵洞、出水口、进水口、窨井、泵站、调节池、污水处理厂（站）及其附属设施等公共排水设施和自建排水设施。

排水户
排水户是指从事工业、建筑、医疗、餐饮等活动向城市下水道（收集与输送污水及雨水的管道和沟渠）排放污水的企业事业单位、个体工商户。排水户向市政排水设施排放污水应当取得许可证。

燃气
燃气是用于生产、生活的天然气、液化石油气等气体燃料的总称。

燃气设施
燃气设施是人工煤气生产厂、燃气储配站、门站、气化站、混气站、加气站、灌装站、供应站、调压站、市政燃气管网等的总称，包括市政燃气设施、建筑区划内业主专有部分以外的燃气设施以及户内燃气设施等。

燃气燃烧器具
燃气燃烧器具是指以燃气为燃料的燃烧器具，包括居民家庭和商业用户所使用的燃气灶、热水器、沸水器、采暖器、空调器等器具。

燃气供应企业

燃气供应企业是指取得燃气经营许可证，从事管道燃气、瓶装燃气或者燃气供应站、充装站、气化站、加气站等燃气经营活动的企业。

民用建筑节能

民用建筑节能是指在居住建筑和公共建筑的规划、设计、建造、使用、改造等活动中，按照有关标准和规定，采用符合节能要求的建筑材料、设备、技术、工艺和管理措施，在保证建筑物使用功能和室内环境质量的前提下，合理、有效地利用能源，降低能源消耗。

无障碍设施

无障碍设施是指为了保障残疾人、老年人、儿童及其他行动不便者在居住、出行、工作、休闲娱乐和参加其他社会活动时，能够自主、安全、方便地通行和使用所建设的相关设施。

建设项目的无障碍设施必须与主体工程同时设计、同时施工、同时交付使用。

六、环境保护

扬尘

施工场地（建设工程施工和建筑物拆除施工限定的边界范围以内的作业区域。包括建筑施工、市政建设施工等作业场地）产生并逸散至周围环境空气中的空气动力学当量直径小于等于 $10\mu m$ 的颗粒物，简称PM10。

施工场地扬尘排放应符合规定的浓度限值。

围栏

为了将施工场地与外部环境隔离，使其成为相对封闭空间所采用的隔离物，包括砌体式围墙、装配式围栏等。

建筑垃圾

建筑垃圾是工程渣土、工程泥浆、工程垃圾、拆除垃圾和装修垃圾五类垃圾的总称。指建设、施工单位新建、改建、扩建和拆除各类建筑物、构筑物、管网等以及居民装饰装修房屋过程中产生的弃土、弃料及其他废弃物。

工程渣土是指各类建筑物、构筑物、管网等地基开挖过程中产生的弃土。

工程泥浆是指钻孔桩基施工、地下连续墙施工、泥水盾构施工、水平定向钻及泥水顶管等施工产生的泥浆。

工程垃圾是指各类建筑物、构筑物等建设过程中产生的金属、混凝土、沥青和模板等弃料。

拆除垃圾是指各类建筑物、构筑物等拆除过程中产生的金属、混凝土、沥青、砖瓦、陶瓷、玻璃、木材、塑料等弃料。

装修垃圾是指装饰装修房屋过程中产生的金属、混凝土、砖瓦、陶瓷、玻璃、木材、塑料、石膏、涂料等废弃物。

餐饮服务单位

为社会生活提供饮食服务的企业事业单位和其他经营者，主要类型包括：（一）独立经营的餐饮服务机构；（二）宾馆、酒店、度假村等场所内经营性餐饮部门；（三）设于机关、事业单位、社会团体、民办非企业单位、企业等供应内部职工、学生等集中就餐的单位食堂；（四）中央厨房等集体用餐加工服务机构。

油烟

餐饮服务单位在食物烹饪和食品生产加工过程中挥发的油脂、有机质及热氧化或热裂解产生的混合物，统称为油烟。

油烟排放标准

油烟排放标准是指饮食业单位油烟的最高允许排放浓度和油烟净化设施的最低去除效率。

饮食业单位

处于同一建筑物内，属于同一法人的所有排烟灶头，计为一个饮食业单位。

无组织排放

无组织排放是指未经任何油烟净化设施净化的油烟排放。

油烟去除效率

油烟去除效率是指饮食业油烟进行净化设备处理后，被除去的油烟与处理前的油烟的质量的百分比。

最高允许排放浓度

最高允许排放浓度是指处理设施后排气筒中污染物任何 1 小时浓度平均值不得超过的限值或指无处理设施排气筒中污染物任何 1 小时浓度平均值不得超过的限值。

建筑施工噪声

建筑施工是指工程建设实施阶段的生产活动，是各类建筑物的建造过程，包括基础工程施工、主体结构施工、屋面工程施工、装饰工程施工（已竣工交付使用的住宅楼进行室内装修活动除外）等。建筑施工过程中产生的干扰周围生活环境的声音即建筑施工噪声。

建筑施工场界

建筑施工场界是指由有关主管部门批准的建筑施工场地边界或建筑施工过程中实际使用的施工场地边界。

社会生活噪声

社会生活噪声是指人为活动产生的除工业噪声、建筑施工噪声和交通运输噪声之外的干扰周围生活环境的声音。

设备、设施边界

由法律文书（如土地使用证、房产证、租赁合同等）中确定的业主拥有使用权（或所有权）的场所或建筑物边界。各种产生噪声的固定设备、设施的边界为其实际占地的边界。

噪声敏感建筑物集中区域

噪声敏感建筑物是指用于居住、科学研究、医疗卫生、文化教育、机关团体办公、社会福利等需要保持安静的建筑物。县级以上地方人民政府根据国家声环境质量标准和国土空间，将以用于居住、科学研究、医疗卫生、文化教育、机关团体办公、社会福利等的建筑物为主的区域，划定为噪声敏感建筑物集中区域。

夜间

夜间是指晚上十点至次日早晨六点期间，设区的市级以上人民政府可以另行规定本行政区域夜间的起止时间，夜间时段长度为八小时。

生活垃圾

根据《固体废物污染环境防治法》，生活垃圾是指在日常生活中或者为日常生活提供服务的活动中产生的固体废物，以及法律、行政法规规定视为生活垃圾的固体废物。

生活垃圾分类

生活垃圾分类是指为实现生活垃圾减量化、资源化、无害化，将生活垃圾分类投放、分类收集、分类运输、分类处置的全程分类体系。一般以下列标准分类：

可回收物是指废纸张、废塑料、废玻璃制品、废金属、废织物等适宜回收、可循环利用的生活废弃物；

有害垃圾是指废电池、废灯管、废药品、废油漆及其容器等对人体健康或者自然环境造成直接或者潜在危害的生活废弃物；

湿垃圾即易腐垃圾，也称厨余垃圾，是指食材废料、剩菜剩饭、过期食品、瓜皮果核、花卉绿植、中药药渣等易腐的生物质生活废弃物；

干垃圾即其他垃圾，是指除可回收物、有害垃圾、湿垃圾以外的其他生活废弃物。

生活垃圾的具体分类标准，各地根据经济社会发展水平、生活垃圾特性和处置利用需要进行调整。

减量化

采用适当措施使废物量减少（含体积和重量）的过程。

资源化

采用适当措施实现废物的资源利用的过程。

无害化

采用适当措施使废物中的有害物质达到国家（行业）现行污染物排放标准的过程。

七、历史文化名城保护

历史文化名城

历史文化名城是指经国务院、省级人民政府批准公布的保存文物特别丰富并且具有重大历史价值或者革命纪念意义的城市。

历史城区

历史城区是指城镇中能体现其历史发展过程或某一发展时期风貌的地区，涵盖一般通称的古城区和老城区。本标准特指历史范围清楚、格局和风貌保存较为完整、需要保护的地区。

历史地段

历史地段是指能够真实地反映一定历史时期传统风貌和民族、地方特色的地区。

历史文化街

历史文化街是指经省、自治区、直辖市人民政府核定公布的保存文物特别丰富、历史建筑集中成片、能够较完整和真实地体现传统格局和历史风貌，并具有一定规模的历史地段。

文物古迹

文物古迹是指人类在历史上创造的具有价值的不可移动的实物遗存，包括地面、地下与水下的古遗址、古建筑、古墓葬、石窟寺、石刻、近现代史迹及纪念建筑等。

文物保护单位

文物保护单位是指经县级及以上人民政府核定公布应予重点保护的文物古迹。

地下文物埋藏区

地下文物集中分布的地区，由城市人民政府或行政主管部门公布为地下文物埋藏区。地下文物包括埋藏在城市地面之下的古文化遗址、古墓葬、古建筑等。

历史文化名城保护规划

历史文化名城保护规划是指以保护历史文化名城、协调保护与建设发展为目的，以确定保护的原则、内容和重点，划定保护范围，提出保护措施为主要内容的规划，是城市总体规划中的专项规划。

历史建筑

历史建筑是指经城市、县人民政府确定公布的具有一定保护价值，能够反映历史风貌和地方特色的建筑物、构筑物。

风貌

反映城镇历史文化特征的自然环境与人工环境的整体面貌和景观。

传统风貌建筑

传统风貌建筑是指除文物保护单位、历史建筑外，具有一定建成历史，对历史地段整体风貌特征形成具有价值和意义的建筑物、构筑物。

历史环境要素

历史环境要素包括反映历史风貌的古井、围墙、石阶、铺地、驳岸、古树名木等。

修缮

修缮是指对建筑物、构筑物进行的不改变外观特征的维护和加固。

维修

维修是指对建筑物、构筑物进行的不改变外观特征的维护和加固。

改善

改善是指对建筑物、构筑物采取的不改变外观特征，调整、完善内部布局及设施的保护方式。

整治

整治是指为历史文化名城和历史文化街区风貌完整性的保持、建成环境品质的提升所采取的各项活动。

图书在版编目（CIP）数据

城市管理综合执法基础与实务问答／库博雷克公共管理咨询公司－执法规范化研究中心编著. —北京：中国法制出版社，2023.1
ISBN 978-7-5216-3207-1

Ⅰ.①城… Ⅱ.①库… Ⅲ.①城市管理-行政执法-中国-问题解答 Ⅳ.①D922.297.5

中国版本图书馆 CIP 数据核字（2022）第 237403 号

责任编辑　朱丹颖（投稿联系：ss-nuannuan@hotmail.com）　　封面设计　杨鑫宇

城市管理综合执法基础与实务问答
CHENGSHI GUANLI ZONGHE ZHIFA JICHU YU SHIWU WENDA

编著／库博雷克公共管理咨询公司－执法规范化研究中心
经销／新华书店
印刷／三河市紫恒印装有限公司
开本／710 毫米×1000 毫米　16 开　　　　　　　印张／28　字数／372 千
版次／2023 年 1 月第 1 版　　　　　　　　　　　2023 年 1 月第 1 次印刷

中国法制出版社出版
书号 ISBN 978-7-5216-3207-1　　　　　　　　　　定价：136.00 元

北京市西城区西便门西里甲 16 号西便门办公区
邮政编码：100053　　　　　　　　　　　　传真：010-63141600
网址：http://www.zgfzs.com　　　　　　　编辑部电话：010-63141667
市场营销部电话：010-63141612　　　　　　印务部电话：010-63141606

（如有印装质量问题，请与本社印务部联系。）